高等职业教育土木建筑类专业新形态教材

建设工程法规

主 编 王 冠
参 编 靳丽莉 卢树华
       唐艳乾 曾庆建

北京理工大学出版社
BEIJING INSTITUTE OF TECHNOLOGY PRESS

内 容 提 要

本书内容共分为7章，主要包括建设工程基本法律知识、建设工程招投标制度、建设工程许可与承包法律制度、建设工程质量法律制度、建设工程安全生产法律制度、建设工程合同与劳动合同法律制度、建设工程法律纠纷相关知识等内容。

本书可作为高等院校土建类相关专业的教材，也可作为相关从业人员岗位培训的教材，还可作为相关工程技术人员工作中的参考用书。

版权专有　侵权必究

图书在版编目（CIP）数据

建设工程法规 / 王冠主编 . -- 北京：北京理工大学出版社，2021.9（2021.12重印）

ISBN 978-7-5763-0471-8

Ⅰ. ①建… Ⅱ. ①王… Ⅲ. ①建筑法—中国 Ⅳ. ①D922.297

中国版本图书馆CIP数据核字(2021)第202037号

出版发行 / 北京理工大学出版社有限责任公司	
社　　址 / 北京市海淀区中关村南大街5号	
邮　　编 / 100081	
电　　话 /（010）68914775（总编室）	
（010）82562903（教材售后服务热线）	
（010）68944723（其他图书服务热线）	
网　　址 / http://www.bitpress.com.cn	
经　　销 / 全国各地新华书店	
印　　刷 / 河北鑫彩博图印刷有限公司	
开　　本 / 787毫米×1092毫米　1/16	
印　　张 / 15	责任编辑 / 钟　博
字　　数 / 360千字	文案编辑 / 钟　博
版　　次 / 2021年9月第1版　2021年12月第2次印刷	责任校对 / 周瑞红
定　　价 / 42.00元	责任印制 / 边心超

图书出现印装质量问题，请拨打售后服务热线，本社负责调换

前言

"建设工程法规"是土木工程类相关专业的一门重要的专业基础课，在培养学生知法懂法、用法律知识去解决工程中遇到的相关问题的能力方面，具有十分重要的作用。另外，在我国建筑行业的执业资格考试中，大多数都是必考《建设工程法规》科目的，考虑到应用型建筑人才日后的发展方向，因此，本书结合《中华人民共和国民法典》的相关规定，详细介绍了与建设工程相关的"建筑法""建设工程质量管理条例""建设工程安全生产管理条例""招标投标法"等内容。本书在编写的过程中参考了二级建造师执业资格考试的考试大纲，让学生在掌握建设工程法律法规的同时，能够对执业资格考试的要求有所了解，从而响应国家"1+X"政策的号召，即《关于在院校实施"学历证书+若干职业技能等级证书"制度试点方案》，在培养学生知法懂法守法的同时，为学生日后报考职业资格证书打下良好的基础。

本书在编写的过程中，编者以土木工程相关专业应用型人才的培养方案和职业要求为根本，不仅详细介绍了《中华人民共和国建筑法》《中华人民共和国合同法》《中华人民共和国招标投标法》《中华人民共和国安全生产法》等与建设工程相关的法律，也介绍了《中华人民共和国民法典》《中华人民共和国环境保护法》《中华人民共和国标准化法》《中华人民共和国劳动法》《建设工程质量管理条例》《建设工程安全生产管理条例》等相关的法律法规内容。另外，本书对建设工程施工许可制度、施工企业资质等级制度、节约能源制度、文物保护制度、诉讼和仲裁制度等之后工作中可能遇到的问题，都进行了具体的介绍，并且分别站在建设单位、施工单位、勘察设计单位、监理单位的角度，阐述了五方主体的相关责任。

本书在编写过程中以我国优秀的建设工程项目为案例，强调了法律约束在建设工程项目中的重要性，在提高学生爱国情怀的同时，也将依法治国的理念渗透到学生的学习生涯。

本书由王冠担任主编，靳丽莉、卢树华、唐艳乾、曾庆建参与了本书的编写工作，具体编写分工：第二～四章由靳丽莉、卢树华编写，第五、六章由唐艳乾、曾庆建编写，其余各章由王冠编写。

由于编者水平和经验有限，本书难免存在不足之处，恳请读者提出宝贵意见。

编　者

目录

第一章 建设工程基本法律知识 ……1
第一节 建设工程法律体系 ……1
一、法律体系的基本框架 ……2
二、法的形式和效力层级 ……2
第二节 建设工程法人制度 ……6
一、法人的法定条件及其在建设工程中的地位和作用 ……6
二、企业法人与项目经理部的法律关系 ……8
第三节 建设工程代理制度 ……8
一、代理的法律特征和主要种类 ……8
二、建设工程代理行为及其法律关系 ……9
第四节 建设工程物权制度 ……12
一、物权的主要种类和与土地相关的物权 ……12
二、物权的设立、变更、转让、消灭和保护 ……15
第五节 建设工程债权制度 ……15
一、债的基本法律关系 ……15
二、建设工程债的产生和常见种类 ……16
第六节 建设工程知识产权制度 ……17
一、知识产权的法律特征 ……17
二、建设工程知识产权的常见种类、保护和侵权责任 ……18
三、建设工程知识产权的保护 ……22
四、建设工程知识产权侵权的法律责任 ……23
第七节 建设工程担保制度 ……25
一、担保与担保合同的规定 ……25
二、建设工程保证担保的方式和责任 ……25
三、抵押权、质权、留置权、定金的规定 ……27
第八节 建设工程保险制度 ……29
一、保险与保险索赔的规定 ……29
二、建设工程的主要种类和投保权益 ……30
第九节 建设工程法律责任制度 ……32
一、法律责任的基本种类和特征 ……32
二、建设工程民事责任的种类及承担方式 ……33
三、建设工程行政责任的种类及承担方式 ……33
四、建设工程刑事责任的种类及承担方式 ……34

第二章 建设工程招投标制度 ……37
第一节 建设工程招标制度 ……37
一、建设工程必须招标的范围 ……37
二、可以不进行招标的建设工程项目 ……38
三、建设工程招标方式 ……38

四、建设工程招标投标交易场所
　　　　和招标公告发布 ………………39
　　五、招标基本程序 …………………40
　　六、禁止肢解发包和禁止限制、
　　　　排斥投标人的规定 ……………44
第二节　建设工程投标制度 ……………45
　　一、投标人 …………………………45
　　二、联合体投标 ……………………45
　　三、投标文件 ………………………45
　　四、投标保证金 ……………………46
　　五、禁止串通投标和其他不正当
　　　　竞争行为的规定 ………………47

第三章　建设工程许可与承包法律
　　　　制度 ……………………………51
第一节　建设工程施工许可法律
　　　　制度 ……………………………51
　　一、施工许可证和开工报告的
　　　　适用范围 ………………………51
　　二、申请主体和法定批准条件 ……53
　　三、延期开工、核验和重新办理
　　　　批准的规定 ……………………55
　　四、违法行为应承担的法律责任 …56
第二节　施工企业从业资格制度 ………57
　　一、企业资质的法定条件和等级 …57
　　二、施工企业的资质序列、类别
　　　　和等级 …………………………58
　　三、施工企业的资质许可 …………59
　　四、施工企业资质证书的申请、
　　　　延续和变更 ……………………60
　　五、禁止无资质或越级承揽
　　　　工程的规定 ……………………63
　　六、禁止以他企业或他企业以本企业
　　　　名义承揽工程的规定 …………64
　　七、违法行为应承担的法律责任 …64
第三节　建设工程承包制度 ……………66
　　一、建设工程总承包的规定 ………67
　　二、建设工程共同承包的规定 ……69

　　三、建设工程分包的规定 …………69
　　四、违法行为应承担的法律责任 …72
第四节　建筑市场信用体系建设 ………73
　　一、建筑市场诚信行为信息的
　　　　分类 ……………………………74
　　二、建筑市场施工单位不良行为
　　　　记录认定标准 …………………75
　　三、建筑市场诚信行为的公布
　　　　和奖惩机制 ……………………76
　　四、建筑市场主体诚信评价的基本
　　　　规定 ……………………………78

第四章　建设工程质量法律制度 ………81
第一节　建设工程质量相关知识 ………81
　　一、工程建设标准的分类 …………81
　　二、工程建设强制性标准实施的
　　　　规定 ……………………………84
第二节　施工单位的质量责任和
　　　　义务 ……………………………86
　　一、对施工质量负责 ………………86
　　二、总分包单位的质量责任 ………87
　　三、按照工程设计图纸和施工
　　　　技术标准施工的规定 …………87
　　四、对建筑材料、设备等进行
　　　　检验检测的规定 ………………88
　　五、施工质量检验和返修的规定 …89
　　六、建立健全职工教育培训
　　　　制度的规定 ……………………90
第三节　建设单位的质量责任和
　　　　义务 ……………………………91
　　一、依法发包工程 …………………91
　　二、依法向有关单位提供原始
　　　　资料 ……………………………91
　　三、限制不合理的干预行为 ………92
　　四、依法报审施工图设计文件 ……92
　　五、依法实行工程监理 ……………92
　　六、依法办理工程质量监督手续 …93

七、依法保证建筑材料等符合
　　要求 ……………………………93
八、依法进行装修工程 ……………94
第四节　勘察、设计单位的质量
　　　　责任和义务 ……………94
一、依法承揽勘察、设计业务 ……94
二、勘察、设计必须执行强制性
　　标准 ……………………………94
三、勘察单位提供的勘察成果
　　必须真实、准确 ………………95
四、设计依据和设计深度 …………95
五、依法规范设计单位对建筑
　　材料等的选用 …………………95
六、依法对设计文件进行技术
　　交底 ……………………………95
七、依法参与建设工程质量事故
　　分析 ……………………………95
第五节　工程监理单位的质量
　　　　责任和义务 ……………96
一、依法承担工程监理业务 ………96
二、对有隶属关系或其他利害
　　关系的回避 ……………………96
三、监理工作的依据和监理责任 …96
四、工程监理的职责和权限 ………97
五、工程监理的形式 ………………97
第六节　政府部门工程质量监督
　　　　管理的相关规定 ………97
一、我国的建设工程质量监督
　　管理体制 ………………………98
二、政府监督检查的内容和有权
　　采取的措施 ……………………98
三、禁止滥用权力的行为 …………98
四、建设工程质量事故报告制度 …99
第七节　建设工程竣工验收制度 …99
一、竣工验收的主体和法定条件 …99
二、施工单位应提交的档案资料 …100
三、规划、消防、节能、环保等
　　验收的规定 ……………………101

四、竣工结算、质量争议的规定 …103
五、竣工验收报告备案的规定 …106
第八节　建设工程质量保修制度 …107
一、质量保修书和最低保修期限的
　　规定 ……………………………107
二、质量责任的损失赔偿 …………109

第五章　建设工程安全生产法律制度 …112
第一节　施工安全生产许可证制度 …112
一、申请领取安全生产许可证的
　　条件 ……………………………113
二、安全生产许可证的有效期
　　和政府监管的规定 ……………113
三、违法行为应承担的法律责任 …114
第二节　施工安全生产责任制度 …115
一、施工单位的安全生产责任 …115
二、施工项目负责人的安全生产
　　责任 ……………………………119
三、施工总承包和分包单位的
　　安全生产责任 …………………119
四、施工作业人员安全生产的
　　权利和义务 ……………………120
第三节　建设单位和相关单位的
　　　　安全生产责任制度 …123
一、建设单位相关的安全责任
　　和义务 …………………………123
二、勘察单位的安全责任 …………125
三、设计单位的安全责任 …………125
四、工程监理单位的安全责任 …126
五、设备检验检测单位的安全
　　责任 ……………………………126
六、机械设备等单位相关的安全
　　责任 ……………………………127
七、政府部门安全监督管理的
　　相关规定 ………………………129
第四节　安全生产教育培训制度 …130
一、施工单位"安管人员"的
　　培训考核 ………………………130

二、施工单位特种作业人员的培训
　　考核 ……………………………131
三、施工单位全员的安全生产教育
　　培训 ……………………………131
四、进入新岗位或者新施工
　　现场前的安全生产教育培训 …132
五、采用新技术、新工艺、新设备、
　　新材料前的安全生产教育培训 132
六、安全教育培训方式 ……………132
第五节　施工现场安全防护制度 ……133
一、编制安全技术措施、专项施工
　　方案和安全技术交底的规定 …133
二、施工现场安全防范措施和安全
　　费用的规定 ……………………135
三、施工现场消防安全职责
　　和应采取的消防安全措施 ……138
四、工伤保险和意外伤害保险的
　　规定 ……………………………140
第六节　施工安全事故的应急救援
　　　　 与调查处理 …………………142
一、生产安全事故的等级划分
　　标准 ……………………………142
二、施工生产安全事故应急救援
　　预案的规定 ……………………143
三、施工生产安全事故报告及采取
　　相应措施的规定 ………………145

第六章　建设工程合同与劳动合同法律
　　　　制度 …………………………152
第一节　建设工程合同制度 …………152
一、建设工程施工合同的法定形式
　　和内容 …………………………152
二、建设工程工期和价款的规定 …155
三、建设工程赔偿损失的规定 ……158
四、违约责任及违约责任的免除 …160
五、无效合同和效力待定合同的
　　规定 ……………………………161

六、建设工程合同示范文本的
　　性质与作用 ……………………166
第二节　劳动合同制度 ………………167
一、劳动合同订立的规定 …………167
二、劳动合同的履行、变更、
　　解除和终止 ……………………169
三、合法用工方式与违法用工
　　模式的规定 ……………………172
四、劳动保护的规定 ………………176
五、劳动争议的解决 ………………182
六、违法行为应承担的法律责任 …184
第三节　建设工程相关合同制度 ……185
一、承揽合同的法律规定 …………185
二、买卖合同的法律规定 …………187
三、借款合同的法律规定 …………192
四、租赁合同的法律规定 …………193
五、融资租赁合同的法律规定 ……195
六、运输合同的法律规定 …………196
七、委托合同的法律规定 …………199

第七章　建设工程法律纠纷相关知识 …202
第一节　建设工程纠纷主要种类
　　　　和法律解决途径 ……………202
一、建设工程纠纷的主要种类 ……202
二、民事纠纷的法律解决途径 ……204
三、行政纠纷的法律解决途径 ……207
第二节　民事诉讼制度 ………………207
一、民事诉讼的法院管辖 …………207
二、民事诉讼的当事人和代理人 …210
三、民事诉讼的证据和诉讼时效 …211
四、民事诉讼的审判和执行 ………217
第三节　仲裁制度 ……………………225
一、仲裁协议和仲裁受理 …………225
二、仲裁审理的法定程序 …………227
三、仲裁裁决的执行 ………………229
四、涉外仲裁的特别规定 …………230

参考文献 …………………………………232

第一章　建设工程基本法律知识

◎ 引言

全面推进依法治国、建设中国特色社会主义法治体系、建设社会主义法治国家,是党的十八届四中全会通过的《中共中央关于全面推进依法治国若干重大问题的决定》中提出的重要内容。为此,要坚持法治国家、法治政府、法治社会一体建设,实现科学立法、严格执法、公正司法、全民守法,促进国家治理体系和治理能力现代化。作为一名土木工程相关专业的工程技术人员,必须增强法律意识,树立法治观念,做到学法、懂法、守法和用法,这是新时期对土木工程相关专业的工程技术人员最基本的要求。

◎ 知识目标

1. 了解我国建设工程法律体系;
2. 掌握法人、代理、物权、债权、知识产权、担保和保险制度;
3. 掌握我国建设工程法律责任制度。

◎ 技能目标

熟练掌握和运用建设工程法规的基本知识,能够使学生在参与建设工程项目的实践过程中遇到法律问题时,以法律为依据去分析和解决实际问题,从而保证建设工程项目在全寿命周期内顺利地实施。同时,掌握建设工程法律基本知识,也是学生能够从事施工、设计、监理、招投标等工作所必须具备的能力。

第一节　建设工程法律体系

法律体系也称法的体系,是指由一个国家现行的各个部门法构成的有机联系的统一整体。在我国法律体系中,根据所调整的社会关系性质的不同,可以划分为不同的部门法。部门法又称法律部门,是根据一定标准、原则所制定的同类法律规范的总称。

建设工程法律具有综合性的特点,虽然主要是经济法的组成部分,但还包括行政法、民法商法等部门法的内容。建设工程法律同时又具有一定的独立性和完整性,具有自己完整的体系。建设工程法律体系,是指把已经制定的和需要制定的建设工程方面的法律、行政法规、部门规章和地方法规、地方规章有机结合起来,形成的一个相互联系、相互补充、相互协调的完整统一的体系。

一、法律体系的基本框架

我国法律体系的基本框架是由宪法及宪法相关法、民法商法、行政法、经济法、社会法、刑法、诉讼与非诉讼程序法等构成的。

二、法的形式和效力层级

(一)法的形式

法的形式是指法律创制方式和外部表现形式。它包括4层含义：①法律规范创制机关的性质及级别；②法律规范的外部表现形式；③法律规范的效力等级；④法律规范的地域效力。法的形式取决于法的本质。在世界历史上存在的法律形式主要有习惯法、宗教法、判例、规范性法律文件、国际惯例、国际条约等。在我国，习惯法、宗教法、判例不是法的形式。

我国法的形式是制定法形式，具体可分为以下7类。

1. 宪法

宪法是由全国人民代表大会依照特别程序制定的具有最高效力的根本法。宪法是集中反映统治阶级的意志和利益，规定国家制度、社会制度的基本原则，具有最高法律效力的根本大法。其主要功能是制约和平衡国家权力，保障公民权利。宪法是我国的根本大法，在我国法律体系中具有最高的法律地位和法律效力，是我国最高的法律形式。宪法也是建设工程法规的最高形式，是国家进行建设管理、监督的权力基础。

2. 法律

法律是指由全国人民代表大会和全国人民代表大会常务委员会制定颁布的规范性法律文件，即狭义的法律。法律可分为基本法律和一般法律(又称非基本法律、专门法)两类。基本法律是由全国人民代表大会制定的调整国家和社会生活中具有普遍性的社会关系的规范性法律文件的统称，如刑法、民法、诉讼法及有关国家机构的组织法等法律；一般法律是由全国人民代表大会常务委员会制定的调整国家和社会生活中某种具体社会关系或其中某一方面内容的规范性法律文件的统称。

依照2015年3月经修改后公布的《中华人民共和国立法法》(以下简称《立法法》)的规定，下列事项只能制定法律：①国家主权的事项；②各级人民代表大会、人民政府、人民法院和人民检察院的产生、组织和职权；③民族区域自治制度、特别行政区制度、基层群众自治制度；④犯罪和刑罚；⑤对公民政治权利的剥夺、限制人身自由的强制措施和处罚；⑥税种的设立、税率的确定和税收征收管理等税收基本制度；⑦对非国有财产的征收；⑧民事基本制度；⑨基本经济制度及财政、海关、金融和外贸的基本制度；⑩诉讼和仲裁制度；⑪必须由全国人民代表大会及其常务委员会制定法律的其他事项。

建设法律既包括专门的建设领域的法律，也包括与建设活动相关的其他法律。例如，前者有城乡规划法、建筑法、城市房地产管理法等；后者有民法典、行政许可法等。

3. 行政法规

行政法规是国家最高行政机关根据宪法和法律就有关执行法律与履行行政管理职权的问题，以及依据全国人民代表大会及其常务委员会特别授权所制定的规范性文件的总称。

国务院根据宪法和法律制定行政法规。行政法规可以就下列事项作出规定：①为执行法律的规定需要制定行政法规的事项;②宪法规定的属于国务院行政管理职权的事项。

应当由全国人民代表大会及其常务委员会制定法律的事项,国务院根据全国人民代表大会及其常务委员会的授权决定先制定的行政法规,经过实践检验,制定法律的条件成熟时,国务院应当及时提请全国人民代表大会及其常务委员会制定法律。现行的建设行政法规主要有《建设工程质量管理条例》《建设工程安全生产管理条例》《建设工程勘察设计管理条例》《城市房地产开发经营管理条例》等。

4. 地方性法规、自治条例和单行条例

省、自治区、直辖市的人民代表大会及其常务委员会根据本行政区域的具体情况和实际需要,在不同宪法、法律、行政法规相抵触的前提下,可以制定地方性法规。设区的市的人民代表大会及其常务委员会根据本市的具体情况和实际需要,在不同宪法、法律、行政法规和本省、自治区的地方性法规相抵触的前提下,可以对城乡建设与管理、环境保护、历史文化保护等方面的事项制定地方性法规,设区的市的地方性法规须报省、自治区的人民代表大会常务委员会批准后方可施行。省、自治区的人民代表大会常务委员会对报请批准的地方性法规,应当对其合法性进行审查,同宪法、法律、行政法规和本省、自治区的地方性法规不抵触的,应当在四个月内予以批准。省、自治区的人民代表大会常务委员会在对报请批准的设区的市的地方性法规进行审查时,发现其同本省、自治区的人民政府的规章相抵触的,应当作出处理决定。

地方性法规可以就下列事项作出规定:①为执行法律、行政法规的规定,需要根据本行政区域的实际情况作出具体规定的事项;②属于地方性事务需要制定地方性法规的事项。

经济特区所在地的省、市的人民代表大会及其常务委员会根据全国人民代表大会的授权决定,制定法规,在经济特区范围内施行。民族自治地方的人民代表大会有权依照当地民族的政治、经济和文化的特点,制定自治条例和单行条例。自治区的自治条例和单行条例,报全国人民代表大会常务委员会批准后生效。自治州、自治县的自治条例和单行条例,报省、自治区、直辖市的人民代表大会常务委员会批准后生效。

目前,各地方都制定了大量的规范建设活动的地方性法规、自治条例和单行条例,如《北京市建筑市场管理条例》《天津市建筑市场管理条例》《新疆维吾尔自治区建筑市场管理条例》等。

5. 部门规章

国务院各部、委员会、中国人民银行、审计署和具有行政管理职能的直属机构,可以根据法律和国务院的行政法规、决定、命令,在本部门的权限范围内,制定规章。

部门规章规定的事项应当属于执行法律或国务院的行政法规、决定、命令的事项,其名称可以是"规定""办法"和"实施细则"等。没有法律或国务院的行政法规、决定、命令的依据,部门规章不得设定减损公民、法人和其他组织权利或增加其义务的规范,不得增加本部门的权力或减少本部门的法定职责。目前,大量的建设法规是以部门规章的方式发布的,如住房和城乡建设部发布的房屋建筑和市政基础设施工程质量监督管理规定、房屋建筑和市政基础设施工程竣工验收备案管理办法、市政公用设施抗灾设防管理规定,国家发展和改革委员会发布的招标公告发布暂行办法、必须招标的工程项目规定等。

涉及两个以上国务院部门职权范围的事项,应当提请国务院制定行政法规或由国务院有关部门联合制定规章。目前,国务院有关部门已联合制定了部分规章,如2013年3月,国家发展和改革委员会(含原国家发展计划委员会、原国家计划委员会)、工业和信息化部、财政部、住房和城乡建设部、交通运输部、水利部经修改后联合发布的《评标委员会和评标方法暂行规定》等。

6. 地方政府规章

省、自治区、直辖市和设区的市、自治州的人民政府，可以根据法律、行政法规和本省、自治区、直辖市的地方性法规，制定规章。

地方政府规章可以就下列事项作出规定：①为执行法律、行政法规、地方性法规的规定需要制定规章的事项；②属于本行政区域的具体行政管理事项。设区的市、自治州的人民政府根据本条第①款、第②款制定地方政府规章，限于城乡建设与管理、环境保护、历史文化保护等方面的事项。已经制定的地方政府规章，涉及上述事项范围以外的，继续有效。没有法律、行政法规、地方性法规的依据，地方政府规章不得设定减损公民、法人和其他组织权利或增加其义务的规范。

目前，省、自治区、直辖市和较大的市的人民政府都制定了大量地方规章，如重庆市建设工程造价管理规定。

7. 国际条约

国际条约是指我国与外国缔结、参加、签订、加入、承认的双边、多边条约、协定和其他具有条约性质的文件。国际条约的名称，除条约外，还有公约、协议、协定、议定书、宪章、盟约、换文和联合宣言等。除我国在缔结时宣布持保留意见不受其约束的条款外，这些条约的内容都与国内法具有同样的约束力，所以也是我国法的形式。例如，我国加入WTO后，WTO中与工程建设有关的协定也对我国的建设活动产生约束力。

(二)法的效力层级

法的效力层级是指法律体系中的各种法的形式，由于法律制定的主体、程序、时间、适用范围等的不同，具有不同的法的效力，形成法的效力等级体系。

1. 宪法至上

宪法是国家的根本大法，具有最高的法律效力。宪法作为根本法和母法，是其他立法活动的最高法律依据。任何法律、法规都必须遵循宪法规定，无论是维护社会稳定、保障社会秩序，还是规范经济秩序的法律、法规，都不能违背宪法的基本准则。

2. 上位法优于下位法

在我国法律体系中，法律的效力是仅次于宪法而高于其他法的形式。行政法规的法律地位和法律效力仅次于宪法与法律，高于地方性法规和部门规章。地方性法规的效力高于本级和下级地方政府规章。省、自治区人民政府制定的规章的效力，高于本行政区域内的设区的市、自治州人民政府制定的规章。

自治条例和单行条例依法对法律、行政法规、地方性法规作出变通规定的，在本自治地方适用自治条例和单行条例的规定。经济特区法规根据授权对法律、行政法规、地方性法规作出变通规定的，在本经济特区适用经济特区法规的规定。部门规章之间、部门规章与地方政府规章之间具有同等效力，在各自的权限范围内施行。

3. 特别法优于一般法

特别法优于一般法是指公法权力主体在实施公权力行为中，当一般规定与特别规定不一致时，优先适用特别规定。《立法法》规定，同一机关制定的法律、行政法规、地方性法规、自治条例和单行条例、规章,特别规定与一般规定不一致的,适用特别规定。

4. 新法优于旧法

新法、旧法对同一事项有不同规定时,新法的效力优于旧法。《立法法》规定,同一机关制定的法律、行政法规、地方性法规、自治条例和单行条例、规章,新的规定与旧的规定不一致的,适用新的规定。

5. 需要由有关机关裁决适用的特殊情况

法律之间对同一事项的新的一般规定与旧的特别规定不一致,不能确定如何适用时,由全国人民代表大会常务委员会裁决。

行政法规之间对同一事项的新的一般规定与旧的特别规定不一致,不能确定如何适用时,由国务院裁决。

地方性法规、规章之间不一致时,由有关机关依照下列规定的权限作出裁决:①同机关制定的新的一般规定与旧的特别规定不一致时,由制定机关裁决;②地方性法规与部门规章之间对同一事项的规定不一致,不能确定如何适用时,由国务院提出意见,国务院认为应当适用地方性法规的,应当决定在该地方适用地方性法规的规定;认为应当适用部门规章的,应当提请全国人民代表大会常务委员会裁决;③部门规章之间、部门规章与地方政府规章之间对同一事项的规定不一致时,由国务院裁决。根据授权制定的法规与法律规定不一致,不能确定如何适用时,由全国人民代表大会常务委员会裁决。

根据授权制定的法规与法律规定不一致,不能确定如何适用时,由全国人民代表大会常务委员会裁决。

6. 备案和审查

行政法规、地方性法规、自治条例和单行条例、规章应当在公布后的30日内依照下列规定报有关机关备案:①行政法规报全国人民代表大会常务委员会备案;②省、自治区、直辖市的人民代表大会及其常务委员会制定的地方性法规,报全国人民代表大会常务委员会和国务院备案;设区的市、自治州的人民代表大会及其常务委员会制定的地方性法规,由省、自治区的人民代表大会常务委员会报全国人民代表大会常务委员会和国务院备案;③自治州、自治县的人民代表大会制定的自治条例和单行条例,由省、自治区、直辖市的人民代表大会常务委员会报全国人民代表大会常务委员会和国务院备案;自治条例、单行条例报送备案时,应当说明对法律、行政法规、地方性法规作出变通的情况;④部门规章和地方政府规章报国务院备案;地方政府规章应当同时报本级人民代表大会常务委员会备案;设区的市、自治州的人民政府制定的规章应当同时报省、自治区的人民代表大会常务委员会和人民政府备案;⑤根据授权制定的法规应当报授权决定规定的机关备案;经济特区法规报送备案时,应当说明对法律、行政法规、地方性法规作出变通的情况。

国务院、中央军事委员会、最高人民法院、最高人民检察院和各省、自治区、直辖市的人民代表大会常务委员会认为行政法规、地方性法规、自治条例和单行条例同宪法或法律相抵触的,可以向全国人民代表大会常务委员会书面提出进行审查的要求,由常务委员会工作机构分送有关的专门委员会进行审查、提出意见。其他国家机关和社会团体、企业事业组织,以及公民认为行政法规、地方性法规、自治条例和单行条例同宪法或法律相抵触的,可以向全国人民代表大会常务委员会书面提出进行审查的建议,由常务委员会工作机构进行研究,必要时,送有关专门委员会进行审查、提出意见。有关的专门委员会和常务委员会工作机构可以对报送备案的规范性文件进行主动审查。

第二节　建设工程法人制度

法人是建设工程活动中最主要的主体。作为土建类工程技术人员，应该了解法人的定义、条件及法人在建设工程中的地位和作用，特别要熟悉企业法人与项目经理部的法律关系。

一、法人的法定条件及其在建设工程中的地位和作用

2021年1月施行的《中华人民共和国民法典》（以下简称《民法典》）规定，法人是具有民事权利能力和民事行为能力，依法独立享有民事权利和承担民事义务的组织。法人是与自然人相对应的概念，是法律赋予社会组织具有法律人格的一项制度。这一制度为确立社会组织的权利、义务，便于社会组织独立承担责任提供了基础。

(一)法人应当具备的条件

(1)依法成立。法人不能自然产生，它的产生必须经过法定的程序。法人的设立目的和方式必须符合法律的规定，设立法人，法律、行政法规规定须经有关机关批准的，依照其规定。

(2)应当有自己的名称、组织机构、住所、财产或经费。法人的名称是法人相互区别的标志和法人进行活动时使用的代号。法人的组织机构是指对内管理法人事务、对外代表法人进行民事活动的机构。法人的场所则是法人进行业务活动的所在地，也是确定法律管辖的依据。法人以其主要办事机构所在地为住所。依法需要办理法人登记的，应当将主要办事机构所在地登记为住所。有必要的财产或经费是法人进行民事活动的物质基础。它要求法人的财产或经费必须与法人的经营范围或设立目的相适应，否则将不能被批准设立或核准登记。

(3)能够独立承担民事责任。法人必须能够以自己的财产或经费承担在民事活动中的债务，在民事活动中给其他主体造成损失时能够承担赔偿责任。法人以其全部财产独立承担民事责任。

(4)有法定代表人。依照法律或法人章程的规定，代表法人从事民事活动的负责人为法人的法定代表人。法定代表人以法人名义从事的民事活动，其法律后果由法人承受。法人章程或法人权力机构对法定代表人代表权的限制，不得对抗善意相对人。法定代表人因执行职务造成他人损害的，由法人承担民事责任。法人承担民事责任后，依照法律或法人章程的规定，可以向有过错的法定代表人追偿。

(二)法人的分类

法人分为营利法人、非营利法人和特别法人三大类。

1. 营利法人

以取得利润并分配给股东等出资人为目的成立的法人为营利法人。营利法人包括有限责任公司、股份有限公司和其他企业法人等。营利法人经依法登记成立。依法设立的营利法人，由登记机关发给营利法人营业执照。营业执照签发日期为营利法人的成立日期。

2. 非营利法人

为公益目的或其他非营利目的成立，不向出资人、设立人或会员分配所取得利润的法人为非营利法人。非营利法人包括事业单位、社会团体、基金会、社会服务机构等。具备法人条件，为适应经济社会的发展需要，提供公益服务设立的事业单位，经依法登记成立，取得事业单位法人资格；依法不需要办理法人登记的，从成立之日起，具有事业单位法人资格。

3. 特别法人

机关法人、农村集体经济组织法人、城镇农村的合作经济组织法人、基层群众性自治组织法人为特别法人。有独立经费的机关和承担行政职能的法定机构从成立之日起，具有机关法人资格，可以从事为履行职能所需要的民事活动。

(三)法人在建设工程中的地位

在建设工程中，大多数建设活动主体都是法人。施工单位、勘察设计单位、监理单位通常是具有法人资格的组织。建设单位一般也应当具有法人资格。但有时候，建设单位也可能是没有法人资格的其他组织。

法人在建设工程中的地位，表现在其具有民事权利能力和民事行为能力。依法独立享有民事权利和承担民事义务，方能承担民事责任。在法人制度产生以前，只有自然人才具有民事权利能力和民事行为能力。随着社会生产活动的扩大和专业化水平的提高，许多社会活动必须由自然人合作完成。因此，法人是出于需要，由法律将其拟制为自然人以确定团体利益的归属，即所谓"拟制人"。法人是社会组织在法律上的人格化，是法律意义上的"人"，而不是实实在在的生命体。建设工程规模浩大，需要众多的自然人合作完成。法人制度的产生，使这种合作成为常态。这是建设工程发展到当今的规模和专业化程度的基础。

(四)法人在建设工程中的作用

1. 法人是建设工程中的基本主体

在计划经济时期，从事建设活动的各企事业单位实际上是行政机关的附属，是不独立的。但在市场经济中，每个法人都是独立的，可以独立开展建设活动。

法人制度有利于企业或事业单位根据市场经济的客观要求，打破地区、部门和所有制的界限，发展各种形式的横向经济联合，在平等、自愿、互利的基础上建立起新的经济实体。实行法人制度，一方面可以保证企业在民事活动中以独立的"人格"享有平等的法律地位，不再受来自行政主管部门的不适当干涉；另一方面使作为法人的企业也不得以自己的某种优势去干涉其他法人的经济活动，或者进行不等价交换。这样，可以使企业发挥各自优势，进行正当竞争，按照社会化大生产的要求，加快市场经济的发展。

2. 确立了建设领域国有企业的所有权和经营权的分离

建设领域曾经是以国有企业为主体的。确认企业的法人地位，明确法人的独立财产责任并建立起相应的法人破产制度，这就真正在法律层面使企业由国家行政部门的"附属物"变成了自主经营、自负盈亏的商品生产者和经营者，从而进一步促进企业加强经济核算和科学管理，增强企业在市场竞争中的活力与动力，为我国市场经济的发展和工程建设的顺利实施创造更好的条件。

二、企业法人与项目经理部的法律关系

从项目管理的理论上说，各类企业都可以设立项目经理部，但施工企业设立的项目经理部具有典型意义，是土建类工程技术人员需要掌握的基础知识。

(一)项目经理部的概念和设立

项目经理部是施工企业为了完成某项建设工程施工任务而设立的组织。项目经理部是由一个项目经理与技术、生产、材料、成本等管理人员组成的项目管理班子，是一次性的具有弹性的现场生产组织机构。对于大中型施工项目，施工企业应当在施工现场设立项目经理部；小型施工项目，可以由施工企业根据实际情况选择适当的管理方式。施工企业应当明确项目经理部的职责、任务和组织形式。

项目经理部不具备法人资格，而是施工企业根据建设工程施工项目而组建的非常设的下属机构。项目经理根据企业法人的授权，组织和领导本项目经理部的全面工作。

(二)项目经理是企业法人授权在建设工程施工项目上的管理者

企业法人的法定代表人，其职务行为可以代表企业法人。由于施工企业同时会有数个、数十个甚至更多的建设工程施工项目在组织实施，导致企业法定代表人不可能成为所有施工项目的直接负责人。因此，在每个施工项目上必须有一个经企业法人授权的项目经理。施工企业的项目经理，是受企业法人的委派，对建设工程施工项目全面负责的项目管理者，是一种施工企业内部的岗位职务。

建设工程项目上的生产经营活动，必须在企业制度的制约下运行；其质量、安全、技术等活动，须接受企业相关职能部门的指导和监督。推行项目经理责任制，绝不意味着可以搞"以包代管"。过分强调建设工程项目承包的自主权，过度下放管理权限，将会削弱施工企业的整体管理能力，给施工企业带来诸多经营风险。

(三)项目经理部行为的法律后果由企业法人承担

由于项目经理部不具备独立的法人资格，无法独立承担民事责任。所以，项目经理部行为的法律后果将由企业法人承担。例如，项目经理部没有按照合同约定完成施工任务，则应由施工企业承担违约责任；项目经理签字的材料款，如果不按时支付，材料供应商应当以施工企业为被告提起诉讼。

第三节　建设工程代理制度

在建设工程活动中，通过委托代理实施民事法律行为的情形较为常见。因此，了解和熟悉有关代理的基本法律知识是十分必要的。

一、代理的法律特征和主要种类

《民法典》规定，民事主体可以通过代理人实施民事法律行为。依照法律规定、当事人约定或民事法律行为的性质，应当由本人亲自实施的民事法律行为，不得代理。代理人在代理权限内，以被代理人名义实施的民事法律行为，对被代理人发生效力。代理人不履行或不完全履行职责，造成被代理人损害的，应当承担民事责任。代理人和相对人恶意串通，损害被代

理人合法权益的,代理人和相对人应当承担连带责任。

(一)代理的法律特征

1. 代理人必须在代理权限范围内实施代理行为

代理人实施代理活动的直接依据是代理权。因此,代理人必须在代理权限范围内与第三人或相对人实施代理行为。

代理人实施代理行为时有独立进行意思表示的权利。代理制度的存在正是为了弥补有些民事主体没有资格、精力和能力去处理有关事务的缺陷。如果仅是代为传达当事人的意思表示或接受意思表示,而没有任何独立决定意思表示的权利,则不是代理行为,只能视为传达意思表示的使者。

2. 代理人一般应该以被代理人的名义实施代理行为

《民法典》规定,代理人在代理权限内,以被代理人名义实施的民事法律行为,对被代理人发生效力。

3. 代理行为必须是具有法律意义的行为

代理人为被代理人实施的是能够产生法律上的权利义务关系,产生法律后果的行为。如果是代理人请朋友吃饭、聚会等,不能产生法律上权利义务关系,就不是代理行为。

4. 代理行为的法律后果归属于被代理人

代理人在代理权限内,以被代理人的名义同相对人进行的具有法律意义的行为,在法律上产生与被代理人自己的行为同样的后果。因此,被代理人对代理人的代理行为承担民事责任。

(二)代理的种类

代理包括委托代理和法定代理。

1. 委托代理

委托代理的代理人按照被代理人的委托行使代理权。因委托代理中,被代理人是以意思表示的方法将代理权授予代理人的,故又称"意定代理"或"任意代理"。

委托代理授权采用书面形式的,授权委托书应当载明代理人的姓名或名称、代理事项、权限和期间,并由被代理人签名或盖章。数人为同一代理事项的代理人的,应当共同行使代理权,但是当事人另有约定的除外。代理人知道或应当知道代理事项违法仍然实施代理行为,或被代理人知道或应当知道代理人的代理行为违法未作反对表示的,被代理人和代理人应当承担连带责任。

2. 法定代理

法定代理是指根据法律的规定而发生的代理。例如,《民法典》规定,无民事行为能力人、限制民事行为能力人的监护人是其法定代理人。

二、建设工程代理行为及其法律关系

建设工程活动中涉及的代理行为比较多,如工程招标代理、材料设备采购代理及诉讼代理等。

（一）建设工程代理行为的设立

建设工程活动不同于一般的经济活动，其代理行为不仅要依法实施，有些代理行为还要受到法律的限制。

1. 不得委托代理的建设工程活动

《民法典》规定，依照法律规定、当事人约定或者民事法律行为的性质，应当由本人亲自实施的民事法律行为，不得代理。

建设工程的承包活动不得委托代理。《中华人民共和国建筑法》（以下简称《建筑法》）规定，禁止承包单位将其承包的全部建筑工程转包给他人，禁止承包单位将其承包的全部建筑工程肢解以后以分包的名义分别转包给他人。施工总承包的，建筑工程主体结构的施工必须由总承包单位自行完成。

2. 一般代理行为无法定的资格要求

一般代理行为可以由自然人、法人担任代理人，对其资格并无法定的严格要求。即使是诉讼代理人，也不要求必须由具有律师资格的人担任。《中华人民共和国民事诉讼法》（以下简称《民事诉讼法》）第58条规定："下列人员可以被委托为诉讼代理人：①律师、基层法律服务工作者；②当事人的近亲属或者工作人员；③当事人所在社区、单位以及有关社会团体推荐的公民。"

3. 民事法律行为的委托代理

建设工程代理行为多是民事法律行为的委托代理。民事法律行为的委托代理，可以用书面形式，也可以用口头形式。但是，法律规定用书面形式的，应当采用书面形式。

书面委托代理的授权委托书应当载明代理人的姓名或名称、代理事项、权限和期间，并由委托人签名或盖章。委托书授权不明的，被代理人应当向第三人承担民事责任，代理人负连带责任。

（二）建设工程代理行为的终止

《民法典》规定，有下列情形之一的，委托代理终止。

1. 代理期间届满或代理事项完成

被代理人通常是授予代理人某一特定期间内的代理权，或者是某一项也可能是某几项特定事务的代理权，在这一期间届满或被指定的代理事项全部完成，代理关系即告终止，代理行为也随之终止。

2. 被代理人取消委托或者代理人辞去委托

委托代理是被代理人基于对代理人的信任而授权其进行代理事务的。如果被代理人由于某种原因失去了对代理人的信任，法律就不应当强制被代理人仍须授权其为代理人。反之，如果代理人由于某种原因不愿意再行代理，法律也不能强制要求代理人继续从事代理。因此，法律规定被代理人有权根据自己的意愿单方取消委托，也允许代理人单方辞去委托，均不必以对方同意为前提，并且通知到对方时，代理权即行消灭。

但是，单方取消或辞去委托可能会承担相应的民事责任。《中华人民共和国合同法》（以下简称《合同法》）规定，委托人或者受托人可以随时解除委托合同。因解除合同给对方造成损失的，除不可归责于该当事人的事由外，应当赔偿损失。

3. 作为被代理人或者代理人的法人、非法人组织终止

在建设工程活动中，无论是被代理人还是代理人，任何一方的法人终止，代理关系均随之

终止。因为,对方的主体资格已消灭,代理行为将无法继续,其法律后果也将无从承担。

(三)建设工程代理法律关系

建设工程代理法律关系与其他代理关系一样,存在两个法律关系:一是代理人与被代理人之间的委托关系;二是被代理人与相对人的合同关系。

(1)一般情况下,代理人在代理权限内以被代理人的名义实施代理行为。《民法典》规定,代理人在代理权限内,以被代理人名义实施的民事法律行为,对被代理人发生效力。

这是关于代理人与被代理人基本权利和义务的规定。代理人必须取得代理权,并依据代理权限,以被代理人的名义实施民事法律行为。被代理人要对代理人的代理行为承担民事责任。

(2)转托他人代理应当事先取得被代理人的同意。《民法典》规定,代理人需要转委托第三人代理的,应当取得被代理人的同意或者追认。转委托代理经被代理人同意或者追认的,被代理人可以就代理事务直接指示转委托的第三人,代理人仅就第三人的选任以及对第三人的指示承担责任。转委托代理未经被代理人同意或者追认的,代理人应当对转委托的第三人的行为承担责任,但是在紧急情况下代理人为了维护被代理人的利益需要转委托第三人代理的除外。

(3)无权代理与表见代理。《民法典》规定,行为人没有代理权、超越代理权或者代理权终止后,仍然实施代理行为,未经被代理人追认的,对被代理人不发生效力。相对人可以催告被代理人自收到通知之日起一个月内予以追认。被代理人未作表示的,视为拒绝追认。行为人实施的行为被追认前,善意相对人享有撤销的权利。撤销应当以通知的方式作出。

1)无权代理。无权代理是指行为人不具有代理权,但以他人的名义与相对人进行法律行为。无权代理一般存在三种表现形式:①自始未经授权。如果行为人自始至终没有被授予代理权,就以他人的名义进行民事行为,属于无权代理。②超越代理权。代理权限是有范围的,超越了代理权限,依然属于无权代理。③代理权已终止。行为人虽曾得到被代理人的授权,但该代理权已经终止的,行为人如果仍以被代理人的名义进行民事行为,则属无权代理。

被代理人对无权代理人实施的行为如果予以追认,则无权代理可转化为有权代理,产生与有权代理相同的法律效力,并不会发生代理人的赔偿责任。如果被代理人不予追认的,对被代理人不发生效力,则无权代理人需承担因无权代理行为给被代理人和善意相对人造成的损失。

2)表见代理。表见代理是指行为人虽无权代理,但由于行为人的某些行为,造成了足以使善意相对人相信其有代理权的表象,而与善意相对人进行的、由本人承担法律后果的代理行为。行为人没有代理权、超越代理权或者代理权终止后以被代理人名义订立合同,相对人有理由相信行为人有代理权的,该代理行为有效。

表见代理除须符合代理的一般条件外,还须具备以下特别构成要件:①须存在足以使相对人相信行为人具有代理权的事实或理由。这是构成表见代理的客观要件。它要求行为人与本人之间应存在某些事实上或法律上的联系,如行为人持有本人发出的委任状、已加盖公章的空白合同书或者有显示本人向行为人授予代理权的通知函告等证明类文件。②须本人存在过失。其过失表现为本人表达了足以使相对人相信有授权意思的表示,或者实施了足以使相对人相信有授权意义的行为,发生了外表授权的事实。③须相对人为善意。这是构成表见代理的主观要件。如果相对人明知行为人无代理权而仍与之实施民事行为,则相对人为主观恶意,不构成表见代理。

表见代理对本人产生有权代理的效力,即在相对人与本人之间发生民事法律关系。本人受表见代理人与相对人之间实施的法律行为的约束,享有该行为设定的权利和履行该行为约定的义务。本人不能以无权代理作为抗辩。本人在承担表见代理行为所产生的责任后,可以向无权代理人追偿因代理行为而遭受的损失。

3)知道他人以本人名义实施民事行为不作否认表示的视为同意。本人知道他人以本人名义实施民事行为而不作否认表示的,视为同意。这是一种被称为默示方式的特殊授权。就是说,即使本人没有授予他人代理权,但事后并未作出否认的意思表示,应视为授予了代理权。因此,他人以其名义实施法律行为的后果应由本人承担。

(4)不当或违法行为应承担的法律责任。

1)损害被代理人利益应承担的法律责任。代理人不履行职责而给被代理人造成损害的,应当承担民事责任。代理人和相对人串通,损害被代理人的利益的,由代理人和相对人负连带责任。

2)相对人故意行为应承担的法律责任。相对人知道行为人没有代理权、超越代理权或者代理权已终止还与行为人实施民事行为给他人造成损害的,由相对人和行为人负连带责任。

3)违法代理行为应承担的法律责任。代理人知道被委托代理的事项违法仍然进行代理活动的,或者被代理人知道代理人的代理行为违法不表示反对的,由被代理人和代理人负连带责任。

第四节 建设工程物权制度

《民法典》是规范财产关系的民事基本法律。其立法目的是维护国家基本经济制度,维护社会主义市场经济秩序,明确物的归属,发挥物的效用,保护权利人的物权。

物权是一项基本民事权利,也是大多数经济活动的基础和目的。在建设工程活动中涉及的许多权利都是源于物权。建设单位对建设工程项目的权利来自物权中最基本的权利——所有权;施工单位的施工活动是为了形成《民法典》意义上的物——建设工程。

一、物权的主要种类和与土地相关的物权

(一)物权的种类

物权包括所有权、用益物权和担保物权。

1. 所有权

所有权是所有人依法对自己的财产(包括不动产和动产)所享有的占有、使用、收益和处分的权利。它是一种财产权,又称财产所有权。所有权是物权中最重要也最完全的一种权利。当然,所有权在法律上也受到一定的限制。最主要的限制是为了公共利益的需要,依照法律规定的权限和程序可以征收集体所有的土地与单位、个人的房屋及其他不动产。

财产所有权的权能是指所有人对其所有的财产依法享有的权利,包括占有权、使用权、收益权、处分权。

(1)占有权。占有权是指对财产实际掌握、控制的权能。占有权是行使物的使用权的前提条件,是所有人行使财产所有权的一种方式。占有权可以根据所有人的意志和利益分离出去,由非所有人享有。例如,根据货物运输合同,承运人对托运人的财产享有占有权。

(2)使用权。使用权是指财产的实际利用和运用的权能。通过对财产实际利用和运用满足所有人的需要,是实现财产使用价值的基本渠道。使用权是所有人所享有的一项独立权能。所有人可以在法律规定的范围内,以自己的意志使用其所有物。

(3)收益权。收益权是指收取由原物产生出来的新增经济价值的权能。原物新增的经济价值,包括由原物直接派生出来的果实、由原物所产生出来的租金和利息、对原物直接利用而产生的利润等。收益往往是因为使用而产生的,因此,收益权也往往与使用权联系在一起。但是,收益权本身是一项独立的权能,而使用权并不能包括收益权。有时,所有人并不行使对物的使用权,仍可以享有对物的收益权。

(4)处分权。处分权是指依法对财产进行处置,决定财产在事实上或法律上命运的权能。处分权的行使决定着物的归属。处分权是所有人的最基本的权利,是所有权内容的核心。

2. 用益物权

用益物权是权利人对他人所有的不动产或动产,依法享有占有、使用和收益的权利。用益物权包括土地承包经营权、建设用地使用权、宅基地使用权和地役权。国家所有或国家所有由集体使用及法律规定属于集体所有的自然资源,单位、个人依法可以占有、使用和收益。此时,单位或者个人就成为用益物权人。因不动产或动产被征收、征用,致使用益物权消灭或者影响用益物权行使的,用益物权人有权获得相应补偿。

3. 担保物权

担保物权是权利人在债务人不履行到期债务或者发生当事人约定的实现担保物权的情形,依法享有就担保财产优先受偿的权利。债权人在借贷、买卖等民事活动中,为保障实现其债权,需要担保的,可以依照《民法典》和其他法律的规定设立担保物权。

(二)与土地相关的物权

建设工程与土地关系密切。土建类工程技术人员有必要对与土地有关的物权作必要了解。

1. 土地所有权

土地所有权是国家或农民集体依法对归其所有的土地所享有的具有支配性和绝对性的权利。我国实行土地的社会主义公有制,即全民所有制和劳动群众集体所有制。

全民所有即国家所有土地的所有权由国务院代表国家行使。农民集体所有的土地由本集体经济组织的成员承包经营,从事种植业、林业、畜牧业、渔业生产。耕地承包经营期限为30年。草地承包期限为30~50年。林地承包期限为30~70年。发包方和承包方应当订立承包合同,约定双方的权利和义务。承包经营土地的农民有保护和按照承包合同约定的用途合理利用土地的义务。农民的土地承包经营权受法律保护。

国家实行土地用途管制制度。国家编制土地利用总体规划,规定土地用途,将土地分为农用地、建设用地和未利用地。严格限制农用地转为建设用地,控制建设用地总量,对耕地实行特殊保护。

城市市区的土地属于国家所有。无居民海岛、矿藏、水流、海域属于国家所有。集体所有的不动产,包括法律规定属于集体所有的土地、森林、山岭、草原、荒地和滩涂等。

2. 建设用地使用权

(1)建设用地使用权的概念。建设用地使用权是因建造建筑物、构筑物及其附属设施而使用国家所有的土地的权利。建设用地使用权只能存在于国家所有的土地上,不包括集体所有的农村土地。

取得建设用地使用权后,建设用地使用权人依法对国家所有的土地享有占有、使用和收益的权利,有权利用该土地建造建筑物、构筑物及其附属设施。

(2)建设用地使用权的设立。建设用地使用权可以在土地的地表、地上或地下分别设立。新设立的建设用地使用权,不得损害已设立的用益物权。

设立建设用地使用权,可以采取出让或划拨等方式。工业、商业、旅游、娱乐和商品住宅等经营性用地及同一土地有两个以上意向用地者的,应当采取招标、拍卖等公开竞价的方式出让。国家严格限制以划拨方式设立建设用地使用权。采取划拨方式的,应当遵守法律、行政法规关于土地用途的规定。

设立建设用地使用权的,应当向登记机构申请建设用地使用权登记。建设用地使用权自登记时设立。登记机构应当向建设用地使用权人发放建设用地使用权证书。建设用地使用权人应当合理利用土地,不得改变土地用途;需要改变土地用途的,应当依法经有关行政主管部门批准。

(3)建设用地使用权的流转、续期和消灭。建设用地使用权人有权将建设用地使用权转让、互换、出资、赠予或抵押,但法律另有规定的除外。建设用地使用权人将建设用地使用权转让、互换、出资、赠予或者抵押,应当符合以下规定:当事人应当采取书面形式订立相应的合同;使用期限由当事人约定,但不得超过建设用地使用权的剩余期限;应当向登记机构申请变更登记;附着于该土地上的建筑物、构筑物及其附属设施一并处分。

住宅建设用地使用权期间届满的,自动续期。非住宅建设用地使用权期间届满后的续期,依照法律规定办理。该土地上的房屋及其他不动产的归属,有约定的,按照约定;没有约定或者约定不明确的,依照法律、行政法规的规定办理。

建设用地使用权消灭的,出让人应当及时办理注销登记。登记机构应当收回建设用地使用权证书。

3. 地役权

(1)地役权的概念。地役权是指为使用自己不动产的便利或提高其效益而按照合同约定利用他人不动产的权利。他人的不动产为供役地,自己的不动产为需役地。从性质上说,地役权是按照当事人的约定设立的用益物权。

(2)地役权的设立。设立地役权,当事人应当采取书面形式订立地役权合同。地役权合同一般包括下列条款:当事人的姓名或者名称和住所;供役地和需役地的位置;利用目的和方法;利用期限;费用及其支付方式;解决争议的方法。地役权自地役权合同生效时设立。当事人要求登记的,可以向登记机构申请地役权登记;未经登记,不得对抗善意第三人。

土地上已设立土地承包经营权、建设用地使用权、宅基地使用权等权利的,未经用益物权人同意,土地所有权人不得设立地役权。

(3)地役权的变动。需役地及需役地上的土地承包经营权、建设用地使用权、宅基地使用权部分转让时,转让部分涉及地役权的,受让人同时享有地役权。供役地及供役地上的土地承包经营权、建设用地使用权、宅基地使用权部分转让时,转让部分涉及地役权的,地役权对受让人具有约束力。

二、物权的设立、变更、转让、消灭和保护

(一)不动产物权的设立、变更、转让、消灭

不动产物权的设立、变更、转让和消灭,应当依照法律规定登记,自记载于不动产登记簿时发生效力。不动产物权经依法登记,发生效力;未经登记,不发生效力,但法律另有规定的除外。依法属于国家所有的自然资源,所有权可以不登记。不动产登记,由不动产所在地的登记机构办理。

物权变动的基础往往是合同关系,如买卖合同导致物权的转让。需要注意的是,当事人之间订立有关设立、变更、转让和消灭不动产物权的合同,除法律另有规定或者合同另有约定外,自合同成立时生效;未办理物权登记的,不影响合同效力。

(二)动产物权的设立和转让

动产物权以占有和交付为公示手段。动产物权的设立和转让,应当依照法律规定交付。动产物权的设立和转让,自交付时发生效力,但法律另有规定的除外。船舶、航空器和机动车等物权的设立、变更、转让和消灭,未经登记,不得对抗善意第三人。

(三)物权的保护

物权的保护是指通过法律规定的方法和程序保障物权人在法律许可的范围内对其财产行使占有、使用、收益、处分权利的制度。物权受到侵害的,权利人可以通过和解、调解、仲裁、诉讼等途径解决。

因物权的归属、内容发生争议的,利害关系人可以请求确认权利。无权占有不动产或动产的,权利人可以请求返还原物。妨害物权或可能妨害物权的,权利人可以请求排除妨害或者消除危险。造成不动产或者动产毁损的,权利人可以请求修理、重作、更换或恢复原状。侵害物权,造成权利人损害的,权利人可以请求损害赔偿,也可以请求承担其他民事责任。对于物权保护方式,可以单独适用,也可以根据权利被侵害的情形合并适用。侵害物权的行为,除承担民事责任外,违反行政管理规定的,依法承担行政责任;构成犯罪的,依法追究刑事责任。

第五节 建设工程债权制度

在建设工程活动中,难免会遇到债权债务相关的问题。因此,学习有关债权的基本法律知识,有助于建设工程人员在实践中防范债务风险。

一、债的基本法律关系

(一)债的概念

《民法典》规定,债权是因合同、侵权行为、无因管理、不当得利以及法律的其他规定,权利

人请求特定义务人为或者不为一定行为的权利。

债是特定当事人之间的法律关系。债权人只能向特定的人主张自己的权利,债务人也只需向享有该项权利的特定人履行义务,即债的相对性。

(二)债的内容

债的内容是指债的主体双方之间的权利与义务,即债权人享有的权利和债务人负担的义务,即债权与债务。债权为请求特定人为特定行为作为或不作为的权利。

债权与物权不同,物权是绝对权,而债权是相对权。债权相对性理论的内涵,可以归纳为三个方面:债权主体的相对性;债权内容的相对性;债权责任的相对性。债务是根据当事人的约定或者法律规定,债务人所负担的应为特定行为的义务。

二、建设工程债的产生和常见种类

(一)建设工程债的产生

建设工程债的产生是指特定当事人之间债权债务关系的产生。引起债产生的一定的法律事实,就是债产生的根据。建设工程债产生的根据有合同、侵权、无因管理和不当得利。

1. 合同

在当事人之间因产生了合同法律关系,也就是产生了权利义务关系,便设立了债的关系。任何合同关系的设立,都会在当事人之间发生债权、债务的关系。合同引起债的关系是债发生的最主要、最普遍的依据。合同产生的债被称为合同之债。

建设工程债的产生,最主要的根据也是合同。施工合同的订立,会在施工单位与建设单位之间产生债的关系;材料设备买卖合同的订立,会在施工单位与材料设备供应商之间产生债的关系。

2. 侵权

侵权是指公民或法人没有法律依据而侵害他人的财产权利或人身权利的行为。侵权行为一经发生,即在侵权行为人和被侵权人之间形成债的关系。侵权行为产生的债被称为侵权之债。在建设工程活动中,也常会产生侵权之债。如施工现场的施工噪声,就有可能产生侵权之债。

《民法典》规定,建筑物、构筑物或其他设施及其搁置物、悬挂物发生脱落、坠落造成他人损害,所有人、管理人或使用人不能证明自己没有过错的,应当承担侵权责任。所有人、管理人或使用人赔偿后,有其他责任人的,有权向其他责任人追偿。

建筑物、构筑物或其他设施倒塌造成他人损害的,由建设单位与施工单位承担连带责任。建设单位、施工单位赔偿后,有其他责任人的,有权向其他责任人追偿。因其他责任人的原因,建筑物、构筑物或其他设施倒塌造成他人损害的,由其他责任人承担侵权责任。

从建筑物中抛掷物品或从建筑物上坠落的物品造成他人损害,难以确定具体侵权人的,除能够证明自己不是侵权人外,由可能加害的建筑物使用人给予补偿。

3. 无因管理

无因管理是指未受他人委托,也无法律上的义务,为避免他人利益受损失而自愿为他人管理事务或提供服务的事实行为。无因管理在管理人员或服务人员与受益人之间形成了债的关系。无因管理产生的债被称为无因管理之债。

4. 不当得利

不当得利是指没有法律根据，有损于他人利益而自身取得利益的行为。由于不当得利造成他人利益的损害，因此，在得利者与受害者之间形成债的关系。受损失的人有权请求其返还不当利益。不当得利产生的债被称为不当得利之债。

(二)建设工程债的常见种类

1. 施工合同债

施工合同债是发生在建设单位和施工单位之间的债。施工合同的义务主要是完成施工任务和支付工程款。对于完成施工任务，建设单位是债权人，施工单位是债务人；对于支付工程款，则相反。

2. 买卖合同债

在建设工程活动中，会产生大量的买卖合同，主要是材料设备买卖合同。材料设备的买方有可能是建设单位，也可能是施工单位。它们会与材料设备供应商发生债。

3. 侵权之债

在侵权之债中，最常见的是施工单位的施工活动产生的侵权。如施工噪声或废水、废弃物排放等扰民，可能对工地附近的居民构成侵权。此时，居民是债权人，施工单位或建设单位是债务人。

第六节 建设工程知识产权制度

当今，我们所处的时代也被称为知识大爆炸的时代，其突出的表现就是知识在经济活动和日常生活中起着重要的作用。在建设工程活动中也是如此，知识产权引领着工程建设领域的技术进步，知识产权法律制度保护着相关权利人的利益。

一、知识产权的法律特征

知识产权是权利人对其创造的智力成果依法享有的权利。按照《民法典》的规定，知识产权是权利人依法就下列客体享有的专有的权利：①作品；②发明、实用新型、外观设计；③商标；④地理标志；⑤商业秘密；⑥集成电路布图设计；⑦植物新品种；⑧法律规定的其他客体。

知识产权作为一种无形财产权，对其进行法律保护不同于对有形财产的保护，从而也就具有了不同于有形财产的法律特征。

1. 财产权和人身权的双重属性

在《民法典》对民事权利的分类中，其他的民事权利都只有财产权或人身权的单一属性，只有知识产权具有财产权和人身权的双重属性。

2. 专有性

知识产权同其他财产所有权一样，具有绝对的排他性。权利人对智力成果享有专有权，其他人若要利用这一成果必须经过权利人同意，否则将构成侵权。

3. 地域性

知识产权在空间上的效力并不是无限的，而要受到地域的限制，其效力只及于确认和保护知识产权的一国法律所能及的地域内。对于有形财产则不存在这一问题，无论财产转移到哪个国家，都不会发生财产所有人自动丧失所有权的情形。

4.期限性

知识产权仅在法律规定的期限内受到法律的保护，一旦超过法定期限，这一权利就自行消灭。该智力成果就成为整个社会的共同财富，为全人类共同所有。有形财产权没有时间限制，只要财产存在，权利就必然存在。

二、建设工程知识产权的常见种类、保护和侵权责任

(一)建设工程知识产权的常见种类

在建设工程中，常见的知识产权主要是专利权、商标权、著作权、发明权和其他科技成果。计算机软件也是工程建设中经常使用的，属于著作权保护的客体。

(二)专利权

1.专利权的概念

专利权是指权利人在法律规定的期限内，对其发明创造所享有的制造、使用和销售的专有权。国家授予权利人对其发明创造享有专有权，能保护权利人的利益，使其公开其发明创造的技术内容，有利于发明创造的应用。在建设工程活动中，不断有新技术产生，有许多新技术是取得了专利权的。

2.专利法相关法规保护的对象

专利法相关法规保护的对象就是专利权的客体，各国规定各不相同。《民法典》中相关内容保护的是发明创造专利权，并规定发明创造包括发明、实用新型和外观设计。

发明是指对产品、方法或其改进所提出的新的技术方案。实用新型是指对产品的形状、构造或者其结合所提出的适于实用的新的技术方案。外观设计，是指对产品的形状、图案或其结合及色彩与形状、图案的结合所作出的富有美感，并适用于工业应用的新设计。

3.授予专利权的条件

(1)授予发明和实用新型专利权的条件。授予专利权的发明和实用新型，应当具备新颖性、创造性和实用性。新颖性是指该发明或实用新型不属于现有技术，也没有任何单位或个人就同样的发明或实用新型在申请日以前向国务院专利行政主管部门提出过申请，并记载在申请日以后公布的专利申请文件或公告的专利文件中；创造性是指与现有技术相比，该发明或该实用新型具有突出的实质性特点和显著的进步，现有技术是指申请日以前在国内外为公众所知的技术；实用性是指该发明或实用新型能够制造或使用，并且能够产生积极效果。取得专利权的发明或实用新型必须是能够应用于生产领域的，而不能是纯理论的。

(2)授予外观设计专利权的条件。授予专利权的外观设计，应当同申请日以前在国内外出版物上公开发表过或国内公开使用过的外观设计不相同和不相近似，并不得与他人在先取得的合法权利相冲突。除新颖性外，外观设计还应当具备富有美感和适用于工业应用两个条件。

4.专利权人的权利和专利权的期限

(1)专利权人的权利。发明和实用新型专利权被授予后，除《民法典》另有规定的外，任何

单位或个人未经专利权人许可,都不得实施其专利,即不得为生产经营目的制造、使用、许诺销售、销售、进口其专利产品,或者使用其专利方法及使用、许诺销售、销售、进口依照该专利方法直接获得的产品。外观设计专利权被授予后,任何单位或个人未经专利权人许可,都不得实施其专利,即不得为生产经营目的制造、销售、进口其外观设计专利产品。

(2)专利权的期限。发明专利权的期限为20年,实用新型专利权的期限为10年,外观设计专利权的期限为15年,均自申请日起计算。

(三)商标权

1. 商标与商标专用权的概念

商标是指企业、事业单位和个体工商业者,为了使其生产经营的商品或者提供的服务项目有别于他人的商品或服务项目,用具有显著特征的文字、图形、字母、数字、三维标志和颜色组合,以及上述要素的组合来表示的标志。商标可分为商品商标和服务商标两大类。

商标专用权是指企业、事业单位和个体工商业者对其注册的商标依法享有的专用权。由于商标有表示质量和信誉的作用,他人使用商标所有人的商标,有可能会对商标所有人的信誉造成损害,必须严格禁止。

《中华人民共和国商标法》(以下简称《商标法》)规定,自然人、法人或者其他组织在生产经营活动中,对其商品或者服务需要取得商标专用权的,应当向商标局申请商标注册。不以使用为目的的恶意商标注册申请,应当予以驳回。

2. 商标专用权的内容及保护对象

商标专用权是指商标所有人对注册商标所享有的具体权利。同其他知识产权不同,商标专用权的内容只包括财产权,商标设计者的人身权受《中华人民共和国著作权法》(以下简称《著作权法》)保护。

商标专用权包括使用权和禁止权两个方面。使用权是商标注册人对其注册商标充分支配和完全使用的权利,权利人也有权将商标使用权转让给他人或通过合同许可他人使用其注册商标;禁止权是商标注册人禁止他人未经其许可而使用注册商标的权利。

商标专用权的保护对象是经过国家商标管理机关核准注册的商标,未经核准注册的商标不受商标法保护。使用注册商标应当标明"注册商标"或注册标记。商标必须使用文字、图形或者其组合作为表现形式,并应当具备显著特征,便于人们识别。

3. 注册商标的续展、转让和使用许可

注册商标的有效期为10年,自核准注册之日起计算。但是,商标与其他知识产权的客体不同,往往使用时间越长越有价值。商标的知名度较高往往也是长期使用的结果。因此,注册商标可以无数次提出续展申请,其理论上的有效期是无限的。注册商标有效期满,需要继续使用的,应当在期满前12个月内申请续展注册;在此期间未能提出申请的,可以给予6个月的宽展期。宽展期满仍未提出申请的,注销其注册商标。每次续展注册的有效期为10年。

注册商标的转让是指商标专用人将其所有的注册商标依法转移给他人所有并由其专用的法律行为。转让注册商标的,转让人和受让人应当共同向商标局提出申请。受让人应当保证使用该注册商标的商品或服务的质量。商标专用权人可以将商标连同企业或者商誉同时转让,也可以将商标单独转让。

注册商标的使用许可是指商标注册人通过签订商标使用许可合同,许可他人使用其注册

商标的法律行为。许可人应当监督被许可人使用其注册商标的商品或服务的质量。被许可人应当保证使用注册商标的商品或服务的质量。经许可使用他人注册商标的,必须在使用该注册商标的商品上标明被许可人的名称和商品产地。

(四)著作权

1. 著作权的概念

著作权是指作者及其他著作权人依法对文学、艺术和科学作品所享有的专有权。在我国,著作权等同于版权。

2. 建设工程活动中常见的著作权作品

著作权保护的客体是作品,在建设工程活动中,会产生许多享有著作权的作品。

(1)文字作品。对于施工单位而言,施工单位编制的投标文件等文字作品、项目经理完成的工作报告等,都会享有著作权。建设单位编制的招标文件等文字作品也享有著作权。

(2)建筑作品。建筑作品是指以建筑物或构筑物形式表现的有审美意义的作品。

(3)图形作品。图形作品是指为施工、生产绘制的工程设计图、产品设计图,以及反映地理现象、说明事物原理或者结构的地图、示意图等作品。

3. 著作权的主体

著作权的主体是指从事文学、艺术、科学等领域创作出作品的作者及其他享有著作权的公民、法人或者其他组织。在特定情况下,国家也可以成为著作权的主体。

在建设工程活动中,有许多作品属于单位作品。由法人或其他组织主持,代表法人或其他组织意志创作,并由法人或其他组织承担责任的作品,法人或其他组织视为作者。如招标文件、投标文件,往往就是单位作品。单位作品的著作权完全归单位所有。

在建设工程活动中,有些作品属于职务作品。公民为完成法人或其他组织的工作任务所创作的作品是职务作品。职务作品与单位作品在形式上的区别在于,单位作品的作者是单位,而职务作品的作者是公民个人。一般情况下,职务作品的著作权由作者享有,但法人或其他组织有权在其业务范围内优先使用。作品完成两年内,未经单位同意,作者不得许可第三人以与单位使用的相同方式使用该作品。《著作权法》规定,有下列情形之一的职务作品,作者享有署名权,著作权的其他权利由法人或者其他组织享有,法人或者其他组织可以给予作者奖励:①主要是利用法人或者其他组织的物质技术条件创作,并由法人或者其他组织承担责任的工程设计图、产品设计图、地图、计算机软件等职务作品;②法律、行政法规规定或者合同约定著作权由法人或者其他组织享有的职务作品。

在建设工程活动中,有些作品属于委托作品。一般情况下,勘察设计文件都是勘察设计单位接受建设单位委托创作的委托作品。受委托创作的作品,著作权的归属由委托人和受托人通过合同约定。合同未作明确约定或者没有订立合同的,著作权属于受托人。

4. 著作权的保护期

著作权的保护期由于权利内容及主体的不同而有所不同:①作者的署名权、修改权、保护作品完整权的保护期不受限制;②公民的作品,其发表权、使用权和获得报酬权的保护期,为作者终生及其死后50年。如果是合作作品,截止于最后死亡的作者死亡后第50年的12月31日;③法人或者其他组织的作品、著作权(署名权除外)由法人或者其他组织享有的职务作品,其发表权、使用权和获得报酬权的保护期为50年,截止于作品首次发表后第50年的12

31日，但作品自创作完成后50年内未发表的，不再受《著作权法》保护。

(五)计算机软件的法律保护

1. 计算机软件的概念

《计算机软件保护条例》规定，计算机软件是指计算机程序及其有关文档。

计算机程序是指为了得到某种结果而可以由计算机等具有信息处理能力的装置执行的代码化指令序列，或者可以被自动转换成代码化指令序列的符号化指令序列或者符号化语句序列。同一计算机程序的源程序和目标程序为同一作品。文档是指用来描述程序的内容、组成、设计、功能规格、开发情况、测试结果及使用方法的文字资料和图表等，如程序设计说明书、流程图、用户手册等。

2. 软件著作权的归属

软件著作权属于软件开发者，《计算机软件保护条例》另有规定的除外。如无相反证明，在软件上署名的自然人、法人或其他组织为开发者。

由两个以上的自然人、法人或其他组织合作开发的软件，其著作权的归属由合作开发者签订书面合同约定。接受他人委托开发的软件，其著作权的归属由委托人与受托人签订书面合同约定；无书面合同或合同未作明确约定的，其著作权由受托人享有。由国家机关下达任务开发的软件，著作权的归属与行使由项目任务书或合同规定；项目任务书或合同中未作明确规定的，软件著作权由接受任务的法人或者其他组织享有。

自然人在法人或其他组织中任职期间所开发的软件有下列情形之一的，该软件著作权由该法人或者其他组织享有，该法人或者其他组织可以对开发软件的自然人进行奖励：①针对本职工作中明确指定的开发目标所开发的软件；②开发的软件是从事本职工作活动所预见的结果或者自然的结果；③主要使用了法人或者其他组织的资金、专用设备、未公开的专门信息等物质技术条件所开发并由法人或者其他组织承担责任的软件。

3. 软件著作权的限制

软件的合法复制品所有人享有下列权利：①根据使用的需要把该软件装入计算机等具有信息处理能力的装置内；②为了防止复制品损坏而制作备份复制品。这些备份复制品不得通过任何方式提供给他人使用，并在所有人丧失该合法复制品的所有权时，负责将备份复制品销毁；③为了把该软件应用于实际的计算机应用环境或者改进其功能、性能而进行必要的修改；但是，除合同另有约定外，未经该软件著作权人许可，不得向任何第三方提供修改后的软件。

软件著作权制度也存在合理使用，即为了学习和研究软件内含的设计思想和原理，通过安装、显示、传输或者存储软件等方式使用软件的，可以不经软件著作权人许可，不向其支付报酬。

4. 计算机软件著作权的保护期限

自然人的软件著作权，保护期为自然人终生及其死亡后50年，截止于自然人死亡后第50年的12月31日；软件是合作开发的，截止于最后死亡的自然人死亡后第50年的12月31日。法人或者其他组织的软件著作权，保护期为50年，截止于软件首次发表后第50年的12月31日，但软件自开发完成之日起50年内未发表的，不再受到《计算机软件保护条例》的保护。

三、建设工程知识产权的保护

建设工程知识产权权利人的权益受到损害的情况包括违约和侵权两种情况,当事人可以寻求的保护途径包括民法保护、行政法保护和刑法保护。

建设工程知识产权发生纠纷后,由当事人协商解决;不愿协商或协商不成的,权利人或利害关系人可以依照《民事诉讼法》向人民法院起诉,也可以请求知识产权行政主管部门作出处理。

(一)建设工程专利权的保护

《民法典》规定,建设工程发明或实用新型专利权的保护范围以其权利要求的内容为准,说明书及附图可以用于解释权利要求的内容。外观设计专利权的保护范围以表示在图片或者照片中的该产品的外观设计为准,简要说明可以用于解释图片或照片所表示的该产品的外观设计。

专利权人或利害关系人有证据证明他人正在实施或者即将实施侵犯专利权的行为,如不及时制止将会使其合法权益受到难以弥补的损害的,可以在起诉前向人民法院申请采取责令停止有关行为的措施。申请人提出申请时,应当提供担保;不提供担保的,驳回申请。

人民法院应当自接受申请之时起48小时内作出裁定;有特殊情况需要延长的,可以延长48小时。裁定责令停止有关行为的,应当立即执行。当事人对裁定不服的,可以申请复议一次;复议期间不停止裁定的执行。

(二)建设工程商标权的保护

按照《中华人民共和国商标法》(以下简称《商标法》)的规定,注册商标的专用权,以核准注册的商标和核定使用的商品为限。有下列行为之一的,均属侵犯注册商标专用权:①未经商标注册人的许可,在同一种商品或者类似商品上使用与其注册商标相同或者近似的商标的;②销售侵犯注册商标专用权的商品的;③伪造、擅自制造他人注册商标标识或销售伪造、擅自制造的注册商标标识的;④未经商标注册人同意,更换其注册商标并将该更换商标的商品又投入市场的;⑤给他人的注册商标专用权造成其他损害的。

县级以上工商行政管理部门根据已经取得的违法嫌疑证据或举报,对涉嫌侵犯他人注册商标专用权的行为进行查处时,可以行使下列职权:①询问有关当事人,调查与侵犯他人注册商标专用权有关的情况;②查阅、复制当事人与侵权活动有关的合同、发票、账簿及其他有关资料;③对当事人涉嫌从事侵犯他人注册商标专用权活动的场所实施现场检查;④检查与侵权活动有关的物品。对有证据证明是侵犯他人注册商标专用权的物品,可以查封或扣押。

(三)建设工程著作权的保护

对于著作权的保护主要是民法保护。如果侵权行为同时损害公共利益,可以由著作权行政管理部门责令停止侵权行为,没收违法所得,没收、销毁侵权复制品,并可处以罚款;情节严重的,著作权行政管理部门还可以没收主要用于制作侵权复制品的材料、工具、设备等;构成犯罪的,依法追究刑事责任。

四、建设工程知识产权侵权的法律责任

(一)建设工程知识产权侵权的民事责任

《民法典》规定,承担侵权责任的方式主要有:①停止侵害;②排除妨碍;③消除危险;④返还财产;⑤恢复原状;⑥赔偿损失;⑦赔礼道歉;⑧消除影响、恢复名誉。以上承担侵权责任的方式,可以单独适用,也可以合并适用。

停止侵害是指建设工程知识产权被侵权时,权利人有权要求侵权人停止侵害;排除妨碍是指建设工程知识产权权利人行使其权利受到不法阻碍或妨害时,有权请求加害人排除或请求人民法院强制排除,以保障权利正常行使的措施;消除危险是指行为人的行为对建设工程知识产权造成潜在的威胁时,权利人可以要求其采取有效措施消除危险;返还财产是指侵权人因为侵权行为而占有了建设工程知识产权所有人的财产,权利人有权要求返还;恢复原状是指建设工程知识产权权利人有权要求侵权人恢复权利被侵害前的原有状态;赔偿损失是指侵权行为给建设工程知识产权权利人造成财产上的损失时,应当以其财产赔偿对方所蒙受的财产损失;赔礼道歉和消除影响、恢复名誉主要是适用于人身权受到侵害时的责任,在建设工程知识产权中也会有人身权的内容,如著作权,可以适用这两种民事责任。

在建设工程知识产权侵权的民事责任中,最主要的还是赔偿损失。赔偿损失的数额有4种确定方法:一是侵权的赔偿数额按照权利人因被侵权所受到的实际损失确定;二是实际损失难以确定的,可以按照侵权人因侵权所获得的利益确定;三是权利人的损失或者侵权人获得的利益难以确定的,参照该知识产权许可使用费的倍数合理确定;四是权利人的损失、侵权人获得的利益和专利许可使用费均难以确定的,人民法院可以根据专利权的类型、侵权行为的性质和情节等因素,确定给予一定数额的赔偿。如侵犯的是建设工程专利权,应当是1万元以上100万元以下的赔偿;侵犯的是建设工程著作权和商标权,应当是50万元以下的赔偿。赔偿数额还应当包括权利人为制止侵权行为所支付的合理开支。

(二)建设工程知识产权侵权的行政责任

1. 侵犯建设工程专利权的行政责任

在侵犯建设工程专利权的行为中,需要承担行政责任的主要是假冒专利,除依法承担民事责任外,应当由专利主管部门责令改正并予以公告,没收违法所得,可以并处违法所得4倍以下的罚款;没有违法所得的,可以处20万元以下的罚款。

对于未经专利权人许可,实施其专利这一侵权行为,引起纠纷的,专利权人或利害关系人可以请求专利主管部门作出处理;专利主管部门处理时,认定侵权行为成立的,可以责令侵权人立即停止侵权行为。

2. 侵犯建设工程商标权的行政责任

(1)使用注册商标违法的行政责任。按照《商标法》的规定,使用注册商标,有下列行为之一的,由商标局责令限期改正或者撤销其注册商标:①自行改变注册商标的;②自行改变注册商标的注册人名称、地址或者其他注册事项的;③自行转让注册商标的;④连续3年停止使用的。

(2)使用注册商标的商品生产或销售有违法行为的行政责任。使用注册商标,其商品粗制滥造,以次充好,欺骗消费者的,由各级工商行政管理部门区分不同情况,责令限期改正,并

可以予以通报或者处以罚款,或者由商标局撤销其注册商标。

(3)使用未注册商标违法的行政责任。使用未注册商标,有下列行为之一的,由地方工商行政管理部门予以制止,限期改正,并可以予以通报或者处以罚款:①冒充注册商标的;②使用不得作为商标使用标志的;③粗制滥造,以次充好,欺骗消费者的。

3. 侵犯建设工程著作权的行政责任

按照《著作权法》的规定,有下列侵权行为的,如果同时损害公共利益的,可以由著作权行政管理部门责令停止侵权行为,没收违法所得,没收、销毁侵权复制品,并可处以罚款;情节严重的,著作权行政管理部门还可以没收主要用于制作侵权复制品的材料、工具、设备等:①未经著作权人许可,复制、发行、表演、放映、广播、汇编、通过信息网络向公众传播其作品的;②出版他人享有专有出版权的图书的;③未经表演者许可,复制、发行录有其表演的录音录像制品,或者通过信息网络向公众传播其表演的;④未经录音录像制作者许可,复制、发行、通过信息网络向公众传播其制作的录音录像制品的;⑤未经许可,播放或者复制广播、电视的;⑥未经著作权人或者与著作权有关的权利人许可,故意避开或者破坏权利人为其作品、录音录像制品等采取的保护著作权或者与著作权有关的权利的技术措施的;⑦未经著作权人或者与著作权有关的权利人许可,故意删除或改变作品、录音录像制品等的权利管理电子信息的;⑧制作、出售假冒他人署名的作品的。

(三)建设工程知识产权侵权的刑事责任

建设工程知识产权侵权行为中,可能构成犯罪的行为有:违反知识产权保护法规,未经知识产权所有人许可,非法利用其知识产权,侵犯国家对知识产权的管理秩序和知识产权所有人的合法权益,违法所得数额较大或者情节严重的行为。

1. 侵犯商标权的刑事责任

(1)假冒注册商标罪。《中华人民共和国刑法》(以下简称《刑法》)规定,未经注册商标所有人许可,在同一种商品上使用与其注册商标相同的商标,情节严重的,处3年以下有期徒刑或者拘役,并处或者单处罚金;情节特别严重的,处3年以上7年以下有期徒刑,并处罚金。

(2)销售假冒注册商标的商品罪。销售明知是假冒注册商标的商品,销售金额数额较大的,处3年以下有期徒刑或者拘役,并处或者单处罚金;销售金额数额巨大的,处3年以上7年以下有期徒刑,并处罚金。

(3)非法制造、销售非法制造的注册商标标识罪。伪造、擅自制造他人注册商标标识或者销售伪造、擅自制造的注册商标标识,情节严重的,处3年以下有期徒刑、拘役或管制,并处或者单处罚金;情节特别严重的,处3年以上7年以下有期徒刑,并处罚金。

2. 侵犯专利权的刑事责任

假冒他人专利,情节严重的,处3年以下有期徒刑或拘役,并处或单处罚金。

3. 侵犯著作权的刑事责任

(1)侵犯著作权罪。以营利为目的,有下列侵犯著作权情形之一,违法所得数额较大或有其他严重情节的,处3年以下有期徒刑或拘役,并处或单处罚金;违法所得数额巨大或者有其他特别严重情节的,处3年以上7年以下有期徒刑,并处罚金:①未经著作权人许可,复制发行其文字作品,音乐、电影、电视、录像作品,计算机软件及其他作品的;②出版他人享有专有出版权的图书的;③未经录音录像制作者许可,复制发行其制作的录音录像的;④制作、出售假冒他人署名的美术作品的。

（2）销售侵权复制品罪。以营利为目的，销售明知是侵权复制品，违法所得数额巨大的，处3年以下有期徒刑或拘役，并处或单处罚金。

第七节　建设工程担保制度

一、担保与担保合同的规定

担保是指当事人根据法律规定或双方约定，为促使债务人履行债务实现债权人的权利的法律制度。

《民法典》规定，在借贷、买卖、货物运输、加工承揽等经济活动中，债权人需要以担保方式保障其债权实现的，可以依照本法规定设定担保。担保方式为保证、抵押、质押、留置和定金。

第三人为债务人向债权人提供担保时，可以要求债务人提供反担保。反担保适用《民法典》关于担保的规定。

担保合同是主合同的从合同，主合同无效，担保合同无效。担保合同另有约定的，按照约定。担保合同被确认无效后，债务人、担保人、债权人有过错的，应当根据其过错各自承担相应的民事责任。

二、建设工程保证担保的方式和责任

在建设工程活动中，保证是最常用的一种担保方式。所谓保证，是指保证人和债权人约定，当债务人不履行债务时，保证人按照约定履行债务或承担责任的行为。具有代为清偿债务能力的法人、其他组织或公民，可以作保证人。但在建设工程活动中，由于担保的标的额较大，保证人往往是银行，也有信用较高的其他担保人，如担保公司。银行出具的保证通常称为保函，其他保证人出具的书面保证一般称为保证书。

（一）保证的基本法律规定

1. 保证合同

保证人与债权人应当以书面形式订立保证合同。保证人与债权人可以就单个主合同分别订立保证合同，也可以协议在最高债权额限度内就一定期间连续发生的借款合同或某项商品交易合同订立一个保证合同。

保证合同应当包括以下内容：①被保证的主债权种类、数额；②债务人履行债务的期限；③保证的方式；④保证担保的范围；⑤保证的期间；⑥双方认为需要约定的其他事项。保证合同不完全具备以上规定内容的，可以补正。

2. 保证方式

保证的方式有一般保证和连带责任保证两种。

当事人在保证合同中约定，债务人不能履行债务时，由保证人承担保证责任的为一般保证；当事人在保证合同中约定保证人与债务人对债务承担连带责任的为连带责任保证。连带责任保证的债务人在主合同规定的债务履行期届满没有履行债务的，债权人可以要求债务人履行债务，也可以要求保证人在其保证范围内承担保证责任。

当事人对保证方式没有约定或约定不明确的,按照连带责任保证承担保证责任。

3. 保证人资格

具有代为清偿债务能力的法人、其他组织或公民,可以作为保证人。但是,以下组织不能作为保证人:

(1)国家机关不得为保证人,但经国务院批准为使用外国政府或国际经济组织贷款进行转贷的除外。

(2)学校、幼儿园、医院等以公益为目的的事业单位、社会团体不得为保证人。

(3)企业法人的分支机构、职能部门不得为保证人。企业法人的分支机构有法人书面授权的,可以在授权范围内提供保证。

任何单位和个人不得强令银行等金融机构或企业为他人提供保证;银行等金融机构或企业对强令其为他人提供保证的保证行为,有权拒绝。

4. 保证责任

保证合同生效后,保证人就应当在合同约定的保证范围和保证期间承担保证责任。

保证担保的范围包括主债权及利息、违约金、损害赔偿金和实现债权的费用。保证合同另有约定的,按照约定。当事人对保证担保的范围没有约定或约定不明确的,保证人应当对全部债务承担责任。

保证期间,债权人依法将主债权转让给第三人的,保证人在原保证担保的范围内继续承担保证责任。保证合同另有约定的,按照约定。保证期间,债权人许可债务人转让债务的,应当取得保证人书面同意,保证人对未经其同意转让的债务,不再承担保证责任。债权人与债务人协议变更主合同的,应当取得保证人书面同意,未经保证人书面同意的,保证人不再承担保证责任。保证合同另有约定的,按照约定。

一般保证的保证人未约定保证期间的,保证期间为主债务履行期届满之日起 6 个月。连带责任保证的保证人与债权人未约定保证期间的,债权人有权自主债务履行期届满之日起 6 个月内要求保证人承担保证责任。

(二)建设工程施工常用的担保种类

1. 施工投标保证金

投标保证金是指投标人按照招标文件的要求向招标人出具的,以一定金额表示的投标责任担保。其实质是为了避免因投标人在投标有效期内随意撤销投标或中标后不能提交履约保证金和签署合同等行为而给招标人造成损失。

投标保证金除现金外,还可以是银行出具的银行保函、保兑支票、银行汇票或现金支票。

2. 施工合同履约保证金

《中华人民共和国招标投标法》(以下简称《招标投标法》)规定,招标文件要求中标人提交履约保证金的,中标人应当提供。

施工合同履约保证金是为了保证施工合同的顺利履行而要求承包人提供的担保。施工合同履约保证金多为提供第三人的信用担保(保证),一般是由银行或担保公司向招标人出具履约保函或保证书。

3. 工程款支付担保

《工程建设项目施工招标投标办法》规定,招标人要求中标人提供履约保证金或其他形式履约担保的,招标人应当同时向中标人提供工程款支付担保。

工程款支付担保是发包人向承包人提交的、保证按照合同约定支付工程款的担保,通常采用由银行出具保函的方式。

4. 预付款担保

预付款担保是指承包人向发包人提供的用于实现承包人按合同约定进行施工,偿还发包人已支付的全部预付金额的担保。如果承包人违约,使发包人不能在规定期限内从应付工程款中扣除全部预付款,则发包人有权行使预付款担保权利作为补偿。

三、抵押权、质权、留置、定金的规定

(一)抵押权

1. 抵押的法律概念

按照《民法典》的规定,抵押是指债务人或第三人不转移对财产的占有,将该财产作为债权的担保。债务人不履行债务时,债权人有权依照法律规定以该财产折价或以拍卖、变卖该财产的价款优先受偿。其中,债务人或第三人称为抵押人,债权人称为抵押权人。

2. 抵押物

债务人或第三人提供担保的财产为抵押物。由于抵押物是不转移其占有的,因此能够成为抵押物的财产必须具备一定的条件。这类财产轻易不会灭失,其所有权的转移应当经过一定的程序。

债务人或第三人有权处分的下列财产可以抵押:①建筑物和其他土地附着物;②建设用地使用权;③以招标、拍卖、公开协商等方式取得的荒地等土地承包经营权;④生产设备、原材料、半成品、产品;⑤正在建造的建筑物、船舶、航空器;⑥交通运输工具;⑦法律、行政法规未禁止抵押的其他财产。

下列财产不得抵押:①土地所有权;②耕地、宅基地、自留地、自留山等集体所有的土地使用权;③学校、幼儿园、医院等以公益为目的的事业单位、社会团体的教育设施、医疗卫生设施和其他社会公益设施;④所有权、使用权不明或有争议的财产;⑤依法被查封、扣押、监管的财产;⑥依法不得抵押的其他财产。

当事人以下列财产抵押的,应当办理抵押登记,抵押权自登记时设立:①建筑物和其他土地附着物;②建设用地使用权;③以招标、拍卖、公开协商等方式取得的荒地等土地承包经营权;④正在建造的建筑物。

当事人以下列财产抵押的,抵押权自抵押合同生效时设立,未经登记,不得对抗善意第三人:①生产设备、原材料、半成品、产品;②交通运输工具;③正在建造的船舶、航空器。

办理抵押物登记,应当向登记部门提供主合同、抵押合同、抵押物的所有权或使用权证书。

3. 抵押的效力

抵押担保的范围包括主债权及利息、违约金、损害赔偿金和实现抵押权的费用。当事人也可以在抵押合同中约定抵押担保的范围。

抵押人有义务妥善保管抵押物并保证其价值。抵押期间,抵押人经抵押权人同意转让抵押财产的,应当将转让所得的价款向抵押权人提前清偿债务或提存。转让的价款超过债权数额的部分归抵押人所有,不足部分由债务人清偿。抵押期间,抵押人未经抵押权人同意,不得

转让抵押财产,但受让人代为清偿债务消灭抵押权的除外。抵押人的行为足以使抵押财产价值减少的,抵押权人有权要求抵押人停止其行为。

抵押权与其担保的债权同时存在。抵押权不得与债权分离而单独转让或作为其他债权的担保。

4. 抵押权的实现

债务履行期届满抵押权人未受清偿的,可以与抵押人协议以抵押物折价或以拍卖、变卖该抵押物所得的价款受偿;协议不成的,抵押权人可以向人民法院提起诉讼。抵押物折价或拍卖、变卖后,其价款超过债权数额的部分归抵押人所有,不足部分由债务人清偿。

同一财产向两个以上债权人抵押的,拍卖、变卖抵押物所得的价款按照以下规定清偿:①抵押合同以登记生效的,按抵押物登记的先后顺序清偿;顺序相同的,按照债权比例清偿;②抵押合同自签订之日起生效的,如果抵押物未登记的,按照合同生效的先后顺序清偿,顺序相同的,按照债权比例清偿。抵押物已登记的先于未登记的受偿。

(二)质权

1. 质押的法律概念

按照《民法典》的规定,质押是指债务人或第三人将其动产或权力移交债权人占有,将该动产或权利作为债权的担保。债务人不履行债务时,债权人有权依照法律规定以该动产或权利折价或以拍卖、变卖该动产或权利的价款优先受偿。

质权是一种约定的担保物权,以转移占有为特征。债务人或第三人为出质人,债权人为质权人,移交的动产或权利为质物。

2. 质押的分类

质押分为动产质押和权利质押。

(1)动产质押是指债务人或第三人将其动产移交债权人占有,将该动产作为债权的担保。能够用作质押的动产没有限制。

(2)权利质押一般是将权利凭证交付质押人的担保。可以质押的权利包括:汇票、支票、本票、债券、存款单、仓单、提单;依法可以转让的股份、股票;依法可以转让的商标专用权、专利权、著作权中的财产权;依法可以质押的其他权利。

(三)留置

按照《民法典》的规定,留置是指债权人按照合同约定占有债务人的动产,债务人不按照合同约定的期限履行债务的,债权人有权依照法律规定留置该财产,以该财产折价或以拍卖、变卖该财产的价款优先受偿。

《民法典》规定,因保管合同、运输合同、加工承揽合同发生的债权,债务人不履行债务的,债权人享有留置权。法律规定可以留置的其他合同,适用以上规定。当事人可以在合同中约定不得留置的物。

留置权人负有妥善保管留置物的义务。因保管不善致使留置物灭失或毁损的,留置权人应当承担民事责任。

(四)定金

《民法典》规定,当事人可以约定一方向对方给付定金作为债权的担保。债务人履行债务后,定金应当抵作价款或收回。给付定金的一方不履行约定的债务的,无权要求返还定金;收受定金的一方不履行约定的债务的,应当双倍返还定金。

定金应当以书面形式约定。当事人在定金合同中应当约定交付定金的期限。定金合同从实际交付定金之日起生效。定金的数额由当事人约定,但不得超过主合同标的额的20%。

第八节 建设工程保险制度

一、保险与保险索赔的规定

(一)保险概述

1. 保险的法律概念

2015年4月经修改后公布的《中华人民共和国保险法》(以下简称《保险法》)规定,保险是指投保人根据合同约定,向保险人支付保险费,保险人对于合同约定的可能发生的事故因其发生所造成的财产损失承担赔偿保险金责任,或当被保险人死亡、伤残、疾病或达到合同约定的年龄、期限时承担给付保险金责任的商业保险行为。

保险是一种受法律保护的分散危险、消化损失的法律制度。因此,危险的存在是保险产生的前提。但保险制度上的危险具有损失发生的不确定性,包括发生与否的不确定性、发生时间的不确定性和发生后果的不确定性。

2. 保险合同

保险合同是指投保人与保险人约定保险权利义务关系的协议。投保人是指与保险人订立保险合同,并按照保险合同负有支付保险费义务的人。保险人是指与投保人订立保险合同,并承担赔偿或给付保险金责任的保险公司。

保险合同在履行中还会涉及被保险人和受益人。被保险人是指其财产或人身受保险合同保障,享有保险金请求权的人,投保人可以为被保险人。受益人是指人身保险合同中由被保险人或投保人指定的享有保险金请求权的人,投保人、被保险人可以为受益人。

保险合同一般是以保险单的形式订立的。保险合同分为财产保险合同、人身保险合同。

(1)财产保险合同。财产保险合同是以财产及其有关利益为保险标的的保险合同。在财产保险合同中,保险合同的转让应当通知保险人,经保险人同意继续承保后,依法转让合同。

在合同的有效期内,保险标的的危险程度显著增加的,被保险人应当按照合同约定及时通知保险人,保险人可以按照合同约定增加保险费或解除合同。建筑工程一切险和安装工程一切险即为财产保险合同。

(2)人身保险合同。人身保险合同是以人的寿命和身体为保险标的的保险合同。投保人应向保险人如实申报被保险人的年龄、身体状况。投保人于合同成立后,可以向保险人一次支付全部保险费,也可以按照合同约定分期支付保险费。人身保险的受益人由被保险人或投保人指定。

人身保险包括人寿保险、伤害保险、健康保险三种。保险人对人寿保险的保险费,不得采用诉讼方式要求投保人支付。

(二)保险索赔

对于投保人而言,保险的根本目的是发生灾难事件时能够得到补偿,而这一目的必须通过索赔来实现。

1. 投保人进行保险索赔须提供必要的、有效的证明

保险事故发生后,依照保险合同请求保险人赔偿或给付保险金时,投保人、被保险人或受益人应当向保险人提供其所能提供的与确认保险事故的性质、原因、损失程度等有关的证明和资料。

这就要求投保人在日常管理中应当注意证据的收集和保存。当保险事件发生后,更应注意证据收集,有时还需要有关部门的证明。索赔的证据一般包括保单、建设工程合同、事故照片、鉴定报告及保单中规定的证明文件。

2. 投保人等应当及时提出保险索赔

投保人、被保险人或受益人知道保险事故发生后,应当及时通知保险人。这与索赔的成功与否密切相关。因为资金有时间价值,如果保险事件发生后很长时间才能取得索赔,即使是全额赔偿也不足以补偿保险事故造成的全部损失。而且,时间过长还会给索赔人的取证或保险人的理赔增加很大的难度。

3. 计算损失大小

保险单上载明的保险财产全部损失,应当按照全损进行保险索赔。保险单上载明的保险财产没有全部损失,应当按照部分损失进行保险索赔。但是,财产虽然没有全部毁损或灭失,但其损坏程度已达到无法修理,或虽然能够修理但修理费用将超过赔偿金额的,也应当按照全损进行索赔。如果一个建设工程项目同时由多家保险公司承保,则应当按照约定的比例分别向不同的保险公司提出索赔要求。

二、建设工程的主要种类和投保权益

建设工程活动涉及的法律关系较为复杂,风险较为多样。因此,建设工程活动涉及的险种也较多。其主要包括建筑工程一切险(及第三者责任险)、安装工程一切险(及第三者责任险)、机器损坏险、机动车辆险、建筑职工意外伤害险、勘察设计责任保险、工程监理责任保险等。

(一)建筑工程一切险(及第三者责任险)

建筑工程一切险是承保各类民用、工业和公用事业建筑工程项目,包括道路、桥梁、水坝、港口等,在建造过程中因自然灾害或意外事故而引起的一切损失的险种。因在建工程抗灾能力差,危险程度高,一旦发生意外,不仅会对工程本身造成巨大的物质财富损失,甚至可能殃及邻近人员与财物。因此,随着各种新建、扩建、改建的建设工程项目日渐增多,许多保险公司已经开设这一险种。

建筑工程一切险往往还加保第三者责任险。第三者责任险是指在保险有效期内因在施工工地上发生意外事故造成在施工工地及邻近地区的第三者人身伤亡或财产损失,依法应由被保险人承担的经济赔偿责任。

1. 投保人与被保险人

2017年9月住房和城乡建设部、原工商总局经修订后联合颁布的《建设工程施工合同(示

范文本)》中规定,除专用合同条款另有约定外,发包人应投保建筑工程一切险或安装工程一切险;发包人委托承包人投保的,因投保产生的保险费和其他相关费用由发包人承担。

建筑工程一切险的被保险人的范围较宽,所有在工程进行期间,对该项工程承担一定风险的有关各方(即具有可保利益的各方),均可作为被保险人。如果被保险人不止一家,则各家接受赔偿的权利以不超过其对保险标的的可保利益为限。被保险人具体包括:业主或工程所有人;承包商或分包商;技术顾问,包括业主聘用的建筑师、工程师及其他专业顾问。

2. 保险责任范围

保险人对下列原因造成的损失和费用,负责赔偿:①自然事件,是指地震、海啸、雷电、飓风、台风、龙卷风、风暴、暴雨、洪水、水灾、冻灾、冰雹、地崩、山崩、雪崩、火山爆发、地面下陷下沉及其他人力不可抗拒的破坏力强大的自然现象;②意外事故,是指不可预料的及被保险人无法控制并造成物质损失或人身伤亡的突发性事件,包括火灾和爆炸。

3. 除外责任

保险人对下列各项原因造成的损失不负责赔偿:①设计错误引起的损失和费用;②自然磨损、内在或潜在缺陷、物质本身变化、自燃、自热、氧化、锈蚀、渗漏、鼠咬、虫蛀、大气(气候或气温)变化、正常水位变化或其他渐变原因造成的保险财产自身的损失和费用;③因原材料缺陷或工艺不善引起的保险财产本身的损失,以及为换置、修理或矫正这些缺陷所支付的费用;④非外力引起的机械或电气装置的本身损失,或施工用机具、设备、机械装置失灵造成的本身损失;⑤维修保养或正常检修的费用;⑥档案、文件、账簿、票据、现金、各种有价证券、图表资料及包装物料的损失;⑦盘点时发现的短缺;⑧领有公共运输行驶执照的,或已由其他保险予以保障的车辆、船舶和飞机的损失;⑨除非另有约定,在保险工程开始以前已经存在或形成的位于工地范围内或其周围的属于被保险人的财产的损失;⑩除非另有约定,在本保险单保险期限终止以前,保险财产中已由工程所有人签发完工验收证书或验收合格或实际占有或使用或接收的部分。

4. 第三者责任险

建筑工程一切险如果加保第三者责任险,保险人对下列原因造成的损失和费用,负责赔偿:①在保险期限内,因发生与所保工程直接相关的意外事故引起工地内及邻近区域的第三者人身伤亡、疾病或财产损失;②被保险人因上述原因支付的诉讼费用及事先经保险人书面同意而支付的其他费用。

5. 赔偿金额

保险人对每次事故引起的赔偿金额以法院或政府有关部门根据现行法律裁定的应由被保险人偿付的金额为准,但在任何情况下,均不得超过保险单明细表中对应列明的每次事故赔偿限额。在保险期限内,保险人经济赔偿的最高赔偿责任不得超过本保险单明细表中列明的累计赔偿限额。

6. 保险期限

建筑工程一切险的保险责任自保险工程在工地动工或用于保险工程的材料、设备运抵工地之时起始,至工程所有人对部分或全部工程签发完工验收证书或验收合格,或工程所有人实际占用或使用或接收该部分或全部工程之时终止,以先发生者为准。但在任何情况下,保险期限的起始或终止不得超出保险单明细表中列明的保险生效日或终止日。

(二)安装工程一切险(及第三者责任险)

安装工程一切险是承保安装机器、设备、储油罐、钢结构工程、起重机及包含机械工程因素的各种安装工程的险种。由于科学技术日益进步,现代工业的机器设备已进入电子计算机操控的时代,工艺精密、构造复杂,技术高度密集,价格十分昂贵。在安装、调试机器设备的过程中遇到自然灾害和意外事故的发生都会造成巨大的经济损失。安装工程一切险可以保障机器设备在安装、调试过程中,被保险人可能遭受的损失能够得到经济补偿。

安装工程一切险往往还加保第三者责任险。安装工程一切险的第三者责任险,负责被保险人在保险期限内,因发生意外事故,造成在工地及邻近地区的第三者人身伤亡、疾病或财产损失,依法应由被保险人赔偿的经济损失,以及因此而支付的诉讼费用和经保险人书面同意支付的其他费用。

1. 保险责任范围

保险人对因自然灾害、意外事故(具体内容与建筑工程一切险基本相同)造成的损失和费用,负责赔偿。

2. 除外责任

除外责任与建筑工程一切险的第②、⑤、⑥、⑦、⑧、⑨、⑩相同,不同之处主要是:①因设计错误、铸造或原材料缺陷或工艺不善引起的保险财产本身的损失,以及为换置、修理或矫正这些缺点错误所支付的费用;②由于超负荷、超电压、碰线、电弧、漏电、短路、大气放电及其他电气原因造成电气设备或电气用具本身的损失;③施工用机具、设备、机械装置失灵造成的本身损失。

3. 保险期限

安装工程一切险的保险责任自保险工程在工地动工或用于保险工程的材料、设备运抵工地之时起始,至工程所有人对部分或全部工程签发完工验收证书或验收合格,或工程所有人实际占有或使用接收该部分或全部工程之时终止,以先发生者为准。但在任何情况下,安装期保险期限的起始或终止不得超出保险单明细表中列明的安装期保险生效日或终止日。

安装工程一切险的保险期内,一般应包括一个试车考核期。试车考核期的长短一般根据安装工程合同中的约定进行确定,但不得超出安装工程保险单明细表中列明的试车和考核期限。安装工程一切险对考核期的保险责任一般不超过3个月,若超过3个月,应另行加收保险费。安装工程一切险对于旧机器设备不负考核期的保险责任,也不承担其维修期的保险责任。

第九节 建设工程法律责任制度

法律责任是指行为人由于违法行为、违约行为或由于法律规定而应承受的某种不利的法律后果。法律责任不同于其他社会责任,法律责任的范围、性质、大小、期限等均在法律上有明确规定。

一、法律责任的基本种类和特征

按照违法行为的性质和危害程度,可以将法律责任分为违宪法律责任、刑事法律责任、民事法律责任、行政法律责任和国家赔偿责任。

法律责任的特征为：①法律责任是因违反法律上的义务（包括违约等）而形成的法律后果，以法律义务的存在为前提；②法律责任即承担不利的后果；③法律责任的认定和追究，由国家专门机关依照法定程序进行；④法律责任的实现由国家强制力作保障。

二、建设工程民事责任的种类及承担方式

民事责任是指民事主体在民事活动中，因实施了民事违法行为，根据民法所应承担的对其不利的民事法律后果或基于法律特别规定而应承担的民事法律后果。民事责任的功能主要是一种民事救济手段，使受害人被侵犯的权益得以恢复。

民事责任主要是财产责任，如《民法典》规定的损害赔偿、支付违约金等；但也不限于财产责任，还有恢复名誉、赔礼道歉等。

(一)民事责任的种类

民事责任可以分为违约责任和侵权责任两类。

违约责任是指合同当事人违反法律规定或合同约定的义务而应承担的责任。侵权责任是指行为人因过错侵害他人财产、人身而依法应当承担的责任，以及虽没有过错，但在造成损害以后，依法应当承担的责任。

(二)民事责任的承担方式

《民法典》规定，承担民事责任的方式主要有：①停止侵害；②排除妨碍；③消除危险；④返还财产；⑤恢复原状；⑥修理、重作、更换；⑦继续履行；⑧赔偿损失；⑨支付违约金；⑩消除影响、恢复名誉；⑪赔礼道歉。

以上承担民事责任的方式，可以单独适用，也可以合并适用。

(三)建设工程民事责任的主要承担方式

1. 返还财产

当建设工程施工合同无效、被撤销后，应当返还财产。执行返还财产的方式是"折价返还"，即承包人已经施工完成的工程，发包人按照"折价返还"的规则支付工程价款。其主要有两种方式：一是参照无效合同中的约定价款；二是按当地市场价、定额量据实结算。

2. 修理

施工合同的承包人对施工中出现质量问题的建设工程或竣工验收不合格的建设工程，应当负责返修。

3. 赔偿损失

赔偿损失是指合同当事人由于不履行合同义务或履行合同义务不符合约定，给对方当事人造成财产上的损失时，由违约方依法或依照合同约定应承担的损害赔偿责任。

4. 支付违约金

违约金是指按照当事人的约定或法律规定，一方当事人违约的，应向另一方支付的金钱。

三、建设工程行政责任的种类及承担方式

行政责任是指违反有关行政管理的法律法规规定，但尚未构成犯罪的行为，依法应承担

的行政法律后果,包括行政处罚和行政处分。

(一)行政处罚

《中华人民共和国行政处罚法》(以下简称《行政处罚法》)规定,行政处罚的种类:①警告;②罚款;③没收违法所得,没收非法财物;④责令停产停业;⑤暂扣或吊销许可证,暂扣或吊销执照;⑥行政拘留;⑦法律、行政法规规定的其他行政处罚。

在建设工程领域,法律、行政法规所设定的行政处罚主要有:警告、罚款、没收违法所得、责令限期改正、责令停业整顿、取消一定期限内参加依法必须进行招标的项目的投标资格、责令停止施工、降低资质等级、吊销资质证书(同时吊销营业执照)、责令停止执业、吊销执业资格证书或其他许可证等。

(二)行政处分

行政处分是指国家机关、企事业单位对所属的国家工作人员违法失职行为尚不构成犯罪,依据法律、法规所规定的权限而给予的一种惩戒。行政处分种类有警告、记过、记大过、降级、撤职、开除。如《建设工程质量管理条例》规定,国家机关工作人员在建设工程质量监督管理工作中玩忽职守、滥用职权、徇私舞弊,构成犯罪的,依法追究刑事责任;尚不构成犯罪的,依法给予行政处分。

四、建设工程刑事责任的种类及承担方式

刑事责任是指犯罪主体因违反刑法,实施了犯罪行为所应承担的法律责任。刑事责任是法律责任中最强烈的一种,其承担方式主要是刑罚,也包括一些非刑罚的处罚方法。

《刑法》规定,刑罚分为主刑和附加刑。主刑的种类有管制、拘役、有期徒刑、无期徒刑、死刑;附加刑的种类有罚金、剥夺政治权利、没收财产、驱逐出境。

在建设工程领域,常见的刑事法律责任如下。

(一)工程重大安全事故罪

《刑法》第137条规定,建设单位、设计单位、施工单位、工程监理单位违反国家规定,降低工程质量标准,造成重大安全事故的,对直接责任人员处5年以下有期徒刑或拘役,并处罚金;后果特别严重的,处5年以上10年以下有期徒刑,并处罚金。

根据2015年12月颁布的《最高人民法院、最高人民检察院关于办理危害生产安全刑事案件适用法律若干问题的解释》,发生安全事故,具有下列情形之一的,应当认定为"造成重大安全事故",对直接责任人员,处5年以下有期徒刑或拘役,并处罚金:①造成死亡1人以上,或重伤3人以上的;②造成直接经济损失100万元以上的;③其他造成严重后果或重大安全事故的情形。

(二)重大责任事故罪

《刑法》第134条规定,在生产、作业中违反有关安全管理的规定,因而发生重大伤亡事故或造成其他严重后果的,处3年以下有期徒刑或拘役;情节特别恶劣的,处3年以上7年以下有期徒刑。强令他人违章冒险作业,因而发生重大伤亡事故或造成其他严重后果的,处5年以下有期徒刑或拘役;情节特别恶劣的,处5年以上有期徒刑。

根据《最高人民法院、最高人民检察院关于办理危害生产安全刑事案件适用法律若干问

题的解释》,明知存在事故隐患、继续作业存在危险,仍然违反有关安全管理的规定,实施下列行为之一的,应当认定为刑法规定的"强令他人违章冒险作业":①利用组织、指挥、管理职权,强制他人违章作业的;②采取威逼、胁迫、恐吓等手段,强制他人违章作业的;③故意掩盖事故隐患,组织他人违章作业的;④其他强令他人违章作业的行为。

(三)重大劳动安全事故罪

《刑法》第135条规定,安全生产设施或安全生产条件不符合国家规定,因而发生重大伤亡事故或造成其他严重后果的,对直接负责的主管人员和其他直接责任人员,处3年以下有期徒刑或拘役;情节特别恶劣的,处3年以上7年以下有期徒刑。

根据《最高人民法院、最高人民检察院关于办理危害生产安全刑事案件适用法律若干问题的解释》,发生安全事故,具有下列情形之一的,应当认定为"发生重大伤亡事故或造成其他严重后果":①造成死亡1人以上,或重伤3人以上的;②造成直接经济损失100万元以上的;③其他造成严重后果或重大安全事故的情形。

(四)串通投标罪

《刑法》第223条规定,投标人相互串通投标报价,损害招标人或其他投标人利益,情节严重的,处3年以下有期徒刑或拘役,并处或单处罚金。投标人与招标人串通投标,损害国家、集体、公民的合法利益的,依照以上规定处罚。

案例分析

2018年9月,A建筑公司(以下简称"A公司")作为施工总承包方,中标了某商场建设工程,并将该项目的装饰工程分包给B装饰公司(以下简称"B公司")。2019年4月,A公司派驻到现场的项目经理为张某,B公司派驻到现场的项目经理为李某。张某和李某是多年的好朋友。2019年6月,A公司在该项目中需要租赁脚手架,但资金紧张。张某听说李某与C租赁公司(以下简称"C公司")关系密切,于是找到李某帮忙赊租脚手架。李某答应了张某的请求,张某将盖有A公司合同专用章的空白合同书及该单位的空白介绍信交给了李某。同年7月,王某找到C租赁公司,出具了A公司的空白介绍信和空白合同,要求租赁脚手架。因为见有公章,C公司便签订了租赁合同并将脚手架交给李某,但李某并没有将脚手架交给A公司使用,而是用到了由他本人负责的其他工程上。后C公司多次向A公司催要租金无果后,起诉了A公司。

案例分析

问题:1. 李某的行为是无权代理还是表见代理,为什么?
2. 该事件应由谁承担租赁的费用,为什么?

知识拓展

70年产权到期怎么办?

房屋所有权属于个人产权,是私有财产权的一种,其年限是永久的。但是,土地所有权是国家所有,公民住宅用地使用权是70年,土地使用权期限到期后,使用期会自动续期,但要补缴土地出让金。

《民法典》规定,住宅建设用地使用权期限届满的,自动续期。续期费用的缴纳或减免,依照法律、行政法规的规定办理。非住宅建设用地使用权期限届满后的续期,依照法律规定办理。该土地上的房屋以及其他不动产的归属,有约定的,按照约定;没有约定或约定不明确的,依照法律、行政法规的规定办理。

《中华人民共和国城镇国有土地使用权出让和转让暂行条例》第四十一条也规定,土地使用权期满,土地使用者可以申请续期。需要续期的,应当依照本条例第二章的规定重新签订合同,支付土地使用权出让金,并办理登记。

本章小结

建设工程法律体系,是把已经制定的和需要制定的建设工程方面的法律、行政法规、部门规章和地方性法规、地方政府规章有机地结合起来,从而形成一个相互联系,补充和协调的完整统一的体系。

法人是依法独立享有民事权利和承担民事义务的组织,作为建设工程活动中最主要的主体,必须掌握法人应具备的条件、法人的分类及法人在建设工程过程中的作用。

委托代理行为是建设工程活动较为常见的行为。代理的特征有三点:第一,代理人应在代理权限范围内以被代理人名义实施代理行为;第二,代理行为应具有法律意义;第三,代理行为的法律后归属于被代理人。表见代理是一种特殊的代理行为,它的特点是"无权且有效",本质上它是无权代理,但其后果却是有权代理的后果。

建设工程活动中涉及的许多权利都是源于物权,物权主要包括所有权、用益物权和担保物权。所有权又包括占有、使用、收益和处分,其中处分权是所有权的核心;与所有权相比,用益物权是对他人之物享有的权利,常见的是建设用地使用权。

建设工程活动中难免会遇到债权债务相关的问题,建设工程债因合同、侵权、无因管理和不当得利等原因而产生。

知识产权在建设工程过程中具有重要的作用,建设工程知识产权主要包括专利权、商标权、著作权、软件著作权等。

建设工程中的担保可分为人的担保、物的担保和金钱的担保。人的担保是指保证,保证人和债权人约定,当债务人不履行债务时,保证人按照约定履行债务或承担责任,国家机关、学校、幼儿园、医院等以公益为目的的事业单位,社会团体和企业法人的分支机构(除有法人书面授权外)、职能部门等不能作为保证人。物的担保包括抵押、质权和留置,抵押是指债务人或第三人不转移对财产的占有,将该财产作为债权的担保;质押是指债务人或第三人将其动产或权力移交债权人占有,将该动产或权利作为债权的担保;留置指债权人按照合同约定占有债务人的动产,债务人不按照合同约定的期限履行债务的,债权人有权依照法律规定留置该财产,以该财产折价或以拍卖、变卖该财产的价款优先受偿。金钱的担保是指定金,当事人可以约定一方向对方给付定金作为债权的担保,债务人履行债务后,定金应当抵作价款或收回,给付定金的一方不履行约定的债务的,无权要求返还定金,收受定金的一方不履行约定的债务的,应当双倍返还定金。

建设工程常见的保险有建筑工程一切险和安装工程一切险,主要了解保险的范围、期限和除外责任。

建设工程活动中法律责任主要有民事责任、行政责任和刑事责任三种,不同的责任对应不同的承担方式,重点是要区分"罚款"和"罚金""拘留"和"拘役"。

第二章　建设工程招投标制度

引言

建设工程招投标,是建设单位对拟建的建设工程项目通过法定的程序和方式吸引承包单位进行公平竞争,并从中选择条件优越者来完成建设工程任务的行为。这是在市场经济条件下常用的一种建设工程项目交易方式。

知识目标

1. 掌握建设工程招标的范围、方式和程序;
2. 了解联合体投保的规定;
3. 掌握投标保证金的相关规定;
4. 掌握串通投标和其他不正当竞争行为的规定。

技能目标

通过学习我国建设工程招投标法律制度,熟练掌握招投标的法律规定和基本程序,在参与招投标的市场竞争时,能够以法律为准绳,并熟练运用所学的知识实现预期的目标。

第一节　建设工程招标制度

一、建设工程必须招标的范围

《招标投标法》规定,在中华人民共和国境内进行下列工程建设项目包括项目的勘察、设计、施工、监理以及与工程建设有关的重要设备、材料等的采购,必须进行招标:①大型基础设施、公用事业等关系社会公共利益、公众安全的项目;②全部或部分使用国有资金投资或国家融资的项目;③使用国际组织或外国政府贷款、援助资金的项目。

2019年3月经修改后公布的《中华人民共和国招标投标法实施条例》(以下简称《招标投标法实施条例》)指出,工程建设项目是指工程及与工程建设有关的货物、服务。工程是指建设工程,包括建筑物和构筑物的新建、改建、扩建及其相关的装修、拆除、修缮等;与工程建设有关的货物,是指构成工程不可分割的组成部分,且为实现工程基本功能所必需的设备、材料等;与工程建设有关的服务,是指为完成工程所需的勘察、设计、监理等服务。

经国务院批准,2018年3月国家发展和改革委员会发布的《必须招标的工程项目规定》中规定,全部或部分使用国有资金投资或国家融资的项目包括:①使用预算资金200万元人民币以上,并且该资金占投资额10%以上的项目;②使用国有企业事业单位资金,并且该资金占控股或主导地位的项目。

使用国际组织或外国政府贷款、援助资金的项目包括：①使用世界银行、亚洲开发银行等国际组织贷款、援助资金的项目；②使用外国政府及其机构贷款、援助资金的项目。

不属于以上规定情形的大型基础设施、公用事业等关系社会公共利益、公众安全的项目，必须招标的具体范围由国务院发展改革部门会同国务院有关部门按照确有必要、严格限定的原则制定，报国务院批准。

规定范围内的项目，其勘察、设计、施工、监理以及与工程建设有关的重要设备、材料等的采购达到下列标准之一的，必须招标：①施工单项合同估算价在400万元人民币以上；②重要设备、材料等货物的采购，单项合同估算价在200万元人民币以上；③勘察、设计、监理等服务的采购，单项合同估算价在100万元人民币以上。同一项目中可以合并进行的勘察、设计、施工、监理及与工程建设有关的重要设备、材料等的采购，合同估算价合计达到以上规定标准的，必须招标。

二、可以不进行招标的建设工程项目

《招标投标法》规定，涉及国家安全、国家秘密、抢险救灾或属于利用扶贫资金实行以工代赈、需要使用农民工等特殊情况，不适宜进行招标的项目，按照国家有关规定可以不进行招标。

《招标投标法实施条例》还规定，除《招标投标法》规定可以不进行招标的特殊情况外，有下列情形之一的，可以不进行招标：①需要采用不可替代的专利或专有技术；②采购人依法能够自行建设、生产或提供；③已通过招标方式选定的特许经营项目投资人依法能够自行建设、生产或提供；④需要向原中标人采购工程、货物或服务，否则将影响施工或功能配套要求；⑤国家规定的其他特殊情形。

《中华人民共和国政府采购法》规定，政府采购工程进行招标投标的，适用招标投标法。《中华人民共和国政府采购法实施条例》进一步规定，政府采购工程依法不进行招标的，应当依照政府采购法和本条例规定的竞争性谈判或单一来源采购方式采购。

2013年12月财政部发布的《政府采购非招标采购方式管理办法》进一步规定，竞争性谈判是指谈判小组与符合资格条件的供应商就采购货物、工程和服务事宜进行谈判，供应商按照谈判文件的要求提交响应文件和最后报价，采购人从谈判小组提出的成交候选人中确定成交供应商的采购方式。单一来源采购是指采购人从某一特定供应商处采购货物、工程和服务的采购方式。

《国务院办公厅关于促进建筑业持续健康发展的意见》（国办发〔2017〕19号）规定，在民间投资的房屋建筑工程中，探索由建设单位自主决定发包方式。对依法通过竞争性谈判或单一来源方式确定供应商的政府采购工程建设项目，符合相应条件的应当颁发施工许可证。

三、建设工程招标方式

（一）公开招标和邀请招标

《招标投标法》规定，招标分为公开招标和邀请招标。

公开招标，是指招标人以招标公告的方式邀请不特定的法人或其他组织投标。依法必须进行招标的项目的招标公告,应当通过国家指定的报刊、信息网络或其他媒介发布。

邀请招标,是指招标人以投标邀请书的方式邀请特定的法人或其他组织投标。招标人采用邀请招标方式的,应当向三个以上具备承担招标项目的能力、资信良好的特定的法人或其他组织发出投标邀请书。国务院发展计划部门确定的国家重点项目和省、自治区、直辖市人民政府确定的地方重点项目不适宜公开招标的,经国务院发展计划部门或省、自治区、直辖市人民政府批准,可以进行邀请招标。

《招标投标法实施条例》进一步规定,国有资金占控股或主导地位的依法必须进行招标的项目,应当公开招标;但有下列情形之一的,可以邀请招标:①技术复杂、有特殊要求或受自然环境限制,只有少量潜在投标人可供选择;②采用公开招标方式的费用占项目合同金额的比例过大。

2017年7月财政部经修改后发布的《政府采购货物和服务招标投标管理办法》规定,货物服务招标分为公开招标和邀请招标。公开招标,是指采购人依法以招标公告的方式邀请非特定的供应商参加投标的采购方式。邀请招标,是指采购人依法从符合相应资格条件的供应商中随机抽取3家以上供应商,并以投标邀请书的方式邀请其参加投标的采购方式。

(二)总承包招标和两阶段招标

《招标投标法实施条例》规定,招标人可以依法对工程及与工程建设有关的货物、服务全部或部分实行总承包招标。以暂估价形式包括在总承包范围内的工程、货物、服务属于依法必须进行招标的项目范围且达到国家规定规模标准的,应当依法进行招标。以上所称暂估价,是指总承包招标时不能确定价格而由招标人在招标文件中暂时估定的工程、货物、服务的金额。

对技术复杂或无法精确拟定技术规格的项目,招标人可以分两阶段进行招标。第一阶段,投标人按照招标公告或投标邀请书的要求提交不带报价的技术建议,招标人根据投标人提交的技术建议确定技术标准和要求,编制招标文件;第二阶段,招标人向在第一阶段提交技术建议的投标人提供招标文件,投标人按照招标文件的要求提交包括最终技术方案和投标报价的投标文件。

四、建设工程招标投标交易场所和招标公告发布

《招标投标法实施条例》规定,设区的市级以上地方人民政府可以根据实际需要,建立统一规范的招标投标交易场所,为招标投标活动提供服务。招标投标交易场所不得与行政监督部门存在隶属关系,不得以营利为目的。国家鼓励利用信息网络进行电子招标投标。

2017年11月国家发展和改革委员会发布的《招标公告和公示信息发布管理办法》规定,依法必须招标项目的招标公告和公示信息,除依法需要保密或涉及商业秘密的内容外,应当按照公益服务、公开透明、高效便捷、集中共享的原则,依法向社会公开。

依法必须招标项目的资格预审公告和招标公告,应当载明以下内容:①招标项目名称、内容、范围、规模、资金来源;②投标资格能力要求,以及是否接受联合体投标;③获取资格预审文件或招标文件的时间、方式;④递交资格预审文件或投标文件的截止时间、方式;⑤招标人及其招标代理机构的名称、地址、联系人及联系方式;⑥采用电子招标投标方式的,潜在投标人访问电子招标投标交易平台的网址和方法;⑦其他依法应当载明的内容。

依法必须招标项目的中标候选人公示应当载明以下内容：①中标候选人排序、名称、投标报价、质量、工期(交货期)，以及评标情况；②中标候选人按照招标文件要求承诺的项目负责人姓名及其相关证书名称和编号；③中标候选人响应招标文件要求的资格能力条件；④提出异议的渠道和方式；⑤招标文件规定公示的其他内容。依法必须招标项目的中标结果公示应当载明中标人名称。依法必须招标项目的招标公告和公示信息应当在"中国招标投标公共服务平台"或项目所在地省级电子招标投标公共服务平台(以下简称"发布媒介")发布。发布媒介应当免费提供依法必须招标项目的招标公告和公示信息发布服务，并允许社会公众和市场主体免费、及时查阅前述招标公告和公示的完整信息。任何单位和个人认为招标人或其招标代理机构在招标公告和公示信息发布活动中存在违法违规行为的，可以依法向有关行政监督部门投诉、举报；认为发布媒介在招标公告和公示信息发布活动中存在违法违规行为的，根据有关规定可以向相应的省级以上发展改革部门或其他有关部门投诉、举报。

五、招标基本程序

《招标投标法》规定，招标投标活动应当遵循公开、公平、公正和诚实信用的原则。建设工程招标的基本程序主要包括履行项目审批手续、委托招标代理机构、编制招标文件及标底、发布招标公告或投标邀请书、资格审查、开标、评标、中标和签订合同，以及终止招标等。

(一)履行项目审批手续

《招标投标法》规定，招标项目按照国家有关规定需要履行项目审批手续的，应当先履行审批手续，获得批准。招标人应当有进行招标项目的相应资金或资金来源已经落实，并应当在招标文件中如实载明。

《招标投标法实施条例》进一步规定，按照国家有关规定需要履行项目审批、核准手续的依法必须进行招标的项目，其招标范围、招标方式、招标组织形式应当报项目审批、核准部门审批、核准。项目审批、核准部门应当及时将审批、核准确定的招标范围、招标方式、招标组织形式通报有关行政监督部门。

(二)委托招标代理机构

《招标投标法》规定，招标人具有编制招标文件和组织评标能力的，可以自行办理招标事宜。任何单位和个人不得强制其委托招标代理机构办理招标事宜。依法必须进行招标的项目，招标人自行办理招标事宜的，应当向有关行政监督部门备案。

《招标投标法实施条例》进一步规定，招标人具有编制招标文件和组织评标能力，是指招标人具有与招标项目规模和复杂程度相适应的技术、经济等方面的专业人员。

《招标投标法》规定，招标代理机构是依法设立、从事招标代理业务并提供相关服务的社会中介组织。招标代理机构应当具备下列条件：①有从事招标代理业务的营业场所和相应资金；②有能够编制招标文件和组织评标的相应专业人员。

按照《招标投标法实施条例》的规定，招标代理机构在招标人委托的范围内开展招标代理业务，任何单位和个人不得非法干涉。招标代理机构不得在所代理的招标项目中投标或代理投标，也不得为所代理的招标项目的投标人提供咨询。

(三)编制招标文件、标底及工程量清单计价

《招标投标法》规定，招标人应当根据招标项目的特点和需要编制招标文件。招标文件应

当包括招标项目的技术要求、对投标人资格审查的标准、投标报价要求和评标标准等所有实质性要求和条件及拟签订合同的主要条款。国家对招标项目的技术、标准有规定的，招标人应当按照其规定在招标文件中提出相应要求。

《招标投标法》还规定，招标文件不得要求或标明特定的生产供应者以及含有倾向或排斥潜在投标人的其他内容。招标人对已发出的招标文件进行必要的澄清或修改的，应当在招标文件要求提交投标文件截止时间至少15日前，以书面形式通知所有招标文件收受人。该澄清或修改的内容为招标文件的组成部分。

招标人应当确定投标人编制投标文件所需要的合理时间；但是，依法必须进行招标的项目，自招标文件开始发出之日起至投标人提交投标文件截止之日止，最短不得少于20日。

《招标投标法实施条例》进一步规定，招标人可以对已发出的资格预审文件或招标文件进行必要的澄清或修改。澄清或修改的内容可能影响资格预审申请文件或投标文件编制的，招标人应当在提交资格预审申请文件截止时间至少3日前，或投标截止时间至少15日前，以书面形式通知所有获取资格预审文件或招标文件的潜在投标人；不足3日或不足15日的，招标人应当顺延提交资格预审申请文件或投标文件的截止时间。

《招标投标法实施条例》还规定，招标人对招标项目划分标段的，应当遵守招标投标法的有关规定，不得利用划分标段限制或排斥潜在投标人。依法必须进行招标的项目的招标人不得利用划分标段规避招标。招标人应当在招标文件中载明投标有效期。投标有效期从提交投标文件的截止之日起算。

潜在投标人或其他利害关系人对招标文件有异议的，应当在投标截止时间10日前提出。招标人应当自收到异议之日起3日内作出答复；作出答复前，应当暂停招标投标活动。招标人编制招标文件的内容违反法律、行政法规的强制性规定，违反公开、公平、公正和诚实信用原则，影响潜在投标人投标的，依法必须进行招标的项目的招标人应当在修改招标文件后重新招标。

招标人可以自行决定是否编制标底。一个招标项目只能有一个标底。标底必须保密。接受委托编制标底的中介机构不得参加受托编制标底项目的投标，也不得为该项目的投标人编制投标文件或提供咨询。招标人设有最高投标限价的，应当在招标文件中明确最高投标限价或最高投标限价的计算方法。招标人不得规定最低投标限价。

《国务院办公厅关于促进建筑业持续健康发展的意见》中要求，完善工程量清单计价体系和工程造价信息发布机制，形成统一的工程造价计价规则，合理确定和有效控制工程造价。

住房和城乡建设部2013年12月经修改后发布的《建筑工程施工发包与承包计价管理办法》中规定，国有资金投资的建筑工程招标的，应当设有最高投标限价；非国有资金投资的建筑工程招标的，可以设有最高投标限价或招标标底。最高投标限价应当依据工程量清单、工程计价有关规定和市场价格信息等编制。招标人设有最高投标限价的，应当在招标时公布最高投标限价的总价，以及各单位工程的分部分项工程费、措施项目费、其他项目费、规费和税金。招标标底应当依据工程计价有关规定和市场价格信息等编制。

全部使用国有资金投资或以国有资金投资为主的建筑工程，应当采用工程量清单计价；非国有资金投资的建筑工程，鼓励采用工程量清单计价。工程量清单应当依据国家制定的工程量清单计价规范、工程量计算规范等编制。工程量清单应当作为招标文件的组成部分。

(四)发布招标公告或投标邀请书

《招标投标法》规定,招标人采用公开招标方式的,应当发布招标公告。招标公告应当载明招标人的名称和地址、招标项目的性质、数量、实施地点和时间及获取招标文件的办法等事项。招标人采用邀请招标方式的,应当向三个以上具备承担招标项目的能力、资信良好的特定的法人或其他组织发出投标邀请书。投标邀请书也应当载明招标人的名称和地址、招标项目的性质、数量、实施地点和时间及获取招标文件的办法等事项。

《招标投标法》还规定,招标人可以根据招标项目本身的要求,在招标公告或投标邀请书中,要求潜在投标人提供有关资质证明文件和业绩情况。并对潜在投标人进行资格审查。招标人不得以不合理的条件限制或排斥潜在投标人,不得对潜在投标人实行歧视待遇。

招标人不得向他人透露已获取招标文件的潜在投标人的名称、数量及可能影响公平竞争的有关招标投标的其他情况。招标人设有标底的,标底必须保密。招标人根据招标项目的具体情况,可以组织潜在投标人踏勘项目现场。

《招标投标法实施条例》进一步规定,招标人应当按照资格预审公告、招标公告或投标邀请书规定的时间、地点发售资格预审文件或招标文件。资格预审文件或招标文件的发售期不得少于5日。招标人发售资格预审文件、招标文件收取的费用应当限于补偿印刷、邮寄的成本支出,不得以营利为目的。

(五)资格审查

资格审查分为资格预审和资格后审。

《招标投标法实施条例》规定,招标人采用资格预审办法对潜在投标人进行资格审查的,应当发布资格预审公告、编制资格预审文件。招标人应当合理确定提交资格预审申请文件的时间。依法必须进行招标的项目提交资格预审申请文件的时间,自资格预审文件停止发售之日起不得少于5日。

资格预审应当按照资格预审文件载明的标准和方法进行。国有资金占控股或主导地位的依法必须进行招标的项目,招标人应当组建资格审查委员会审查资格预审申请文件。资格审查委员会及其成员应当遵守《招标投标法》和本条例有关评标委员会及其成员的规定。资格预审结束后,招标人应当及时向资格预审申请人发出资格预审结果通知书。未通过资格预审的申请人不具有投标资格。通过资格预审的申请人少于3个的,应当重新招标。

潜在投标人或其他利害关系人对资格预审文件有异议的,应当在提交资格预审申请文件截止时间2日前提出。招标人应当自收到异议之日起3日内作出答复;作出答复前,应当暂停招标投标活动。招标人编制资格预审文件的内容违反法律、行政法规的强制性规定,违反公开、公平、公正和诚实信用原则,影响资格预审结果的,依法必须进行招标的项目的招标人应当在修改资格预审文件后重新招标。

招标人采用资格后审办法对投标人进行资格审查的,应当在开标后由评标委员会按照招标文件规定的标准和方法对投标人的资格进行审查。

(六)开标

《招标投标法》规定,开标应当在招标文件确定的提交投标文件截止时间的同一时间公开进行;开标地点应当为招标文件中预先确定的地点。开标由招标人主持,邀请所有投标人参加。开标时,由投标人或其推选的代表检查投标文件的密封情况,也可以由招标人委托的公证机构检查并公证;经确认无误后,由工作人员当众拆封,宣读投标人名称、投标价格和投标文件的其他主要内容。招标人在招标文件要求提交投标文件的截止时间前收到的所有投标文件,开标时都应当当众予以拆封、宣读。开标过程应当记录,并存档备查。

《招标投标法实施条例》进一步规定,招标人应当按照招标文件规定的时间、地点开标。投标人少于3个的,不得开标;招标人应当重新招标。投标人对开标有异议的,应当在开标现场提出,招标人应当当场作出答复,并制作记录。

(七)评标

《招标投标法》规定,评标由招标人依法组建的评标委员会负责。招标人应当采取必要的措施,保证评标在严格保密的情况下进行。任何单位和个人不得非法干预、影响评标的过程和结果。

依法必须进行招标的项目,其评标委员会由招标人的代表和有关技术、经济等方面的专家组成,成员人数为5人以上单数,其中技术、经济等方面的专家不得少于成员总数的三分之二。与投标人有利害关系的人不得进入相关项目的评标委员会;已经进入的应当更换。评标委员会成员的名单在中标结果确定前应当保密。

评标委员会可以要求投标人对投标文件中含义不明确的内容作必要的澄清或说明,但是澄清或说明不得超出投标文件的范围或改变投标文件的实质性内容。评标委员会应当按照招标文件确定的评标标准和方法。对投标文件进行评审和比较;设有标底的,应当参考标底。评标委员会完成评标后,应当向招标人提出书面评标报告,并推荐合格的中标候选人。评标委员会经评审,认为所有投标都不符合招标文件要求的,可以否决所有投标。依法必须进行招标的项目的所有投标被否决的,招标人应当依法重新招标。

《招标投标法实施条例》进一步规定,评标委员会成员应当依照招标投标法和本条例的规定,按照招标文件规定的评标标准和方法,客观、公正地对投标文件提出评审意见。招标文件没有规定的评标标准和方法不得作为评标的依据。评标委员会成员不得私下接触投标人,不得收受投标人给予的财物或其他好处,不得向招标人征询确定中标人的意向,不得接受任何单位或个人明示或暗示提出的倾向,或者排斥特定投标人的要求,不得有其他不客观、不公正履行职务的行为。

招标项目设有标底的,招标人应当在开标时公布。标底只能作为评标的参考,不得以投标报价是否接近标底作为中标条件,也不得以投标报价超过标底上下浮动范围作为否决投标的条件。有下列情形之一的,评标委员会应当否决其投标:①投标文件未经投标单位盖章和单位负责人签字;②投标联合体没有提交共同投标协议;③投标人不符合国家或招标文件规定的资格条件;④同一投标人提交两个以上不同的投标文件或投标报价,但招标文件要求提交备选投标的除外;⑤投标报价低于成本或高于招标文件设定的最高投标限价;⑥投标文件没有对招标文件的实质性要求和条件作出响应;⑦投标人有串通投标、弄虚作假、行贿等违法行为。投标文件中有含义不明确的内容、明显文字或计算错误,评标委员会认为需要投标人作出必要澄清、说明的,应当书面通知该投标人。投标人的澄清、说明应当采用书面形式,并不得超出投标文件的范围或改变投标文件的实质性内容。评标委员会不得暗示或诱导投标人作出澄清、说明,不得接受投标人主动提出的澄清、说明。

评标完成后,评标委员会应当向招标人提交书面评标报告和中标候选人名单。中标候选人应当不超过3个,并标明排序。评标报告应当由评标委员会全体成员签字。对评标结果有不同意见的评标委员会成员应当以书面形式说明其不同意见和理由,评标报告应当注明该不同意见。评标委员会成员拒绝在评标报告上签字又不书面说明其不同意见和理由的,视为同意评标结果。

(八)中标和签订合同

《招标投标法》规定。招标人根据评标委员会提出的书面评标报告和推荐的中标候选人确定中标人。招标人也可以授权评标委员会直接确定中标人。招标人和中标人应当自中标通知书发出之日起30日内,按照招标文件和中标人的投标文件订立书面合同。招标人和中标人不得再行订立背离合同实质性内容的其他协议。

《招标投标法实施条例》进一步规定,招标人和中标人应当依照招标投标法和本条例的规定签订书面合同,合同的标的、价款、质量、履行期限等主要条款应当与招标文件和中标人的投标文件的内容一致。因此,招标人与中标人另行签订合同的行为属违法行为,所签订的合同是无效合同。

(九)终止招标

《招标投标法实施条例》规定,招标人终止招标的,应当及时发布公告,或以书面形式通知被邀请的或已经获取资格预审文件、招标文件的潜在投标人。已经发售资格预审文件、招标文件或已经收取投标保证金的,招标人应当及时退还所收取的资格预审文件、招标文件的费用,以及所收取的投标保证金与银行同期存款利息。

六、禁止肢解发包和禁止限制、排斥投标人的规定

《招标投标法》规定,依法必须进行招标的项目,其招标投标活动不受地区或部门的限制。任何单位和个人不得违法限制或排斥本地区、本系统以外的法人或其他组织参加投标,不得以任何方式非法干涉招标投标活动。

《招标投标法实施条例》规定,招标人不得以不合理的条件限制、排斥潜在投标人或投标人。招标人有下列行为之一的,属于以不合理条件限制、排斥潜在投标人或投标人:①就同一招标项目向潜在投标人或投标人提供有差别的项目信息;②设定的资格、技术、商务条件与招标项目的具体特点和实际需要不相适应或与合同履行无关;③依法必须进行招标的项目以特定行政区域或特定行业的业绩、奖项作为加分条件或中标条件;④对潜在投标人或投标人采取不同的资格审查或评标标准;⑤限定或指定特定的专利、商标、品牌、原产地或供应商;⑥依法必须进行招标的项目非法限定潜在投标人或投标人的所有制形式或组织形式;⑦以其他不合理条件限制、排斥潜在投标人或投标人。

招标人不得组织单个或部分潜在投标人踏勘项目现场。

《优化营商环境条例》规定,招标投标和政府采购应当公开透明、公平公正,依法平等对待各类所有制和不同地区的市场主体,不得以不合理条件或产品产地来源等进行限制或排斥。政府有关部门应当加大反垄断和反不正当竞争执法力度,有效预防和制止市场经济活动中的垄断行为、不正当竞争行为及滥用行政权力排除、限制竞争的行为,营造公平竞争的市场环境。

《住房和城乡建设部办公厅关于支持民营建筑企业发展的通知》(建办市〔2019〕8号)还规

定,民营建筑企业在注册地以外的地区承揽业务时,地方各级住房和城乡建设主管部门要给予外地民营建筑企业与本地建筑企业同等待遇,不得擅自设置任何审批和备案事项,不得要求民营建筑企业在本地区注册设立独立子公司或分公司。

第二节　建设工程投标制度

一、投标人

《招标投标法》规定,投标人是响应招标、参加投标竞争的法人或其他组织。投标人应当具备承担招标项目的能力;国家有关规定对投标人资格条件或招标文件对投标人资格条件有规定的,投标人应当具备规定的资格条件。

《招标投标法实施条例》规定,投标人参加依法必须进行招标的项目的投标,不受地区或部门的限制,任何单位和个人不得非法干涉。

与招标人存在利害关系可能影响招标公正性的法人、其他组织或个人,不得参加投标。单位负责人为同一人或存在控股、管理关系的不同单位,不得参加同一标段投标或未划分标段的同一招标项目投标。违反以上规定的,相关投标均无效。

投标人发生合并、分立、破产等重大变化的,应当及时书面告知招标人。投标人不再具备资格预审文件、招标文件规定的资格条件或其投标影响招标公正性的,其投标无效。

二、联合体投标

联合体投标是一种特殊的投标人组织形式,一般适用于大型的或结构复杂的建设项目。《招标投标法》规定,两个以上法人或其他组织可以组成一个联合体。以一个投标人的身份共同投标。联合体各方均应当具备承担招标项目的相应能力;国家有关规定或招标文件对投标人资格条件有规定的,联合体各方均应当具备规定的相应资格条件。由同一专业的单位组成的联合体,按照资质等级较低的单位确定资质等级。

联合体各方应当签订共同投标协议,明确约定各方拟承担的工作和责任,并将共同投标协议连同投标文件一并提交招标人。联合体中标的,联合体各方应当共同与招标人签订合同,就中标项目向招标人承担连带责任。招标人不得强制投标人组成联合体共同投标,不得限制投标人之间的竞争。

《招标投标法实施条例》进一步规定,招标人应当在资格预审公告、招标公告或投标邀请书中载明是否接受联合体投标。招标人接受联合体投标并进行资格预审的,联合体应当在提交资格预审申请文件前组成。资格预审后联合体增减、更换成员的,其投标无效。联合体各方在同一招标项目中以自己名义单独投标或参加其他联合体投标的,相关投标均无效。

三、投标文件

(一)投标文件的内容要求

《招标投标法》规定,投标人应当按照招标文件的要求编制投标文件。投标文件应当对招标文件提出的实质性要求和条件作出响应。招标项目属于建设施工项目的,投标文件的内容应当包括拟派出的项目负责人与主要技术人员的简历、业绩和拟用于完成招标项目的机械设备等。

2013年3月国家发展和改革委员会、财政部、住房和城乡建设部等9部门经修改后发布的《〈标准施工招标资格预审文件〉和〈标准施工招标文件〉暂行规定》中进一步明确,投标文件应包括下列内容:①投标函及投标函附录;②法定代表人身份证明或附有法定代表人身份证明的授权委托书;③联合体协议书;④投标保证金;⑤已标价工程量清单;⑥施工组织设计;⑦项目管理机构;⑧拟分包项目情况表;⑨资格审查资料;⑩投标人须知前附表规定的其他材料。但是,投标人须知前附表规定不接受联合体投标的,或投标人没有组成联合体的,投标文件不包括联合体协议书。

《建筑工程施工发包与承包计价管理办法》中规定,投标报价不得低于工程成本,不得高于最高投标限价。投标报价应当依据工程量清单、工程计价有关规定、企业定额和市场价格信息等编制。

(二)投标文件的修改与撤回

《招标投标法》规定,投标人在招标文件要求提交投标文件的截止时间前,可以补充、修改或撤回已提交的投标文件,并书面通知招标人。补充、修改的内容为投标文件的组成部分。

《招标投标法实施条例》进一步规定,投标人撤回已提交的投标文件,应当在投标截止时间前书面通知招标人。

(三)投标文件的送达与签收

《招标投标法》规定,投标人应当在招标文件要求提交投标文件的截止时间前,将投标文件送达投标地点。招标人收到投标文件后,应当签收保存,不得开启。投标人少于3个人的,招标人应当依法重新招标。在招标文件要求提交投标文件的截止时间后送达的投标文件,招标人应当拒收。

《招标投标法实施条例》进一步规定,未通过资格预审的申请人提交的投标文件,以及逾期送达或不按照招标文件要求密封的投标文件,招标人应当拒收。招标人应当如实记载投标文件的送达时间和密封情况,并存档备查。

四、投标保证金

《招标投标法实施条例》规定,招标人在招标文件中要求投标人提交投标保证金的,投标保证金不得超过招标项目估算价的2%。投标保证金有效期应当与投标有效期一致。招标人不得挪用投标保证金。

《优化营商环境条例》规定,设立政府性基金、涉企行政事业性收费、涉企保证金,应当有法律、行政法规依据或经国务院批准。对政府性基金、涉企行政事业性收费、涉企保证金及实行政府定价的经营服务性收费,实行目录清单管理并向社会公开,目录清单之外的前述收费和保证金一律不得执行。推广以金融机构保函替代现金缴纳涉企保证金。

《国务院办公厅关于清理规范工程建设领域保证金的通知》(国办发〔2016〕49号)规定,对建筑业企业在工程建设中需缴纳的保证金,除依法依规设立的投标保证金、履约保证金、工程质量保证金、农民工工资保证金外,其他保证金一律取消。

住房和城乡建设部、国家发展和改革委员会(含原国家发展计划委员会、原国家计划委员会)、财政部、人力资源和社会保障部、中国人民银行、中国银行保险监督管理委员会《关于加快推进房屋建筑和市政基础设施工程实行工程担保制度的指导意见》(建市〔2019〕68号)规定,加快推行银行保函制度,在有条件的地区推行工程担保公司保函和工程保证保险。严禁任何单位和部门将现金保证金挪作他用,保证金到期应当及时予以退还。

招标人要求中标人提供履约担保的,应当同时向中标人提供工程款支付担保。以银行保函替代工程质量保证金的,银行保函金额不得超过工程价款结算总额的3%。在工程项目竣工前,已经缴纳履约保证金的,建设单位不得同时预留工程质量保证金。农民工工资支付保函全部采用具有见索即付性质的独立保函,并实行差别化管理。建设单位在办理施工许可时,应当有满足施工需要的资金安排。对于未履行工程款支付责任的建设单位,将其不良行为记入信用记录。

2013年3月国家发展和改革委员会(含原国家发展计划委员会、原国家计划委员会)、工业和信息化部、财政部、住房和城乡建设部、交通运输部、水利部、中国民用航空局经修改后发布的《工程建设项目施工招标投标办法》进一步规定,投标保证金不得超过项目估算价的2%,但最高不得超过80万元人民币。

实行两阶段招标的,招标人要求投标人提交投标保证金的,应当在第二阶段提出。招标人终止招标,已经收取投标保证金的,招标人应当及时退还所收取的投标保证金及银行同期存款利息。投标人撤回已提交的投标文件,招标人已收取投标保证金的,应当自收到投标人书面撤回通知之日起5日内退还。投标截止后投标人撤销投标文件的,招标人可以不退还投标保证金。

招标人最迟应当在书面合同签订后5日内向中标人和未中标的投标人退还投标保证金及银行同期存款利息。

五、禁止串通投标和其他不正当竞争行为的规定

2019年4月经修改后公布的《中华人民共和国反不正当竞争法》(以下简称《反不正当竞争法》)规定,本法所称的不正当竞争行为,是指经营者在生产经营活动中,违反本法规定,扰乱市场竞争秩序,损害其他经营者或消费者的合法权益的行为。

在建设工程招标投标活动中,投标人的不正当竞争行为主要有:投标人相互串通投标、招标人与投标人串通投标、投标人以行贿手段谋取中标、投标人以低于成本的报价竞标、投标人以他人名义投标或以其他方式弄虚作假骗取中标。

(一)禁止投标人相互串通投标

《招标投标法》规定,投标人不得相互串通投标报价,不得排挤其他投标人的公平竞争,损害招标人或其他投标人的合法权益。

《招标投标法实施条例》进一步规定,禁止投标人相互串通投标。有下列情形之一的,属于投标人相互串通投标:①投标人之间协商投标报价等投标文件的实质性内容;②投标人之间约定中标人;③投标人之间约定部分投标人放弃投标或中标;④属于同一集团、协会、商会等组织成员的投标人按照该组织要求协同投标;⑤投标人之间为谋取中标或排斥特定投标人而采取的其他联合行动。

有下列情形之一的,视为投标人相互串通投标:①不同投标人的投标文件由同一单位或个人编制;②不同投标人委托同一单位或个人办理投标事宜;③不同投标人的投标文件载明的项目管理成员为同一人;④不同投标人的投标文件异常一致或投标报价呈规律性差异;⑤不同投标人的投标文件相互混装;⑥不同投标人的投标保证金从同一单位或个人的账户转出。

(二)禁止招标人与投标人串通投标

《招标投标法》规定,投标人不得与招标人串通投标,损害国家利益、社会公共利益或他人的合法权益。

《招标投标法实施条例》进一步规定,禁止招标人与投标人串通投标。有下列情形之一的,属于招标人与投标人串通投标:①招标人在开标前开启投标文件并将有关信息泄露给其他投标人;②招标人直接或者间接向投标人泄露标底、评标委员会成员等信息;③招标人明示或者暗示投标人压低或抬高投标报价;④招标人授意投标人撤换、修改投标文件;⑤招标人明示或者暗示投标人为特定投标人中标提供方便;⑥招标人与投标人为谋求特定投标人中标而采取的其他串通行为。

(三)禁止投标人以行贿手段谋取中标

《反不正当竞争法》规定,经营者不得采用财物或者其他手段贿赂下列单位或个人,以谋取交易机会或竞争优势:①交易相对方的工作人员;②受交易相对方委托办理相关事务的单位或个人;③利用职权或者影响力影响交易的单位或个人。经营者的工作人员进行贿赂的,应当认定为经营者的行为;但是,经营者有证据证明该工作人员的行为与为经营者谋取交易机会或竞争优势无关的除外。同时,《反不正当竞争法》还规定,经营者在交易活动中,可以以明示方式向交易相对方支付折扣,或者向中间人支付佣金。经营者向交易相对方支付折扣、向中间人支付佣金的,应当如实入账。接受折扣、佣金的经营者也应当如实入账。

《招标投标法》也规定,禁止投标人以向招标人或者评标委员会成员行贿的手段谋取中标。

投标人以行贿手段谋取中标是一种严重的违法行为,其法律后果是中标无效,有关责任人和单位要承担相应的行政责任或刑事责任,给他人造成损失的还应承担民事赔偿责任。

(四)投标人不得以低于成本的报价竞标

低于成本的报价竞标不仅属不正当竞争行为,还易导致中标后的偷工减料,影响建设工程质量。《招标投标法》规定,投标人不得以低于成本的报价竞标。中标人的投标应当符合下列条件之一,……但是投标价格低于成本的除外。

《建筑工程施工发包与承包计价管理办法》中进一步规定,投标报价低于工程成本或高于最高投标限价总价的,评标委员会应当否决投标人的投标。

(五)投标人不得以他人名义投标或以其他方式弄虚作假骗取中标

《反不正当竞争法》规定,经营者不得实施下列混淆行为,引人误认为是他人商品或与他人存在特定联系:①擅自使用与他人有一定影响的商品名称、包装、装潢等相同或近似的标识;②擅自使用他人有一定影响的企业名称(包括简称、字号等)、社会组织名称(包括简称等)、姓名(包括笔名、艺名、译名等);③擅自使用他人有一定影响的域名主体部分、网站名称、网页等;④其他足以引人误认为是他人商品或与他人存在特定联系的混淆行为。

《招标投标法》第33条规定,投标人"不得以他人名义投标或以其他方式弄虚作假,骗取中标"。《招标投标法实施条例》进一步规定,使用通过受让或租借等方式获取的资格、资质证书投标的,属于《招标投标法》第33条规定的以他人名义投标。投标人有下列情形之一的,属于《招标投标法》第33条规定的以其他方式弄虚作假的行为:①使用伪造、变造的许可证件;②提供虚假的财务状况或业绩;③提供虚假的项目负责人或主要技术人员简历、劳动关系证明;④提供虚假的信用状况;⑤其他弄虚作假的行为。

案例分析

某公路工程项目,建设单位通过招标选择了一家具有相应资质的监理单位中标,并在中标通知书发出后与该监理单位签订了监理合同,之后双方又签订了一份监理协议,其中监理酬金比中标价格低10%。在施工公开招标中,有A、B、C、D、E、F、G等施工企业报名投标,经资格预审均符合资格预审文件的要求,但建设单位以A企业是省外企业为由,坚持不同意其参加投标。

案例分析

问题:(1)建设单位与监理单位签订的监理合同,有没有违法行为?
(2)省外施工企业是否有资格参加本工程项目的投标?

知识拓展

招标投标的发展历程

第一个采用招标投标这种交易方式的国家是英国。1782年英国政府出于对自由市场的宏观调控,首先从规范政府采购行为入手,设立了文具公用局,作为负责政府部门所需要公用品采购的特别机构。1809年,美国通过了第一部要求密封投标的法律。第二次世界大战以来,招标投标影响不断扩大,招标投标便由一种交易过渡为政府强制行为,这一升华使招标投标在法律上得到了保证,于是招标投标成为"政府采购"的代名词。随着世界多国的"政府采购"向超越国界的方向发展,便形成了国际招标投标。美国《联邦政府采购法》明确一专职部门为联邦事务管理总署,美国联邦政府采购法由三部法典及其实施细则组成,详细规范了美国联邦政府的采购行为。信誉、透明度、竞争是美国采购制度的三大思想精髓。美国政府采购预算占国内生产总值的3%左右。韩国政府于1997年1月1日起实施新的国内项目国际招标法,即"政府关于调配及合同法"。招标投标在世界经济发展中,经过了漫长的两个世纪,由简单到复杂、由自由到规范、由国内到国际,对世界区域经济和整体经济发展起到了巨大的作用。

本章小结

建设工程招标投标是建设单位对拟建的建设工程项目通过法定的程序和方式吸引承包单位进行公平竞争,并从中选择条件优越者来完成建设工程任务的行为。通过本章的学习,应当掌握以下内容:

掌握建设工程招标制度。首先应明确必须招标的项目范围和可以不招标的项目范围,建设工程招标方式又分为公开招标和邀请招标,《招标投标法实施条例》进一步规定,国有资金占控股或主导地位的依法必须进行招标的项目,应当公开招标;技术复杂、有特殊要求或受自

· 49 ·

然环境限制,只有少量潜在投标人可供选择,以及采用公开招标方式的费用占项目合同金额的比例过大的项目,可以邀请招标。

《招标投标法》规定,招标投标活动应当遵循公开、公平、公正和诚实信用的原则。建设工程招标的基本程序主要包括履行项目审批手续、委托招标代理机构、编制招标文件及标底、发布招标公告或投标邀请书、资格审查、开标、评标、中标和签订合同,以及终止招标等。

建设工程投标制度。联合体投标是一种特殊的投标人组织形式,一般适用于大型的或结构复杂的建设项目。以联合体形式投标的,联合体各方应当签订共同投标协议,明确约定各方拟承担的工作和责任,并将共同投标协议连同投标文件一并提交招标人。联合体中标的,联合体各方应当共同与招标人签订合同,就中标项目向招标人承担连带责任。招标人不得强制投标人组成联合体共同投标,不得限制投标人之间的竞争。同时,《中华人民共和国反不正当竞争法》对在建设工程招投标活动中投标人相互串通投标、招标人与投标人串通投标、投标人以行贿手段谋取中标、投标人以低于成本的报价竞标、投标人以他人名义投标或以其他方式弄虚作假骗取中标等行为进行了禁止。

第三章　建设工程许可与承包法律制度

引言

为了加强对建筑活动的监督管理,维护建筑市场秩序,保证建筑工程的质量和安全,根据《建筑法》《建筑工程施工许可管理办法》等法律法规规定,1999年12月1日起在全国施行建筑工程施工许可证制度。建设工程承包,是具有法定从业资格的单位依法承揽建设工程任务,签订合同明确双方权利和义务,按照合同约定取得相应报酬,并完成建设工程任务的行为。

知识目标

1. 掌握施工许可证的法定批准条件;
2. 了解施工企业资质的法定条件和等级;
3. 掌握建设工程总承包和分包的规定;
4. 了解建筑市场诚信行为公布的规定。

技能目标

在工程实践中,能够利用所学的知识对发包承包双方的行为是否符合法律规定进行判断,能够了解施工单位不良行为记录的认定标准;并且能将所学的知识和实际项目相结合。

第一节　建设工程施工许可法律制度

《建筑法》规定,建筑工程开工前,建设单位应当按照国家有关规定向工程所在地县级以上人民政府建设行政主管部门申请领取施工许可证;但是,国务院建设行政主管部门确定的限额以下的小型工程除外。按照国务院规定的权限和程序批准开工报告的建筑工程,不再领取施工许可证。

《优化营商环境条例》规定,设区的市级以上地方人民政府应当按照国家有关规定,优化工程建设项目(不包括特殊工程和交通、水利、能源等领域的重大工程)审批流程。推行并联审批、多图联审、联合竣工验收等方式,简化审批手续,提高审批效能。

一、施工许可证和开工报告的适用范围

我国目前对建设工程开工条件的审批,存在着颁发"施工许可证"和批准"开工报告"两种形式。多数工程是办理施工许可证,也有部分工程为批准开工报告。

(一)施工许可证的适用范围

2018年9月住房和城乡建设部经修改后发布的《建筑工程施工许可管理办法》规定,在中华人民共和国境内从事各类房屋建筑及其附属设施的建造、装修装饰和与其配套的线路、管道、设备的安装,以及城镇市政基础设施工程的施工,建设单位在开工前应当依照本办法的规定,向工程所在地的县级以上地方人民政府住房城乡建设主管部门(以下简称"发证机关")申请领取施工许可证。

《住房城乡建设部办公厅关于工程总承包项目和政府采购工程建设项目办理施工许可手续有关事项的通知》(建办市〔2017〕46号)中规定,各级住房城乡建设主管部门可以根据工程总承包合同及分包合同确定设计、施工单位,依法办理施工许可证。对在工程总承包项目中承担分包工作,且已与工程总承包单位签订分包合同的设计单位或施工单位,各级住房城乡建设主管部门不得要求其与建设单位签订设计合同或施工合同,也不得将上述要求作为申请领取施工许可证的前置条件。

对依法通过竞争性谈判或单一来源方式确定供应商的政府采购工程建设项目,应严格执行《建筑法》《建筑工程施工许可管理办法》等规定,对符合申请条件的,应当颁发施工许可证。

(二)不需要办理施工许可证的建设工程

1. 限额以下的小型工程

按照《建筑法》的规定,国务院建设行政主管部门确定的限额以下的小型工程,可以不申请办理施工许可证。

据此,《建筑工程施工许可管理办法》规定,工程投资额在30万元以下或建筑面积在300平方米以下的建筑工程,可以不申请办理施工许可证。省、自治区、直辖市人民政府住房城乡建设主管部门可以根据当地的实际情况,对限额进行调整,并报国务院住房城乡建设主管部门备案。

2. 抢险救灾等工程

《建筑法》规定,抢险救灾及其他临时性房屋建筑和农民自建低层住宅的建筑活动,不适用本法。

鉴于上述工程的特殊性,无须办理施工许可证。

(三)不重复办理施工许可证的建设工程

《建筑法》规定,按照国务院规定的权限和程序批准开工报告的建筑工程,不再领取施工许可证。这一规定有两层含义:一是实行开工报告批准制度的建设工程,必须符合国务院的规定,其他任何部门的规定无效;二是开工报告与施工许可证不要重复办理。

(四)另行规定的建设工程

军用房屋建筑工程另有其特殊性。所以,《建筑法》规定,军用房屋建筑工程建筑活动的具体管理办法,由国务院、中央军事委员会依据本法制定。

(五)实行开工报告制度的建设工程

开工报告制度是我国沿用已久的一种建设项目开工管理制度。1979年,原国家计划委员会、国家基本建设委员会设立了该项制度。1984年将其简化。1988年以后,又恢复了开工报告制度。2019年4月公布的《政府投资条例》规定,国务院规定应当审批开工报告的重大政府投资项目,按照规定办理开工报告审批手续后方可开工建设。

二、申请主体和法定批准条件

(一)施工许可证的申请主体

《建筑法》规定,建设单位应当按照国家有关规定向工程所在地县级以上人民政府建设行政主管部门申请领取施工许可证。

建设单位是建设项目的投资者,为建设项目开工和施工单位进场做好各项前期准备工作,是建设单位应尽的义务。因此,施工许可证的申请领取,应该是由建设单位负责,而不是施工单位或其他单位。

(二)施工许可证的法定批准条件

《建筑法》规定,申请领取施工许可证,应当具备下列条件:①已经办理该建筑工程用地批准手续;②依法应当办理建设工程规划许可证的,已经取得建设工程规划许可证;③需要拆迁的,其拆迁进度符合施工要求;④已经确定建筑施工企业;⑤有满足施工需要的资金安排、施工图纸及技术资料;⑥有保证工程质量和安全的具体措施。

《建筑工程施工许可管理办法》进一步规定,建设单位申请领取施工许可证,应当具备下列条件,并提交相应的证明文件:①依法应当办理用地批准手续的,已经办理该建筑工程用地批准手续;②在城市、镇规划区的建筑工程,已经取得建设工程规划许可证;③施工场地已经基本具备施工条件,需要征收房屋的,其进度符合施工要求;④已经确定施工企业;⑤有满足施工需要的技术资料,施工图设计文件已按规定审查合格;⑥有保证工程质量和安全的具体措施;⑦建设资金已经落实。建设单位应当提供建设资金已经落实承诺书;⑧法律、行政法规规定的其他条件。

(1)依法应当办理用地批准手续的,已经办理该建筑工程用地批准手续。2019年8月经修改后公布的《中华人民共和国土地管理法》规定,经批准的建设项目需要使用国有建设用地的,建设单位应当持法律、行政法规规定的有关文件,向有批准权的县级以上人民政府自然资源主管部门提出建设用地申请,经自然资源主管部门审查,报本级人民政府批准。

(2)在城市、镇规划区的建筑工程,已经取得规划许可证。在城市、镇规划区,规划许可证包括建设用地规划许可证和建设工程规划类许可证。在乡、村庄规划区内进行乡镇企业、乡村公共设施和公益事业建设的,须核发乡村建设规划许可证

《国务院关于印发清理规范投资项目报建审批事项实施方案的通知》(国发〔2016〕29号)要求,将原建设工程规划许可证核发、历史建筑实施原址保护审批等4项合并为"建设工程规划类许可证核发"。

1)建设用地规划许可证。2019年4月经修改后公布的《中华人民共和国城乡规划法》(以下简称《城乡规划法》)规定,在城市、镇规划区内以划拨方式提供国有土地使用权的建设项目,经有关部门批准、核准、备案后,建设单位应当向城市、县人民政府城乡规划主管部门提出建设用地规划许可申请,由城市、县人民政府城乡规划主管部门依据控制性详细规划核定建设用地的位置、面积、允许建设的范围,核发建设用地规划许可证。建设单位在取得建设用地规划许可证后,方可向县级以上地方人民政府土地主管部门申请用地,经县级以上人民政府审批后,由土地主管部门划拨土地。

以出让方式取得国有土地使用权的建设项目,建设单位在取得建设项目的批准、核准、备案文件和签订国有土地使用权出让合同后,向城市、县人民政府城乡规划主管部门领取建设用地规划许可证。

2)建设工程规划类许可证。在城市、镇规划区内进行建筑物、构筑物、道路、管线和其他工程建设的,建设单位或个人应当向城市、县人民政府城乡规划主管部门或省、自治区、直辖市人民政府确定的镇人民政府申请办理建设工程规划类许可证。

上述两个规划许可证,分别是申请用地和确认有关建设工程符合城市规划要求的法律凭证。

(3)施工场地已经基本具备施工条件,需要征收房屋的,其进度符合施工要求。施工场地应该具备的基本施工条件,通常要根据建设工程项目的具体情况决定。例如:已进行场区的施工测量,设置永久性经纬坐标桩、水准基桩和工程测量控制网;搞好"三通一平"或"七通一平";在施工现场要设安全纪律牌、施工公告牌、安全标志牌等。实行监理的建设工程,一般要由监理单位查看后填写"施工场地已具备施工条件的证明",并加盖单位公章确认。

《民法典》规定,为了公共利益的需要,依照法律规定的权限和程序可以征收集体所有的土地和组织、个人的房屋及其他不动产。但是,征收进度必须能满足建设工程开始施工和连续施工的要求。

(4)已经确定施工企业。建设工程的施工必须由具备相应资质的施工企业来承担。因此,在建设工程开工前,建设单位必须依法通过招标或直接发包的方式确定承包该建设工程的施工企业,并签订建设工程承包合同,明确双方的责任、权利和义务。

按照规定应当招标的工程没有招标,应当公开招标的工程没有公开招标,或肢解发包工程,以及将工程发包给不具备相应资质条件的企业的,所确定的施工企业无效。

(5)有满足施工需要的技术资料,施工图设计文件已按规定审查合格。技术资料一般包括地形、地质、水文、气象等自然条件资料和主要原材料、燃料来源,水电供应和运输条件等技术经济条件资料。我国设有严格的施工图设计文件审查制度。

《建设工程勘察设计管理条例》规定,编制施工图设计文件,应当满足设备材料采购、非标准设备制作和施工的需要,并注明建设工程合理使用年限。

施工图设计文件审查机构应当对房屋建筑工程、市政基础设施工程施工图设计文件中涉及公共利益、公众安全、工程建设强制性标准的内容进行审查。县级以上人民政府交通运输等有关部门应当按照职责对施工图设计文件中涉及公共利益、公众安全、工程建设强制性标准的内容进行审查。

《建设工程质量管理条例》规定,施工图设计文件未经审查批准的,不得使用。

(6)有保证工程质量和安全的具体措施。《建设工程质量管理条例》规定,建设单位在开工前,应当按照国家有关规定办理工程质量监督手续。工程质量监督手续可以与施工许可证或开工报告合并办理。

《建设工程安全生产管理条例》规定,建设单位在申请领取施工许可证时,应当提供建设工程有关安全施工措施的资料。住房城乡建设主管部门在审核发放施工许可证时,应当对建设工程是否有安全施工措施进行审查,对没有安全施工措施的,不得颁发施工许可证。

《建筑工程施工许可管理办法》中进一步规定,施工企业编制的施工组织设计中有根据建筑工程特点制定的相应质量、安全技术措施。建立工程质量安全责任制并落实到人。专业性较强的工程项目编制了专项质量、安全施工组织设计,并按照规定办理了工程质量、安全监督手续。

(7)建设资金已经落实。建设资金的落实是建设工程开工后能否顺利实施的关键。在实践中,许多"烂尾楼"都是建设资金不到位的恶果。

(8)法律、行政法规规定的其他条件。由于施工活动自身的复杂性,以及各类工程的建设要求也不同,申领施工许可证的条件会随着国家对建设活动管理的不断完善而作相应调整。但是,按照《建筑法》的规定,只有全国人大及其常委会制定的法律和国务院制定的行政法规,才有权增加施工许可证新的申领条件,其他如部门规章、地方性法规、地方规章等都不得规定增加施工许可证的申领条件。据此,《建筑工程施工许可管理办法》明确规定,县级以上地方人民政府住房城乡建设主管部门不得违反法律法规规定,增设办理施工许可证的其他条件。

目前,已增加的施工许可证申领条件主要是消防设计审核。2019年4月经修改后公布的《中华人民共和国消防法》(以下简称《消防法》)规定,特殊建设工程未经消防设计审查或审查不合格,建设单位、施工单位不得施工;其他建设工程,建设单位未提供满足施工需要的消防设计图纸及技术资料的,有关部门不得发放施工许可证或批准开工报告。

上述各项法定条件必须同时具备,缺一不可。发证机关应当自收到申请之日起7日内,对符合条件的申请颁发施工许可证。对于证明文件不齐全或失效的,应当当场或5日内一次告知建设单位需要补正的全部内容,审批时间可以自证明文件补正齐全后作相应顺延;对于不符合条件的,应当自收到申请之日起7日内书面通知建设单位,并说明理由。

《建筑工程施工许可管理办法》还规定,应当申请领取施工许可证的建筑工程未取得施工许可证的,一律不得开工。任何单位和个人不得将应当申请领取施工许可证的工程项目分解为若干限额以下的工程项目,规避申请领取施工许可证。

三、延期开工、核验和重新办理批准的规定

(一)申请延期的规定

《建筑法》规定,建设单位应当自领取施工许可证之日起3个月内开工。因故不能按期开工的,应当向发证机关申请延期;延期以两次为限,每次不超过3个月。既不开工又不申请延期或超过延期时限的,施工许可证自行废止。

(二)核验施工许可证的规定

《建筑法》规定,在建的建筑工程因故中止施工的,建设单位应当自中止施工之日起一个月内,向发证机关报告,并按照规定做好建筑工程的维护管理工作。建筑工程恢复施工时,应当向发证机关报告;中止施工满一年的工程恢复施工前,建设单位应当报发证机关核验施工许可证。

中止施工是指建设工程开工后,在施工过程中因特殊情况的发生而中途停止施工的情形。中止施工的原因很复杂,如地震、洪水等不可抗力,以及宏观调控压缩基建规模、停建缓建建设工程等。

对于因故中止施工的,建设单位应当按照规定的时限履行相关义务或责任,以防止建设工程在中止施工期间遭受不必要的损失,保证在恢复施工时可以尽快启动。例如,建设单位与施工单位应当确定合理的停工部位,并协商提出善后处理的具体方案,明确双方的职责、权

利和义务;建设单位应当派专人负责,定期检查中止施工工程的质量状况,发现问题及时解决;建设单位要与施工单位共同做好中止施工的工地现场安全、防火、防盗、维护等项工作,防止因工地脚手架、施工铁架、外墙挡板等腐烂、断裂、坠落、倒塌等导致发生人身安全事故,并保管好工程技术档案资料。

在恢复施工时,建设单位应当向发证机关报告恢复施工的有关情况。中止施工满一年的,在建设工程恢复施工前,建设单位还应当报发证机关核验施工许可证,看是否仍具备组织施工的条件,经核验符合条件的,应允许恢复施工,施工许可证继续有效;经核验不符合条件的,应当收回其施工许可证,不允许恢复施工,待条件具备后,由建设单位重新申领施工许可证。

(三)重新办理批准手续的规定

对于实行开工报告制度的建设工程,《建筑法》规定,按照国务院有关规定批准开工报告的建筑工程,因故不能按期开工或中止施工的,应当及时向批准机关报告情况。因故不能按期开工超过6个月的,应当重新办理开工报告的批准手续。

按照国务院有关规定批准开工报告的建筑工程,一般都属于大中型建设项目。对于这类工程因故不能按期开工或中止施工的,在审查和管理上应该更严格。

四、违法行为应承担的法律责任

办理施工许可证或开工报告违法行为应承担的主要法律责任如下。

(一)未经许可擅自开工应承担的法律责任

《建筑法》规定,违反本法规定,未取得施工许可证或开工报告未经批准擅自施工的,责令改正,对不符合开工条件的责令停止施工,可以处以罚款。

《建设工程质量管理条例》规定,建设单位未取得施工许可证或开工报告未经批准,擅自施工的,责令停止施工,限期改正,处工程合同价款1%以上2%以下的罚款。

(二)规避办理施工许可证应承担的法律责任

《建筑工程施工许可管理办法》规定,对于未取得施工许可证或为规避办理施工许可证将工程项目分解后擅自施工的,由有管辖权的发证机关责令停止施工,限期改正,对建设单位处工程合同价款1%以上2%以下罚款;对施工单位处3万元以下罚款。

(三)骗取和伪造施工许可证应承担的法律责任

《建筑工程施工许可管理办法》规定,建设单位采用欺骗、贿赂等不正当手段取得施工许可证的,由原发证机关撤销施工许可证,责令停止施工,并处1万元以上3万元以下罚款;构成犯罪的,依法追究刑事责任。

建设单位隐瞒有关情况或提供虚假材料申请施工许可证的,发证机关不予受理或不予许可,并处1万元以上3万元以下罚款;构成犯罪的,依法追究刑事责任。

建设单位伪造或涂改施工许可证的,由发证机关责令停止施工,并处1万元以上3万元以下罚款;构成犯罪的,依法追究刑事责任。

(四)对单位主管人员等处罚的规定

给予单位罚款处罚的,对单位直接负责的主管人员和其他直接责任人员处单位罚款数额5%以上10%以下罚款。单位及相关责任人受到处罚的,作为不良行为记录予以通报。

第二节 施工企业从业资格制度

《建筑法》规定,从事建筑活动的建筑施工企业、勘察单位、设计单位和工程监理单位,应当具备下列条件:①有符合国家规定的注册资本;②有与其从事的建筑活动相适应的具有法定执业资格的专业技术人员;③有从事相关建筑活动所应有的技术装备;④法律、行政法规规定的其他条件。《建筑法》还规定,关于施工许可、建筑施工企业资质审查和建筑工程发包、承包、禁止转包,以及建筑工程监理、建筑工程安全和质量管理的规定,适用于其他专业建筑工程的建筑活动。

《建设工程质量管理条例》进一步规定,施工单位应当依法取得相应等级的资质证书,并在其资质等级许可的范围内承揽工程。本条例所称建设工程,是指土木工程、建筑工程、线路管道和设备安装工程及装修工程。

2018年12月住房和城乡建设部经修改后发布的《建筑业企业资质管理规定》中规定,建筑业企业是指从事土木工程、建筑工程、线路管道设备安装工程的新建、扩建、改建等施工活动的企业。

一、企业资质的法定条件和等级

工程建设活动不同于一般的经济活动,其从业单位所具备条件的高低直接影响到建设工程质量和安全生产。因此,从事工程建设活动的单位必须符合相应的资质条件。

根据《建筑法》《行政许可法》《建设工程质量管理条例》《建设工程安全生产管理条例》等法律、行政法规,《建筑业企业资质管理规定》中规定,企业应当按照其拥有的资产、主要人员、已完成的工程业绩和技术装备等条件申请建筑业企业资质,经审查合格,取得建筑业企业资质证书后,方可在资质许可的范围内从事建筑施工活动。

1. 有符合规定的净资产

企业资产是指企业拥有或控制的能以货币计量的经济资源,包括各种财产、债权和其他权利。企业净资产是指企业的资产总额减去负债以后的净额。净资产是属于企业所有并可以自由支配的资产,即所有者权益。相对于注册资本而言,它能够更准确地体现企业的经济实力。所有建筑业企业都必须具备基本的责任承担能力。这是法律上权利与义务相一致、利益与风险相一致原则的体现,是维护债权人利益的需要。显然,对净资产要求的全面提高意味着对企业资信要求的提高。

以建筑工程施工总承包企业为例,住房和城乡建设部《建筑业企业资质标准》(建市〔2014〕159号)中规定,一级企业净资产1亿元以上;二级企业净资产4000万元以上;三级企业净资产800万元以上。

2. 有符合规定的主要人员

工程建设施工活动专业性、技术性较强。因此,建筑业企业应当拥有注册建造师及其他注册人员、工程技术人员、施工现场管理人员和技术工人。但为了简化企业资质考核指标,住房和城乡建设部《关于简化建筑业企业资质标准部分指标的通知》(建市〔2016〕226号)要求,除各类别最低等级资质外,取消关于注册建造师、中级以上职称人员、持有岗位证书的现场管理人员、技术工人的指标考核。取消通信工程施工总承包三级资质标准中关于注册建造师的指标考核。

住房和城乡建设部办公厅《关于取消建筑业企业最低等级资质标准现场管理人员指标考核的通知》（建办市〔2018〕53号）进一步要求，取消建筑业企业最低等级资质标准中关于持有岗位证书现场管理人员的指标考核。

3. 有符合规定的已完成工程业绩

《关于简化建筑业企业资质标准部分指标的通知》中要求，调整建筑工程施工总承包一级及以下资质的建筑面积考核指标。按照调整后的企业工程业绩考核指标，建筑工程施工总承包的一级企业：近5年承担过下列4类中的2类工程的施工总承包或主体工程承包，工程质量合格。①地上25层以上的民用建筑工程1项或地上18~24层的民用建筑工程2项；②高度100米以上的构筑物工程1项或高度80~100米（不含）的构筑物工程2项；③建筑面积12万平方米以上的建筑工程1项或建筑面积10万平方米以上的建筑工程2项；④钢筋混凝土结构单跨30米以上（或钢结构单跨36米以上）的建筑工程1项或钢筋混凝土结构单跨27~30米（不含）[或钢结构单跨30~36米（不含）]的建筑工程2项。

二级企业：近5年承担过下列4类中的2类工程的施工总承包或主体工程承包，工程质量合格。①地上12层以上的民用建筑工程1项或地上8~11层的民用建筑工程2项；②高度50米以上的构筑物工程1项或高度35~50米（不含）的构筑物工程2项；③建筑面积6万平方米以上的建筑工程1项或建筑面积5万平方米以上的建筑工程2项；④钢筋混凝土结构单跨21米以上（或钢结构单跨24米以上）的建筑工程1项或钢筋混凝土结构单跨18~21米（不含）[或钢结构单跨21~24米（不含）]的建筑工程2项。

三级企业不再要求已完成的工程业绩。

同时，《关于简化建筑业企业资质标准部分指标的通知》进一步规定，对申请建筑工程、市政公用工程施工总承包特级、一级资质的企业。未进入全国建筑市场监管与诚信信息发布平台的企业业绩，不作为有效业绩认定。

4. 有符合规定的技术装备

施工单位必须使用与其从事施工活动相适应的技术装备，而许多大中型机械设备都可以采用租赁或融资租赁的方式取得。因此，目前的企业资质标准中对技术装备的要求并不多。

二、施工企业的资质序列、类别和等级

（一）施工企业的资质序列

《建筑业企业资质管理规定》规定，建筑业企业资质分为施工总承包资质、专业承包资质、施工劳务资质三个序列。

（二）施工企业的资质类别和等级

施工总承包资质、专业承包资质按照工程性质和技术特点分别划分为若干资质类别，各资质类别按照规定的条件划分为若干资质等级。施工劳务资质不分类别与等级。

按照《建筑业企业资质标准》的规定，施工总承包资质序列设有12个类别，分别是：建筑工程施工总承包、公路工程施工总承包、铁路工程施工总承包、港口与航道工程施工总承包、水利水电工程施工总承包、电力工程施工总承包、矿山工程施工总承包、冶金工程施工总承包、石油化工工程施工总承包、市政公用工程施工总承包、通信工程施工总承包、机电工程施

工总承包。施工总承包资质一般分为4个等级,即特级、一级、二级和三级。

专业承包序列设有36个类别,分别是:地基基础工程专业承包、起重设备安装工程专业承包、预拌混凝土专业承包、电子与智能化工程专业承包、消防设施工程专业承包、防水防腐保温工程专业承包、桥梁工程专业承包、隧道工程专业承包、钢结构工程专业承包、模板脚手架专业承包、建筑装修装饰工程专业承包、建筑机电安装工程专业承包、建筑幕墙工程专业承包、古建筑工程专业承包、城市及道路照明工程专业承包、公路路面工程专业承包、公路路基工程专业承包、公路交通工程专业承包、铁路电务工程专业承包、铁路铺轨架梁工程专业承包、铁路电气化工程专业承包、机场场道工程专业承包、民航空管工程及机场弱电系统工程专业承包、机场目视助航工程专业承包、港口与海岸工程专业承包、航道工程专业承包、通航建筑物工程专业承包、港航设备安装及水上交管工程专业承包、水工金属结构制作与安装工程专业承包、水利水电机电安装工程专业承包、河湖整治工程专业承包、输变电工程专业承包、核工程专业承包、海洋石油工程专业承包、环保工程专业承包、特种工程专业承包。

三、施工企业的资质许可

我国对建筑业企业的资质管理,实行分级实施与有关部门相配合的管理模式。

(一)施工企业资质管理体制

《建筑业企业资质管理规定》中规定,国务院住房城乡建设主管部门负责全国建筑业企业资质的统一监督管理。国务院交通运输、水利、工业信息化等有关部门配合国务院住房城乡建设主管部门实施相关资质类别建筑业企业资质的管理工作。

省、自治区、直辖市人民政府住房城乡建设主管部门负责本行政区域内建筑业企业资质的统一监督管理。省、自治区、直辖市人民政府交通运输、水利、通信等有关部门配合同级住房城乡建设主管部门实施本行政区域内相关资质类别建筑业企业资质的管理工作。

企业违法从事建筑活动的,违法行为发生地的县级以上地方人民政府住房城乡建设主管部门或其他有关部门应当依法查处,并将违法事实、处理结果或处理建议及时告知该建筑业企业资质的许可机关。

(二)施工企业资质的许可权限

(1)下列建筑业企业资质,由国务院住房城乡建设主管部门许可:①施工总承包资质序列特级资质、一级资质及铁路工程施工总承包二级资质;②专业承包资质序列公路、水运、水利、铁路、民航方面的专业承包一级资质及铁路、民航方面的专业承包二级资质;③涉及多个专业的专业承包一级资质。

国务院《关于第二批取消152项中央指定地方实施行政审批事项的决定》(国发〔2016〕9号)中,取消了对住房和城乡建设部负责的建筑业企业总承包特级、一级,部分专业承包一级资质审批的初审。据此,2016年3月住房和城乡建设部办公厅颁发了《关于做好取消建设工程企业资质和个人执业资格初审事项后续衔接工作的通知》,规定各省级住房城乡建设主管部门不再对企业资质和个人执业资格事项出具初审意见。

《建筑业企业资质管理规定》中规定,申请本规定第9条所列资质的(注:上述由国务院住房城乡建设主管部门许可的资质),可以向企业工商注册所在地省、自治区、直辖市人民政府住房城乡建设主管部门提交申请材料。省、自治区、直辖市人民政府住房城乡建设主管部门收到申请材料后,应当在 5 日内将全部申请材料报审批部门。

(2)下列建筑业企业资质,由企业工商注册所在地省、自治区、直辖市人民政府住房城乡建设主管部门许可:①施工总承包资质序列二级资质及铁路、通信工程施工总承包三级资质;②专业承包资质序列一级资质(不含公路、水运、水利、铁路、民航方面的专业承包一级资质及涉及多个专业的专业承包一级资质);③专业承包资质序列二级资质(不含铁路、民航方面的专业承包二级资质);铁路方面专业承包三级资质;特种工程专业承包资质。

(3)下列建筑业企业资质,由企业工商注册所在地设区的市人民政府住房城乡建设主管部门许可:①施工总承包资质序列三级资质(不含铁路、通信工程施工总承包三级资质);②专业承包资质序列三级资质(不含铁路方面专业承包资质)及预拌混凝土、模板脚手架专业承包资质;③施工劳务资质;④燃气燃烧器具安装、维修企业资质。

四、施工企业资质证书的申请、延续和变更

《优化营商环境条例》规定,国家推进"证照分离"改革,持续精简涉企经营许可事项,依法采取直接取消审批、审批改为备案、实行告知承诺、优化审批服务等方式,对所有涉企经营许可事项进行分类管理,为企业取得营业执照后开展相关经营活动提供便利。除法律、行政法规规定的特定领域外,涉企经营许可事项不得作为企业登记的前置条件。

国务院办公厅《关于开展工程建设项目审批制度改革试点的通知》(国办发〔2018〕33 号)规定,对通过事中事后监管能够纠正不符合审批条件的行为且不会产生严重后果的审批事项,实行告知承诺制。公布实行告知承诺制的审批事项清单及具体要求,申请人按照要求作出书面承诺的,审批部门可以直接作出审批决定。

(一)企业资质的申请

《建筑业企业资质管理规定》中规定,企业可以申请一项或多项建筑业企业资质。企业首次申请或增项申请资质,应当申请最低等级资质。

企业申请建筑业企业资质,在资质许可机关的网站或审批平台提出申请事项,提交资金、专业技术人员、技术装备和已完成业绩等电子材料。

企业根据建设工程企业资质标准作出符合审批条件的承诺,我部依据企业承诺直接办理相关资质审批手续,不再要求企业提交证明材料。着力强化审批事中事后监管力度,实现对企业承诺的业绩现场核查全覆盖。对以虚构、造假等欺骗手段取得资质的企业,依法撤销其相应资质,并列入建筑市场主体"黑名单"。

(二)企业资质证书的使用与延续

住房和城乡建设部办公厅《关于规范使用建筑业企业资质证书的通知》(建办市函〔2016〕462 号)中指出,为切实减轻企业负担,各有关部门和单位在对企业跨地区承揽业务监督管理、招标活动中,不得要求企业提供建筑业企业资质证书原件,企业资质情况可通过扫描建筑业企业资质证书复印件的二维码查询。

《建筑业企业资质管理规定》中规定,资质证书有效期为 5 年。建筑业企业资质证书有效期届满,企业继续从事建筑施工活动的,应当于资质证书有效期届满 3 个月前,向原资质许可机关提出延续申请。

资质许可机关应当在建筑业企业资质证书有效期届满前做出是否准予延续的决定;逾期

未做出决定的,视为准予延续。

(三)企业资质证书的变更

《优化营商环境条例》规定,企业申请办理住所等相关变更登记的,有关部门应当依法及时办理,不得限制。除法律、法规、规章另有规定外,企业迁移后其持有的有效许可证件不再重复办理。

1. 办理企业资质证书变更的程序

《建筑业企业资质管理规定》中规定,企业在建筑业企业资质证书有效期内名称、地址、注册资本、法定代表人等发生变更的,应当在工商部门办理变更手续后1个月内办理资质证书变更手续。

由国务院住房城乡建设主管部门颁发的建筑业企业资质证书的变更,企业应当向企业工商注册所在地省、自治区、直辖市人民政府住房城乡建设主管部门提出变更申请,省、自治区、直辖市人民政府住房城乡建设主管部门应当自受理申请之日起2日内将有关变更证明材料报国务院住房城乡建设主管部门,由国务院住房城乡建设主管部门在2日内办理变更手续。

上述规定以外的资质证书的变更,由企业工商注册所在地的省、自治区、直辖市人民政府住房城乡建设主管部门或设区的市人民政府住房城乡建设主管部门依法另行规定。变更结果应当在资质证书变更后15日内,报国务院住房城乡建设主管部门备案。

涉及公路、水运、水利、通信、铁路、民航等方面的建筑业企业资质证书的变更,办理变更手续的住房城乡建设主管部门应当将建筑业企业资质证书变更情况告知同级有关部门。

2. 企业更换、遗失补办建筑业企业资质证书

企业需更换、遗失补办建筑业企业资质证书的,应当持建筑业企业资质证书更换、遗失补办申请等材料向资质许可机关申请办理。资质许可机关应当在2个工作日内办理完毕。

住房和城乡建设部《关于取消部分部门规章和规范性文件设定的证明事项的决定》(建法规〔2019〕6号)规定,建筑业企业资质证书遗失补办,由申请人告知资质许可机关,由资质许可机关在官网发布信息。

3. 企业发生合并、分立、改制的资质办理

《建筑业企业资质管理规定》中规定,企业发生合并、分立、重组及改制等事项,需承继原建筑业企业资质的,应当申请重新核定建筑业企业资质等级。

(四)不予批准企业资质升级申请和增项申请的规定

企业申请建筑业企业资质升级、资质增项,在申请之日起前1年至资质许可决定作出前,有下列情形之一的,资质许可机关不予批准其建筑业企业资质升级申请和增项申请:①超越本企业资质等级或以其他企业的名义承揽工程,或允许其他企业或个人以本企业的名义承揽工程的;②与建设单位或企业之间相互串通投标,或以行贿等不正当手段谋取中标的;③未取得施工许可证擅自施工的;④将承包的工程转包或违法分包的;⑤违反国家工程建设强制性标准施工的;⑥恶意拖欠分包企业工程款或劳务人员工资的;⑦隐瞒或谎报、拖延报告工程质量安全事故,破坏事故现场、阻碍对事故调查的;⑧按照国家法律、法规和标准规定需要持证上岗的现场管理人员和技术工种作业人员未取得证书上岗的;⑨未依法履行工程质量保修义务或拖延履行保修义务的;⑩伪造、变造、倒卖、出租、出借或以其他形式非法转让建筑业企业资质证书的;⑪发生过较大以上质量安全事故或发生过两起以上一般质量安全事故的;⑫其

他违反法律、法规的行为。

(五)企业资质证书的撤回、撤销和注销

1. 撤回

取得建筑业企业资质证书的企业,应当保持资产、主要人员、技术装备等方面满足相应建筑业企业资质标准要求的条件。企业不再符合相应建筑业企业资质标准要求条件的,县级以上地方人民政府住房城乡建设主管部门、其他有关部门,应当责令其限期改正并向社会公告,整改期限最长不超过3个月;企业整改期间不得申请建筑业企业资质的升级、增项,不能承揽新的工程;逾期仍未达到建筑业企业资质标准要求条件的,资质许可机关可以撤回其建筑业企业资质证书。

被撤回建筑业企业资质证书的企业,可以在资质被撤回后3个月内,向资质许可机关提出核定低于原等级同类别资质的申请。

2. 撤销

有下列情形之一的,资质许可机关应当撤销建筑业企业资质:①资质许可机关工作人员滥用职权、玩忽职守准予资质许可的;②超越法定职权准予资质许可的;③违反法定程序准予资质许可的;④对不符合资质标准条件的申请企业准予资质许可的;⑤依法可以撤销资质许可的其他情形。

以欺骗、贿赂等不正当手段取得资质许可的,应当予以撤销。

3. 注销

有下列情形之一的,资质许可机关应当依法注销建筑业企业资质,并向社会公布其建筑业企业资质证书作废,企业应当及时将建筑业企业资质证书交回资质许可机关:①资质证书有效期届满,未依法申请延续的;②企业依法终止的;③资质证书依法被撤回、撤销或吊销的;④企业提出注销申请的;⑤法律、法规规定的应当注销建筑业企业资质的其他情形。

(六)外商投资建筑业企业的规定

2019年3月公布的《中华人民共和国外商投资法》规定,本法所称外商投资,是指外国的自然人、企业或其他组织(以下称"外国投资者")直接或间接在中国境内进行的投资活动,包括下列情形:①外国投资者单独或与其他投资者共同在中国境内设立外商投资企业;②外国投资者取得中国境内企业的股份、股权、财产份额或其他类似权益;③外国投资者单独或与其他投资者共同在中国境内投资新建项目;④法律、行政法规或国务院规定的其他方式的投资。

1. 外商投资建筑业企业的准入

外国投资者在依法需要取得许可的行业、领域进行投资的,应当依法办理相关许可手续。有关主管部门应当按照与内资一致的条件和程序,审核外国投资者的许可申请,法律、行政法规另有规定的除外。

2. 外商投资建筑业企业的组织形式

外商投资企业的组织形式、组织机构及其活动准则,适用《中华人民共和国公司法》《中华人民共和国合伙企业法》等法律的规定。

3. 外商投资建筑业企业的依法经营和信息报告制度

外商投资企业开展生产经营活动,应当遵守法律、行政法规有关劳动保护、社会保险的规定,依照法律、行政法规和国家有关规定办理税收、会计、外汇等事宜,并接受相关主管部门依法实施的监督检查。

外国投资者并购中国境内企业或以其他方式参与经营者集中的,应当依照《中华人民共和国反垄断法》的规定接受经营者集中审查。

外国投资者或外商投资企业应当通过企业登记系统及企业信用信息公示系统向商务主管部门报送投资信息。

五、禁止无资质或越级承揽工程的规定

施工单位的资质等级,是施工单位人员素质、资金数量、技术装备、管理水平、工程业绩等综合能力的体现,反映了该施工单位从事某项施工活动的资格和能力,是国家对建设市场准入管理的重要手段。为此,我国的法律规定,施工单位除应具备企业法人营业执照外,还应取得相应的资质证书,并严格在其资质等级许可的经营范围内从事施工活动。

(一)禁止无资质承揽工程

《建筑法》规定,承包建筑工程的单位应当持有依法取得的资质证书,并在其资质等级许可的业务范围内承揽工程。

《建设工程质量管理条例》也规定,施工单位应当依法取得相应等级的资质证书,并在其资质等级许可的范围内承揽工程。《建设工程安全生产管理条例》进一步规定,施工单位从事建设工程的新建、扩建、改建和拆除等活动,应当具备国家规定的注册资本、专业技术人员、技术装备和安全生产等条件,依法取得相应等级的资质证书,并在其资质等级许可的范围内承揽工程。

近年来,无资质承揽建设工程已转为比较隐蔽的"挂靠"形式。《建筑法》明确规定,禁止总承包单位将工程分包给不具备相应资质条件的单位。2019年3月住房和城乡建设部经修改后发布的《房屋建筑和市政基础设施工程施工分包管理办法》进一步规定:"分包工程承包人必须具有相应的资质,并在其资质等级许可的范围内承揽业务。严禁个人承揽分包工程业务。"但是,在专业工程分包或劳务作业分包中仍存在着无资质承揽工程的现象。无资质承揽劳务分包工程,常见的是作为自然人的"包工头",带领一部分农民工组成的施工队,与总承包企业或专业承包企业签订劳务合同,或是通过层层转包、层层分包"垫底"获签劳务合同。

需要指出的是,无资质承包主体签订的专业分包合同或劳务分包合同都是无效合同。但是,当作为无资质的"实际施工人"的利益受到侵害时,其可以向合同相对方(即转包方或违法分包方)主张权利,甚至可以向建设工程项目的发包方主张权利。《最高人民法院关于审理建设工程施工合同纠纷案件适用法律问题的解释》(法释〔2004〕14号)第26条规定,"实际施工人以转包人、违法分包人为被告起诉的,人民法院应当依法受理。"

(二)禁止越级承揽工程

《建筑法》和《建设工程质量管理条例》均规定,禁止施工单位超越本单位资质等级许可的业务范围承揽工程。

1. 联合共同承包对资质的有关法律规定

《建筑法》规定,两个以上不同资质等级的单位实行联合共同承包的,应当按照资质等级低的单位的业务许可范围承揽工程。

联合共同承包是国际工程承包的一种通行的做法,一般适用于大型或技术复杂的建设工程项目。采用联合承包的方式,可以优势互补,增加中标机会,并可降低承包风险。但是,联合共同承包同样要求联合的各方必须具有与其承包工程相符合的资质条件,不能超越资质等级去联合承包,以免导致以联合共同承包之名行"资质挂靠"之实。

2. 分包工程对资质的有关法律规定

《建筑法》规定,禁止总承包单位将工程分包给不具备相应资质条件的单位。《房屋建筑和市政基础设施工程施工分包管理办法》进一步规定,分包工程承包人必须具有相应的资质,并在其资质等级许可的范围内承揽业务。

《建设工程质量管理条例》规定了违法分包的第一种情形就是:"本条例所称违法分包,是指下列行为:(1)总承包单位将建设工程分包给不具备相应资质条件的单位的。"《房屋建筑和市政基础设施工程施工分包管理办法》也规定,"禁止将承包的工程进行违法分包。下列行为,属于违法分包:(1)分包工程发包人将专业工程或劳务作业分包给不具备相应资质条件的分包工程承包人的;……"

六、禁止以他企业或他企业以本企业名义承揽工程的规定

《建筑法》规定,禁止建筑施工企业超越本企业资质等级许可的业务范围或以任何形式用其他建筑施工企业的名义承揽工程。禁止建筑施工企业以任何形式允许其他单位或个人使用本企业的资质证书、营业执照,以本企业的名义承揽工程。《建设工程质量管理条例》也规定,禁止施工单位超越本单位资质等级许可的业务范围或以其他施工单位的名义承揽工程。禁止施工单位允许其他单位或个人以本单位的名义承揽工程。

实践中,为了获得承包项目,一些施工单位往往会借用其他施工单位的资质证书,以其他施工单位的名义承揽建设工程。这样既扰乱了建筑市场秩序,也给建设工程埋下了质量隐患。因此,法律明令禁止这种违法行为。

同时,在分包工程中还要防止出现以他企业或他企业以本企业名义承揽工程的违法行为。《房屋建筑和市政基础设施工程施工分包管理办法》规定,分包工程发包人没有将其承包的工程进行分包,在施工现场所设项目管理机构的项目负责人、技术负责人、项目核算负责人、质量管理人员、安全管理人员不是工程承包人本单位人员的,视同允许他人以本企业名义承揽工程。

七、违法行为应承担的法律责任

施工企业资质违法行为应承担的主要法律责任如下:

(一)企业申请办理资质违法行为应承担的法律责任

《建筑法》规定,以欺骗手段取得资质证书的,吊销资质证书,处以罚款;构成犯罪的,依法追究刑事责任。

《建筑业企业资质管理规定》规定,申请人隐瞒有关情况或提供虚假材料申请建筑业企业资质的,不予受理或不予行政许可,并给予警告,申请人在1年内不得再次申请建筑业企业资质。

以欺骗、贿赂等不正当手段取得建筑业企业资质证书的,由县级以上地方人民政府建设

主管部门或有关部门给予警告,并依法处以罚款,申请人3年内不得再次申请建筑业企业资质。

建筑业企业未按照规定及时办理资质证书变更手续的,由县级以上地方人民政府建设主管部门责令限期办理;逾期不办理的,可处以1 000元以上1万元以下的罚款。

(二)无资质承揽工程应承担的法律责任

《建筑法》规定,发包单位将工程发包给不具有相应资质条件的承包单位的,或违反本法规定将建筑工程肢解发包的,责令改正,处以罚款。未取得资质证书承揽工程的,予以取缔,并处罚款;有违法所得的,予以没收。

《建设工程质量管理条例》进一步规定,建设单位将建设工程发包给不具有相应资质等级的勘察、设计、施工单位或委托给不具有相应资质等级的工程监理单位的,责令改正,处50万元以上100万元以下的罚款。

未取得资质证书承揽工程的,予以取缔,对施工单位处工程合同价款2%以上4%以下的罚款;有违法所得的,予以没收。

《住宅室内装饰装修管理办法》规定,装修人违反本办法规定,将住宅室内装饰装修工程委托给不具有相应资质等级企业的,由城市房地产行政主管部门责令改正,处500元以上1 000元以下的罚款。

(三)超越资质等级承揽工程应承担的法律责任

《建筑法》规定,超越本单位资质等级承揽工程的,责令停止违法行为,处以罚款,可以责令停业整顿,降低资质等级;情节严重的,吊销资质证书;有违法所得的,予以没收。

《建设工程质量管理条例》进一步规定,勘察、设计、施工、工程监理单位超越本单位资质等级承揽工程的,责令停止违法行为……;对施工单位处工程合同价款2%以上4%以下的罚款,可以责令停业整顿,降低资质等级;情节严重的,吊销资质证书;有违法所得的,予以没收。

(四)允许其他单位或个人以本单位名义承揽工程应承担的法律责任

《建筑法》规定,建筑施工企业转让、出借资质证书或以其他方式允许他人以本企业的名义承揽工程的,责令改正,没收违法所得,并处罚款,可以责令停业整顿,降低资质等级;情节严重的,吊销资质证书。对因该项承揽工程不符合规定的质量标准造成的损失,建筑施工企业与使用本企业名义的单位或个人承担连带赔偿责任。

《建设工程质量管理条例》规定,勘察、设计、施工、工程监理单位允许其他单位或个人以本单位名义承揽工程的,责令改正,没收违法所得……;对施工单位处工程合同价款2%以上4%以下的罚款;可以责令停业整顿,降低资质等级;情节严重的,吊销资质证书。

(五)转包、违法分包等行为应承担的法律责任

《建筑法》规定,承包单位将承包的工程转包的,或违反本法规定进行分包的,责令改正,没收违法所得,并处罚款,可以责令停业整顿,降低资质等级;情节严重的,吊销资质证书。承包单位有以上规定的违法行为的,对因转包工程或违法分包的工程不符合规定的质量标准造成的损失,与接受转包或分包的单位承担连带赔偿责任。

《建设工程质量管理条例》规定,承包单位将承包的工程转包或违法分包的,责令改正,没收违法所得……;对施工单位处工程合同价款0.5%以上1%以下的罚款;可以责令停业整顿,降低资质等级;情节严重的,吊销资质证书。

住房和城乡建设部《建筑工程施工发包与承包违法行为认定查处管理办法》(建市规〔2019〕1号)规定,对认定有转包、违法分包违法行为的施工单位,依据《建筑法》第67条、《建设工程质量管理条例》第62条规定进行处罚。

《房屋建筑和市政基础设施工程施工分包管理办法》规定,转包、违法分包或允许他人以本企业名义承揽工程的,以及接受转包和用他人名义承揽工程的,按《建筑法》《标投标法》和《建设工程质量管理条例》的规定予以处罚。

(六)以欺骗手段取得资质证书承揽工程应承担的法律责任

《建设工程质量管理条例》规定,以欺骗手段取得资质证书承揽工程的,吊销资质证书,处工程合同价款2%以上4%以下的罚款;有违法所得的,予以没收。

第三节　建设工程承包制度

建设工程承包制度包括总承包、共同承包、专业承包、专业分包等制度。

《建筑法》规定,建筑工程实行招标发包的,发包单位应当将建筑工程发包给依法中标的承包单位。建筑工程实行直接发包的,发包单位应当将建筑工程发包给具有相应资质条件的承包单位

承包建筑工程的单位应当持有依法取得的资质证书,并在其资质等级许可的业务范围内承揽工程。禁止建筑施工企业超越本企业资质等级许可的业务范围或者以任何形式用其他建筑施工企业的名义承揽工程。禁止建筑施工企业以任何形式允许其他单位或者个人使用本企业的资质证书、营业执照,以本企业的名义承揽工程。

按照合同约定,建筑材料、建筑构配件和设备由工程承包单位采购的,发包单位不得指定承包单位购入用于工程的建筑材料、建筑构配件和设备或者指定生产厂、供应商。

《政府投资条例》规定,政府投资项目所需资金应当按照国家有关规定确保落实到位。政府投资项目不得由施工单位垫资建设。

《国务院办公厅关于全面治理拖欠农民工工资问题的意见》(国办发〔2016〕1号)中规定,在工程建设领域推行工程款支付担保制度,采用经济手段约束建设单位履约行为,预防工程款拖欠。加强对政府投资工程项目的管理,对建设资金来源不落实的政府投资工程项目不予批准。

规范工程款支付和结算行为。全面推行施工过程结算,建设单位应按合同约定的计量周期或工程进度结算并支付工程款。工程竣工验收后,对建设单位未完成竣工结算或未按合同支付工程款且未明确剩余工程款支付计划的,探索建立建设项目抵押偿付制度,有效解决拖欠工程款问题。对长期拖欠工程款结算或拖欠工程款的建设单位,有关部门不得批准其新项目开工建设。

住房和城乡建设部《建筑工程施工发包与承包违法行为认定查处管理办法》(建市规〔2019〕1号)进一步规定,存在下列情形之一的,属于违法发包:①建设单位将工程发包给个人的;②建设单位将工程发包给不具有相应资质的单位的;③依法应当招标未招标或未按照法定招标程序发包的;④建设单位设置不合理的招标投标条件,限制、排斥潜在投标人或者投标人的;⑤建设单位将一个单位工程的施工分解成若干部分发包给不同的施工总承包或专业承包单位的。

一、建设工程总承包的规定

《建筑法》规定,建筑工程的发包单位可以将建筑工程的勘察、设计、施工、设备采购一并发包给一个工程总承包单位,也可以将建筑工程勘察、设计、施工、设备采购的一项或多项发包给一个工程总承包单位。

住房和城乡建设部、国家发展改革委《房屋建筑和市政基础设施项目工程总承包管理办法》(建市规〔2019〕12号)规定,本办法所称工程总承包,是指承包单位按照与建设单位签订的合同,对工程设计、采购、施工或设计、施工等阶段实行总承包,并对工程的质量、安全、工期和造价等全面负责的工程建设组织实施方式。

(一)工程总承包项目的发包和承包

建设单位依法采用招标或者直接发包等方式选择工程总承包单位。工程总承包项目范围内的设计、采购或者施工中,有任一项属于依法必须进行招标的项目范围且达到国家规定规模标准的,应当采用招标的方式选择工程总承包单位。

工程总承包单位应当同时具有与工程规模相适应的工程设计资质和施工资质,或者由具有相应资质的设计单位和施工单位组成联合体。工程总承包单位应当具有相应的项目管理体系和项目管理能力、财务和风险承担能力,以及与发包工程相类似的设计、施工或工程总承包业绩。设计单位和施工单位组成联合体的,应当根据项目的特点和复杂程度,合理确定牵头单位,并在联合体协议中明确联合体成员单位的责任和权利。联合体各方应当共同与建设单位签订工程总承包合同,就工程总承包项目承担连带责任。

工程总承包单位不得是工程总承包项目的代建单位、项目管理单位、监理单位、造价咨询单位、招标代理单位。政府投资项目的项目建议书、可行性研究报告、初步设计文件编制单位及其评估单位,一般不得成为该项目的工程总承包单位。政府投资项目招标人公开已经完成的项目建议书、可行性研究报告、初步设计文件的,上述单位可以参与该工程总承包项目的投标,经依法评标、定标,成为工程总承包单位。

鼓励设计单位申请取得施工资质,已取得工程设计综合资质、行业甲级资质、建筑工程专业甲级资质的单位,可以直接申请相应类别施工总承包一级资质。鼓励施工单位申请取得工程设计资质,具有一级及以上施工总承包资质的单位可以直接申请相应类别的工程设计甲级资质。完成的相应规模工程总承包业绩可以作为设计、施工业绩申报。

企业投资项目的工程总承包宜采用总价合同,政府投资项目的工程总承包应当合理确定合同价格形式。采用总价合同的,除合同约定可以调整的情形外,合同总价一般不予调整。建设单位和工程总承包单位可以在合同中约定工程总承包计量规则与计价方法。依法必须进行招标的项目,合同价格应当在充分竞争的基础上合理确定。

(二)工程总承包项目实施

政府投资项目所需资金应当按照国家有关规定确保落实到位,不得由工程总承包单位或分包单位垫资建设。政府投资项目建设投资原则上不得超过经核定的投资概算。建设单位不得设置不合理工期,不得任意压缩合理工期。

建设单位不得迫使工程总承包单位以低于成本的价格竞标,不得明示或暗示工程总承包单位违反工程建设强制性标准、降低建设工程质量,不得明示或暗示工程总承包单位使用不合格的建筑材料、建筑构配件和设备。建设单位不得对工程总承包单位提出不符合建设工程安全生产法律、法规和强制性标准规定的要求，不得明示或暗示工程总承包单位购买、租赁、使用不符合安全施工要求的安全防护用具、机械设备、施工机具及配件、消防设施和器材。

工程总承包单位应当建立与工程总承包相适应的组织机构和管理制度，形成项目设计、采购、施工、试运行管理，以及质量、安全、工期、造价、节约能源和生态环境保护管理等工程总承包综合管理能力。工程总承包单位应当设立项目管理机构，设置项目经理，配备相应管理人员，加强设计、采购与施工的协调，完善和优化设计，改进施工方案，实现对工程总承包项目的有效管理控制。

工程总承包项目经理应当具备下列条件：①取得相应工程建设类注册执业资格，包括注册建筑师、勘察设计注册工程师、注册建造师或者注册监理工程师等；未实施注册执业资格的，取得高级专业技术职称；②担任过与拟建项目相类似的工程总承包项目经理、设计项目负责人、施工项目负责人或者项目总监理工程师；③熟悉工程技术和工程总承包项目管理知识以及相关法律法规、标准规范；④具有较强的组织协调能力和良好的职业道德。工程总承包项目经理不得同时在两个或者两个以上工程项目担任工程总承包项目经理、施工项目负责人。

工程总承包单位可以采用直接发包的方式进行分包。但以暂估价形式包括在总承包范围内的工程、货物、服务分包时，属于依法必须进行招标的项目范围且达到国家规定规模标准的，应当依法招标。

(三)工程总承包企业的责任

《建筑法》规定，建筑工程总承包单位按照总承包合同的约定对建设单位负责；分包单位按照分包合同的约定对总承包单位负责。总承包单位和分包单位就分包工程对建设单位承担连带责任。

《建设工程质量管理条例》进一步规定，建设工程实行总承包的，总承包单位应当对全部建设工程质量负责；建设工程勘察、设计、施工、设备采购的一项或者多项实行总承包的，总承包单位应当对其承包的建设工程或者采购的设备的质量负责。

《房屋建筑和市政基础设施项目工程总承包管理办法》规定，工程总承包单位应当对其承包的全部建设工程质量负责，分包单位对其分包工程的质量负责，分包不免除工程总承包单位对其承包的全部建设工程所负的质量责任。工程总承包单位、工程总承包项目经理依法承担质量终身责任。

工程总承包单位对承包范围内工程的安全生产负总责。分包单位应当服从工程总承包单位的安全生产管理，分包单位不服从管理导致生产安全事故的，由分包单位承担主要责任，分包不免除工程总承包单位的安全责任。

工程总承包单位应当依据合同对工期全面负责，对项目总进度和各阶段的进度进行控制管理，确保工程按期竣工。工程保修书由建设单位与工程总承包单位签署，保修期内工程总承包单位应当根据法律法规规定及合同约定承担保修责任，工程总承包单位不得以其与分包单位之间保修责任划分而拒绝履行保修责任。

工程总承包单位和工程总承包项目经理在设计、施工活动中有转包违法分包等违法违规行为或者造成工程质量安全事故的，按照法律法规对设计、施工单位及其项目负责人相同违法违规行为的规定追究责任。

二、建设工程共同承包的规定

共同承包是指由两个以上具备承包资格的单位共同组成非法人的联合体,以共同的名义对工程进行承包的行为。这是在国际工程发承包活动中较为通行的一种做法,可有效地规避工程承包风险。

(一)共同承包的适用范围

《建筑法》规定,大型建筑工程或者结构复杂的建筑工程,可以由两个以上的承包单位联合共同承包。

作为大型的建筑工程或结构复杂的建筑工程,一般投资额大、技术要求复杂、建设周期长,潜在风险较大,如果采取联合共同承包的方式,有利于更好发挥各承包单位在资金、技术、管理等方面优势,增强抗风险能力,保证工程质量和工期,提高投资效益。至于中小型或结构不复杂的工程,则无须采用共同承包方式,完全可由一家承包单位独立完成。

(二)共同承包的资质要求

《建筑法》规定,两个以上不同资质等级的单位实行联合共同承包的,应当按照资质等级低的单位的业务许可范围承揽工程。

这主要是为防止以联合共同承包为名而进行"资质挂靠"的不规范行为。

(三)共同承包的责任

《招标投标法》规定,联合体中标的,联合体各方应当共同与招标人签订合同,就中标项目向招标人承担连带责任。《建筑法》也规定,共同承包的各方对承包合同的履行承担连带责任。

共同承包各方应签订联合承包协议,明确约定各方的权利、义务及相互合作、违约责任承担等条款。各承包方就承包合同的履行对建设单位承担连带责任。如果出现赔偿责任,建设单位有权向共同承包的任何一方请求赔偿,而被请求方不得拒绝,在其支付赔偿后可依据联合承包协议及有关各方过错大小,有权对超过自己应赔偿的那部分份额向其他方进行追偿。

三、建设工程分包的规定

建设工程施工分包可分为专业工程分包与劳务作业分包:①专业工程分包,是指施工总承包企业将其所承包工程中的专业工程发包给具有相应资质的其他建筑业企业完成的活动;②劳务作业分包,是指施工总承包企业或者专业承包企业将其承包工程中的劳务作业发包给劳务分包企业完成的活动。

(一)分包工程的范围

《建筑法》规定,建筑工程总承包单位可以将承包工程中的部分工程发包给具有相应资质条件的分包单位。禁止承包单位将其承包的全部建筑工程转包给他人,禁止承包单位将其承包的全部建筑工程肢解以后以分包的名义分别转包给他人。施工总承包的,建筑工程主体结构的施工必须由总承包单位自行完成。

《招标投标法》也规定,中标人按照合同约定或者经招标人同意,可以将中标项目的部分非主体、非关键性工作分包给他人完成。中标人不得向他人转让中标项目,也不得将中标项目肢解后分别向他人转让。《招标投标法实施条例》进一步规定,中标人不得向他人转让中标项目,也不得将中标项目肢解后分别向他人转让。中标人按照合同约定或者经招标人同意,可以将中标项目的部分非主体、非关键性工作分包给他人完成。接受分包的人应当具备相应的资格条件,并不得再次分包。中标人应当就分包项目向招标人负责,接受分包的人就分包项目承担连带责任。

据此,总承包单位承包工程后可以全部自行完成,也可以将其中的部分工程分包给其他承包单位完成,但只能依法分包部分工程,并且是非主体、非关键性工作;如果是施工总承包,其主体结构的施工则须由总承包单位自行完成。这主要是为防止以分包为名而发生转包行为。

2019年3月住房和城乡建设部经修改后发布的《房屋建筑和市政基础设施工程施工分包管理办法》还规定,分包工程发包人可以就分包合同的履行,要求分包工程承包人提供分包工程履约担保;分包工程承包人在提供担保后,要求分包工程发包人同时提供分包工程付款担保的,分包工程发包人应当提供。

(二)分包单位的条件与认可

《建筑法》规定,建筑工程总承包单位可以将承包工程中的部分工程发包给具有相应资质条件的分包单位;但是,除总承包合同中约定的分包外,必须经建设单位认可。禁止总承包单位将工程分包给不具备相应资质条件的单位。《招标投标法》也规定,接受分包的人应当具备相应的资格条件。

承包工程的单位须持有依法取得的资质证书,并在资质等级许可的业务范围内承揽工程。这一规定同样适用于工程分包单位。不具备资质条件的单位不允许承包建设工程,也不得承接分包工程。《房屋建筑和市政基础设施工程施工分包管理办法》还规定,严禁个人承揽分包工程业务。

总承包单位如果要将所承包的工程再分包给他人,应当依法告知建设单位并取得认可。这种认可应当依法通过两种方式:①在总承包合同中规定分包的内容;②在总承包合同中没有规定分包内容的,应当事先征得建设单位的同意。但是,劳务作业分包由劳务作业发包人与劳务作业承包人通过劳务合同约定,可不经建设单位认可。需要说明的是,分包工程须经建设单位认可,并不等于建设单位可以直接指定分包人。《房屋建筑和市政基础设施工程施工分包管理办法》规定,"建设单位不得直接指定分包工程承包人"。对于建设单位推荐的分包单位,总承包单位有权作出拒绝或者采用的选择。

(三)分包单位不得再分包

《建筑法》规定,禁止分包单位将其承包的工程再分包。《招标投标法》也规定,接受分包的人不得再次分包。

这主要是防止层层分包,"层层剥皮",导致工程质量安全和工期等难以保障。为此,《房屋建筑和市政基础设施工程施工分包管理办法》中规定,除专业承包企业可以将其承包工程中的劳务作业发包给劳务分包企业外,专业分包工程承包人和劳务作业承包人都必须自行完成所承包的任务。

(四)转包、违法分包和挂靠行为的界定

按照我国法律的规定,转包是必须禁止的,而依法实施的工程分包则是允许的。因此,违

法分包同样是在法律的禁止之列。

《建设工程质量管理条例》规定,违法分包是指下列行为:①总承包单位将建设工程分包给不具备相应资质条件的单位的;②建设工程总承包合同中未有约定,又未经建设单位认可,承包单位将其承包的部分建设工程交由其他单位完成的;③施工总承包单位将建设工程主体结构的施工分包给其他单位的;④分包单位将其承包的建设工程再分包的。

《建筑工程施工发包与承包违法行为认定查处管理办法》规定,存在下列情形之一的,应当认定为转包,但有证据证明属于挂靠或者其他违法行为的除外:①承包单位将其承包的全部工程转给其他单位(包括母公司承接建筑工程后将所承接工程交由具有独立法人资格的子公司施工的情形)或个人施工的;②承包单位将其承包的全部工程肢解以后,以分包的名义分别转给其他单位或个人施工的;③施工总承包单位或专业承包单位未派驻项目负责人、技术负责人、质量管理负责人、安全管理负责人等主要管理人员,或派驻的项目负责人、技术负责人、质量管理负责人、安全管理负责人中一人及以上与施工单位没有订立劳动合同且没有建立劳动工资和社会养老保险关系,或派驻的项目负责人未对该工程的施工活动进行组织管理,又不能进行合理解释并提供相应证明的;④合同约定由承包单位负责采购的主要建筑材料、构配件及工程设备或租赁的施工机械设备,由其他单位或个人采购、租赁,或施工单位不能提供有关采购、租赁合同及发票等证明,又不能进行合理解释并提供相应证明的;⑤专业作业承包人承包的范围是承包单位承包的全部工程,专业作业承包人计取的是除上缴给承包单位"管理费"外的全部工程价款的;⑥承包单位通过采取合作、联营、个人承包等形式或名义,直接或变相将其承包的全部工程转给其他单位或个人施工的;⑦专业工程的发包单位不是该工程的施工总承包或专业承包单位的,但建设单位依约作为发包单位的除外;⑧专业作业的发包单位不是该工程承包单位的;⑨施工合同主体之间没有工程款收付关系,或者承包单位收到款项后又将款项转拨给其他单位和个人,又不能进行合理解释并提供材料证明的。

两个以上的单位组成联合体承包工程,在联合体分工协议中约定或在项目实际实施过程中,联合体一方不进行施工也未对施工活动进行组织管理的,并且向联合体其他方收取管理费或者其他类似费用的,视为联合体一方将承包的工程转包给联合体其他方。

存在下列情形之一的,属于挂靠:①没有资质的单位或个人借用其他施工单位的资质承揽工程的;②有资质的施工单位相互借用资质承揽工程的,包括资质等级低的借用资质等级高的,资质等级高的借用资质等级低的,相同资质等级相互借用的;③在上述认定转包第③至⑨项规定的情形,有证据证明属于挂靠的。

存在下列情形之一的,属于违法分包:①承包单位将其承包的工程分包给个人的;②施工总承包单位或专业承包单位将工程分包给不具备相应资质单位的;③施工总承包单位将施工总承包合同范围内工程主体结构的施工分包给其他单位的,钢结构工程除外;④专业分包单位将其承包的专业工程中非劳务作业部分再分包的;⑤专业作业承包人将其承包的劳务再分包的;⑥专业作业承包人除计取劳务作业费用外,还计取主要建筑材料款和大中型施工机械设备、主要周转材料费用的。

(五)分包单位的责任

《建筑法》规定,建筑工程总承包单位按照总承包合同的约定对建设单位负责;分包单位按照分包合同的约定对总承包单位负责。总承包单位和分包单位就分包工程对建设单位承担连带责任。《招标投标法》也规定,中标人应当就分包项目向招标人负责,接受分包的人就分包项目承担连带责任。

连带责任分为法定连带责任和约定连带责任。我国有关工程总分包、联合承包的连带责任，均属法定连带责任。《民法典》规定，二人以上依法承担连带责任的，权利人有权请求部分或者全部连带责任人承担责任。连带责任人的责任份额根据各自责任大小确定；难以确定责任大小的，平均承担责任。实际承担责任超过自己责任份额的连带责任人，有权向其他连带责任人追偿。连带责任，由法律规定或者当事人约定。

四、违法行为应承担的法律责任

除建设工程招标投标活动中违法行为应承担的法律责任外，建设工程承包活动中其他违法行为应承担的主要法律责任如下。

（一）发包单位违法行为应承担的法律责任

《建筑法》规定，发包单位将工程发包给不具有相应资质条件的承包单位的，或者违反本法规定将建筑工程肢解发包的，责令改正，处以罚款。

《建设工程质量管理条例》规定，建设单位将建设工程发包给不具有相应资质等级的勘察、设计、施工单位或者委托给不具有相应资质等级的工程监理单位的，责令改正，处50万元以上100万元以下的罚款。

建设单位将建设工程肢解发包的，责令改正，处工程合同价款0.5%以上1%以下的罚款；对全部或部分使用国有资金的项目，可以暂停项目执行或者暂停资金拨付。《政府投资条例》规定，有下列情形之一的，依照有关预算的法律、行政法规和国家有关规定追究法律责任：……（2）未按照规定及时、足额办理政府投资资金拨付……项目单位有下列情形之一的，责令改正，根据具体情况，暂停、停止拨付资金或者收回已拨付的资金，暂停或者停止建设活动，对负有责任的领导人员和直接责任人员依法给予处分：……（5）要求施工单位对政府投资项目垫资建设……

（二）承包单位违法行为应承担的法律责任

《建筑法》规定，超越本单位资质等级承揽工程的，责令停止违法行为，处以罚款，可以责令停业整顿，降低资质等级；情节严重的，吊销资质证书；有违法所得的，予以没收。未取得资质证书承揽工程的，予以取缔，并处罚款；有违法所得的，予以没收。

建筑施工企业转让、出借资质证书或者以其他方式允许他人以本企业的名义承揽工程的，责令改正，没收违法所得，并处罚款，可以责令停业整顿，降低资质等级；情节严重的，吊销资质证书。对因该项承揽工程不符合规定的质量标准造成的损失，建筑施工企业与使用本企业名义的单位或者个人承担连带赔偿责任。

承包单位将承包的工程转包的，或者违反本法规定进行分包的，责令改正，没收违法所得，并处罚款，可以责令停业整顿，降低资质等级；情节严重的，吊销资质证书。承包单位有以上规定的违法行为的，对因转包工程或者违法分包的工程不符合规定的质量标准造成的损失，与接受转包或者分包的单位承担连带赔偿责任。

《建设工程质量管理条例》规定，勘察、设计、施工、工程监理单位超越本单位资质等级承揽工程的，责令停止违法行为，对勘察、设计单位或工程监理单位处合同约定的勘察费、设计费或者监理酬金1倍以上2倍以下的罚款；对施工单位处工程合同价款2%以上4%以下的罚款,可以责令停业整顿,降低资质等级;情节严重的,吊销资质证书;有违法所得的,予以没收。未取得资质证书承揽工程的,予以取缔,依照以上规定处以罚款;有违法所得的,予以没收。

勘察、设计、施工、工程监理单位允许其他单位或者个人以本单位名义承揽工程的,责令改正,没收违法所得,对勘察、设计单位和工程监理单位处合同约定的勘察费、设计费和监理酬金1倍以上2倍以下的罚款;对施工单位处工程合同价款2%以上4%以下的罚款;可以责令停业整顿,降低资质等级;情节严重的,吊销资质证书。

承包单位将承包的工程转包或违法分包的,责令改正,没收违法所得,对勘察、设计单位处合同约定的勘察费、设计费25%以上50%以下的罚款;对施工单位处工程合同价款0.5%以上1%以下的罚款;可以责令停业整顿,降低资质等级;情节严重的,吊销资质证书。

《建筑工程施工发包与承包违法行为认定查处管理办法》规定,对认定有转包、违法分包、挂靠、转让出借资质证书或者以其他方式允许他人以本单位的名义承揽工程等违法行为的施工单位,可依法限制其参加工程投标活动、承揽新的工程项目,并对其企业资质是否满足资质标准条件进行核查,对达不到资质标准要求的限期整改,整改后仍达不到要求的,资质审批机关撤回其资质证书。

对2年内发生2次及以上转包、违法分包、挂靠、转让出借资质证书或者以其他方式允许他人以本单位的名义承揽工程的施工单位,应当依法按照情节严重情形给予处罚。

因违法发包、转包、违法分包、挂靠等违法行为导致发生质量安全事故的,应当依法按照情节严重情形给予处罚。

全国人大常委会法制工作委员会《对建筑施工企业母公司承接工程后交由子公司实施是否属于转包以及行政处罚两年追溯期认定法律适用问题的意见》(法工办发〔2017〕223号)中规定,对于违法发包、转包、违法分包、挂靠等行为的行政处罚追溯期限,应当从违法发包、转包、违法分包、挂靠的建筑工程竣工验收之日起计算。合同工程量未全部完成而解除或暂时终止履行合同的,为合同解除或终止之日。

(三)其他法律责任

《建筑法》规定,在工程发包与承包中索贿、受贿、行贿,构成犯罪的,依法追究刑事责任;不构成犯罪的,分别处以罚款,没收贿赂的财物,对直接负责的主管人员和其他直接责任人员给予处分。对在工程承包中行贿的承包单位,除依照以上规定处罚外,可以责令停业整顿,降低资质等级或吊销资质证书。

第四节 建筑市场信用体系建设

中共中央办公厅、国务院办公厅印《发关于加快推进失信被执行人信用监督、警示和惩戒机制建设的意见》(中办发〔2016〕64号)的通知中规定,将房地产、建筑企业不依法履行生效法律文书确定的义务情况,记入房地产和建筑市场信用档案,向社会披露有关信息,对其企业资质作出限制。公安、检察机关和人民法院对拒不执行生效判决、裁定以及其他妨碍执行构成犯罪的行为,要及时依法侦查、提起公诉和审判。

《优化营商环境条例》规定,国家加强社会信用体系建设,持续推进政务诚信、商务诚信、社会诚信和司法公信建设,提高全社会诚信意识和信用水平,维护信用信息安全,严格保护商业秘密和个人隐私。

《国务院关于建立完善守信联合激励和失信联合惩戒制度加快推进社会诚信建设的指导意见》(国发〔2016〕33号)中规定,在有关部门和社会组织依法依规对本领域失信行为作出处理和评价的基础上,通过信息共享,推动其他部门和社会组织依法依规对严重失信行为采取联合惩戒措施。重点包括:一是严重危害人民群众身体健康和生命安全的行为,包括食品药品、生态环境、工程质量、安全生产、消防安全、强制性产品认证等领域的严重失信行为;二是严重破坏市场公平竞争秩序和社会正常秩序的行为,包括贿赂、逃税骗税、恶意逃废债务、恶意拖欠货款或服务费、恶意欠薪、非法集资、合同欺诈、传销、无证照经营、制售假冒伪劣产品和故意侵犯知识产权、出借和借用资质投标、围标串标、虚假广告、侵害消费者或证券期货投资者合法权益、严重破坏网络空间传播秩序、聚众扰乱社会秩序等严重失信行为;三是拒不履行法定义务,严重影响司法机关、行政机关公信力的行为,包括当事人在司法机关、行政机关作出判决或决定后,有履行能力但拒不履行、逃避执行等严重失信行为;四是拒不履行国防义务,拒绝、逃避兵役,拒绝、拖延民用资源征用或者阻碍对被征用的民用资源进行改造,危害国防利益,破坏国防设施等行为。

《招标投标法实施条例》规定,国家建立招标投标信用制度。有关行政监督部门应当依法公告对招标人、招标代理机构、投标人、评标委员会成员等当事人违法行为的行政处理决定。

《国务院办公厅关于全面治理拖欠农民工工资问题的意见》中规定,完善企业守法诚信管理制度。将劳动用工、工资支付情况作为企业诚信评价的重要依据,实行分类分级动态监管。建立拖欠工资企业"黑名单"制度,定期向社会公开有关信息。推进相关信用信息系统互联互通,实现对企业信用信息互认共享。

2018年12月经修改后发布的《建筑业企业资质管理规定》中规定,建筑业企业信用档案应当包括企业基本情况、资质、业绩、工程质量和安全、合同履约、社会投诉和违法行为等情况。企业的信用档案信息按照有关规定向社会公开。取得建筑业企业资质的企业应当按照有关规定,向资质许可机关提供真实、准确、完整的企业信用档案信息。

2016年9月经修改后发布的《注册建造师管理规定》也规定,违法违规行为、被投诉举报处理、行政处罚等情况应当作为注册建造师的不良行为记入其信用档案。注册建造师信用档案信息按照有关规定向社会公示。

一、建筑市场诚信行为信息的分类

住房和城乡建设部《建筑市场信用管理暂行办法》(建市〔2017〕241号)规定,建筑市场信用信息由基本信息、优良信用信息、不良信用信息构成。

(一)基本信息

基本信息是指注册登记信息、资质信息、工程项目信息、注册执业人员信息等。

(二)优良信用信息

优良信用信息是指建筑市场各方主体在工程建设活动中获得的县级以上行政机关或群团组织表彰奖励等信息。

(三)不良信用信息

不良信用信息是指建筑市场各方主体在工程建设活动中违反有关法律、法规、规章或工程建设强制性标准等,受到县级以上住房城乡建设主管部门行政处罚的信息,以及经有关部门认定的其他不良信用信息。

国家发展和改革委员会等 10 部门《招标投标违法行为记录公告暂行办法》(发改法规〔2008〕1531 号)中规定,招标投标违法行为记录,是指有关行政主管部门在依法履行职责过程中,对招标投标当事人违法行为所作行政处理决定的记录。

二、建筑市场施工单位不良行为记录认定标准

《全国建筑市场各方主体不良行为记录认定标准》(建市〔2007〕9 号)和《注册建造师执业管理办法(试行)》(建市〔2008〕48 号)中,分别对施工单位等和注册建造师的不良行为制定了具体认定标准。

(一)施工单位不良行为记录的认定标准

施工单位的不良行为记录认定标准分为如下 5 大类、41 条。

1. 资质不良行为认定标准

①未取得资质证书承揽工程的,或超越本单位资质等级承揽工程的;②以欺骗手段取得资质证书承揽工程的;③允许其他单位或个人以本单位名义承揽工程的;④未在规定期限内办理资质变更手续的;⑤涂改、伪造、出借、转让《建筑业企业资质证书》的;⑥按照国家规定需要持证上岗的技术工种的作业人员未经培训、考核,未取得证书上岗,情节严重的。

2. 承揽业务不良行为认定标准

①利用向发包单位及其工作人员行贿、提供回扣或者给予其他好处等不正当手段承揽业务的;②相互串通投标或与招标人串通投标的,以向招标人或评标委员会成员行贿的手段谋取中标的;③以他人名义投标或以其他方式弄虚作假,骗取中标的;④不按照与招标人订立的合同履行义务,情节严重的;⑤将承包的工程转包或违法分包的。

3. 工程质量不良行为认定标准

①在施工中偷工减料的,使用不合格建筑材料、建筑构配件和设备的,或者有不按照工程设计图纸或施工技术标准施工的其他行为的;②未按照节能设计进行施工的;③未对建筑材料、建筑构配件、设备和商品混凝土进行检测,或未对涉及结构安全的试块、试件及有关材料取样检测的;④工程竣工验收后,不向建设单位出具质量保修书的,或质量保修的内容、期限违反规定的;⑤不履行保修义务或者拖延履行保修义务的。

4. 工程安全不良行为认定标准

①在本单位发生重大生产安全事故时。主要负责人不立即组织抢救或在事故调查处理期间擅离职守或逃匿的,主要负责人对生产安全事故隐瞒不报、谎报或拖延不报的;②对建筑安全事故隐患不采取措施予以消除的;③不设立安全生产管理机构、配备专职安全生产管理人员或分部分项工程施工时无专职安全生产管理人员现场监督的;④主要负责人、项目负责人、专职安全生产管理人员、作业人员或特种作业人员,未经安全教育培训或经考核不合格即从事相关工作的;⑤未在施工现场的危险部位设置明显的安全警示标志,或未按照国家有关规定在施工现场设置消防通道、消防水源、配备消防设施和灭火器材的;⑥未向作业人员提供安全防护用具和安全防护服装的;⑦未按照规定在施工起重机械和整体提升脚手架、模板等自升式架设设施验收合格后登记的;⑧使用国家明令淘汰、禁止使用的危及施工安全的工艺、

设备、材料的;⑨违法挪用列入建设工程概算的安全生产作业环境及安全施工措施所需费用的;⑩施工前未对有关安全施工的技术要求作出详细说明的;⑪未根据不同施工阶段和周围环境及季节、气候的变化,在施工现场采取相应的安全施工措施,或在城市市区内的建设工程的施工现场未实行封闭围挡的;⑫在尚未竣工的建筑物内设置员工集体宿舍的;⑬施工现场临时搭建的建筑物不符合安全使用要求的;⑭未对因建设工程施工可能造成损害的毗邻建筑物、构筑物和地下管线等采取专项防护措施的;⑮安全防护用具、机械设备、施工机具及配件在进入施工现场前未经查验或查验不合格即投入使用的;⑯使用未经验收或验收不合格的施工起重机械和整体提升脚手架、模板等自升式架设设施的;⑰委托不具有相应资质的单位承担施工现场安装、拆卸施工起重机械和整体提升脚手架、模板等自升式架设设施的;⑱在施工组织设计中未编制安全技术措施、施工现场临时用电方案或专项施工方案的;⑲主要负责人、项目负责人未履行安全生产管理职责的,或不服管理、违反规章制度和操作规程冒险作业的;⑳施工单位取得资质证书后,降低安全生产条件的,或经整改仍未达到与其资质等级相适应的安全生产条件的;㉑取得安全生产许可证发生重大安全事故的;㉒未取得安全生产许可证擅自进行生产的;㉓安全生产许可证有效期满未办理延期手续,继续进行生产的,或逾期不办理延期手续,继续进行生产的;㉔转让安全生产许可证的,接受转让的,冒用或使用伪造的安全生产许可证的。

5. 拖欠工程款或工人工资不良行为认定标准

恶意拖欠或克扣劳动者工资的。

(二)注册建造师不良行为记录的认定标准

《注册建造师执业管理办法(试行)》第22条规定,注册建造师不得有下列行为:①不按设计图纸施工;②使用不合格建筑材料;③使用不合格设备、建筑构配件;④违反工程质量、安全、环保和用工方面的规定;⑤在执业过程中,索贿、行贿、受贿或者谋取合同约定费用外的其他不法利益;⑥签署弄虚作假或在不合格文件上签章的;⑦以他人名义或允许他人以自己的名义从事执业活动;⑧同时在两个或者两个以上企业受聘并执业;⑨超出执业范围和聘用企业业务范围从事执业活动;⑩未变更注册单位,而在另一家企业从事执业活动;⑪所负责工程未办理竣工验收或移交手续前,变更注册到另一企业;⑫伪造、涂改、倒卖、出租、出借或以其他形式非法转让资格证书、注册证书和执业印章;⑬不履行注册建造师义务和法律、法规、规章禁止的其他行为。

注册建造师有下列行为之一,经有关监督部门确认后由工程所在地建设主管部门或有关部门记入注册建造师执业信用档案:①《注册建造师执业管理办法(试行)》第22条所列行为;②未履行注册建造师职责造成质量、安全、环境事故的;③泄露商业秘密的;④无正当理由拒绝或未及时签字盖章的;⑤未按要求提供注册建造师信用档案信息的;⑥未履行注册建造师职责造成不良社会影响的;⑦未履行注册建造师职责导致项目未能及时交付使用的;⑧不配合办理交接手续的;⑨不积极配合有关部门监督检查的。

三、建筑市场诚信行为的公布和奖惩机制

(一)建筑市场诚信行为的公布

《建筑市场信用管理暂行办法》规定,各级住房城乡建设主管部门应当完善信用信息公开

制度,通过省级建筑市场监管一体化工作平台和全国建筑市场监管公共服务平台,及时公开建筑市场各方主体的信用信息。

公开建筑市场各方主体信用信息不得危及国家安全、公共安全、经济安全和社会稳定,不得泄露国家秘密、商业秘密和个人隐私。

1. 公布的时限

建筑市场各方主体的信用信息公开期限为:①基本信息长期公开;②优良信用信息公开期限一般为3年;③不良信用信息公开期限一般为6个月至3年,并不得低于相关行政处罚期限。具体公开期限由不良信用信息的认定部门确定。

《建筑市场诚信行为信息管理办法》(建市〔2007〕9号)规定,省、自治区和直辖市建设行政主管部门负责审查整改结果,对整改确有实效的,由企业提出申请,经批准,可缩短其不良行为记录信息公布期限,但公布期限最短不得少于3个月,同时将整改结果列于相应不良行为记录后,供有关部门和社会公众查询;对于拒不整改或整改不力的单位,信息发布部门可延长其不良行为记录信息公布期限。

《招标投标违法行为记录公告暂行办法》规定,国务院有关行政主管部门和省级人民政府有关行政主管部门应自招标投标违法行为行政处理决定作出之日起20个工作日内对外进行记录公告。违法行为记录公告期限为6个月。依法限制招标投标当事人资质(资格)等方面的行政处理决定,所认定的限制期限长于6个月的,公告期限从其决定。

2. 公布的内容和范围

《建筑市场诚信行为信息管理办法》规定,属于《全国建筑市场各方主体不良行为记录认定标准》范围的不良行为记录除在当地发布外,还将由建设部统一在全国范围公布,公布期限与地方确定的公布期限相同。通过与工商、税务、纪检、监察、司法、银行等部门建立的信息共享机制,获取的有关建筑市场各方主体不良行为记录的信息,省、自治区、直辖市住房城乡建设主管部门也应在本地区统一公布。

《招标投标违法行为记录公告暂行办法》规定,对招标投标违法行为所作出的以下行政处理决定应给予公告:①警告;②罚款;③没收违法所得;④暂停或者取消招标代理资格;⑤取消在一定时期内参加依法必须进行招标的项目的投标资格;⑥取消担任评标委员会成员的资格;⑦暂停项目执行或追回已拨付资金;⑧暂停安排国家建设资金;⑨暂停建设项目的审查批准;⑩行政主管部门依法作出的其他行政处理决定。

招标投标违法行为记录公告不得公开涉及国家秘密、商业秘密、个人隐私的记录。但是,经权利人同意公开或者行政机关认为不公开可能对公共利益造成重大影响的涉及商业秘密、个人隐私的违法行为记录,可以公开。

3. 公告的变更

《建筑市场诚信行为信息管理办法》规定,对发布有误的信息,由发布该信息的省、自治区和直辖市住房城乡建设主管部门进行修正,根据被曝光单位对不良行为的整改情况,调整其信息公布期限,保证信息的准确和有效。

行政处罚决定经行政复议、行政诉讼及行政执法监督被变更或被撤销,应及时变更或删除该不良记录,并在相应诚信信息平台上予以公布,同时应依法妥善处理相关事宜。

《招标投标违法行为记录公告暂行办法》规定,被公告的招标投标当事人认为公告记录与行政处理决定的相关内容不符的,可向公告部门提出书面更正申请,并提供相关证据。公告部门接到书面申请后,应在5个工作日内进行核对。公告的记录与行政处理决定的相关内容不一致的,应当给予更正并告知申请人;公告的记录与行政处理决定的相关内容一致的,应当告知申请人。公告部门在作出答复前不停止对违法行为记录的公告。

行政处理决定在被行政复议或行政诉讼期间,公告部门依法不停止对违法行为记录的公告,但行政处理决定被依法停止执行的除外。原行政处理决定被依法变更或撤销的,公告部门应当及时对公告记录予以变更或撤销,并在公告平台上予以声明。

(二)建筑市场诚信行为的奖惩机制

《建筑市场信用管理暂行办法》规定,县级以上住房城乡建设主管部门按照"谁处罚、谁列入"的原则,将存在下列情形的建筑市场各方主体,列入建筑市场主体"黑名单":①利用虚假材料、以欺骗手段取得企业资质的;②发生转包、出借资质,受到行政处罚的;③发生重大及以上工程质量安全事故,或1年内累计发生2次及以上较大工程质量安全事故,或发生性质恶劣、危害性严重、社会影响大的较大工程质量安全事故。受到行政处罚的;④经法院判决或仲裁机构裁决,认定为拖欠工程款,且拒不履行生效法律文书确定的义务的。

各级住房城乡建设主管部门应当将列入建筑市场主体"黑名单"和拖欠农民工工资"黑名单"的建筑市场各方主体作为重点监管对象,在市场准入、资质资格管理、招标投标等方面依法给予限制。各级住房城乡建设主管部门可以将建筑市场主体"黑名单"通报有关部门,实施联合惩戒。

《建筑业企业资质管理规定》中规定,企业未按照本规定要求提供企业信用档案信息的,由县级以上地方人民政府住房城乡建设主管部门或者其他有关部门给予警告,责令限期改正;逾期未改正的,可处以1 000元以上1万元以下的罚款。

《注册建造师管理规定》中规定,注册建造师或者其聘用单位未按照要求提供注册建造师信用档案信息的,由县级以上地方人民政府建设主管部门或者其他有关部门责令限期改正;逾期未改正的,可处以1 000元以上1万元以下的罚款。

四、建筑市场主体诚信评价的基本规定

《建筑市场信用管理暂行办法》规定,省级住房城乡建设主管部门可以结合本地实际情况,开展建筑市场信用评价工作。鼓励第三方机构开展建筑市场信用评价。

(一)信用评价的主要内容

建筑市场信用评价主要包括企业综合实力、工程业绩、招标投标、合同履约、工程质量控制、安全生产、文明施工、建筑市场各方主体优良信用信息及不良信用信息等内容。

省级住房城乡建设主管部门应当按照公开、公平、公正的原则,制定建筑市场信用评价标准,不得设置歧视外地建筑市场各方主体的评价指标,不得对外地建筑市场各方主体设置信用壁垒。

鼓励设置建设单位对承包单位履约行为的评价指标。

(二)信用评价结果的应用

地方各级住房城乡建设主管部门可以结合本地实际,在行政许可、招标投标、工程担保与保险、日常监管、政策扶持、评优表彰等工作中应用信用评价结果。

省级建筑市场监管一体化工作平台应当公开本地区建筑市场信用评价办法、评价标准及评价结果,接受社会监督。

案例分析

1. A公司作为总承包方,承揽了某大学新校区的图书馆工程项目。A公司又将工程项目的土石方工程,分包给B公司。B公司则将土石方工程交给非本公司的刘某,由刘某组织人员负责土石方的开挖、装卸和运输,实行单独核算、自负盈亏。

案例分析

问题:(1)本案例中的B公司有哪些违法行为?
(2)对B公司的违法行为,应该依法作何处理?

2. 甲建筑工程公司法定代表人王某与个体经营者罗某是老乡。罗某要求能以甲公司的名义承接部分工程施工业务,随后双方签订了一份承包合同,约定罗某可以使用甲公司的资质来承接工程,每年上交管理费30万元。之后,罗某利用甲公司的资质多次承揽业务,但年底只向甲公司上交了10万元的管理费。为此,甲公司和张某产生争议并诉至法院。

问题:甲公司与张某存在何种违法行为?

知识拓展

建造师

建造师是指从事建设工程项目总承包和施工管理关键岗位的执业注册人员,建造师执业资格制度起源于1834年的西方资本主义国家——英国。建造师是懂管理、懂技术、懂经济、懂法规,综合素质较高的综合型人员,既要有理论水平,也要有丰富的实践经验和较强的组织能力。

2002年12月5日,人事部、建设部联合印发了《建造师执业资格制度暂行规定》(人发〔2002〕111号),规定必须取得建造师资格并经注册,方能担任建设工程项目总承包及施工管理的项目施工负责人。这标志着中国建立建造师执业资格制度的工作正式建立。该《规定》明确,中国的建造师是指从事建设工程项目总承包和施工管理关键岗位的专业技术人员。

建造师执业资格制度起源于1834年的英国,迄今已有180余年历史。世界上许多发达国家已经建立了该项制度。具有执业资格的建造师已有了国际性的组织——国际建造师协会。

中国建筑施工企业有10万多个,从业人员3 500多万,从事建设工程项目总承包和施工管理的广大专业技术人员,特别是在施工项目经理队伍中,建立建造师执业资格制度非常必要。这项制度的建立,必将促进中国工程项目管理人员素质和管理水平的提高,促进中国进一步开拓国际建筑市场,更好地实施"走出去"的战略方针。

建造师分为一级注册建造师和二级注册建造师。英文分别译为Constructor和Associate Constructor。一级、二级建造师报考人员要符合有关文件规定的相应条件。建造师执业资格考试合格人员,分别获得《中华人民共和国一级建造师执业资格证书》《中华人民共和国二级建造师执业资格证书》。建筑行业一直是个热门行业,虽然建造师报考人数逐年增加,但是过关率低。建造师取得资格证书后需要注册成功后才能执业,目前国内一级建造师人数很少,日益激烈的市场竞争促使个人为提升知识和技能不断加大教育投资。

  建造师的就业面很宽广,大部分有经验又有证书的人在找工作的时候竞争优势明显。建造师是要懂管理、懂技术、懂经济、懂法规,外行人看来建造师前途远大,工作轻松,工资又高,但事实上既需要过硬的专业技能,又需要有敏捷的思考能力。中国建筑业施工企业有10万多个,从业人员3 600多万,而这么庞大的队伍中取得建造师执业资格证书的建造师却只有35万多人,跟市场的需求差距甚远。随着工法管理工作的不断推进,施工企业的重视和认识程度也逐年提高,建造师申报数量和入选国家级工法的数量逐年增多。工法的推广和应用极大地提升了我国施工技术管理水平和工程质量。一、二级建造师现从市场上来看,比较紧缺。

本章小结

  为了加强对建筑活动的监督管理,维护建筑市场秩序,保证建筑工程的质量和安全,我国施行建设工程施工许可和建设工程承包制度。通过本章的学习,能够掌握以下内容:

  建设工程施工许可法律制度:《中华人民共和国建筑法》等规定,建筑工程(除限额以下的小型工程,抢险救灾及其他临时性房屋建筑,农民自建低层住宅的建筑工程、军用房屋建筑工程等工程外)开工前,建设单位在满足:①依法应当办理用地批准手续的,已经办理该建筑工程用地批准手续;②在城市、镇规划区的建筑工程,已经取得建设工程规划许可证;③施工场地已经基本具备施工条件,需要征收房屋的,其进度符合施工要求;④已经确定施工企业;⑤有满足施工需要的技术资料,施工图设计文件已按规定审查合格;⑥有保证工程质量和安全的具体措施;⑦建设资金已经落实;⑧法律、行政法规规定的其他条件等情况下,向工程所在地县级以上人民政府建设行政主管部门申请领取施工许可证。

  建设单位应当自领取施工许可证之日起3个月内开工。因故不能按期开工的,应当向发证机关申请延期;延期以两次为限,每次不超过3个月。既不开工又不申请延期或者超过延期时限的,施工许可证自行废止。

  施工企业从业资格制度:《建筑法》规定,企业应当按照其拥有的资产、主要人员、已完成的工程业绩和技术装备等条件申请建筑业企业资质,经审查合格,取得建筑业企业资质证书后,方可在资质许可的范围内从事建筑施工活动,禁止无资质或越级承揽工程,禁止以他企业或他企业以本企业名义承揽工程。建筑业企业资质分为施工总承包资质、专业承包资质、施工劳务资质三个序列。企业可以申请一项或多项建筑业企业资质。企业首次申请或增项申请资质,应当申请最低等级资质。资质证书有效期为5年。建筑业企业资质证书有效期届满,企业继续从事建筑施工活动的,应当于资质证书有效期届满3个月前,向原资质许可机关提出延续申请。资质证书亦可以变更、撤回、撤销和注销。

  建设工程承包制度:重点掌握发包单位和承包单位在建设工程总承包、共同承包、专业承包、专业分包等过程中的权利义务关系,法律体系中相关的禁止性规定及违法行为应当承担的法律后果。

第四章　建设工程质量法律制度

◎ 引言

建设工程作为一种特殊产品,是人们日常生活和生产、经营、工作等的主要场所,是人类赖以生存和发展的重要物质基础。建设工程一旦发生质量事故,将危及人民生命财产安全,甚至会造成不可估量的损失。"百年大计,质量第一"是建设工程领域的质量目标和要求,必须进一步提高建设工程质量水平,确保建设工程的安全、可靠。本章着重针对《建筑法》《建筑工程质量管理条例》《建筑项目(工程)竣工验收办法》等法律法规中关于建筑工程主体质量责任制、工程竣工验收制度及工程质量保修制度有关规定进行阐述。

◎ 知识目标

1. 了解工程建设标准的分类;
2. 了解建设工程项目各责任方的质量责任和义务;
3. 掌握建设工程竣工验收的规定;
4. 掌握建设工程质量保修的规定。

◎ 技能目标

在工程实践中,能够利用所学的知识对项目各责任方的质量责任进行判断,同时能够了解各种质量缺陷对应的法律责任,能够运用法律的视角和知识去解决工程实际质量问题。

第一节　建设工程质量相关知识

一、工程建设标准的分类

根据《中华人民共和国标准化法》(以下简称《标准化法》)的规定,我国的标准分为国家标准、行业标准、地方标准和企业标准。国家标准分为强制性标准和推荐性标准,行业标准和地方标准是推荐性标准。

保障人体健康、人身、财产安全的标准和法律、行政法规规定强制执行的标准是强制性标准,其他标准是推荐性标准。强制性标准已经颁布,必须贯彻执行,否则对造成恶劣后果和重大损失的单位和个人,要受到经济制裁或承担法律责任。国家鼓励采用推荐性标准。

(一)工程建设国家标准

《标准化法》规定,对需要在全国范围内统一的技术要求,应当制定国家标准。

1. 工程建设国家标准的范围和类型

建设部《工程建设国家标准管理办法》规定,对需要在全国范围内统一的下列技术要求,应当制定国家标准:

(1)工程建设勘察、规划、设计、施工(包括安装)及验收等通用的质量要求;
(2)工程建设通用的有关安全、卫生和环境保护的技术要求;
(3)工程建设重要的通用的术语、符号、代号、量与单位、建筑模数和制图方法;
(4)工程建设通用的试验、检验和评定等方法;
(5)工程建设通用的信息技术要求;
(6)国家需要控制的其他工程建设通用的技术要求。

下列国家标准属于强制性标准:

(1)工程建设勘察、规划、设计、施工(包括安装)及验收等通用的综合标准和重要的通用的质量标准;
(2)工程建设通用的有关安全、卫生和环境保护的标准;
(3)工程建设重要的通用的术语、符号、代号、量与单位、建筑模数和制图标准;
(4)工程建设重要的通用的试验、检验和评定方法等标准;
(5)工程建设重要的通用的信息技术标准;
(6)国家需要控制的其他工程建设通用的标准。

强制性标准以外的标准是推荐性标准。

2. 工程建设国家标准的审批发布和编号

工程建设国家标准由国务院工程住房城乡建设主管部门审查批准,由国务院标准化行政主管部门统一编号,由国务院标准化行政主管部门和国务院工程住房城乡建设主管部门联合发布。

工程建设国家标准的编号由国家标准代号、发布标准的数序号和发布标准的年号组成。强制性国家标准的代号为"GB",推荐性国家标准的代号为"GB/T"。例如,《建筑边坡工程技术规范》(GB 50330—2013),其中 GB 表示强制性国家标准,50330 表示标准发布顺序号,2013 表示是 2013 年批准发布的;《土工试验方法标准》(GB/T 50123—2019),其中 GB/T 表示推荐性国家标准,50123 表示标准发布顺序号,2019 表示是 2019 年批准发布的。

3. 国家标准的复审与修订

国家标准实施后,应当根据科学技术的发展和工程建设的需要,由该国家标准的管理部门适时组织有关单位进行复审。复审一般在国家标准实施后 5 年进行 1 次。复审可以采取函审或会议审查,一般由参加过该标准编制或审查的单位或个人参加。

国家标准复审后,标准管理单位应当提出其继续有效或者予以修订、废止的意见,经该国家标准的主管部门确认后报国务院工程住房城乡建设主管部门批准。凡属下列情况之一的国家标准,应当进行局部修订:

(1)国家标准的部分规定已制约了科学技术新成果的推广应用;
(2)国家标准的部分规定经修订后可取得明显的经济效益、社会效益、环境效益;
(3)国家标准的部分规定有明显缺陷或与相关的国家标准相抵触;
(4)需要对现行的国家标准做局部补充规定。

(二)工程建设行业标准

《标准化法》规定,对没有国家标准而又需要在全国某个行业范围内统一的技术要求,可以制定行业标准。行业标准由国务院有关行政主管部门制定,报国务院标准化行政主管部门备案。在公布国家标准之后,该行业标准即行废止。

1. 工程建设行业标准的范围和类型

建设部发布的《工程建设行业标准管理办法》规定,下列技术要求,可以制定行业标准:
(1)工程建设勘察、规划、设计、施工(包括安装)及验收等行业专用的质量要求;
(2)工程建设行业专用的有关安全、卫生和环境保护的技术要求;
(3)工程建设行业专用的术语、符号、代号、量与单位和制图方法;
(4)工程建设行业专用的试验、检验和评定等方法;
(5)工程建设行业专用的信息技术要求;
(6)其他工程建设行业专用的技术。

工程建设行业标准也分为强制性标准和推荐性标准,下列标准属于强制性标准:
(1)工程建设勘察、规划、设计、施工(包括安装)及验收等行业专用的综合性标准和重要的行业专用的质量标准;
(2)工程建设行业专用的有关安全、卫生和环境保护的标准;
(3)工程建设重要的行业专用的属于、符号、代号、量与单位和制图方法标准;
(4)工程建设重要的行业专用的试验、检验和评定方法等标准;
(5)工程建设重要的行业专用的信息技术标准;
(6)行业需要控制的其他工程技术标准。

强制性标准以外的标准是推荐性标准,行业标准不得与国家标准相抵触,行业标准的某些规定与国家标准不一致时,必须有充分的科学依据和理由,并经过国家标准的审批部门批准,行业标准在相应的国家标准实施后,应及时修订或废止。

2. 工程建设行业标准的制定、修订程序与复审

(1)工程建设行业标准的制定、修订程序,也可以按准备、征求意见、送审和报批4个阶段进行。
(2)工程建设行业标准实施后,根据科学技术的发展和工程建设的实际需要,该标准的批准部门应适时进行复审,确认其继续有效或予以修订、废止,一般也是5年复审一次。

(三)工程建设地方标准

《标准化法》规定,对没有国家标准和行业标准,而又需要在省、自治区、直辖市范围内统一的工业产品的安全、卫生要求,可以制定地方标准。在公布国家标准或者行业标准之后,该项地方标准即行废止。

1. 工程建设地方标准的范围

我国幅员辽阔,各地的自然环境差异较大,而工程建设在许多方面要受到自然环境的影响。例如,我国的膨胀土地区和黄土地区对建筑技术的要求有很大的区别。因此,工程建设标准除国家标准、行业标准外,还需要有相应的地方标准。

工程建设地方标准在省、自治区、直辖市范围内由省、自治区、直辖市住房城乡建设主管部门统一计划、统一审批、统一发布、统一管理。

2.工程建设地方标准的实施和复审

工程建设地方标准不得与国家标准和行业标准相抵触。对与国家标准或行业标准相抵触的工程建设地方标准的规定应当自行废止。工程建设地方标准应报国务院住房城乡建设主管部门备案,未经备案的工程地方标准不得在建设活动中使用。

工程建设地方标准实施后,应根据科学技术的发展、本行政区域工程建设的需要以及工程建设国家标准、行业标准的制定、修订的情况,适时进行复审,复审周期一般不超过5年。对复审后需要修订或局部修订的工程建设地方标准应当及时修订或局部修订。

(四)工程建设团体标准

《标准化法》规定,国家鼓励学会、协会、商会、联合会、产业技术联盟等社会团体协调相关市场主体共同制定满足市场和创新需要的团体标准,由本团体成员约定采用或者按照本团体的规定供社会自愿采用。

1.工程建设团体标准的范围

制定团体标准,应当遵循开放、透明、公平的原则,保证各参与主体获取相关信息,反映各参与主体的共同需求,并应当组织对标准相关事项进行调查分析、实验、论证。国家支持在重要行业、战略性新兴产业、关键共性技术等领域利用自主创新技术制定团体标准、企业标准。

《团体标准管理规定》进一步规定,禁止利用团体标准实施妨碍商品、服务自由流通等排除、限制市场竞争的行为。团体标准应当符合相关法律法规的要求,不得与国家有关产业政策相抵触。团体标准的技术要求不得低于强制性标准的相关技术要求。国家鼓励社会团体制定高于推荐性标准相关技术要求的团体标准;鼓励制定具有国际领先水平的团体标准。

2.工程建设团体标准制定的程序

制定团体标准的一般程序包括提案、立项、起草、征求意见、技术审查、批准、编号、发布、复审。

(五)工程建设企业标准

《标准化法》规定,企业可以根据需要自行制定企业标准,或者与其他企业联合制定企业标准。工程建设企业标准一般包括企业的技术标准、管理标准和工作标准。

推荐性国家标准、行业标准、地方标准、团体标准、企业标准的技术要求,不得低于强制性国家标准的相关技术要求。国家鼓励社会团体、企业制定高于推荐性标准相关技术要求的团体标准、企业标准。国家鼓励团体标准、企业标准通过标准信息公共服务平台向社会公开。企业应当按照标准组织生产、经营活动,其生产的产品、提供的服务应当符合企业公开标准的技术要求。

需要说明的是,标准、规范、规程都是标准的表现方式,习惯上统称为标准。当针对产品、方法、符号、概念等基础标准时,一般采用"标准",如《公路工程技术标准》《公路工程质量检验评定标准》等;当针对工程勘察、规划、设计、施工等通用的技术事项作出规定时,一般采用"规范",如《公路路基施工技术规范》《公路桥涵设计通用规范》等;当针对操作、工艺、管理等专用技术要求时,一般采用"规程",如《公路土工试验规程》《建筑基坑支护技术规程》等。

二、工程建设强制性标准实施的规定

工程建设标准制定的目的中实施。否则,再科学的标准也是一纸空文。我国工程建设领域所出现的各类工程质量事故,大都是没有贯彻或没有严格贯彻强制性标准的结果。因此,《标准化法》规定,强制性标准必须执行。《建筑法》规定,建筑活动应当确保建筑工程质量和安全,符合国家的建设工程安全标准。

(一)工程建设各方主体实施强制性标准的法律规定

《建筑法》规定,建设单位不得以任何理由,要求建筑设计单位或建筑施工企业在工程设计或施工作业中违反法律、行政法规和建筑工程的质量、安全标准,降低工程质量。建设单位不得明示或暗示设计单位或施工单位违反工程建设强制性标准,降低工程质量。建筑设计单位和建筑施工企业对建设单位违反规定提出的降低工程质量的要求,应当予以拒绝。

建筑工程设计应当符合按照国家制定的建筑安全规程和技术规范,保证工程的安全性能。勘察、设计文件应当符合有关法律、行政法规的规定和建筑工程质量、安全标准、建筑工程勘察、设计技术规范及合同的约定。设计文件选用的建筑材料、建筑构配件和设备,应当注明其规格、型号、性能等技术指标,其质量要求必须符合国家规定的标准。

建筑工程监理应当依照法律、行政法规及有关的技术标准、设计文件和建筑工程承包合同,对承包单位在施工质量、建设工期和建设资金使用等方面,代表建设单位实施监督。工程监理人员认为工程施工不符合工程设计要求、施工技术标准和合同约定的,有权要求建筑施工企业改正。工程监理人员发现工程设计不符合建筑工程质量标准或者合同约定的质量要求的,应当报告建设单位,要求设计单位改正。

施工单位必须按照工程设计图纸和施工技术标准施工,不得擅自修改工程设计,不得偷工减料。施工单位必须按照工程设计要求、施工技术标准和合同约定,对建筑材料、建筑构配件、设备和商品混凝土进行检验,检验应当有书面记录和专人签字,未经检验或者检验不合格的,不得使用。

《建设工程质量管理条例》规定,建设单位、设计单位、施工单位、工程监理单位违反国家规定,降低工程质量标准,造成重大安全事故,构成犯罪的,对直接责任人员依法追究刑事责任。

(二)工程建设标准强制性条文的实施

建设标准的条文中,使用"必须""严禁""应""不应""不得"等属于标准的用词,而使用"宜""不宜""可"等一般不是强制性标准的规定。但在工作实践中,强制性标准与推荐性标准的划分仍然存在一定困难。

2015年1月住房和城乡建设部发布的《实施工程建设强制性标准监督规定》中规定,在中华人民共和国境内从事新建、扩建、改建等工程建设活动,必须执行工程建设强制性标准。工程建设强制性标准是指直接涉及工程质量、安全、卫生及环境保护等方面的工程建设标准强制性条文。国家工程建设标准强制性条文由国务院住房城乡建设主管部门会同国务院有关主管部门确定。

建设工程勘察、设计文件中规定采用的新技术、新材料,可能影响建设工程质量和安全,又没有国家技术标准的,应当由国家认可的检测机构进行试验论证,出具检测报告,并经国务院有关主管部门或者省、自治区、直辖市人民政府有关主管部门组织的建设工程技术专家委员会审定后,方可使用。工程建设中采用国际标准或国外标准,现行强制性标准未作规定的,建设单位应当向国务院住房城乡建设主管部门或国务院有关主管部门备案。

(三)工程建设强制性条文的监督检查

1. 监督管理机构

《实施工程建设强制性标准监督规定》规定,国务院住房城乡建设主管部门负责全国实施工程建设强制性标准的监督管理工作。国务院有关主管部门按照国务院的职能分工负责实施工程建设强制性标准的监督管理工作。县级以上地方人民政府住房城乡建设主管部门负责本行政区域内实施工程建设强制性标准的监督管理工作。

建设项目规划审查机构应当对工程建设规划阶段执行强制性标准的情况实施监督;施工图设计文件审查单位应当对工程建设勘察、设计阶段执行强制性标准的情况实施监督;建筑安全监督管理机构应当对工程建设施工阶段执行施工安全强制性标准的情况实施监督;工程质量监督机构应当对工程建设施工、监理、验收等阶段执行强制性标准的情况实施监督。

2. 监督检查的内容和方式

工程建设标准批准部门应当定期对建设项目规划审查机关、施工图设计文件审查单位、建筑安全监督管理机构、工程质量监督机构实施强制性标准的监督进行检查,对监督不力的单位和个人,给予通报批评,建议有关部门处理。

强制性标准监督检查的内容包括以下几项:

(1)工程技术人员是否熟悉、掌握强制性标准;

(2)工程项目的规划、勘察、设计、施工、验收等是否符合强制性标准的规定;

(3)工程项目采用的材料、设备是否符合强制性标准的规定;

(4)工程项目的安全、质量是否符合强制性标准的规定;

(5)工程项目采用的导则、指南、手册、计算机软件的内容是否符合强制性标准的规定。

工程建设标准批准部门应当对工程项目执行强制性标准情况进行监督检查。监督检查可以采取重点检查、抽查和专项检查的方式。工程建设标准批准部门应当将强制性标准监督检查结果在一定范围内予以公告。

第二节 施工单位的质量责任和义务

一、对施工质量负责

《建筑法》规定,建筑施工企业对工程的施工质量负责。《建设工程质量管理条例》进一步规定,施工单位对建设工程的施工质量负责。施工单位应当建立质量责任制,确定工程项目的项目经理、技术负责人和施工管理负责人。

在工程建设的全过程中,由于参与主体多元化,所以建设工程质量的责任主体也势必多元化。建设工程各方主体依法各司其职、各负其责。每个参与主体仅就自己的工作内容对建设工程承担相应的质量责任。施工单位是建设工程质量的重要责任主体,但不是唯一的责任主体。对施工质量负责是施工单位法定的质量责任。

施工单位的质量责任制,是其质量保证体系的一个重要组成部分,也是施工质量目标得以实现的重要保证。建立质量责任制主要包括制订质量目标计划,建立考核标准,并层层分解落实到具体的责任单位和责任人,特别是工程项目的项目经理、技术负责人和施工管理负责人。落实质量责任制，不仅是为了在出现质量问题时方便追究责任，更重要的是通过层层落实质量责任制，做到事事有人管、人人有职责，加强对施工过程的全面质量控制，保证建设工程的施工质量。

《建筑工程五方责任主体项目负责人质量终身责任追究暂行办法》规定，施工单位项目经理应当按照经审查合格的施工图设计文件和施工技术标准进行施工，对因施工导致的工程质量事故或质量问题承担责任。

二、总分包单位的质量责任

《建筑法》规定，建筑工程实行总承包的，工程质量由工程总承包单位负责，总承包单位将建筑工程分包给其他单位的，应当对分包工程的质量与分包单位承担连带责任。分包单位应当接受总承包单位的质量管理。

《建设工程质量管理条例》进一步规定，建设工程实行总承包的，总承包单位应当对全部建设工程质量负责；建设工程勘察、设计、施工、设备采购的一项或者多项实行总承包的，总承包单位应当对其承包的建设工程或者采购的设备的质量负责。总承包单位依法将建设工程分包给其他单位的，分包单位应当按照分包合同的约定对其分包工程的质量向总承包单位负责，总承包单位与分包单位对分包工程的质量承担连带责任。

分包单位还应当接受总承包单位的质量管理。在总分包的情况下存在着总包、分包两种合同，总承包单位和分包单位各自向合同中的对方主体负责。同时，总承包单位与分包单位对分包工程的质量还要依法承担连带责任，即分包工程发生质量问题时，建设单位或其他受害人既可以向分包单位请求赔偿，也可以向总承包单位请求赔偿；进行赔偿的一方，有权依据分包合同的约定，对不属于自己责任的那部分赔偿向对方追偿。

三、按照工程设计图纸和施工技术标准施工的规定

《建筑法》规定，建筑施工企业必须按照工程设计图纸和施工技术标准施工，不得偷工减料。工程设计的修改由原设计单位负责，建筑施工企业不得擅自修改工程设计。

《建设工程质量管理条例》进一步规定，施工单位必须按照工程设计图纸和施工技术标准施工，不得擅自修改工程设计，不得偷工减料。施工单位在施工过程中发现设计文件和图纸有差错的，应当及时提出意见和建议。

(一)按图施工，遵守标准

按工程设计图纸施工，是保证工程实现设计意图的前提，也是明确划分设计、施工单位质量责任的前提。施工技术标准则是工程建设过程中规范施工行为的技术依据。施工单位只有按照施工技术标准，特别是强制性标准的要求施工，才能保证工程的施工质量。另外，从法律的角度来看，工程设计图纸和施工技术标准都属于合同文件的组成部分，如果施工单位不按照工程设计图纸和施工技术标准施工，则属于违约行为，应该对建设单位承担违约责任。

(二)防止设计文件和图纸出现差错

工程项目的设计往往涉及多个专业之间的协调配合。所以，设计文件和图纸也有可能会出现差错。这些差错通常会在图纸会审或施工过程中被逐渐发现。施工人员特别是施工管理负责人、技术负责人及项目经理等，均为具有丰富实践经验的专业技术人员、专业管理人

员。施工单位在施工过程中发现设计文件和图纸有差错的,有义务及时向建设单位或监理单位提出意见和建议,以免造成不必要的损失和质量问题。这也是其履行施工合同应尽的基本义务。

四、对建筑材料、设备等进行检验检测的规定

建设工程属于特殊产品,其质量隐蔽性强、终检局限性大,在施工全过程质量控制中,必须严格执行法定的检验、检测制度,否则将造成质量隐患甚至导致质量事故。

《建筑法》规定,建筑施工企业必须按照工程设计要求、施工技术标准和合同的约定,对建筑材料、建筑构配件和设备进行检验,不合格的不得使用。《建设工程质量管理条例》进一步规定,施工单位必须按照工程设计要求、施工技术标准和合同约定,对建筑材料、建筑构配件、设备和商品混凝土进行检验,检验应当有书面记录和专人签字;未经检验或者检验不合格的,不得使用。

(一)建筑材料、构配件、设备和商品混凝土的检验制度

施工单位对进入施工现场的建筑材料、建筑构配件、设备和商品混凝土实行检验制度,是施工单位质量保证体系的重要组成部分,也是保证施工质量的重要前提。

施工单位的检验要依据工程设计要求、施工技术标准和合同约定。检验对象是将在工程施工中使用的建筑材料、建筑构配件、设备和商品混凝土。合同若有其他约定的,检验工作还应满足合同相应条款的要求。检验结果要按规定的格式形成书面记录,并由相关的专业人员签字。对于未经检验或检验不合格的,不得在施工过程中使用,否则要追究擅自使用或批准使用人的责任。

(二)施工检测的见证取样和送检制度

《建设工程质量管理条例》规定,施工人员对涉及结构安全的试块、试件及有关材料,应当在建设单位或工程监理单位监督下现场取样,并送具有相应资质等级的质量检测单位进行检测。

1. 见证取样和送检

见证取样和送检,是指在建设单位或工程监理单位人员的见证下,由施工单位的现场试验人员对工程中涉及结构安全的试块、试件和材料在现场取样,并送至具有法定资格的质量检测单位进行检测的活动。建设部《房屋建筑工程和市政基础设施工程实行见证取样和送检的规定》规定,涉及结构安全的试块、试件和材料见证取样和送检的比例不得低于有关技术标准中规定应取样数量的30%。

下列试块、试件和材料必须实施见证取样和送检:
(1)用于承重结构的混凝土试块;
(2)用于承重墙体的砌筑砂浆试块;
(3)用于承重结构的钢筋及连接接头试件;
(4)用于承重墙的砖和混凝土小型砌块;
(5)用于拌制混凝土和砌筑砂浆的水泥;
(6)用于承重结构的混凝土中使用的掺加剂;
(7)地下、屋面、厕浴间使用的防水材料;

(8)国家规定必须实行见证取样和送检的其他试块、试件与材料。

见证人员应由建设单位或该工程的监理单位中具备施工试验知识的专业技术人员担任,并由建设单位或该工程的监理单位书面通知施工单位、检测单位和负责该项工程的质量监督机构。

在施工过程中,见证人员应按照见证取样和送检计划,对施工现场的取样和送检进行见证。取样人员应在试样或其包装上做出标识、封志。标识和封志应标明工程名称、取样部位、取样日期、样品名称和样品数量,并由见证人员和取样人员签字。见证人员和取样人员应对试样的代表性和真实性负责。

2. 工程质量检测机构的资质和检测规定

2015年5月住房和城乡建设部经修改后发布的《建设工程质量检测管理办法》规定,工程质量检测机构是具有独立法人资格的中介机构。检测机构资质按照其承担的检测业务内容分为专项检测机构资质和见证取样检测机构资质。检测机构未取得相应的资质证书,不得承担本办法规定的质量检测业务。

质量检测业务由工程项目建设单位委托具有相应资质的检测机构进行检测。委托方与被委托方应当签订书面合同。检测机构完成检测业务后,应当及时出具检测报告。检测报告经检测人员签字、检测机构法定代表人或其授权的签字人签署,并加盖检测机构公章或检测专用章后方可生效。检测报告经建设单位或工程监理单位确认后,由施工单位归档。任何单位和个人不得明示或者暗示检测机构出具虚假检测报告,不得篡改或伪造检测报告。如果检测结果利害关系人对检测结果发生争议的,由双方共同认可的检测机构复检,复检结果由提出复检方报当地建设主管部门备案。

检测机构应当将检测过程中发现的建设单位、监理单位、施工单位违反有关法律、法规和工程建设强制性标准的情况,以及涉及结构安全检测结果的不合格情况,及时报告工程所在地建设主管部门。检测机构应当建立档案管理制度,并应当单独建立检测结果不合格项目台账。

检测人员不得同时受聘于两个或者两个以上的检测机构。检测机构和检测人员不得推荐或者监制建筑材料、构配件和设备。检测机构不得与行政机关,法律、法规授权的具有管理公共事务职能的组织,以及所检测工程项目相关的设计单位、施工单位、监理单位有隶属关系或者其他利害关系。

检测机构不得转包检测业务。检测机构应当对其检测数据和检测报告的真实性和准确性负责。检测机构违反法律、法规和工程建设强制性标准,给他人造成损失的,应当依法承担相应的赔偿责任。

五、施工质量检验和返修的规定

(一)施工质量检验制度

《建设工程质量管理条例》规定,施工单位必须建立、健全施工质量的检验制度,严格工序管理,做好隐蔽工程的质量检查和记录。隐蔽工程在隐蔽前,施工单位应当通知建设单位和建设工程质量监督机构。

施工质量检验,通常是指工程施工过程中工序质量检验(或称为过程检验),包括预检、自检、交接检、专职检、分部工程中间检验及隐蔽工程检验等。

1. 严格工序质量检验和管理

任何一项工程的施工,都是通过一个由许多工序或过程组成的工序(或过程)网络来实现的。完善的检验制度和严格的工序管理是保证工序(或过程)质量的前提。因此,施工单位要加强对施工工序或过程的质量控制,特别是要加强影响结构安全的地基和结构等关键施工过程的质量控制。

2. 强化隐蔽工程质量检查

隐蔽工程是指在施工过程中某一道工序所完成的工程实物,被后一工序形成的工程实物所隐蔽,而且不可以逆向作业的那部分工程。例如,钢筋混凝土工程施工中,钢筋为混凝土所覆盖,前者即隐蔽工程。

由于隐蔽工程被后续工序覆盖后,其施工质量就很难进行检验及认定。所以,隐蔽工程在覆盖前,施工单位除要做好检查、检验并作好记录外,还应当及时通知建设单位(实施监理的工程为监理单位)和建设工程质量监督机构,以接受政府监督和向建设单位提供质量保证。

按照2017年住房和城乡建设部、国家工商行政管理总局经修改后发布的《建设工程施工合同(示范文本)》的要求,承包人应当对工程隐蔽部位进行自检,并经自检确认是否具备覆盖条件。承包人应在共同检查前48小时书面通知监理人检查,通知中应载明隐蔽检查的内容、时间和地点,并应附有自检记录和必要的检查资料。监理人应按时到场并对隐蔽工程及其施工工艺、材料和工程设备进行检查。经监理人检查确认质量符合隐蔽要求,并在验收记录上签字后,承包人才能进行覆盖。经监理人检查质量不合格的,承包人应在监理人指示的时间内完成修复,并由监理人重新检查,由此增加的费用和(或)延误的工期由承包人承担。

除专用合同条款另有约定外,监理人不能按时进行检查的,应在检查前24小时向承包人提交书面延期要求,但延期不能超过48小时,由此导致工期延误的,工期应予以顺延。监理人未按时进行检查,也未提出延期要求的,视为隐蔽工程检查合格,承包人可自行完成覆盖工作,并作相应记录报送监理人,监理人应签字确认。监理人事后对检查记录有疑问的,可按重新检查的约定重新进行检查。

(二)建设工程的返修

《建筑法》规定,对已发现的质量缺陷,建筑施工企业应当修复。《建设工程质量管理条例》进一步规定,施工单位对施工中出现质量问题的建设工程或者竣工验收不合格的建设工程,应当负责返修。

《民法典》也作了相应规定,因施工人的原因致使建设工程质量不符合约定的,发包人有权请求施工人在合理期限内无偿修理或者返工、改建。

返修作为施工单位的法定义务,其返修包括施工过程中出现质量问题的建设工程和竣工验收不合格的建设工程两种情形。无论是施工过程中出现质量问题的建设工程,还是竣工验收时发现质量问题的建设工程,施工单位都要负责返修。

对于非施工单位原因造成的质量问题,施工单位也应当负责返修,但是因此而造成的损失及返修费用由责任方负责。

六、建立健全职工教育培训制度的规定

《建设工程质量管理条例》规定,施工单位应当建立、健全教育培训制度,加强对职工的教

育培训;未经教育培训或者考核不合格的人员,不得上岗作业。

施工单位的教育培训通常包括各类质量教育和岗位技能培训等。先培训、后上岗,是对施工单位的职工教育的基本要求。特别是与质量工作有关的人员,如总工程师、项目经理、质量体系内审员、质量检查员、施工人员、材料试验及检测人员;关键技术工种,如焊工、钢筋工、混凝土工等,未经培训或培训考核不合格的人员,不得上岗工作或作业。

第三节 建设单位的质量责任和义务

建设单位作为建设工程的投资人,是建设工程的重要责任主体。建设单位有权选择承包单位,有权对建设过程进行检查、控制,对建设工程进行验收,并要按时支付工程款和费用等,在整个建设活动中居于主导地位。因此,为确保建设工程的质量,必须规范建设单位的行为,明确其质量责任。

一、依法发包工程

《建设工程质量管理条例》规定,建设单位应当将工程发包给具有相应资质等级的单位。建设单位不得将建设工程肢解发包。建设单位应当依法对工程建设项目的勘察、设计、施工、监理,以及与工程建设有关的重要设备、材料等的采购进行招标。

《建筑工程五方责任主体项目负责人质量终身责任追究暂行办法》进一步规定,建设单位项目负责人对工程质量承担全面责任,不得违法发包、肢解发包,不得以任何理由要求勘察、设计、施工、监理单位违反法律法规和工程建设标准,降低工程质量,其违法违规或不当行为造成工程质量事故或出现质量问题应当承担责任。

建设单位将工程发包给具有相应资质等级的单位来承担,是保证建设工程质量的基本前提。《建设工程勘察设计资质管理规定》《建筑业企业资质管理规定》《工程监理企业资质管理规定》等均对工程勘察单位、工程设计单位、施工企业和工程监理单位的资质等级、资质标准、业务范围等作出了明确规定。如果建设单位选择不具备相应资质等级的承包人,一方面极易造成工程质量低劣,甚至使工程项目半途而废;另一方面也扰乱了建设市场秩序,助长了不正当竞争。

建设单位发包工程时,应该根据工程特点,以有利于工程的质量、进度、成本控制为原则,合理划分标段,而不能肢解发包工程。否则,将使整个工程建设在管理和技术上缺乏应有的统筹协调,从而造成施工现场秩序混乱、责任不清,严重影响工程质量,一旦出现质量问题将难辞其咎。

二、依法向有关单位提供原始资料

《建设工程质量管理条例》规定,建设单位必须向有关的勘察、设计、施工、工程监理等单位提供与建设工程有关的原始资料。原始资料必须真实、准确、齐全。

原始资料是工程勘察、设计、施工、监理等单位赖以进行相关工程建设的基础性材料。建设单位作为建设活动的总负责方,向有关单位提供原始资料,以及施工地段地下管线现状资料,并保证这些资料的真实、准确、齐全,是其基本的质量责任和义务。

在工程实践中,建设单位根据委托任务书,向勘察单位提供如勘察任务书、项目书、项目规划总平面图、地下管线、地形地貌等在内的基础资料;向设计单位提供政府有关部门批准的项目建议书、可行性研究报告等立项文件、设计任务书、有关城市规划、专业规划设计条件、勘察成果及其他基础资料;向施工单位提供概算批准文件,建设项目正式列入国家、部门或地区的年度固定资产投资计划、建设用地的征用资料、施工图纸及技术资料、建设资金和主要建筑材料设备的来源落实资料,建设项目所在地规划部门批准文件,施工现场完成"三通一平"的平面图等资料;向工程监理单位提供的原始资料,除包括给施工单位的资料外,还要有建设单位与施工单位签订的承包合同文本。

三、限制不合理的干预行为

《建筑法》规定,建设单位不得以任何理由,要求建筑设计单位或者建筑施工企业在工程设计或者施工作业中,违反法律、行政法规和建筑工程质量、安全标准,降低工程质量。

《建设工程质量管理条例》进一步规定,建设工程发包单位,不得迫使承包方以低于成本的价格竞标,不得任意压缩合理工期。建设单位不得明示或者暗示设计单位或者施工单位违反工程建设强制性标准,降低建设工程质量。

成本是构成价格的主要部分,是承包方估算投标价格的依据和最低的经济底线。如果建设单位迫使承包方以低于成本的价格中标,势必会导致中标单位在承包工程后,为了减少开支、降低成本而采取偷工减料、以次充好、粗制滥造等手段,最终导致建设工程出现质量问题,影响投资效益的发挥。

建设单位也不得任意压缩合理工期。因为合理工期是指在正常建设条件下,采取科学合理的施工工艺和管理方法,以现行的工期定额为基础,结合工程项目建设的实际,经合理测算和平等协商而确定的使参与各方均获满意的经济效益的工期。如果盲目要求赶工期,势必会简化工序,不按规程操作,从而导致建设工程出现质量等诸多问题。

建设单位更不得以任何理由,诸如建设资金不足、工期紧等,违反强制性标准的规定,要求设计单位降低设计标准,或者要求施工单位采用建设单位采购的不合格材料设备等。因为强制性标准是保证建设工程结构安全可靠的基础性要求,违反了这类标准,必然会给建设工程留下重大质量隐患。

四、依法报审施工图设计文件

《建设工程质量管理条例》规定,施工图设计文件未经审查批准的,不得使用。

施工图设计文件是编制施工图预算、安排材料、设备订货和非标准设备制作,进行施工、安装和工程验收等工作的依据。因此,施工图设计文件的质量直接影响建设工程的质量。

建立和实施施工图设计文件审查制度,是许多发达国家确保建设工程质量的成功做法。我国于1998年开始进行建筑工程项目施工图设计文件审查试点工作,在节约投资、发现设计质量隐患和避免违法违规行为等方面都有明显的成效。通过开展对施工图设计文件的审查,既可以对设计单位的成果进行质量控制,也能纠正参与建设活动各方特别是建设单位的不规范行为。

五、依法实行工程监理

《建设工程质量管理条例》规定,实行监理的建设工程,建设单位应当委托具有相应资质等级的工程监理单位进行监理,也可以委托具有工程监理相应资质等级并与被监理工程的施工承包单位没有隶属关系或者其他利害关系的该工程的设计单位进行监理。

工程监理单位的资质反映了该单位从事某项监理工作的资格和能力。为了保证监理工作的质量,建设单位必须将需要监理的工程委托给具有相应资质等级的工程监理单位进行监理。目前,我国的工程监理主要是对工程的施工过程进行监督,而该工程的设计人员对设计意图比较理解,对设计中各专业如结构、设备等在施工中可能发生的问题也比较清楚,由具有监理资质的设计单位对自己设计的工程进行监理,对保证工程质量是有利的。但是,设计单位与承包该工程的施工单位不得有行政隶属关系,也不得存在可能直接影响设计单位实施监理公正性的非常明显的经济或其他利益关系。

《建设工程质量管理条例》还规定,下列建设工程必须实行监理:
(1)国家重点建设工程;
(2)大中型公用事业工程;
(3)成片开发建设的住宅小区工程;
(4)利用外国政府或国际组织贷款、援助资金的工程;
(5)国家规定必须实行监理的其他工程。

六、依法办理工程质量监督手续

《建设工程质量管理条例》规定,建设单位在开工前,应当按照国家有关规定办理工程质量监督手续,工程质量监督手续可以与施工许可证或者开工报告合并办理。

据此,建设单位在开工之前,应当依法到住房城乡建设主管部门或铁路、交通、水利等有关管理部门,或其委托的工程质量监督机构办理工程质量监督手续,接受政府主管部门的工程质量监督。

建设单位办理工程质量监督手续,应提供以下文件和手续:
(1)工程规划许可证;
(2)设计单位资质等级证书;
(3)监理单位资质等级证书,监理合同及工程项目监理登记表;
(4)施工单位资质等级证书及营业执照副本;
(5)工程勘察设计文件;
(6)中标通知书及施工承包合同等。

七、依法保证建筑材料等符合要求

《建设工程质量管理条例》规定,按照合同约定,由建设单位采购建筑材料、建筑构配件和设备的,建设单位应当保证建筑材料、建筑构配件和设备符合设计文件和合同要求。建设单位不得明示或暗示施工单位使用不合格的建筑材料、建筑构配件和设备。

在工程实践中,常由建设单位采购建筑材料、构配件和设备,在合同中应当明确约定采购责任,即谁采购、谁负责。对于建设单位负责供应的材料设备,在使用前施工单位应当按照规定对其进行检验和试验,如果不合格,不得在工程上使用,并应通知建设单位予以退换。

有些建设单位为了追赶进度或降低采购成本,常常以各种明示或暗示的方式,要求施工单位降低标准,而在工程上使用不合格的建筑材料、建筑构配件和设备。此类行为不仅严重违法,而且危害极大。

八、依法进行装修工程

随意拆改建筑主体结构和承重结构等,会危及建设工程安全和人民生命财产安全。因此,《建设工程质量管理条例》规定,涉及建筑主体和承重结构变动的装修工程,建设单位应当在施工前委托原设计单位或具有相应资质等级的设计单位提出设计方案;没有设计方案的,不得施工。房屋建筑使用者在装修过程中,不得擅自变动房屋建筑主体和承重结构。如果没有设计方案就擅自施工,将留下质量隐患甚至造成质量事故,后果严重。

房屋使用者,在装修过程中也不得擅自变动房屋建筑主体和承重结构,如拆除隔墙、窗洞改门洞等,否则很有可能会酿成房倒屋塌的灾难。

第四节 勘察、设计单位的质量责任和义务

《建筑法》规定,建筑工程的勘察、设计单位必须对其勘察、设计的质量负责。勘察、设计文件应当符合有关法律、行政法规的规定和建筑工程质量、安全标准、建筑工程勘察、设计技术规范及合同的约定。

《建设工程质量管理条例》进一步规定,勘察、设计单位必须按照工程建设强制性标准进行勘察、设计,并对其勘察、设计的质量负责。注册建筑师、注册结构工程师等注册执业人员应当在设计文件上签字,对设计文件负责。

谁勘察设计谁负责,谁施工谁负责,这是国际上通行的做法。勘察、设计单位和执业注册人员是勘察设计质量的责任主体,也是整个工程质量的责任主体之一。勘察、设计质量实行单位与执业注册人员双重责任,即勘察、设计单位对其勘察、设计的质量负责,注册建筑师、注册结构工程师等专业人士对其签字的设计文件负责。

一、依法承揽勘察、设计业务

《建设工程质量管理条例》规定,从事建设工程勘察、设计的单位应当依法取得相应等级的资质证书,并在其资质等级许可的范围内承揽工程。禁止勘察、设计单位超越其资质等级许可的范围或者以其他勘察、设计单位的名义承揽工程。禁止勘察、设计单位允许其他单位或者个人以本单位的名义承揽工程。勘察、设计单位不得转包或者违法分包所承揽的工程。

二、勘察、设计必须执行强制性标准

《建设工程质量管理条例》规定,勘察、设计单位必须按照工程建设强制性标准进行勘察、设计,并对其勘察、设计的质量负责。

《建筑工程五方责任主体项目负责人质量终身责任追究暂行办法》进一步规定,勘察、设计单位项目负责人应当保证勘察设计文件符合法律法规和工程建设强制性标准的要求,对因勘察、设计导致的工程质量事故或质量问题承担责任。

强制性标准是工程建设技术和经验的积累,是勘察、设计工作的技术依据。只有满足工程建设强制性标准才能保证质量,才能满足工程对安全、卫生、环保等多方面的质量要求。

三、勘察单位提供的勘察成果必须真实、准确

《建设工程质量管理条例》规定,勘察单位提供的地质、测量、水文等勘察成果必须真实、准确。

工程勘察是工程建设工作的基础性工作。工程勘察成果文件是设计和施工的基础资料和重要依据,其真实准确与否直接影响到设计、施工质量。因此,工程勘察成果必须真实准确、安全可靠。

四、设计依据和设计深度

《建设工程质量管理条例》规定,设计单位应当根据勘察成果文件进行建设工程设计。设计文件应当符合国家规定的设计深度要求,注明工程合理使用年限。

勘察成果文件是设计的基础资料,是设计的依据。我国对各类设计文件的编制深度都作出了规定,在实践中都应当贯彻执行。工程合理使用年限是指从工程竣工验收合格之日起,工程的地基基础、主体结构能保证在正常情况下安全使用的年限。它与《建筑法》中的"建筑物合理寿命年限"、《民法典》中的"建设工程在合理使用期限内"等在概念上是一致的。

五、依法规范设计单位对建筑材料等的选用

《建筑法》《建设工程质量管理条例》均规定,设计单位在设计文件中选用的建筑材料、建筑构配件和设备,应当注明规格、型号、性能等技术指标,其质量要求必须符合国家规定的标准。除有特殊要求的建筑材料、专用设备、工艺生产线等外,设计单位不得指定生产厂和供应商。

为了使施工能准确满足设计意图,设计文件中必须注明所选用的建筑材料、建筑构配件和设备的规格、型号、性能等技术指标,这也是对设计文件编制深度的要求。但是,在通用产品能保证工程质量的前提下,设计单位就不应选用特殊要求的产品,也不能滥用权力指定生产厂和供应商,以免限制建设单位或者施工单位在材料等采购上的自主权,导致垄断或者变相垄断现象的发生。

六、依法对设计文件进行技术交底

《建设工程质量管理条例》规定,设计单位应当就审查合格的施工图设计文件向施工单位作出详细说明。

设计文件的技术交底,是指设计单位将设计意图、特殊工艺要求,以及建筑、结构、设备等各专业在施工中的难点、疑点和容易发生的问题等向施工单位作详细说明,并负责解释施工单位对设计图纸的疑问。

对设计文件进行技术交底是设计单位的重要义务,对确保工程质量具有重要的意义。

七、依法参与建设工程质量事故分析

《建设工程质量管理条例》规定,设计单位应当参与建设工程质量事故分析,并对因设计造成的质量事故,提出相应的技术处理方案。

工程质量的好坏,在一定程度上就是工程建设是否准确贯彻了设计意图。因此,一旦发生了质量事故,该工程的设计单位最有可能在短时间内发现存在的问题,对事故的分析具有权威性。这对及时进行事故处理十分有利。对因设计造成的质量事故,原设计单位必须提出相应的技术处理方案,这是设计单位的法定义务。

第五节 工程监理单位的质量责任和义务

工程监理单位接受建设单位的委托,代表建设单位,对建设工程进行管理。因此,工程监理单位也是建设工程质量的责任主体之一。

一、依法承担工程监理业务

《建筑法》规定,工程监理单位应当在其资质等级许可的监理范围内,承担工程监理业务。工程监理单位不得转让工程监理业务。

《建设工程质量管理条例》进一步规定,工程监理单位应当依法取得相应等级的资质证书,并在其资质等级许可的范围内承担工程监理业务。禁止工程监理单位超越本单位资质等级许可的范围或者以其他工程监理单位的名义承担工程监理业务。禁止工程监理单位允许其他单位或者个人以本单位的名义承担工程监理业务。工程监理单位不得转让工程监理业务。

监理单位必须按照资质等级承担工程监理业务。越级监理、允许其他单位或者个人以本单位的名义承担监理业务等,都将使工程监理变得有名无实,最终将对工程质量造成危害。监理单位转让工程监理业务,与施工单位转包工程有着同样的危害性。

二、对有隶属关系或其他利害关系的回避

《建筑法》《建设工程质量管理条例》都规定,工程监理单位与被监理工程的施工承包单位,以及建筑材料、建筑构配件和设备供应单位有隶属关系或者其他利害关系的,不得承担该项建设工程的监理业务。

由于工程监理单位与被监理工程的承包单位及建筑材料、建筑构配件和设备供应单位之间,是一种监督与被监督的关系,为了保证客观、公正地执行监理任务,工程监理单位与上述单位不能有隶属关系或者其他利害关系。如果有这种关系,工程监理单位在接受监理委托前,应当自行回避;对于没有回避而被发现的,建设单位可以依法解除委托关系。

三、监理工作的依据和监理责任

《建设工程质量管理条例》规定,工程监理单位应当依照法律、法规以及有关技术标准、设计文件和建设工程承包合同,代表建设单位对施工质量实施监理,并对施工质量承担监理责任。

《建筑工程五方责任主体项目负责人质量终身责任追究暂行办法》进一步规定,监理单位总监理工程师应当按照法律法规、有关技术标准、设计文件和工程承包合同进行监理,对施工质量承担监理责任。

监理工作的主要依据如下：
(1)法律、法规，如《民法典》《建筑法》《建设工程质量管理条例》等；
(2)有关技术标准，如工程建设强制性标准及建设工程承包合同中确认采用的推荐性标准等；
(3)设计文件，施工图设计等设计文件既是施工的依据，也是监理单位对施工活动进行监督管理的依据；
(4)建设工程承包合同，监理单位据此监督施工单位是否全面履行合同约定的义务。

监理单位对施工质量承担监理责任，包括违约责任和违法责任两个方面内容。
(1)违约责任。如果监理单位不按照监理合同约定履行监理义务，给建设单位或其他单位造成损失的，应当承担相应的赔偿责任。
(2)违法责任。如果监理单位违法监理，或者降低工程质量标准，造成质量事故的，要承担相应的法律责任。

四、工程监理的职责和权限

《建设工程质量管理条例》规定，工程监理单位应当选派具备相应资格的总监理工程师和监理工程师进驻施工现场。未经监理工程师签字，建筑材料、建筑构配件和设备不得在工程上使用或者安装，施工单位不得进行下一道工序的施工。未经总监理工程师签字，建设单位不拨付工程款，不进行竣工验收。

监理单位应根据所承担的监理任务，组建驻工地监理机构。监理机构一般由总监理工程师、监理工程师和其他监理人员组成。工程监理实行总监理工程师负责制。总监理工程师依法在授权范围内可以发布有关指令，全面负责受委托的监理工程。监理工程师拥有对建筑材料、建筑构配件和设备及每道施工工序的检查权，对检查不合格的，有权决定是否允许在工程上使用或进行下一道工序的施工。

五、工程监理的形式

《建设工程质量管理条例》规定，监理工程师应当按照工程监理规范的要求，采取旁站、巡视和平行检验等形式，对建设工程实施监理。

所谓旁站，是指对工程中有关地基和结构安全的关键工序和关键施工过程，进行连续不断地监督检查或检验的监理活动，有时甚至要连续跟班监理。所谓巡视，主要是强调除关键点的质量控制外，监理工程师还应对施工现场进行面上的巡查监理。所谓平行检验，主要是强调监理单位对施工单位已经检验的工程应及时进行检验。对于关键性、较大体量的工程实物，采取分段后平行检验的方式，有利于及时发现质量问题，及时采取措施予以纠正。

第六节 政府部门工程质量监督管理的相关规定

为了确保建设工程质量合格，保障公共安全和人民生命财产安全，政府必须加强对建设工程质量的监督管理。因此，《建设工程质量管理条例》规定，国家实行建设工程质量监督管理制度。

一、我国的建设工程质量监督管理体制

《建设工程质量管理条例》规定,国务院住房城乡建设主管部门对全国的建设工程质量实施统一监督管理。国务院铁路、交通、水利等有关部门按照国务院规定的职责分工,负责对全国的有关专业建设工程质量的监督管理。

国务院发展计划部门按照国务院规定的职责,组织稽查特派员,对国家出资的重大建设项目实施监督检查。国务院经济贸易主管部门按照国务院规定的职责,对国家重大技术改造项目实施监督检查。

县级以上地方人民政府住房城乡建设主管部门对本行政区域内的建设工程质量实施监督管理。县级以上地方人民政府交通、水利等有关部门在各自的职责范围内,负责对本行政区域内的专业建设工程质量的监督管理。建设工程质量监督管理,可以由住房城乡建设主管部门或者其他有关部门委托的建设工程质量监督机构具体实施。

从事房屋建筑工程和市政基础设施工程质量监督的机构,必须按照国家有关规定经国务院住房城乡建设主管部门或者省、自治区、直辖市人民政府建设行政主管部门考核;从事专业建设工程质量监督的机构,必须按照国家有关规定经国务院有关部门或者省、自治区、直辖市人民政府有关部门考核。经考核合格后,方可实施质量监督。

在政府加强监督的同时,还要发挥社会监督的巨大作用,即任何单位和个人对建设工程的质量事故、质量缺陷都有权作出检举、控告、投诉。

二、政府监督检查的内容和有权采取的措施

《建设工程质量管理条例》规定,国务院住房城乡建设主管部门和国务院铁路、交通、水利等有关部门以及县级以上地方人民政府住房城乡建设主管部门和其他有关部门,应当加强对有关建设工程质量的法律、法规和强制性标准执行情况的监督检查。

县级以上人民住房城乡政府行政主管部门和其他有关部门履行监督检查职责时,有权采取下列措施:

(1)要求被检查的单位提供有关工程质量的文件和资料;
(2)进入被检查单位的施工现场进行检查;
(3)发现有影响工程质量的问题时,责令改正。

有关单位和个人对县级以上人民政府住房城乡建设主管部门和其他有关部门进行的监督检查应当积极支持与配合,不得拒绝或者阻碍建设工程质量监督检查人员依法执行职务。

三、禁止滥用权力的行为

《建设工程质量管理条例》规定,供水、供电、供气、公安消防等部门或者单位不得明示或者暗示建设单位、施工单位购买其指定的生产供应单位的建筑材料、建筑构配件和设备。

在实践中,一些部门或单位利用其管理职能或者垄断地位,指定生产厂家或产品的现象较多,如果建设单位或者施工单位不采用,就在竣工验收时故意刁难或不予验收,不准投入使用。这种非法滥用职权的行为,是我国法律所禁止的。

四、建设工程质量事故报告制度

《建设工程质量管理条例》规定,建设工程发生质量事故,有关单位应当在 24 小时内向当地住房城乡建设主管部门和其他有关部门报告。对重大质量事故,事故发生地的住房城乡建设主管部门和其他有关部门应当按照事故类别和等级向当地人民政府和上级住房城乡建设主管部门和其他有关部门报告。特别重大质量事故的调查程序按照国务院有关规定办理。

2007 年 4 月国务院颁布的《生产安全事故报告和调查处理条例》规定,特别重大事故,是指造成 30 人以上死亡,或者 100 人以上重伤(包括急性工业中毒),或者 1 亿元以上直接经济损失的事故。特别重大事故、重大事故逐级上报至国务院安全生产监督管理部门和负有安全生产监督管理职责的有关部门。每级上报的时间不得超过 2 小时。必要时,安全生产监督管理部门和负有安全生产监督管理职责的有关部门可以越级上报事故有关情况。

第七节 建设工程竣工验收制度

建设工程竣工验收是建设投资成果转入生产或使用环节的标志,也是全面考核投资效益、检验设计和施工质量的重要环节。

一、竣工验收的主体和法定条件

(一)建设工程竣工验收的主体

《建设工程质量管理条例》规定,建设单位收到建设工程竣工报告后,应当组织设计、施工、工程监理等有关单位进行竣工验收。

对工程进行竣工检查和验收,是建设单位法定的权利和义务。在建设工程完工后,承包单位应当向建设单位提供完整的竣工资料和竣工验收报告,提请建设单位组织竣工验收。建设单位收到竣工验收报告后,应及时组织有设计、施工、工程监理等有关单位参加的竣工验收,检查整个工程项目是否已按照设计要求和合同约定全部建设完成,并符合竣工验收条件。

(二)竣工验收应当具备的法定条件

《建筑法》规定,交付竣工验收的建筑工程,必须符合规定的建筑工程质量标准,有完整的工程技术经济资料和经签署的工程保修书,并具备国家规定的其他竣工条件。建筑工程竣工经验收合格后,方可交付使用;未经验收或者验收不合格的,不得交付使用。

《建设工程质量管理条例》进一步规定,建设工程竣工验收应当具备下列条件:
(1)完成建设工程设计和合同约定的各项内容;
(2)有完整的技术档案和施工管理资料;
(3)有工程使用的主要建筑材料、建筑构配件和设备的进场试验报告;
(4)有勘察、设计、施工、工程监理等单位分别签署的质量合格文件;
(5)有施工单位签署的工程保修书。建设工程经验收合格的,方可交付使用。

1)完成建设工程设计和合同约定的各项内容。建设工程设计和合同约定的内容,主要是指设计文件所确定的以及承包合同"承包人承揽工程项目一览表"中载明的工作范围,也包括监理工程师签发的变更通知单中所确定的工作内容。承包单位必须按合同的约定按质、按量、按时完成上述工作,使工程具有正常的使用功能。

2)有完整的技术档案和施工管理资料。工程技术档案和施工管理资料是工程竣工验收和质量保证的重要依据之一,主要包括以下档案和资料:工程项目竣工验收报告;分项、分部工程和单位工程技术人员名单;图纸会审和技术交底记录;设计变更通知单,技术变更核实单;工程质量事故发生后调查和处理资料;隐蔽验收记录及施工日志;竣工图;质量检验评定资料;合同约定的其他资料。

施工企业提供的以上竣工验收资料应当经监理工程师审查后,认为符合工程施工合同及国家有关规定,并且准确、完整、真实,才能签署同意竣工验收意见。

3)有工程使用的主要建筑材料、建筑构配件和设备的进场试验报告。对建设工程使用的主要建筑材料、建筑构配件和设备,除须具有质量合格证明资料外,还应当有进场试验、检验报告,其质量要求必须符合国家规定的标准。

4)有勘察、设计、施工、工程监理等单位分别签署的质量合格文件。勘察、设计、施工、工程监理等有关单位要依据工程设计文件及承包合同所要求的质量标准,对竣工工程进行检查评定;符合规定的,应当签署合格文件。

5)有施工单位签署的工程保修书。施工单位同建设单位签署的工程保修书,也是交付竣工验收的条件之一,凡是没有经过竣工验收或者经过竣工验收确定为不合格的建设工程,不得交付使用。如果建设单位为提前获得投资效益,在工程未经验收就提前投产或使用,由此而发生的质量等问题,建设单位要承担相应的质量责任。

二、施工单位应提交的档案资料

《建设工程质量管理条例》规定,建设单位应当严格按照国家有关档案管理的规定,及时收集、整理建设项目各环节的文件资料,建立健全建设项目档案,并在建设工程竣工验收后,及时向建设行政主管部门或者其他有关部门移交建设项目档案。

建设工程是百年大计。一般的建筑物设计年限都在50～70年,重要的建筑物在百年以上。在建设工程投入使用之后,还要进行检查、维修、管理,还可能会遇到改建、扩建或拆除活动,以及在其周围进行建设活动。这些都需要参考原始的勘察、设计、施工等资料。建设单位是工程建设活动的总负责方,应当在合同中明确要求勘察、设计、施工、监理等单位分别提供工程建设各环节的文件资料,及时收集整理,建立健全建设项目档案。

建设单位应当在工程竣工验收后3个月内,向城建档案馆报送一套符合规定的建设工程档案。凡建设工程档案不齐全的,应当限期补充。对改建、扩建和重要部位维修的工程,建设单位应当组织设计、施工单位据实修改、补充和完善原建设工程档案。

《建设工程文件归档规范(2019年版)》(GB/T 50328—2014)规定,勘察、设计、施工、监理等单位应将本单位形成的工程文件立卷后向建设单位移交。

建设工程项目实行总承包管理的,总包单位应负责收集、汇总各分包单位形成的工程档案,并应及时向建设单位移交;各分包单位应将本单位形成的工程文件整理、立卷后及时移交总包单位。建设工程项目由几个单位承包的,各承包单位应负责收集、整理立卷其承包项目的工程文件,并应及时向建设单位移交。

每项建设工程应编制一套电子档案,随纸质档案一并移交城建档案管理机构。电子档案签署了具有法律效力的电子印章或电子签名的,可不移交相应纸质档案。

三、规划、消防、节能、环保等验收的规定

《建设工程质量管理条例》规定,建设单位应当自建设工程竣工验收合格之日起15日内,将建设工程竣工验收报告和规划、消防、环保等部门出具的认可文件或者准许使用文件报建设行政主管部门或者其他有关部门备案。

(一)建设工程竣工规划验收

《城乡规划法》规定,县级以上地方人民政府城乡规划主管部门按照国务院规定对建设工程是否符合规划条件予以核实。未经核实或者经核实不符合规划条件的,建设单位不得组织竣工验收。建设单位应当在竣工验收后6个月内向城乡规划主管部门报送有关竣工验收资料。建设工程竣工后,建设单位应当依法向城乡规划行政主管部门提出竣工规划验收申请,由城乡规划行政主管部门按照选址意见书、建设用地规划许可证、建设工程规划许可证、乡村建设规划许可证及其有关规划的要求,对建设工程进行规划验收,包括对建设用地范围内的各项工程建设情况,建筑物的使用性质、位置、间距、层数、标高、平面、立面、外墙装饰材料和色彩,各类配套服务设施、临时施工用房、施工场地等进行全面核查,并作出验收记录。对于验收合格的,由城乡规划行政主管部门出具规划认可文件或核发建设工程竣工规划验收合格证。

《城乡规划法》还规定,建设单位未在建设工程竣工验收后6个月内向城乡规划主管部门报送有关竣工验收资料的,由所在地城市、县人民政府城乡规划主管部门责令限期补报;逾期不补报的,处1万元以上5万元以下的罚款。

(二)建设工程竣工消防验收

《消防法》规定,国务院住房和城乡建设主管部门规定应当申请消防验收的建设工程竣工,建设单位应当向住房和城乡建设主管部门申请消防验收。

上述规定以外的其他建设工程,建设单位在验收后应当报住房和城乡建设主管部门备案,住房和城乡建设主管部门应当进行抽查。依法应当进行消防验收的建设工程,未经消防验收或者消防验收不合格的,禁止投入使用;其他建设工程经依法抽查不合格的,应当停止使用。

依法应当进行消防验收的建设工程,未经消防验收或者消防验收不合格,擅自投入使用的,《消防法》规定,由住房和城乡建设主管部门、消防救援机构按照各自职权责令停止施工、停止使用或者停产停业,并处3万元以上30万元以下罚款。

(三)建设工程竣工环保验收

2017年7月国务院经修改后发布的《建设项目环境保护管理条例》规定,编制环境影响报告书、环境影响报告表的建设项目竣工后,建设单位应当按照国务院环境保护行政主管部门规定的标准和程序,对配套建设的环境保护设施进行验收,编制验收报告。建设单位在环境保护设施验收过程中,应当如实查验、监测、记载建设项目环境保护设施的建设和调试情况,不得弄虚作假。除按照国家规定需要保密的情形外,建设单位应当依法向社会公开验收报告。

分期建设、分期投入生产或者使用的建设项目,其相应的环境保护设施应当分期验收。

编制环境影响报告书、环境影响报告表的建设项目,其配套建设的环境保护设施经验收合格,方可投入生产或者使用;未经验收或者验收不合格的,不得投入生产或者使用。

(四)建筑工程节能验收

2018年10月经修改后公布的《中华人民共和国节约能源法》规定,国家实行固定资产投资项目节能评估和审查制度。不符合强制性节能标准的项目,建设单位不得开工建设;已经建成的,不得投入生产、使用。政府投资项目不符合强制性节能标准的,依法负责项目审批的机关不得批准建设。

2008年8月国务院发布的《民用建筑节能条例》进一步规定,建设单位组织竣工验收,应当对民用建筑是否符合民用建筑节能强制性标准进行查验;对不符合民用建筑节能强制性标准的,不得出具竣工验收合格报告。

建筑节能工程施工质量的验收,主要应按照国家标准《建筑节能工程施工质量验收标准》(GB 50411—2019)及《建筑工程施工质量验收统一标准》(GB 50300—2013)、各专业工程施工质量验收规范等执行。单位工程竣工验收应在建筑节能分部工程验收合格后进行。

建筑节能工程为单位建筑工程的一个分部工程,并按规定划分为分项工程和检验批。建筑节能工程应按照分项工程进行验收,如墙体节能工程、幕墙节能工程、门窗节能工程、屋面节能工程、地面节能工程、采暖节能工程、通风与空气调节节能工程、配电与照明节能工程等。当建筑节能分项工程的工程量较大时,可以将分项工程划分为若干个检验批进行验收。当建筑节能工程验收无法按照要求划分分项工程或检验批时,可由建设、施工、监理等各方协商进行划分。但验收项目、验收内容、验收标准和验收记录均应遵守《建筑节能工程施工质量验收标准》(GB 50411—2019)的规定。

1. 建筑节能分部工程进行质量验收的条件

建筑节能分部工程的质量验收,应在检验批、分项工程全部合格的基础上,进行建筑围护结构的外墙节能构造实体检验,严寒、寒冷和夏热冬冷地区的外窗气密性现场检测,以及系统节能性能检测和系统联合试运转与调试,确认建筑节能工程质量达到验收的条件后方可进行。

2. 建筑节能分部工程验收的组织

建筑节能工程验收的程序和组织应遵守《建筑工程施工质量验收统一标准》(GB 50300—2013)的要求,并应符合下列规定:

(1)节能工程的检验批验收和隐蔽工程验收应由监理工程师主持,施工单位相关专业的质量检查员与施工员参加;

(2)节能分项工程验收应由监理工程师主持,施工单位项目技术负责人和相关专业的质量检查员、施工员参加,必要时可邀请设计单位相关专业的人员参加;

(3)节能分部工程验收应由总监理工程师(建设单位项目负责人)主持,施工单位项目经理、项目技术负责人和相关专业的质量检查员、施工员参加,施工单位的质量或技术负责人应参加,设计单位节能设计人员应参加。

3. 建筑节能工程专项验收应注意的事项

(1)建筑节能工程验收重点是检查建筑节能工程效果是否满足设计及规范要求,监理和施工单位应加强和重视节能验收工作,对验收中发现的工程实物质量问题及时作出解决。

(2)工程项目存在以下问题之一的,监理单位不得组织节能工程验收:

1)未完成建筑节能工程设计内容的;

2)隐蔽验收记录等技术档案和施工管理资料不完整的;

3)工程使用的主要建筑材料、建筑构配件和设备未提供进场检验报告的,未提供相关的节能性检测报告的;

4)工程存在违反强制性标准的质量问题而未整改完毕的;

5)对监督机构发出的责令整改内容未整改完毕的;

6)存在其他违反法律、法规行为而未处理完毕的。

(3)工程项目验收存在以下问题之一的,应重新组织建筑节能工程验收:

1)验收组织机构不符合法规及规范要求的;

2)参加验收人员不具备相应资格的;

3)参加验收各方主体验收意见不一致的;

4)验收程序和执行标准不符合要求的;

5)各方提出的问题未整改完毕的。

(4)单位工程在办理竣工备案时应提交建筑节能相关资料,不符合要求的不予备案。

四、竣工结算、质量争议的规定

竣工验收是工程建设活动的最后阶段。在此阶段,建设单位与施工单位容易就合同价款结算、质量缺陷等引起纠纷,导致建设工程不能及时办理竣工验收或完成竣工验收。

(一)工程竣工结算

《民法典》规定,建设工程竣工后,发包人应当根据施工图纸及说明书、国家颁发的施工验收规范和质量检验标准及时进行验收。验收合格的,发包人应当按照约定支付价款,并接收该建设工程。

1. 工程竣工结算方式

财政部、建设部《建设工程价款结算暂行办法》(财建〔2004〕369号)规定,工程完工后,双方应按照约定的合同价款及合同价款调整内容与索赔事项,进行工程竣工结算。工程竣工结算分为单位工程竣工结算、单项工程竣工结算和建设项目竣工总结算。

2. 竣工结算文件的编制与审查

2013年12月住房和城乡建设部发布的《建筑工程施工发包与承包计价管理办法》规定,工程完工后,承包方应当在约定期限内提交竣工结算文件。

《建设工程价款结算暂行办法》规定,承包人应在合同约定期限内完成项目竣工结算编制工作,未在规定期限内完成并且提不出正当理由延期的,责任自负。

单位工程竣工结算由承包人编制,发包人审查;实行总承包的工程,由具体承包人编制,在总包人审查的基础上,发包人审查。

单项工程竣工结算或建设项目竣工总结算由总(承)包人编制,发包人可直接进行审查,也可以委托具有相应资质的工程造价咨询机构进行审查。政府投资项目,由同级财政部门审查。单项工程竣工结算或建设项目竣工总结算经发、承包人签字盖章后有效。《建筑工程施工发包与承包计价管理办法》规定,国有资金投资建筑工程的发包方,应当委托具有相应资质的工程造价咨询企业对竣工结算文件进行审核,并在收到竣工结算文件后的约定期限内向承包方提出由工程造价咨询企业出具的竣工结算文件审核意见;逾期未答复的,按照合同约定处理,合同没有约定的,竣工结算文件视为已被认可。

非国有资金投资的建筑工程发包方,应当在收到竣工结算文件后的约定期限内予以答复,逾期未答复的,按照合同约定处理,合同没有约定的,竣工结算文件视为已被认可;发包方对竣工结算文件有异议的,应当在答复期内向承包方提出,并可以在提出异议之日起的约定期限内与承包方协商;发包方在协商期内未与承包方协商或者经协商未能与承包方达成协议的,应当委托工程造价咨询企业进行竣工结算审核,并在协商期满后的约定期限内向承包方提出由工程造价咨询企业出具的竣工结算文件审核意见。

3.竣工结算文件的审查期限

《建设工程价款结算暂行办法》规定,单项工程竣工后,承包人应在提交竣工验收报告的同时,向发包人递交竣工结算报告及完整的结算资料,发包人应按以下规定时限进行核对(审查)并提出审查意见:

(1)500万元以下,从接到竣工结算报告和完整的竣工结算资料之日起20天;

(2)500万~2 000万元,从接到竣工结算报告和完整的竣工结算资料之日起30天;

(3)2 000万~5 000万元,从接到竣工结算报告和完整的竣工结算资料之日起45天;

(4)500万元以上,从接到竣工结算报告和完整的竣工结算资料之日起60天。建设项目竣工总结算在最后一个单项工程竣工结算审查确认后15天内汇总,送发包人后30天内审查完成。

《建筑工程施工发包与承包计价管理办法》规定,发承包双方在合同中对竣工结算文件提交、审核的期限没有明确约定的,应当按照国家有关规定执行;国家没有规定的,可认为其约定期限均为28日。

4.工程竣工价款结算

《建设工程价款结算暂行办法》规定,发包人收到承包人递交的竣工结算报告及完整的结算资料后,应按以上规定的期限(合同约定有期限的,从其约定)进行核实,给予确认或者提出修改意见。

发包人根据确认的竣工结算报告向承包人支付工程竣工结算价款,保留5%左右的质量保证(保修)金,待工程交付使用1年质保期到期后清算(合同另有约定的,从其约定),质保期内如有返修,发生费用应在质量保证(保修)金内予以扣除。

工程竣工结算以合同工期为准,实际施工工期比合同工期提前或延后,发承包双方应按合同约定的违约条款执行。

5.索赔及合同以外零星项目工程价款结算

发承包人未能按合同约定履行自己的各项义务或发生错误,给另一方造成经济损失的,由受损方按合同约定提出索赔,索赔金额按合同约定支付。

发包人要求承包人完成合同以外零星项目,承包人应在接受发包人要求的7天内就用工数量和单价、机械台班数量和单价、使用材料和金额等向发包人提出施工签证,发包人签证后施工,如发包人未签证,承包人施工后发生争议的,责任由承包人自负。

发包人和承包人要加强施工现场的造价控制,及时对工程合同外的事项如实记录并履行书面手续。凡由发承包双方授权的现场代表签字的现场签证及发承包双方协商确定的索赔等费用,应在工程竣工结算中如实办理,不得因发承包双方现场代表的中途变更改变其有效性。

6.未按规定时限办理事项的处理

发包人收到竣工结算报告及完整的结算资料后,在《建设工程价款结算暂行办法》规定或合同约定期限内,对结算报告及资料没有提出意见,则视同认可。

承包人如未在规定时间内提供完整的工程竣工结算资料,经发包人催促后14天内仍未提供或没有明确答复,发包人有权根据已有资料进行审查,责任由承包人自负。根据确认的竣工结算报告,承包人向发包人申请支付工程竣工结算款。发包人应在收到申请后15天内支付结算款,到期没有支付的应承担违约责任。承包人可以催告发包人支付结算价款,如达成延期支付协议,发包人应按同期银行贷款利率支付拖欠工程价款的利息。如未达成延期支付协议,承包人可以与发包人协商将该工程折价,或申请人民法院将该工程依法拍卖,承包人就该工程折价或者拍卖的价款优先受偿。

7. 工程价款结算争议处理

工程造价咨询机构接受发包人或承包人委托,编审工程竣工结算,应按合同约定和实际履约事项认真办理,出具的竣工结算报告经发承包双方签字后生效。当事人一方对报告有异议的,可对工程结算中有异议部分,向有关部门申请咨询后协商处理,若不能达成一致的,双方可按合同约定的争议或纠纷解决程序办理。

发包人对工程质量有异议,已竣工验收或已竣工未验收但实际投入使用的工程,其质量争议按该工程保修合同执行;已竣工未验收且未实际投入使用的工程及停工、停建工程的质量争议,应当就有争议部分的竣工结算暂缓办理,双方可就有争议的工程委托有资质的检测鉴定机构进行检测,根据检测结果确定解决方案,或按工程质量监督机构的处理决定执行,其余部分的竣工结算依照约定办理。

当事人对工程造价发生合同纠纷时,可通过下列办法解决:

(1)双方协商确定;

(2)按合同条款约定的办法提请调解;

(3)向有关仲裁机构申请仲裁或向人民法院提起诉讼。

《最高人民法院关于审理建设工程施工合同纠纷案件适用法律问题的解释》第19条规定,当事人对建设工程的计价标准或者计价方法有约定的,按照约定结算工程价款。因设计变更导致建设工程的工程量或质量标准发生变化,当事人对该部分工程价款不能协商一致的,可以参照签订建设工程施工合同时当地建设行政主管部门发布的计价方法或者计价标准结算工程价款。

8. 工程价款结算管理

《建设工程价款结算暂行办法》规定,工程竣工后,发承包双方应及时办清工程竣工结算。否则,工程不得交付使用,有关部门不予办理权属登记。

(二)竣工工程质量争议的处理

《建筑法》规定,建筑工程竣工时,屋顶、墙面不得留有渗漏、开裂等质量缺陷;对已发现的质量缺陷,建筑施工企业应当修复。《建设工程质量管理条例》规定,施工单位对施工中出现质量问题的建设工程或者竣工验收不合格的建设工程,应当负责返修。

据此,建设工程竣工时发现的质量问题或者质量缺陷,无论是建设单位的责任还是施工单位的责任,施工单位都有义务进行修复或返修。但是,对于非施工单位原因出现的质量问题或质量缺陷,其返修的费用和造成的损失是应由责任方承担的。

1. 承包方责任的处理

《民法典》规定,因施工人的原因致使建设工程质量不符合约定的,发包人有权请求施工人在合理期限内无偿修理或者返工、改建。

如果承包人拒绝修理、返工或改建的,《最高人民法院关于审理建设工程施工合同纠纷案件适用法律问题的解释》第12条规定,因承包人的原因造成建设工程质量不符合约定,承包人拒绝修理、返工或者改建,发包人请求减少支付工程价款的,应予支持。

2. 发包方责任的处理

《建筑法》规定,建设单位不得以任何理由,要求建筑设计单位或者建筑施工企业在工程设计或者施工作业中,违反法律、行政法规和建筑工程质量、安全标准,降低工程质量。

《最高人民法院关于审理建设工程施工合同纠纷案件适用法律问题的解释》第14条规定,发包人具有下列情形之一,造成建设工程质量缺陷,应当承担过错责任:

(1) 提供的设计有缺陷;
(2) 提供或者指定购买的建筑材料、建筑构配件、设备不符合强制性标准;
(3) 直接指定分包人分包专业工程。

3. 未经竣工验收擅自使用的处理

《民法典》《建筑法》及《建设工程质量管理条例》均规定,建设工程竣工经验收合格后,方可交付使用;未经验收或验收不合格的,不得交付使用。

在实践中,一些建设单位出于各种原因,往往未经验收就擅自提前占有使用建设工程。为此,《最高人民法院关于审理建设工程施工合同纠纷案件适用法律问题的解释》第13条规定,建设工程未经竣工验收,发包人擅自使用后,又以使用部分质量不符合约定为由主张权利的,不予支持;但是承包人应当在建设工程的合理使用寿命内对地基基础工程和主体结构质量承担民事责任。

五、竣工验收报告备案的规定

《建设工程质量管理条例》规定,建设单位应当自建设工程竣工验收合格之日起15日内,将建设工程竣工验收报告和规划、消防、环保等部门出具的认可文件或者准许使用文件报住房城乡建政主管部门或者其他有关部门备案。住房城乡建设主管部门或者其他有关部门发现建设单位在竣工验收过程中有违反国家有关建设工程质量管理规定行为的,责令停止使用,重新组织竣工验收。

(一) 竣工验收备案的时间及须提交的文件

2009年10月住房和城乡建设部经修改后发布的《房屋建筑和市政基础设施工程竣工验收备案管理办法》规定,建设单位应当自工程竣工验收合格之日起15日内,依照本办法规定,向工程所在地的县级以上地方人民政府建设主管部门(以下简称"备案机关")备案。

建设单位办理工程竣工验收备案应当提交下列文件:

(1) 工程竣工验收备案表;
(2) 工程竣工验收报告。竣工验收报告应当包括工程报建日期,施工许可证号,施工图设计文件审查意见,勘察、设计、施工、工程监理等单位分别签署的质量合格文件及验收人员签署的竣工验收原始文件,市政基础设施的有关质量检测和功能性试验资料以及备案机关认为需要提供的有关资料;
(3) 法律、行政法规规定应当由规划等部门出具的认可文件或者准许使用文件;
(4) 法律规定应当由消防部门出具的对大型的人员密集场所和其他特殊建设工程验收合格的证明文件;

(5)施工单位签署的工程质量保修书;

(6)法规、规章规定必须提供的其他文件。住宅工程还应当提交《住宅质量保证书》和《住宅使用说明书》。

2019年3月住房和城乡建设部经修改后发布的《城市地下管线工程档案管理办法》还规定,建设单位在地下管线工程竣工验收备案前,应当向城建档案管理机构移交下列档案资料:

(1)地下管线工程项目准备阶段文件、监理文件、施工文件、竣工验收文件和竣工图;

(2)地下管线竣工测量成果;

(3)其他应当归档的文件资料(电子文件、工程照片、录像等)。建设单位向城建档案管理机构移交的档案资料应当符合《建设工程文件归档规范(2019年版)》(GB/T 50328—2014)的要求。

(二)竣工验收备案文件的签收和处理

《房屋建筑和市政基础设施工程竣工验收备案管理办法》规定,备案机关收到建设单位报送的竣工验收备案文件,验证文件齐全后,应当在工程竣工验收备案表上签署文件收讫。工程竣工验收备案表一式两份,1份由建设单位保存,1份留备案机关存档。

工程质量监督机构应当在工程竣工验收之日起5日内,向备案机关提交工程质量监督报告。

备案机关发现建设单位在竣工验收过程中有违反国家有关建设工程质量管理规定行为的,应当在收讫竣工验收备案文件15日内,责令停止使用,重新组织竣工验收。

第八节 建设工程质量保修制度

《建筑法》《建设工程质量管理条例》均规定,建设工程实行质量保修制度。

建设工程质量保修制度,是指建设工程竣工经验收后,在规定的保修期限内,因勘察、设计、施工、材料等原因造成的质量缺陷,应当由施工承包单位负责维修、返工或更换,由责任单位负责赔偿损失的法律制度。

一、质量保修书和最低保修期限的规定

(一)建设工程质量保修书

《建设工程质量管理条例》规定,建设工程承包单位在向建设单位提交工程竣工验收报告时,应当向建设单位出具质量保修书。质量保修书中应当明确建设工程的保修范围、保修期限和保修责任等。

1. 质量保修范围

《建筑法》规定,建筑工程的保修范围应当包括地基基础工程、主体结构工程、屋面防水工程和其他土建工程,以及电气管线、上下水管线的安装工程,供热、供冷系统工程等项目。

当然,不同类型的建设工程,其保修范围是有所不同的。

2. 质量保修期限

《建筑法》规定,保修的期限应当按照保证建筑物合理寿命年限内正常使用,维护使用者

合法权益的原则确定。

具体的保修范围和最低保修期限,应当按照《建设工程质量管理条例》的规定执行。

3.质量保修责任

施工单位在质量保修书中,应当向建设单位承诺保修范围、保修期限和有关具体实施保修的措施,如保修的方法、人员及联络办法,保修答复和处理时限,不履行保修责任的罚则等。

需要注意的是,施工单位在建设工程质量保修书中,应当对建设单位合理使用建设工程有所提示。如果是因建设单位或者用户使用不当或擅自改动结构、设备位置以及不当装修等造成质量问题的,施工单位不承担保修责任;由此而造成的质量受损或者其他用户损失,应当由责任人承担相应的责任。

(二)建设工程质量的最低保修期限

《建设工程质量管理条例》规定,在正常使用条件下建设工程的最低保修期限为:

(1)基础设施工程、房屋建筑的地基基础工程和主体结构工程,为设计文件规定的该工程的合理使用年限。基础设施工程、房屋建筑的地基基础工程和主体结构工程的质量,直接关系到基础设施工程和房屋建筑的整体安全可靠性,必须在该工程的合理使用年限内予以保修,即实行终身负责制。因此,工程合理使用年限就是该工程勘察、设计、施工等单位的质量责任年限。

《建设工程质量管理条例》规定,建设工程在超过合理使用年限后需要继续使用的,产权所有人应当委托具有相应资质等级的勘察、设计单位鉴定,并根据鉴定结果采取加固、维修等措施,重新界定使用期。

应该讲,各类工程根据其重要程度、结构类型、质量要求和使用性能等所确定的使用年限是不同的。确定建设工程的合理使用年限,并不意味着超过合理使用年限后,建设工程就一定要报废、拆除。经过具有相应资质等级的勘察、设计单位鉴定,制订技术加固措施,在设计文件中重新界定使用期,并经具有相应资质等级的施工单位进行加固、维修和补强,该建设工程能达到继续使用条件的就可以继续使用。但是,如果不经鉴定、加固等而违法继续使用的,所产生的后果由产权所有人自负。

(2)屋面防水工程、有防水要求的卫生间、房间和外墙面的防渗漏,为5年,供热与供冷系统,为2个采暖期、供冷期,电气管线、给水排水管道、设备安装和装修工程,为2年,其他项目的保修期限由发包方与承包方自行约定。

在《建设工程质量管理条例》中,对屋面防水工程、供热与供冷系统、电气管线、给水排水管道、设备安装和装修工程等的最低保修期限分别作出了规定。如果建设单位与施工单位经平等协商另行签订保修合同的,其保修期限可以高于法定的最低保修期限,但不能低于最低保修期限,否则视作无效。

建设工程保修期的起始日是竣工验收合格之日。《建设工程质量管理条例》规定,住房城乡建设主管部门或者其他有关部门发现建设单位在竣工验收过程中有违反国家有关建设工程质量管理规定行为的,责令停止使用,重新组织竣工验收。

(三)建设工程质量保修的程序

施工单位自接到保修通知书之日起,必须在两周内到达现场与建设单位共同明确责任、商议返修内容。如施工单位未按时到达现场,建设单位应再次通知施工单位,施工单位自接到再次通知书一周内仍不能到达的,建设单位有权自行返修,所发生的费用由原施工单位承担。

属于施工单位责任的,施工单位应按照合同进行返修;不属于施工单位责任的,建设单位应与施工单位联系,商议维修的具体期限。

二、质量责任的损失赔偿

《建设工程质量管理条例》规定,建设工程在保修范围和保修期限内发生质量问题的,施工单位应当履行保修义务,并对造成的损失承担赔偿责任。

(一)保修义务的责任落实与损失赔偿责任的承担

《最高人民法院关于审理建设工程施工合同纠纷案件适用法律问题的解释》规定,因保修人未及时履行保修义务,导致建筑物损毁或者造成人身、财产损害的,保修人应当承担赔偿责任。保修人与建筑物所有人或发包人对建筑物毁损均有过错的,各自承担相应的责任。

建设工程保修的质量问题,是指在保修范围和保修期间内的质量问题。对于保修义务的承担和维修的经济责任承担,应当按下述原则处理:

(1)施工单位未按照国家有关标准规范和设计要求施工所造成的质量缺陷,由施工单位负责返修并承担经济责任;

(2)由于设计问题造成的质量缺陷,先由施工单位负责维修,其经济责任按有关规定通过建设单位向设计单位索赔;

(3)因建筑材料、构配件和设备质量不合格引起的质量缺陷,先由施工单位维修,其经济责任属于施工单位采购的或经其验收同意的,由施工单位承担经济责任;属于建设单位采购的,由建设单位承担经济责任;

(4)因建设单位(含监理单位)错误管理而造成的质量缺陷,先由施工单位负责维修,其经济责任由建设单位承担;如属监理单位责任,则由建设单位向监理单位索赔;

(5)因使用单位使用不当造成的损失问题,先由施工单位负责维修,其经济责任由使用单位自行负责;

(6)地震、台风、洪水等自然灾害,或者其他不可抗力原因造成的损失问题,先由施工单位负责维修,建设参与各方再根据国家具体政策分担经济责任。

(二)建设工程质量保证金

住房和城乡建设部、财政部《建设工程质量保证金管理办法》规定,建设工程质量保证金(以下简称"保证金")是指发包人与承包人在建设工程承包合同中约定,从应付的工程款中预留,用以保证承包人在缺陷责任期内对建设工程出现的缺陷进行维修的资金。

1. 缺陷责任期的确定

缺陷是指建设工程质量不符合工程建设强制性标准、设计文件,以及承包合同的约定。缺陷责任期一般为1年,最长不超过2年,由发承包双方在合同中约定。

缺陷责任期从工程通过竣工验收之日起计。由于承包人原因导致工程无法按规定期限进行竣工验收的,缺陷责任期从实际通过竣工验收之日起计。由于发包人原因导致工程无法按规定期限进行竣工验收的,在承包人提交竣工验收报告90天后,工程自动进入缺陷责任期。

2. 质量保证金的预留与使用管理

缺陷责任期内,实行国库集中支付的政府投资项目,保证金的管理应按国库集中支付的有关规定执行。其他政府投资项目,保证金可以预留在财政部门或发包方。缺陷责任期内,如发包方被撤销,保证金随交付使用资产一并移交使用单位管理,由使用单位代行发包人职责。

社会投资项目采用预留保证金方式的,发承包双方可以约定将保证金交由第三方金融机构托管。

发包人应按照合同约定方式预留保证金,保证金总预留比例不得高于工程价款结算总额的 3%。合同约定由承包人以银行保函替代预留保证金的,保函金额不得高于工程价款结算总额的 3%。

推行银行保函制度,承包人可以银行保函替代预留保证金。在工程项目竣工前,已经缴纳履约保证金的,发包人不得同时预留工程质量保证金。采用工程质量保证担保、工程质量保险等其他保证方式的,发包人不得再预留保证金。

缺陷责任期内,由承包人原因造成的缺陷,承包人应负责维修,并承担鉴定及维修费用。如承包人不维修也不承担费用,发包人可按合同约定从保证金或银行保函中扣除。费用超出保证金额的,发包人可按合同约定向承包人进行索赔。承包人维修并承担相应费用后,不免除对工程的损失赔偿责任。由他人原因造成的缺陷,发包人负责组织维修,承包人不承担费用,且发包人不得从保证金中扣除费用。

3. 质量保证金的返还

缺陷责任期内,承包人认真履行合同约定的责任,到期后,承包人向发包人申请返还保证金。

发包人在接到承包人返还保证金申请后,应于 14 天内会同承包人按照合同约定的内容进行核实。如无异议,发包人应当按照约定将保证金返还给承包人。对返还期限没有约定或者约定不明确的,发包人应当在核实后 14 天内将保证金返还承包人,逾期未返还的,依法承担违约责任。发包人在接到承包人返还保证金申请后 14 天内不予答复,经催告后 14 天内仍不予答复,视同认可承包人的返还保证金申请。

发包人和承包人对保证金预留、返还及工程维修质量、费用有争议的,按承包合同约定的争议和纠纷解决程序处理。

案例分析

某房地产开发公司与某建筑公司签订了一份建筑工程承包合同。合同约定,建筑公司为房地产开发商建造一栋写字楼,开工时间为 2019 年 6 月 1 日,竣工时间为 2020 年 12 月 1 日。在施工过程中,建筑公司以工期紧为由,在一些隐蔽工程隐蔽前没有通知房地产开发公司、监理工程师和建设工程质量监督机构,就进行了下一道程序的施工。在竣工验收时,发现该工程有多处质量缺陷,房地产开发公司要求建筑公司返修,但建筑公司以下一个项目马上要开工为由,拒绝返修。

案例分析

问题:1. 该建筑公司有何过错?
2. 该写字楼工程的质量问题应该如何解决?

知识拓展

建设工程质量终身责任制

建设工程质量责任制涵盖建设单位、勘测、设计单位、施工单位、工程监理单位五方主体的质量责任制。

2014年8月，住房和城乡建设部发布《建筑工程五方责任主体项目负责人质量终身责任追究暂行办法》规定，建筑工程开工建设前，建设、勘察、设计、施工、监理单位法定代表人应当签署授权书，明确本单位项目负责人。建筑工程各方责任主体项目负责人质量终身责任，是指参与新建、扩建、改建的建筑工程项目负责人按照国家法律法规和有关规定，在工程设计使用年限内对工程质量承担相应责任。工程质量终身责任实行书面承诺和竣工后永久性标牌等制度。建筑工程五方责任主体项目负责人是指承担建筑工程建设的建设单位项目负责人、勘察单位项目负责人、设计单位项目负责人、施工单位项目经理、监理单位总监理工程师。

2017年2月，国务院办公厅《关于促进建筑业持续健康发展的意见》中规定，全面落实各方主体的工程质量责任，特别要强化建设单位的首要责任和勘察、设计、施工单位的主体责任。严格执行工程质量终身责任制，在建筑物明显部位设置永久性标牌，公示质量责任主体和主要责任人。对违反有关规定、造成工程质量事故的，依法给予责任单位停业整顿、降低资质等级、吊销资质证书等行政处罚并通过国家企业信用信息公示系统予以公示，给予注册执业人员暂停执业、吊销资质证书、一定时间直至终身不得进入行业等处罚。对发生工程质量事故造成损失的，依法追究经济赔偿责任，情节严重的要追究有关单位和人员的法律责任。参与工程建设的所有企业应依法合规经营，提高工程质量。

本章小结

"百年大计，质量第一"是工程建设的基本方针之一。建设单位、设计单位、施工单位、工程监理单位等违反国家规定，降低工程质量标准，造成重大安全事故，构成犯罪的，将被依法追究刑事责任。通过本章的学习，能够掌握以下内容：

一是应了解施工单位、建设单位、勘察、设计单位和工程监理单位在工程建设过程中各自承担的质量责任和义务。

二是掌握质量事故上报的相关规定。在建设工程发生质量事故后，有关单位应当在24小时内向当地建设行政主管部门和其他有关部门报告。特别重大事故、重大事故逐级上报至国务院安全生产监督管理部门和负有安全生产监督管理职责的有关部门。每级上报的时间不得超过2小时。必要时，安全生产监督管理部门和负有安全生产监督管理职责的有关部门可以越级上报事故情况。

三是掌握建设工程竣工验收和质量保修制度。《建设工程质量管理条例》规定，建设单位收到建设工程竣工报告后，应当组织设计、施工、工程监理等有关单位进行竣工验收。《建设工程质量管理条例》进一步规定，建设工程竣工验收应当具备下列条件：①完成建设工程设计和合同约定的各项内容；②有完整的技术档案和施工管理资料；③有工程使用的主要建筑材料、建筑构配件和设备的进场试验报告；④有勘察、设计、施工、工程监理等单位分别签署的质量合格文件；⑤有施工单位签署的工程保修书。建设工程经验收合格的，方可交付使用。

《建设工程质量管理条例》规定，建设工程承包单位在向建设单位提交工程竣工验收报告时，应当向建设单位出具质量保修书。质量保修书中应当明确建设工程的保修范围、保修期限和保修责任等。对于保修义务的承担和维修的经济责任承担，按照谁的过错谁承担经济责任、施工单位负责维修的原则处理。

第五章 建设工程安全生产法律制度

◎ **引言**

安全与生产的关系是辩证统一的关系。安全是生产的前提，不安全就无法生产，安全可以促进生产，抓好安全，可以提高劳动生产率和减少因事故造成的不必要损失。建设工程施工安全，直接关系到公众生命财产安全，关系到社会稳定和谐发展。为了加强建设施工安全生产管理，保障建设施工及他人的人身和财产安全，国家加大了建设安全生产管理方面的立法力度。本章对安全生产许可证、安全生产责任制，安全生产培训教育，安全生产事故应急救援预案机制及安全责任进行阐述，是建筑施工管理人员必备的知识。

◎ **知识目标**

1. 掌握安全生产许可证的申请条件；
2. 了解安全生产责任和安全生产教育培训制度；
3. 了解建设工程相关方的安全责任；
4. 掌握安全事故的应急救援和调查处理制度。

◎ **技能目标**

在安全管理方面，能够运用所学的知识，对事前的安全预防、事中的应急救援和事后的调查处理形成一个完整体系，能够从法律的视角去解决实际建设工程项目的安全问题。

第一节 施工安全生产许可证制度

2014年7月经修改后发布的《安全生产许可证条例》规定，国家对矿山企业、建筑施工企业和危险化学品、烟花爆竹、民用爆炸物品生产企业（以下统称"企业"）实行安全生产许可制度。企业未取得安全生产许可证的，不得从事生产活动。省、自治区、直辖市人民政府建设主管部门负责建筑施工企业安全生产许可证的颁发和管理，并接受国务院建设主管部门的指导和监督。

2015年1月住房和城乡建设部经修改后发布的《建筑施工企业安全生产许可证管理规定》中规定："本规定所称建筑施工企业，是指从事土木工程、建筑工程、线路管道和设备安装工程及装修工程的新建、扩建、改建和拆除等有关活动的企业。"建筑施工企业未取得安全生产许可证的，不得从事施工活动。

一、申请领取安全生产许可证的条件

《建筑施工企业安全生产许可证管理规定》中规定，建筑施工企业取得安全生产许可证，应当具备以下安全生产条件：

(1)建立、健全安全生产责任制，制定完备的安全生产规章制度和操作规程。

(2)保证本单位安全生产条件所需资金的投入。

(3)设置安全生产管理机构，按照国家有关规定配备专职安全生产管理人员。

(4)主要负责人、项目负责人、专职安全生产管理人员经建设主管部门或者其他有关部门考核合格。

(5)特种作业人员经有关业务主管部门考核合格，取得特种作业操作资格证书。

(6)管理人员和作业人员每年至少进行1次安全生产教育培训并考核合格。

(7)依法参加工伤保险，依法为施工现场从事危险作业的人员办理意外伤害保险，为从业人员交纳保险费。

(8)施工现场的办公、生活区及作业场所和安全防护用具、机械设备、施工机具及配件符合有关安全生产法律、法规、标准和规程的要求。

(9)有职业危害防治措施，并为作业人员配备符合国家标准或者行业标准的安全防护用具和安全防护服装。

(10)有对危险性较大的分部分项工程及施工现场易发生重大事故的部位、环节的预防、监控措施和应急预案。

(11)有生产安全事故应急救援预案、应急救援组织或者应急救援人员，配备必要的应急救援器材、设备。

(12)法律、法规规定的其他条件。

建筑施工企业未取得安全生产许可证的，不得从事建筑施工活动。

二、安全生产许可证的有效期和政府监管的规定

(一)安全生产许可证的申请

建筑施工企业从事建筑施工活动前，应当依照《建筑施工企业安全生产许可证管理规定》向企业注册所在地省、自治区、直辖市人民政府住房城乡建设主管部门申请领取安全生产许可证。

建筑施工企业申请安全生产许可证时，应当向住房城乡建设主管部门提供下列材料：

(1)建筑施工企业安全生产许可证申请表；

(2)企业法人营业执照；

(3)与申请安全生产许可证应当具备的安全生产条件相关的文件、材料。建筑施工企业申请安全生产许可证，应当对申请材料实质内容的真实性负责，不得隐瞒有关情况或者提供虚假材料。

(二)安全生产许可证的有效期

安全生产许可证的有效期为3年。安全生产许可证有效期满需要延期的，企业应当于期满前3个月向原安全生产许可证颁发管理机关办理延期手续。企业在安全生产许可证有效

期内,严格遵守有关安全生产的法律法规,未发生死亡事故的,安全生产许可证有效期届满时,经原安全生产许可证颁发管理机关同意,不再审查,安全生产许可证有效期延期3年。

建筑施工企业变更名称、地址、法定代表人等,应当在变更后10日内,到原安全生产许可证颁发管理机关办理安全生产许可证变更手续。建筑施工企业破产、倒闭、撤销的,应当将安全生产许可证交回原安全生产许可证颁发管理机关予以注销。建筑施工企业安全生产许可证遗失补办,由申请人告知资质许可机关,由资质许可机关在官网发布信息。

(三)政府监管

住房城乡建设主管部门在审核发放施工许可证时,应当对已经确定的建筑施工企业是否有安全生产许可证进行审查,对没有取得安全生产许可证的,不得颁发施工许可证。企业取得安全生产许可证后,不得降低安全生产条件,并应当加强日常安全生产管理,接受安全生产许可证颁发管理机关的监督检查。安全生产许可证颁发管理机关发现企业不再具备安全生产条件的,应当暂扣或者吊销安全生产许可证。企业不得转让、冒用安全生产许可证或者使用伪造的安全生产许可证。

安全生产许可证颁发管理机关或者其上级行政机关发现有下列情形之一的,可以撤销已经颁发的安全生产许可证:

(1)安全生产许可证颁发管理机关工作人员滥用职权、玩忽职守颁发安全生产许可证的;
(2)超越法定职权颁发安全生产许可证的;
(3)违反法定程序颁发安全生产许可证的;
(4)对不具备安全生产条件的建筑施工企业颁发安全生产许可证的;
(5)依法可以撤销已经颁发的安全生产许可证的其他情形。

三、违法行为应承担的法律责任

(一)未取得安全生产许可证擅自从事施工活动应承担的法律责任

《安全生产许可证条例》规定,未取得安全生产许可证擅自进行生产的,责令停止生产,没收违法所得,并处10万元以上50万元以下的罚款;造成重大事故或者其他严重后果,构成犯罪的,依法追究刑事责任。

(二)安全生产许可证有效期满未办理延期手续继续从事施工活动应承担的法律责任

《安全生产许可证条例》规定,安全生产许可证有效期满未办理延期手续,继续进行生产的,责令停止生产,限期补办延期手续,没收违法所得,并处5万元以上10万元以下的罚款;逾期仍不办理延期手续,继续进行生产的,依照未取得安全生产许可证擅自进行生产的规定处罚。

(三)转让安全生产许可证等应承担的法律责任

《安全生产许可证条例》规定,转让安全生产许可证的,没收违法所得,处10万元以上50万元以下的罚款,并吊销其安全生产许可证;构成犯罪的,依法追究刑事责任;接受转让的,依照未取得安全生产许可证擅自进行生产的规定处罚。冒用安全生产许可证或者使用伪造的安全生产许可证的,依照未取得安全生产许可证擅自进行生产的规定处罚。

(四)以不正当手段取得安全生产许可证应承担的法律责任

《建筑施工企业安全生产许可证管理规定》规定,建筑施工企业隐瞒有关情况或者提供虚假材料申请安全生产许可证的,不予受理或者不予颁发安全生产许可证,并给予警告,1年内不得再次申请安全生产许可证。

建筑施工企业以欺骗、贿赂等不正当手段取得安全生产许可证的,撤销安全生产许可证,3年内不得再次申请安全生产许可证;构成犯罪的,依法追究刑事责任。

(五)暂扣安全生产许可证并限期整改的规定

《建筑施工企业安全生产许可证管理规定》规定,取得安全生产许可证的建筑施工企业,发生重大安全事故的,暂扣安全生产许可证并限期整改。

建筑施工企业不再具备安全生产条件的,暂扣安全生产许可证并限期整改;情节严重的,吊销安全生产许可证。

第二节 施工安全生产责任制度

《建筑法》规定,建筑工程安全生产管理必须坚持安全第一、预防为主的方针,建立健全安全生产的责任制度和群防群治制度。

一、施工单位的安全生产责任

(一)施工安全生产管理的方针

《安全生产法》规定,安全生产工作应当以人为本,坚持安全发展,坚持"安全第一、预防为主、综合治理"的方针。

安全第一,就是要在建设工程施工过程中把安全放在第一重要的位置,贯彻以人为本的科学发展观,切实保护劳动者的生命安全和身体健康;预防为主,是要把建设工程施工安全生产工作的关口前移,建立预教、预警、预防的施工事故隐患预防体系,改善施工安全生产状况,预防施工安全事故;综合治理,则是要自觉遵循施工安全生产规律,把握施工安全生产工作中的主要矛盾和关键环节,综合运用经济、法律、行政等手段,人管、法治、技防多管齐下,并充分发挥社会、职工、舆论的监督作用,有效解决建设工程施工安全生产的问题。

(二)施工单位的安全生产责任制度

《安全生产法》规定,生产经营单位的安全生产责任制应当明确各岗位的责任人员、责任范围和考核标准等内容。生产经营单位应当建立相应的机制,加强对安全生产责任制落实情况的监督考核,保证安全生产责任制的落实。《建筑法》还规定,建筑施工企业必须依法加强对建筑安全生产的管理,执行安全生产责任制度,采取有效措施,防止伤亡和其他安全生产事故的发生。

1. 施工单位主要负责人对安全生产工作全面负责

《安全生产法》规定,生产经营单位的主要负责人对本单位的安全生产工作全面负责。生产经营单位的主要负责人对本单位安全生产工作负有下列职责:

(1)建立、健全本单位安全生产责任制;

(2)组织制定本单位安全生产规章制度和操作规程;

(3)保证本单位安全生产投入的有效实施;

(4)督促、检查本单位的安全生产工作,及时消除生产安全事故隐患;

(5)组织制定并实施本单位的生产安全事故应急救援预案；

(6)及时、如实报告生产安全事故；

(7)组织制订并实施本单位安全生产教育和培训计划。

《建筑法》规定，建筑施工企业的法定代表人对本企业的安全生产负责。《建设工程安全生产管理条例》也规定，施工单位主要负责人依法对本单位的安全生产工作全面负责。

国务院办公厅《关于加强安全生产监管执法的通知》规定，国有大中型企业和规模以上企业要建立安全生产委员会，主任由董事长或总经理担任，董事长、党委书记、总经理对安全生产工作均负有领导责任，企业领导班子成员和管理人员实行安全生产"一岗双责"。

2014年6月住房和城乡建设部颁布的《建筑施工企业主要负责人、项目负责人和专职安全生产管理人员安全生产管理规定》规定，主要负责人应当与项目负责人签订安全生产责任书，确定项目安全生产考核目标、奖惩措施，以及企业为项目提供的安全管理和技术保障措施。工程项目实行总承包的，总承包企业应当与分包企业签订安全生产协议，明确双方安全生产责任。

住房和城乡建设部《建筑施工企业主要负责人、项目负责人和专职安全生产管理人员安全生产管理规定实施意见》中规定，企业主要负责人包括法定代表人、总经理（总裁）、分管安全生产的副总经理（副总裁）、分管生产经营的副总经理（副总裁）、技术负责人、安全总监等。

2.施工单位安全生产管理机构和专职安全生产管理人员的职责

《安全生产法》规定，矿山、金属冶炼、建筑施工、道路运输单位和危险物品的生产、经营、储存单位，应当设置安全生产管理机构或者配备专职安全生产管理人员。

生产经营单位作出涉及安全生产的经营决策，应当听取安全生产管理机构及安全生产管理人员的意见。生产经营单位不得因安全生产管理人员依法履行职责而降低其工资、福利等待遇或者解除与其订立的劳动合同。

生产经营单位的安全生产管理人员应当根据本单位的生产经营特点，对安全生产状况进行经常性检查；对检查中发现的安全问题，应当立即处理；不能处理的，应当及时报告本单位有关负责人，有关负责人应当及时处理。检查及处理情况应当如实记录在案。生产经营单位的安全生产管理人员在检查中发现重大事故隐患，依照前款规定向本单位有关负责人报告，有关负责人不及时处理的，安全生产管理人员可以向主管的负有安全生产监督管理职责的部门报告，接到报告的部门应当依法及时处理。

3.施工单位安全生产管理机构和专职安全生产管理人员的职责

《安全生产法》规定，生产经营单位的安全生产管理人员应当根据本单位的生产经营特点，对安全生产状况进行经常性检查；对检查中发现的安全问题，应当立即处理；不能处理的，应当及时报告本单位有关负责人，有关负责人应当及时处理。检查及处理情况应当如实记录在案。

生产经营单位的安全生产管理人员在检查中发现重大事故隐患，依照前款规定向本单位有关负责人报告，有关负责人不及时处理的，安全生产管理人员可以向主管的负有安全生产监督管理职责的部门报告，接到报告的部门应当依法及时处理。

《建设工程安全生产管理条例》还规定，施工单位应当设立安全生产管理机构，配备专职安全生产管理人员。专职安全生产管理人员负责对安全生产进行现场监督检查。发现安全事故隐患，应当及时向项目负责人和安全生产管理机构报告；对违章指挥、违章操作的，应当立即制止。

《建筑施工企业安全生产管理机构设置及专职安全生产管理人员配备办法》进一步规定，建筑施工企业应当实行建设工程项目专职安全生产管理人员委派制度。建设工程项目的专职安全生产管理人员应当定期将项目安全生产管理情况报告企业安全生产管理机构。

项目专职安全生产管理人员具有以下主要职责：
(1)负责施工现场安全生产日常检查并做好检查记录；
(2)现场监督危险性较大工程安全专项施工方案实施情况；
(3)对作业人员违规违章行为有权予以纠正或查处；
(4)对施工现场存在的安全隐患有权责令立即整改；
(5)对于发现的重大安全隐患，有权向企业安全生产管理机构报告；
(6)依法报告生产安全事故情况。

4. 专职安全生产管理人员的配备要求

建筑施工企业安全生产管理机构专职安全生产管理人员的配备应满足下列要求，并应根据企业经营规模、设备管理和生产需要予以增加：

(1)建筑施工总承包资质序列企业：特级资质不少于6人；一级资质不少于4人；二级和二级以下资质企业不少于3人；

(2)建筑施工专业承包资质序列企业：一级资质不少于3人；二级和二级以下资质企业不少于2人；

(3)建筑施工劳务分包资质序列企业：不少于2人；

(4)建筑施工企业的分公司、区域公司等较大的分支机构应依据实际生产情况配备不少于2人的专职安全生产管理人员。

总承包单位配备项目专职安全生产管理人员应当满足下列要求：

(1)建筑工程、装修工程按照建筑面积配备：
1) 1万平方米以下的工程不少于1人；
2) 1万～5万平方米的工程不少于2人；
3) 5万平方米及以上的工程不少于3人，且按专业配备专职安全生产管理人员。

(2)土木工程、线路管道、设备安装工程按照工程合同价配备：
1) 5 000万元以下的工程不少于1人；
2) 5 000万～1亿元的工程不少于2人；
3) 1亿元及以上的工程不少于3人，且按专业配备专职安全生产管理人员。

分包单位配备项目专职安全生产管理人员应当满足下列要求：

(1)专业承包单位应当配置至少1人，并根据所承担的分部分项工程的工程量和施工危险程度增加。

(2)劳务分包单位施工人员在50人以下的，应当配备1名专职安全生产管理人员；50～200人的，应当配备2名专职安全生产管理人员；200人及以上的，应当配备3名及以上专职安全生产管理人员，并根据所承担的分部分项工程施工危险实际情况增加，不得少于工程施工人员总人数的5%。

采用新技术、新工艺、新材料或致害因素多、施工作业难度大的工程项目，项目专职安全生产管理人员的数量应当根据施工实际情况，在以上规定的配备标准上增加。

施工作业班组可以设置兼职安全巡查员,对本班组的作业场所进行安全监督检查。建筑施工企业应当定期对兼职安全巡查员进行安全教育培训。

(三)施工单位负责人施工现场带班制度

《国务院关于进一步加强企业安全生产工作的通知》规定,强化生产过程管理的领导责任。企业主要负责人和领导班子成员要轮流现场带班。

《建筑施工企业负责人及项目负责人施工现场带班暂行办法》进一步规定,企业负责人带班检查是指由建筑施工企业负责人带队实施对工程项目质量安全生产状况及项目负责人带班生产情况的检查。建筑施工企业负责人是指企业的法定代表人、总经理、主管质量安全和生产工作的副总经理、总工程师与副总工程师。

建筑施工企业负责人要定期带班检查,每月检查时间不少于其工作日的25%。建筑施工企业负责人带班检查时,应认真做好检查记录,并分别在企业和工程项目存档备查。工程项目进行超过一定规模的危险性较大的分部分项工程施工时,建筑施工企业负责人应到施工现场进行带班检查。工程项目出现险情或发现重大隐患时,建筑施工企业负责人应到施工现场带班检查,督促工程项目进行整改,及时消除险情和隐患。

对于有分公司(非独立法人)的企业集团,集团负责人因故不能到现场的,可书面委托工程所在地的分公司负责人对施工现场进行带班检查。

(四)重大事故隐患治理督办制度

《安全生产法》规定,生产经营单位应当建立健全生产安全事故隐患排查治理制度,采取技术、管理措施,及时发现并消除事故隐患。事故隐患排查治理情况应当如实记录,并及时向从业人员通报。

生产经营单位的安全生产管理人员应当根据本单位的生产经营特点,对安全生产状况进行经常性检查;对检查中发现的安全问题,应当立即处理;不能处理的,应当及时报告本单位有关负责人,有关负责人应当及时处理。检查及处理情况应当如实记录在案。

生产经营单位的安全生产管理人员在检查中发现重大事故隐患,依照前款规定向本单位有关负责人报告,有关负责人不及时处理的,安全生产管理人员可以向主管的负有安全生产监督管理职责的部门报告,接到报告的部门应当依法及时作出处理。

《房屋市政工程生产安全重大隐患排查治理挂牌督办暂行办法》进一步规定,重大隐患是指在房屋建筑和市政工程施工过程中,存在的危害程度较大、可能导致群死群伤或造成重大经济损失的生产安全隐患。

企业及工程项目的主要负责人对重大隐患排查治理工作全面负责。建筑施工企业应当定期组织安全生产管理人员、工程技术人员和其他相关人员排查每个工程项目的重大隐患,特别是对深基坑、高支模、地铁隧道等技术难度大、风险大的重要工程应重点定期排查。对排查出的重大隐患,应及时实施治理消除,并将相关情况进行登记存档。住房城乡建设主管部门接到工程项目重大隐患举报,应立即组织核实,属实的由工程所在地住房城乡建设主管部门及时向承建工程的建筑施工企业下达《房屋市政工程生产安全重大隐患治理挂牌督办通知书》,并公开有关信息,接受社会监督。

(五)建立健全群防群治制度

群防群治制度,是《建筑法》中所规定的建筑工程安全生产管理的一项重要法律制度。它是施工企业进行民主管理的重要内容,也是群众路线在安全生产管理工作中的具体体现。广大职工群众在施工生产活动中不仅要遵守有关法律、法规和规章制度,不得违章作业,还拥有对于危及生命安全和身体健康的行为提出批评、检举和控告的权利。

二、施工项目负责人的安全生产责任

施工项目负责人是指建设工程项目的项目经理。施工单位不同于一般的生产经营单位,通常会同时承建若干建设工程项目,且异地承建施工的现象很普遍。为了加强对施工现场的管理,施工单位要对每个建设工程项目委派一名项目负责人即项目经理,由他对该项目的施工管理全面负责。

《建设工程安全生产管理条例》规定,施工单位的项目负责人应当由取得相应执业资格的人员担任,对建设工程项目的安全施工负责,落实安全生产责任制度、安全生产规章制度和操作规程,确保安全生产费用的有效使用,并根据工程的特点组织制订安全施工措施,消除安全事故隐患,及时、如实报告生产安全事故。

(一)项目负责人的安全生产责任

《建筑施工企业主要负责人、项目负责人和专职安全生产管理人员安全生产管理规定》规定,项目负责人对本项目安全生产管理全面负责,应当建立项目安全生产管理体系,明确项目管理人员安全职责,落实安全生产管理制度,确保项目安全生产费用有效使用。项目负责人应当按规定实施项目安全生产管理,监控危险性较大分部分项工程,及时排查处理施工现场安全事故隐患,隐患排查处理情况应当记入项目安全管理档案;发生事故时,应当按规定及时报告并开展现场救援。工程项目实行总承包的,总承包企业项目负责人应当定期考核分包企业安全生产管理情况。

(二)施工单位项目负责人施工现场带班制度

《建筑施工企业负责人及项目负责人施工现场带班暂行办法》规定,项目负责人是工程项目质量安全管理的第一责任人,应对工程项目落实带班制度负责。项目负责人带班生产是指项目负责人在施工现场组织协调工程项目的质量安全生产活动。

项目负责人在同一时期只能承担一个工程项目的管理工作。项目负责人带班生产时,要全面掌握工程项目质量安全生产状况,加强对重点部位、关键环节的控制,及时消除隐患。要认真做好带班生产记录并签字存档备查。项目负责人每月带班生产时间不得少于本月施工时间的80%。因其他事务需离开施工现场时,应向工程项目的建设单位请假,经批准后方可离开。离开期间应委托项目相关负责人负责其外出时的日常工作。

住房和城乡建设部办公厅关于《进一步加强危险性较大的分部分项工程安全管理》的通知规定,施工单位项目经理是危大工程安全管控第一责任人,必须在危大工程施工期间现场带班,超过一定规模的危大工程施工时,施工单位负责人应当带班检查。

三、施工总承包和分包单位的安全生产责任

《建筑法》规定,施工现场安全由建筑施工企业负责。实行施工总承包的,由总承包单位负责。分包单位向总承包单位负责,服从总承包单位对施工现场的安全生产管理。

《安全生产法》也规定,两个以上生产经营单位在同一作业区域内进行生产经营活动,可

能危及对方生产安全的,应当签订安全生产管理协议,明确各自的安全生产管理职责和应当采取的安全措施,并指定专职安全生产管理人员进行安全检查与协调。

(一)总承包单位应当承担的法定安全生产责任

施工总承包是由一个施工单位对建设工程施工全面负责。该总承包单位不仅要负责建设工程的施工质量、合同工期、成本控制,还要对施工现场组织和安全生产进行统一协调管理。

1. 分包合同应当明确总分包双方的安全生产责任

《建设工程安全生产管理条例》规定,总承包单位依法将建设工程分包给其他单位的,分包合同中应当明确各自的安全生产方面的权利和义务。

施工总承包单位与分包单位的安全生产责任,可分为法定责任和约定责任。所谓法定责任,即法律法规中明确规定的总承包单位、分包单位各自的安全生产责任。所谓约定责任,即总承包单位与分包单位通过协商,在分包合同中约定各自应当承担的安全生产责任。但是,安全生产的约定责任不能与法定责任相抵触。

2. 统一组织编制建设工程生产安全应急救援预案

《建设工程安全生产管理条例》规定,施工单位应当根据建设工程施工的特点、范围,对施工现场易发生重大事故的部位、环节进行监控,制定施工现场生产安全事故应急救援预案。实行施工总承包的,由总承包单位统一组织编制建设工程生产安全事故应急救援预案,工程总承包单位和分包单位按照应急救援预案,各自建立应急救援组织或者配备应急救援人员,配备救援器材、设备,并定期组织演练。

3. 自行完成建设工程主体结构的施工和负责上报施工生产安全事故

《建设工程安全生产管理条例》规定,总承包单位应当自行完成建设工程主体结构的施工。实行施工总承包的建设工程,由总承包单位负责上报事故。

4. 承担连带责任

《建设工程安全生产管理条例》规定,总承包单位和分包单位对分包工程的安全生产承担连带责任。

该规定既强化了总承包单位和分包单位双方的安全生产责任意识,也有利于保护受损害者的合法权益。

(二)分包单位应当承担的法定安全生产责任

《建筑法》规定,分包单位向总承包单位负责,服从总承包单位对施工现场的安全生产管理。《建设工程安全生产管理条例》进一步规定,分包单位应当服从总承包单位的安全生产管理,分包单位不服从管理导致生产安全事故的,由分包单位承担主要责任。

在许多工地上,往往有若干分包单位同时在施工,如果缺乏统一的组织管理,很容易发生安全事故。因此,分包单位要服从总承包单位对施工现场的安全生产规章制度、岗位操作要求等安全生产管理。否则,一旦发生施工安全生产事故,分包单位要承担主要责任。

四、施工作业人员安全生产的权利和义务

《安全生产法》规定,生产经营单位的从业人员有依法获得安全生产保障的权利,并应当

依法履行安全生产方面的义务。

生产经营单位与从业人员订立的劳动合同,应当载明有关保障从业人员劳动安全、防止职业危害的事项,以及依法为从业人员办理工伤保险的事项。生产经营单位不得以任何形式与从业人员订立协议,免除或者减轻其对从业人员因生产安全事故伤亡依法应承担的责任。

(一)施工作业人员依法享有的安全生产保障权利

按照《建筑法》《安全生产法》《建设工程安全生产管理条例》等法律、行政法规的规定,施工作业人员主要享有如下的安全生产权利。

1. 施工安全生产的知情权和建议权

《安全生产法》规定,生产经营单位的从业人员有权了解其作业场所和工作岗位存在的危险因素、防范措施及事故应急措施,有权对本单位的安全生产工作提出建议。

《建筑法》规定,作业人员有权对影响人身健康的作业程序和作业条件提出改进意见。《建设工程安全生产管理条例》进一步规定,施工单位应当向作业人员提供安全防护用具和安全防护服装,并书面告知危险岗位的操作规程和违章操作的危害。

2. 施工安全防护用品的获得权

《安全生产法》规定,生产经营单位必须为从业人员提供符合国家标准或行业标准的劳动防护用品,并监督、教育从业人员按照使用规则佩戴、使用。

《建筑法》规定,作业人员有权获得安全生产所需的防护用品。《建设工程安全生产管理条例》进一步规定,施工单位应当向作业人员提供安全防护用具和安全防护服装。

3. 批评、检举、控告权及拒绝违章指挥权

《建筑法》规定,作业人员对危及生命安全和人身健康的行为有权提出批评、检举和控告。《建设工程安全生产管理条例》进一步规定,作业人员有权对施工现场的作业条件、作业程序和作业方式中存在的安全问题提出批评、检举和控告,有权拒绝违章指挥和强令冒险作业。

《安全生产法》还规定,生产经营单位不得因从业人员对本单位安全生产工作提出批评、检举、控告或者拒绝违章指挥、强令冒险作业而降低其工资、福利等待遇或者解除与其订立的劳动合同。

4. 紧急避险权

《安全生产法》规定,从业人员发现直接危及人身安全的紧急情况时,有权停止作业或者在采取可能的应急措施后撤离作业场所。生产经营单位不得因从业人员在前款紧急情况下停止作业或者采取紧急撤离措施而降低其工资、福利等待遇或者解除与其订立的劳动合同。《建设工程安全生产管理条例》也规定,在施工中发生危及人身安全的紧急情况时,作业人员有权立即停止作业或者在采取必要的应急措施后撤离危险区域。

5. 获得工伤保险和意外伤害保险赔偿的权利

《建筑法》规定,建筑施工企业应当依法为职工参加工伤保险缴纳工伤保险费。鼓励企业为从事危险作业的职工办理意外伤害保险,支付保险费。

据此,施工作业人员除依法享有工伤保险的各项权利外,从事危险作业的施工人员还可以依法享有意外伤害保险的权利。

6. 请求民事赔偿权

《安全生产法》规定,因生产安全事故受到损害的从业人员,除依法享有工伤保险外,依照

有关民事法律尚有获得赔偿的权利的,有权向本单位提出赔偿要求。

7. 依靠工会维权和被派遣劳动者的权利

《安全生产法》规定,生产经营单位的工会依法组织职工参加本单位安全生产工作的民主管理和民主监督,维护职工在安全生产方面的合法权益。生产经营单位制定或者修改有关安全生产的规章制度,应当听取工会的意见。

工会对生产经营单位违反安全生产法律、法规,侵犯从业人员合法权益的行为,有权要求纠正;发现生产经营单位违章指挥、强令冒险作业或者发现事故隐患时,有权提出解决的建议,生产经营单位应当及时研究答复;发现危及从业人员生命安全的情况时,有权向生产经营单位建议组织从业人员撤离危险场所,生产经营单位必须立即作出处理。工会有权依法参加事故调查,向有关部门提出处理意见,并要求追究有关人员的责任。

(二)施工作业人员应当履行的安全生产义务

按照《建筑法》《安全生产法》《建设工程安全生产管理条例》等法律、行政法规的规定,施工作业人员主要应当履行如下安全生产义务。

1. 守法遵章和正确使用安全防护用具等的义务

施工单位要依法保障施工作业人员的安全,施工作业人员也必须依法遵守有关的规章制度,做到不违章作业。

《建筑法》规定,建筑施工企业和作业人员在施工过程中,应当遵守有关安全生产的法律、法规和建筑行业安全规章、规程,不得违章指挥或者违章作业。《安全生产法》规定,从业人员在作业过程中,应当严格遵守本单位的安全生产规章制度和操作规程,服从管理,正确佩戴和使用劳动防护用品。《建设工程安全生产管理条例》进一步规定,作业人员应当遵守安全施工的强制性标准、规章制度和操作规程,正确使用安全防护用具、机械设备等。

2. 接受安全生产教育培训的义务

施工单位加强安全教育培训,使作业人员具备必要的施工安全生产知识,熟悉有关的规章制度和安全操作规程,掌握本岗位安全操作技能,是控制和减少施工安全事故的重要措施。

《安全生产法》规定,从业人员应当接受安全生产教育和培训,掌握本职工作所需的安全生产知识,提高安全生产技能,增强事故预防和应急处理能力。《建设工程安全生产管理条例》也规定,作业人员进入新的岗位或者新的施工现场前,应当接受安全生产教育培训。未经教育培训或者教育培训考核不合格的人员,不得上岗作业。

3. 施工安全事故隐患报告的义务

施工安全事故通常是由事故隐患或者其他不安全因素所酿成。因此,施工作业人员一旦发现事故隐患或者其他不安全因素,应当立即报告,以便及时采取措施,防患于未然。

《安全生产法》规定,从业人员发现事故隐患或者其他不安全因素,应当立即向现场安全生产管理人员或者本单位负责人报告,接到报告的人员应当及时予以处理。

4. 被派遣劳动者的义务

《安全生产法》规定,生产经营单位使用被派遣劳动者的,被派遣劳动者应当履行本法规定的从业人员的义务。

第三节　建设单位和相关单位的安全生产责任制度

《建设工程安全生产管理条例》规定,建设单位、勘察单位、设计单位、施工单位、工程监理单位及其他与建设工程安全生产有关的单位,必须遵守安全生产法律、法规的规定,保证建设工程安全生产,依法承担建设工程安全生产责任。

因为建设工程施工安全生产的主要责任单位是施工单位,但与施工活动密切相关单位的活动也都影响着施工安全。因此,有必要对所有与建设工程施工活动有关的单位安全责任作出明确规定。

一、建设单位相关的安全责任和义务

(一)依法办理有关批准手续

《建筑法》规定,有下列情形之一的,建设单位应当按照国家有关规定办理申请批准手续:
(1)需要临时占用规划批准范围以外场地的;
(2)可能损坏道路、管线、电力、邮电通信等公共设施的;
(3)需要临时停水、停电、中断道路交通的;
(4)需要进行爆破作业的;
(5)法律、法规规定需要办理报批手续的其他情形。

上述活动不仅涉及工程建设的顺利进行和施工现场作业人员的安全,也影响到周边区域人们的安全或是正常的工作与生活,并需要有关方面给予支持和配合。为此,建设单位应当依法向有关部门申请办理批准手续。

(二)向施工单位提供真实、准确和完整的有关资料

《建筑法》规定,建设单位应当向建筑施工企业提供与施工现场相关的地下管线资料,建筑施工企业应当采取措施加以保护。

《建设工程安全生产管理条例》进一步规定,建设单位应当向施工单位提供施工现场及毗邻区域内供水、排水、供电、供气、供热、通信、广播电视等地下管线资料,气象和水文观测资料,相邻建筑物和构筑物、地下工程的有关资料,并保证资料的真实、准确、完整。

在建设工程施工前,施工单位须搞清楚施工现场及毗邻区域内地下管线,以及相邻建筑物、构筑物和地下工程的有关资料,否则很有可能会因施工而造成对其破坏,不仅导致人员伤亡和经济损失,还将影响周边地区单位和居民的工作与生活。同时,建设工程的施工周期往往比较长,又多是露天作业,受气候条件的影响较大,建设单位还应当提供有关气象和水文观测资料。建设单位须保证所提供资料的真实、准确,并能满足施工安全作业的需要。

(三)不得提出违法要求和随意压缩合同工期

《建设工程安全生产管理条例》规定,建设单位不得对勘察、设计、施工、工程监理等单位提出不符合建设工程安全生产法律、法规和强制性标准规定的要求,不得压缩合同约定的工期。

由于市场竞争相当激烈,一些勘察、设计、施工、工程监理单位为了承揽业务,往往对建设单位提出的各种要求尽量给予满足,这就造成某些建设单位为了追求利益最大化而提出一些

非法要求,甚至明示或者暗示相关单位进行一些不符合法律、法规和强制性标准的活动。因此,建设单位也必须依法规范自身的行为。

合同约定的工期是建设单位与施工单位在工期定额的基础上,根据施工条件、技术水平等,经过双方平等协商而共同约定的工期。建设单位不能片面为了早日发挥建设项目的效益,迫使施工单位大量增加人力、物力投入,或者是简化施工程序,随意压缩合同约定的工期。应该讲,任何违背科学和客观规律的行为,都是施工生产安全事故隐患,都有可能导致施工生产安全事故的发生。当然,在符合有关法律、法规和强制性标准的规定,并编制了赶工技术措施等前提下,建设单位与施工单位就提前工期的技术措施费和提前工期奖励等协商一致后,是可以对合同工期进行适当调整的。

(四)确定建设工程安全作业环境及安全施工措施所需费用

《建设工程安全生产管理条例》规定,建设单位在编制工程概算时,应当确定建设工程安全作业环境及安全施工措施所需费用。

实践表明,要保障施工安全生产,必须有合理的安全投入。因此,建设单位在编制工程概算时,就应当合理确定保障建设工程施工安全所需的费用,并依法足额向施工单位提供。

(五)不得要求购买、租赁和使用不符合安全施工要求的用具设备等

《建设工程安全生产管理条例》规定,建设单位不得明示或者暗示施工单位购买、租赁、使用不符合安全施工要求的安全防护用具、机械设备、施工机具及配件、消防设施和器材。

由于建设工程的投资额、投资效益及工程质量等,其后果最终都是由建设单位承担,建设单位势必对工程建设的各个环节都非常重视,包括材料设备的采购、租赁等。这就要求建设单位与施工单位应当在合同中约定双方的权利义务,包括采用哪种供货方式等。无论施工单位是购买、租赁或是使用有关安全防护用具、机械设备等,建设单位都不得采用明示或暗示的方式,违法向施工单位提出不符合安全施工的要求。

(六)申领施工许可证应当提供有关安全施工措施的资料

按照《建筑法》的规定,申请领取施工许可证应当具备的条件之一,就是"有保证工程质量和安全的具体措施"。

《建设工程安全生产管理条例》进一步规定,建设单位在领取施工许可证时,应当提供建设工程有关安全施工措施的资料。依法批准开工报告的建设工程,建设单位应当自开工报告批准之日起15日内,将保证安全施工的措施报送建设工程所在地的县级以上地方人民政府建设行政主管部门或者其他有关部门备案。

建设单位在申请领取施工许可证时,应当提供的建设工程有关安全施工措施资料,一般包括:中标通知书,工程施工合同,施工现场总平面布置图,临时设施规划方案和已搭建情况,施工现场安全防护设施搭设(设置)计划、施工进度计划、安全措施费用计划,专项安全施工组织设计(方案、措施),拟进入施工现场使用的施工起重机械设备(塔式起重机、物料提升机、外用电梯)的型号、数量,工程项目负责人、安全管理人员及特种作业人员持证上岗情况,建设单位安全监督人员名册、工程监理单位人员名册,以及其他应提交的材料。

(七)装修工程和拆除工程的规定

《建筑法》规定,涉及建筑主体和承重结构变动的装修工程,建设单位应当在施工前委托原设计单位或者具有相应资质条件的设计单位提出设计方案;没有设计方案的,不得施工。

同时还规定,房屋拆除应当由具备保证安全条件的建筑施工单位承担。

《建设工程安全生产管理条例》进一步规定,建设单位应当将拆除工程发包给具有相应资质等级的施工单位。建设单位应当在拆除工程施工 15 日前,将下列资料报送建设工程所在地的县级以上地方人民政府住房城乡建设主管部门或者其他有关部门备案:

(1)施工单位资质等级证明;

(2)拟拆除建筑物、构筑物及可能危及毗邻建筑的说明;

(3)拆除施工组织方案;

(4)堆放、清除废弃物的措施。

实施爆破作业的,应当遵守国家有关民用爆炸物品管理的规定。

二、勘察单位的安全责任

《建设工程安全生产管理条例》规定,勘察单位应当按照法律、法规和工程建设强制性标准进行勘察,提供的勘察文件应当真实、准确,满足建设工程安全生产的需要。勘察单位在勘察作业时,应当严格执行操作规程,采取措施保证各类管线、设施和周边建筑物、构筑物的安全。

工程勘察成果是建设工程项目规划、选址、设计的重要依据,也是保证施工安全的重要因素和前提条件。因此,勘察单位必须按照法律、法规的规定及工程建设强制性标准的要求进行详细勘察,并提供真实、准确的勘察文件,不能弄虚作假。

三、设计单位的安全责任

工程设计是工程建设的灵魂。在建设工程项目确定后,工程设计便成为工程建设中最重要、最关键的环节,对安全施工有着重要影响。

(一)按照法律、法规和工程建设强制性标准进行设计

《建设工程安全生产管理条例》规定,设计单位应当按照法律、法规和工程建设强制性标准进行设计,防止因设计不合理导致生产安全事故的发生。

工程建设强制性标准是工程建设技术和经验的总结与积累,对保证建设工程质量和施工安全起着至关重要的作用。从一些生产安全事故的原因分析,涉及设计单位责任的,主要是没有按照强制性标准进行设计,由于设计得不合理导致施工过程中发生了安全事故。因此,设计单位在设计过程中必须考虑施工生产安全,严格执行强制性标准。

(二)提出防范生产安全事故的指导意见和措施建议

《建设工程安全生产管理条例》规定,设计单位应当考虑施工安全操作和防护的需要,对涉及施工安全的重点部位和环节在设计文件中注明,并对防范生产安全事故提出指导意见。采用新结构、新材料、新工艺的建设工程和特殊结构的建设工程,设计单位应当在设计中提出保障施工作业人员安全和预防生产安全事故的措施建议。

设计单位的工程设计文件对保证建设工程结构安全至关重要。同时,设计单位在编制设计文件时,还应当结合建设工程的具体特点和实际情况,考虑施工安全作业和安全防护的需要,为施工单位制定安全防护措施提供技术保障。特别是对采用新结构、新材料、新工艺的建设工程和特殊结构的建设工程,设计单位应当在设计中提出保障施工作业人员安全和预防生

产安全事故的措施建议。在施工单位作业前,设计单位还应当就设计意图、设计文件向施工单位做出说明和技术交底,并对防范生产安全事故提出指导意见。

(三)对设计成果承担责任

《建设工程安全生产管理条例》规定,设计单位和注册建筑师等注册执业人员应当对其设计负责。

"谁设计,谁负责",这是国际通行做法。如果由于设计责任造成事故,设计单位就要承担法律责任,还应当对造成的损失进行赔偿。建筑师、结构工程师等注册执业人员应当在设计文件上签字盖章,对设计文件负责,并承担相应的法律责任。

四、工程监理单位的安全责任

工程监理是监理单位受建设单位的委托,依照法律、法规和建设工程监理规范的规定,对工程建设实施的监督管理。但在实践中,一些监理单位只注重对施工质量、进度和投资的监控,不重视对施工安全的监督管理,这就使得施工现场因违章指挥、违章作业而发生的伤亡事故未能得到有效控制。因此,须依法加强施工安全监理工作,进一步提高建设工程监理水平。

(一)对安全技术措施或专项施工方案进行审查

《建设工程安全生产管理条例》规定,工程监理单位应当审查施工组织设计中的安全技术措施或者专项施工方案是否符合工程建设强制性标准。

施工组织设计中应当包括安全技术措施和施工现场临时用电方案,对基坑支护与降水工程、土方开挖工程、模板工程、起重吊装工程、脚手架工程、拆除、爆破工程等达到一定规模的危险性较大的分部分项工程,还应当编制专项施工方案。工程监理单位要对这些安全技术措施和专项施工方案进行审查,重点审查是否符合工程建设强制性标准;对于达不到强制性标准的,应当要求施工单位进行补充和完善。

(二)依法对施工安全事故隐患进行处理

《建设工程安全生产管理条例》规定,工程监理单位在实施监理过程中,发现存在安全事故隐患的,应当要求施工单位整改;情况严重的,应当要求施工单位暂时停止施工,并及时报告建设单位。施工单位拒不整改或者不停止施工的,工程监理单位应当及时向有关主管部门报告。

工程监理单位受建设单位的委托,有权要求施工单位对存在的安全事故隐患进行整改,有权要求施工单位暂时停止施工,并依法向建设单位和有关主管部门报告。

(三)承担建设工程安全生产的监理责任

《建设工程安全生产管理条例》规定,工程监理单位和监理工程师应当按照法律、法规和工程建设强制性标准实施监理,并对建设工程安全生产承担监理责任。

五、设备检验检测单位的安全责任

《建设工程安全生产管理条例》规定,检验检测机构对检测合格的施工起重机械和整体提升脚手架、模板等自升式架设设施,应当出具安全合格证明文件,并对检测结果负责。

《中华人民共和国特种设备安全法》(以下简称《特种设备安全法》)规定,起重机械的安装、改造、重大修理过程,应当经特种设备检验机构按照安全技术规范的要求进行监督检验;未经监督检验或者监督检验不合格的,不得出厂或交付使用。

特种设备检验检测机构及其检验检测人员应当客观、公正、及时地出具检验检测报告,并对检验检测结果和鉴定结论负责。特种设备检验检测机构及其检验检测人员在检验检测中发现特种设备存在严重事故隐患时,应当及时告知相关单位,并立即向负责特种设备安全监督管理的部门报告。

六、机械设备等单位相关的安全责任

(一)提供机械设备和配件单位的安全责任

《建设工程安全生产管理条例》规定,为建设工程提供机械设备和配件的单位,应当按照安全施工的要求配备齐全有效的保险、限位等安全设施和装置。

施工机械设备是施工现场的重要设备,在建设工程施工中的应用越来越普及。但是,当前施工现场所使用的机械设备产品质量不容乐观,有的安全保险和限位装置不齐全或是失灵,有的在设计和制造上存在重大质量缺陷,导致施工安全事故时有发生。为此,为建设工程提供施工机械设备和配件的单位,应当配齐有效的保险、限位等安全设施和装置,保证其灵敏可靠,以保障施工机械设备的安全使用,减少施工机械设备事故的发生。

(二)出租机械设备和施工机具及配件单位的安全责任

《建设工程安全生产管理条例》规定,出租的机械设备和施工机具及配件,应当具有生产(制造)许可证、产品合格证。出租单位应当对出租的机械设备和施工机具及配件的安全性能进行检测,在签订租赁协议时,应当出具检测合格证明。禁止出租检测不合格的机械设备和施工机具及配件。

近年来,我国的机械设备租赁市场发展迅速,越来越多的施工单位通过租赁方式获取所需的机械设备和施工机具及配件。这对于降低施工成本、提高机械设备等使用率是有着积极作用的,但也存在着出租的机械设备等安全责任不明确的问题。因此,必须依法对出租单位的安全责任作出规定。

2008年1月原建设部发布的《建筑起重机械安全监督管理规定》规定,出租单位应当在签订的建筑起重机械租赁合同中,明确租赁双方的安全责任,并出具建筑起重机械特种设备制造许可证、产品合格证、制造监督检验证明、备案证明和自检合格证明,提交安装使用说明书。有下列情形之一的建筑起重机械,不得出租、使用:

(1)属国家明令淘汰或者禁止使用的;
(2)超过安全技术标准或者制造厂家规定的使用年限的;
(3)经检验达不到安全技术标准规定的;
(4)没有完整安全技术档案的;
(5)没有齐全有效的安全保护装置的。

建筑起重机械有以上第(2)、(3)项情形之一的,出租单位或自购建筑起重机械的使用单位应当予以报废,并向原备案机关办理注销手续。

(三)施工起重机械和自升式架设设施安装、拆卸单位的安全责任

施工起重机械,是指施工中用于垂直升降或者垂直升降并水平移动重物的机械设备,如

塔式起重机、施工外用电梯、物料提升机等。自升式架设设施，是指通过自有装置可将自身升高的架设设施，如整体提升脚手架、模板等。

1. 安装、拆卸施工起重机械和自升式架设设施必须具备相应的资质

《建设工程安全生产管理条例》规定，在施工现场安装、拆卸施工起重机械和整体提升脚手架、模板等自升式架设设施，必须由具有相应资质的单位承担。

施工起重机械和自升式架设设施等的安装、拆卸，不仅专业性很强，还具有较高的危险性，与相关的施工活动关联密切，稍有不慎极易造成群死群伤的重大施工安全事故。因此，按照《建筑业企业资质管理规定》和《建筑业企业资质标准》的规定，从事施工起重机械、附着升降脚手架等安拆活动的单位，应当按照资质条件申请资质，经审查合格并取得专业承包资质证书后，方可在资质许可的范围内从事其安装、拆卸活动。

2. 编制安装、拆卸方案和现场监督

《建设工程安全生产管理条例》规定，安装、拆卸施工起重机械和整体提升脚手架、模板等自升式架设设施，应当编制拆装方案、制订安全施工措施，并由专业技术人员现场监督。

《建筑起重机械安全监督管理规定》进一步规定，建筑起重机械使用单位和安装单位应当在签订的建筑起重机械安装、拆卸合同中明确双方的安全生产责任。实行施工总承包的，施工总承包单位应当与安装单位签订建筑起重机械安装、拆卸工程安全协议书。安装单位应当履行下列安全职责：

（1）按照安全技术标准及建筑起重机械性能要求，编制建筑起重机械安装、拆卸工程专项施工方案，并由本单位技术负责人签字；

（2）按照安全技术标准及安装使用说明书等检查建筑起重机械与现场施工条件；

（3）组织安全施工技术交底并签字确认；

（4）制定建筑起重机械安装、拆卸工程生产安全事故应急救援预案；

（5）将建筑起重机械安装、拆卸工程专项施工方案，安装、拆卸人员名单，安装、拆卸时间等材料报施工总承包单位和监理单位审核后，告知工程所在地县级以上地方人民政府建设主管部门。

安装单位应当按照建筑起重机械安装、拆卸工程专项施工方案及安全操作规程组织安装、拆卸作业。安装单位的专业技术人员、专职安全生产管理人员应当进行现场监督，技术负责人应当定期巡查。

3. 出具自检合格证明、进行安全使用说明、办理验收手续的责任

《建设工程安全生产管理条例》规定，施工起重机械和整体提升脚手架、模板等自升式架设设施安装完毕后，安装单位应当自检，出具自检合格证明，并向施工单位进行安全使用说明，办理验收手续并签字。

《建筑起重机械安全监督管理规定》进一步规定，建筑起重机械安装完毕后，安装单位应当按照安全技术标准及安装使用说明书的有关要求对建筑起重机械进行自检、调试和试运转。自检合格的，应当出具自检合格证明，并向使用单位进行安全使用说明。

建筑起重机械安装完毕后，使用单位应当组织出租、安装、监理等有关单位进行验收，或者委托具有相应资质的检验检测机构进行验收。建筑起重机械经验收合格后方可投入使用，未经验收或验收不合格的不得使用。实行施工总承包的，由施工总承包单位组织验收。

4. 依法对施工起重机械和自升式架设设施进行检测

《建设工程安全生产管理条例》规定,施工起重机械和整体提升脚手架、模板等自升式架设设施的使用达到国家规定的检验检测期限的,必须经具有专业资质的检验检测机构检测。经检测不合格的,不得继续使用。

七、政府部门安全监督管理的相关规定

(一)建设工程安全生产的监督管理体制

《中华人民共和国安全生产法》(以下简称《安全生产法》)规定,国务院安全生产监督管理部门依照本法,对全国安全生产工作实施综合监督管理;县级以上地方各级人民政府安全生产监督管理部门依照本法,对本行政区域内安全生产工作实施综合监督管理。国务院有关部门依照本法和其他有关法律、行政法规的规定,在各自的职责范围内对有关行业、领域的安全生产工作实施监督管理;县级以上地方各级人民政府有关部门依照本法和其他有关法律、法规的规定,在各自的职责范围内对有关行业、领域的安全生产工作实施监督管理。

安全生产监督管理部门和对有关行业、领域的安全生产工作实施监督管理的部门,统称负有安全生产监督管理职责的部门。

《建设工程安全生产管理条例》进一步规定,国务院住房城乡建设主管部门对全国的建设工程安全生产实施监督管理。国务院铁路、交通、水利等有关部门按照国务院规定的职责分工,负责有关专业建设工程安全生产的监督管理。县级以上地方人民政府住房城乡建设主管部门对本行政区域内的建设工程安全生产实施监督管理。县级以上地方人民政府交通、水利等有关部门在各自的职责范围内,负责本行政区域内的专业建设工程安全生产的监督管理。

住房城乡建设主管部门或者其他有关部门可以将施工现场的监督检查委托给建设工程安全监督机构具体实施。

(二)政府主管部门对涉及安全生产事项的审查

《安全生产法》规定,负有安全生产监督管理职责的部门依照有关法律、法规的规定,对涉及安全生产的事项需要审查批准(包括批准、核准、许可、注册、认证、颁发证照等,下同)或验收的,必须严格依照有关法律、法规和国家标准或者行业标准规定的安全生产条件和程序进行审查;不符合有关法律、法规和国家标准或者行业标准规定的安全生产条件的,不得批准或验收通过。对未依法取得批准或者验收合格的单位擅自从事有关活动的,负责行政审批的部门发现或者接到举报后应当立即予以取缔,并依法予以处理。对已经依法取得批准的单位,负责行政审批的部门发现其不再具备安全生产条件的,应当撤销原批准。

负有安全生产监督管理职责的部门对涉及安全生产的事项进行审查、验收,不得收取费用;不得要求接受审查、验收的单位购买其指定品牌或者指定生产、销售单位的安全设备、器材或者其他产品。

《建设工程安全生产管理条例》规定,住房城乡建设主管部门在审核发放施工许可证时,应当对建设工程是否有安全施工措施进行审查,对没有安全施工措施的,不得颁发施工许可证。

(三)政府主管部门实施安全生产行政执法工作的法定职权

《安全生产法》规定,安全生产监督管理部门和其他负有安全生产监督管理职责的部门依法开展安全生产行政执法工作,对生产经营单位执行有关安全生产的法律、法规和国家标准

或者行业标准的情况进行监督检查,行使以下职权:

(1)进入生产经营单位进行检查,调阅有关资料,向有关单位和人员了解情况;

(2)对检查中发现的安全生产违法行为,当场予以纠正或要求限期改正;对依法应当给予行政处罚的行为,依照本法和其他有关法律、行政法规的规定作出行政处罚决定;

(3)对检查中发现的事故隐患,应当责令立即排除;重大事故隐患排除前或排除过程中无法保证安全的,应当责令从危险区域内撤出作业人员,责令暂时停产停业或停止使用相关设施、设备;重大事故隐患排除后,经审查同意,方可恢复生产经营和使用;

(4)对有依据认为不符合保障安全生产的国家标准或者行业标准的设施、设备、器材,以及违法生产、储存、使用、经营、运输的危险物品予以查封或者扣押,对违法生产、储存、使用、经营危险物品的作业场所予以查封,并依法作出处理决定。监督检查不得影响被检查单位的正常生产经营活动。

(四)建立安全生产的举报制度和相关信息系统

《安全生产法》规定,负有安全生产监督管理职责的部门应当建立举报制度,公开举报电话、信箱或者电子邮件地址,受理有关安全生产的举报;受理的举报事项经调查核实后,应当形成书面材料;需要落实整改措施的,报经有关负责人签字并督促落实。任何单位或者个人对事故隐患或者安全生产违法行为,均有权向负有安全生产监督管理职责的部门报告或者举报。

负有安全生产监督管理职责的部门应当建立安全生产违法行为信息库,如实记录生产经营单位的安全生产违法行为信息;对违法行为情节严重的生产经营单位,应当向社会公告,并通报行业主管部门、投资主管部门、国土资源主管部门、证券监督管理机构及有关金融机构。国务院安全生产监督管理部门建立全国统一的生产安全事故应急救援信息系统,国务院有关部门建立健全相关行业、领域的生产安全事故应急救援信息系统。

《建设工程安全生产管理条例》规定,县级以上人民政府住房城乡建设主管部门和其他有关部门应当及时受理对建设工程生产安全事故及安全事故隐患的检举、控告和投诉。

第四节　安全生产教育培训制度

《建筑法》明确规定,建筑施工企业应当建立健全劳动安全生产教育培训制度,加强对职工安全生产的教育培训;未经安全生产教育培训的人员,不得上岗作业。《安全生产法》还规定,生产经营单位应当教育和督促从业人员严格执行本单位的安全生产规章制度和安全操作规程;并向从业人员如实告知作业场所和工作岗位存在的危险因素、防范措施及事故应急措施。生产经营单位应当安排用于配备劳动防护用品、进行安全生产培训的经费。

一、施工单位"安管人员"的培训考核

《安全生产法》规定,生产经营单位的主要负责人和安全生产管理人员必须具备与本单位所从事的生产经营活动相应的安全生产知识和管理能力。建筑施工、道路运输单位的主要负责人和安全生产管理人员,应当由主管的负有安全生产监督管理职责的部门对其安全生产知识和管理能力考核合格。此考核不得收费。

《建设工程安全生产管理条例》进一步规定，施工单位的主要负责人、项目负责人、专职安全生产管理人员应当经住房城乡建设主管部门或者其他部门考核合格后方可任职。《建筑施工企业主要负责人、项目负责人和专职安全生产管理人员安全生产管理规定》还规定，企业主要负责人、项目负责人和专职安全生产管理人员合称为"安管人员"。"安管人员"应当通过其受聘企业，向企业工商注册地的省、自治区、直辖市人民政府住房城乡建设主管部门申请安全生产考核，并取得安全生产考核合格证书。安全生产考核合格证书有效期为3年，证书在全国范围内有效。

建筑施工企业应当建立安全生产教育培训制度，制订年度培训计划，每年对"安管人员"进行培训和考核，考核不合格的，不得上岗。

《建筑施工企业主要负责人、项目负责人和专职安全生产管理人员安全生产管理规定实施意见》规定，专职安全生产管理人员分为机械、土建、综合三类。机械类专职安全生产管理人员可以从事起重机械、土石方机械、桩工机械等安全生产管理工作。土建类专职安全生产管理人员可以从事除起重机械、土石方机械、桩工机械等安全生产管理工作以外的安全生产管理工作。综合类专职安全生产管理人员可以从事全部安全生产管理工作。

二、施工单位特种作业人员的培训考核

《安全生产法》规定，生产经营单位的特种作业人员必须按照国家有关规定经专门的安全作业培训，取得相应资格，方可上岗作业。《建设工程安全生产管理条例》进一步规定，垂直运输机械作业人员、安装拆卸工、爆破作业人员、起重信号工、登高架设作业人员等特种作业人员，必须按照国家有关规定经过专门的安全作业培训，并取得特种作业操作资格证书后，方可上岗作业。

《建筑施工特种作业人员管理规定》规定，建筑施工特种作业包括：建筑电工；建筑架子工；建筑起重信号司索工；建筑起重机械司机；建筑起重机械安装拆卸工；高处作业吊篮安装拆卸工；经省级以上人民政府建设主管部门认定的其他特种作业。

三、施工单位全员的安全生产教育培训

《安全生产法》规定，生产经营单位应当对从业人员进行安全生产教育和培训，保证从业人员具备必要的安全生产知识，熟悉有关的安全生产规章制度和安全操作规程，掌握本岗位的安全操作技能，了解事故应急处理措施，知悉自身在安全生产方面的权利和义务。未经安全生产教育和培训合格的从业人员，不得上岗作业。

生产经营单位使用被派遣劳动者的，应当将被派遣劳动者纳入本单位从业人员统一管理，对被派遣劳动者进行岗位安全操作规程和安全操作技能的教育与培训。劳务派遣单位应当对被派遣劳动者进行必要的安全生产教育和培训。

生产经营单位应当建立安全生产教育和培训档案，如实记录安全生产教育和培训的时间、内容、参加人员及考核结果等情况。

《建设工程安全生产管理条例》进一步规定，施工单位应当对管理人员和作业人员每年至少进行一次安全生产教育培训，其教育培训情况记入个人工作档案。安全生产教育培训考核不合格的人员，不得上岗。

四、进入新岗位或者新施工现场前的安全生产教育培训

《建设工程安全生产管理条例》规定,作业人员进入新的岗位或者新的施工现场前,应当接受安全生产教育培训。未经教育培训或者教育培训考核不合格的人员,不得上岗作业。《国务院安委会关于进一步加强安全培训工作的决定》中指出,严格落实企业职工先培训后上岗制度。建筑企业要对新职工进行至少32学时的安全培训,每年进行至少20学时的再培训。

高危企业要严格班前安全培训制度,有针对性地讲述岗位安全生产与应急救援知识、安全隐患和注意事项等,使班前安全培训成为安全生产第一道防线。要大力推广"手指口述"等安全确认法,帮助员工通过心想、眼看、手指、口述,确保按规程作业。要加强班组长培训,提高班组长现场安全管理水平和现场安全风险管控能力。

五、采用新技术、新工艺、新设备、新材料前的安全生产教育培训

《安全生产法》规定,生产经营单位采用新工艺、新技术、新材料或者使用新设备,必须了解、掌握其安全技术特性,采取有效的安全防护措施,并对从业人员进行专门的安全生产教育和培训。《建设工程安全生产管理条例》规定,施工单位在采用新技术、新工艺、新设备、新材料时,应当对作业人员进行相应的安全生产教育培训。

随着我国工程建设和科学技术的迅速发展,越来越多的新技术、新工艺、新设备、新材料被广泛应用于施工生产活动中,大大促进了施工生产效率和工程质量的提高,同时也对施工作业人员的素质提出了更高的要求。如果施工单位对所采用的新技术、新工艺、新设备、新材料的了解与认识的不足,对其安全技术性能掌握不充分,或是没有采取有效的安全防护措施,没有对施工作业人员进行专门的安全生产教育培训,就很可能会导致事故的发生。

六、安全教育培训方式

《国务院关于坚持科学发展安全发展促进安全生产形势持续稳定好转的意见》规定,施工单位应当根据实际需要,对不同岗位、不同工种的人员进行因人施教。安全教育培训可采取多种形式,包括安全形势报告会、事故案例分析会、安全法制教育、安全技术交流、安全竞赛、师傅带徒弟等。

《国务院安委会关于进一步加强安全培训工作的决定》指出,完善和落实师傅带徒弟制度。高危企业新职工安全培训合格后,要在经验丰富的工人师傅带领下,实习至少2个月后方可独立上岗。工人师傅一般应当具备中级工以上技能等级,3年以上相应工作经历,成绩突出,善于"传、帮、带",没有发生过"三违"行为等条件。要组织签订师徒协议,建立师傅带徒弟激励约束机制。

支持大中型企业和欠发达地区建立安全培训机构,重点建设一批具有仿真、体感、实操特色的示范培训机构。加强远程安全培训,开发国家安全培训网和有关行业网络学习平台,实现优质资源共享。实行网络培训学时学分制,将学时和学分结果与继续教育、再培训挂钩。利用视频、电视、手机等拓展远程培训形式。

第五节　施工现场安全防护制度

保障建设工程施工安全生产，除要建立健全施工安全生产责任和安全生产教育培训制度外，还应针对建设工程施工的特点，加强安全技术管理工作。

一、编制安全技术措施、专项施工方案和安全技术交底的规定

《建筑法》规定，建筑施工企业在编制施工组织设计时，应当根据建筑工程的特点制订相应的安全技术措施；对专业性较强的工程项目，应当编制专项安全施工组织设计，并采取安全技术措施。

（一）编制安全技术措施、临时用电方案和安全专项施工方案

《建设工程安全生产管理条例》规定，施工单位应当在施工组织设计中编制安全技术措施和施工现场临时用电方案。

对下列达到一定规模的危险性较大的分部分项工程编制专项施工方案，并附具安全验算结果，经施工单位技术负责人、总监理工程师签字后实施，由专职安全生产管理人员进行现场监督：基坑支护与降水工程；土方开挖工程；模板工程；起重吊装工程；脚手架工程；拆除、爆破工程；国务院住房城乡建设主管部门或者其他有关部门规定的其他危险性较大的工程。对以上所列工程中涉及深基坑、地下暗挖工程、高大模板工程的专项施工方案，施工单位还应当组织专家进行论证、审查。

危险性较大的分部分项工程（以下简称危大工程），是指房屋建筑和市政基础设施工程在施工过程中，容易导致人员群死群伤或者造成重大经济损失的分部分项工程。

1. 危大工程安全专项施工方案的编制

2019 年 3 月住房和城乡建设部经修改后发布的《危险性较大的分部分项工程安全管理规定》规定，施工单位应当在危大工程施工前组织工程技术人员编制专项施工方案。实行施工总承包的，专项施工方案应当由施工总承包单位组织编制。危大工程实行分包的，专项施工方案可以由相关专业分包单位组织编制。

专项施工方案应当由施工单位技术负责人审核签字、加盖单位公章，并由总监理工程师审查签字、加盖执业印章后方可实施。危大工程实行分包并由分包单位编制专项施工方案的，专项施工方案应当由总承包单位技术负责人及分包单位技术负责人共同审核签字并加盖单位公章。

对于超过一定规模的危大工程，施工单位应当组织召开专家论证会对专项施工方案进行论证。实行施工总承包的，由施工总承包单位组织召开专家论证会。专家论证前专项施工方案应当通过施工单位审核和总监理工程师审查。

专家论证会后，应当形成论证报告，对专项施工方案提出通过、修改后通过或不通过的一致意见。专家对论证报告负责并签字确认。专项施工方案经论证不通过的，施工单位修改后应当按照本规定的要求重新组织专家论证。

2. 危大工程安全管理的前期保障

建设单位应当依法提供真实、准确、完整的工程地质、水文地质和工程周边环境等资料。

建设单位应当组织勘察、设计等单位在施工招标文件中列出危大工程清单，要求施工单位在投标时补充完善危大工程清单并明确相应的安全管理措施。建设单位应当按照施工合同约定及时支付危大工程施工技术措施费及相应的安全防护文明施工措施费，保障危大工程施工安全。

勘察单位应当根据工程实际及工程周边环境资料，在勘察文件中说明地质条件可能造成的工程风险。设计单位应当在设计文件中注明涉及危大工程的重点部位和环节，提出保障工程周边环境安全和工程施工安全的意见，必要时进行专项设计。

3. 危大工程安全专项施工方案的实施

施工单位应当在施工现场显著位置公告危大工程名称、施工时间和具体责任人员，并在危险区域设置安全警示标志。

施工单位应当严格按照专项施工方案组织施工，不得擅自修改专项施工方案。因规划调整、设计变更等原因确需调整的，修改后的专项施工方案应当按照规定重新审核和论证。涉及资金或工期调整的，建设单位应当按照约定予以调整。

施工单位应当对危大工程施工作业人员进行登记，项目负责人应当在施工现场履职。项目专职安全生产管理人员应当对专项施工方案实施情况进行现场监督，对未按照专项施工方案施工的，应当要求立即整改，并及时报告项目负责人，项目负责人应当及时组织限期整改。施工单位应当按照规定对危大工程进行施工监测和安全巡视，发现危及人身安全的紧急情况，应当立即组织作业人员撤离危险区域。

监理单位应当结合危大工程专项施工方案编制监理实施细则，并对危大工程施工实施专项巡视检查。监理单位发现施工单位未按照专项施工方案施工的，应当要求其进行整改；情节严重的，应当要求其暂停施工，并及时报告建设单位。施工单位拒不整改或者不停止施工的，监理单位应当及时报告建设单位和工程所在地住房城乡建设主管部门。

对于按照规定需要进行第三方监测的危大工程，建设单位应当委托具有相应勘察资质的单位进行监测。监测单位应当编制监测方案。监测方案由监测单位技术负责人审核签字并加盖单位公章，报送监理单位后方可实施。监测单位应当按照监测方案开展监测，及时向建设单位报送监测成果，并对监测成果负责；发现异常时，及时向建设、设计、施工、监理单位报告，建设单位应当立即组织相关单位采取处置措施。

对于按照规定需要验收的危大工程，施工单位、监理单位应当组织相关人员进行验收。验收合格的，经施工单位项目技术负责人及总监理工程师签字确认后，方可进入下一道工序。危大工程验收合格后，施工单位应当在施工现场明显位置设置验收标识牌，公示验收时间及责任人员。

危大工程发生险情或事故时，施工单位应当立即采取应急处置措施，并报告工程所在地住房城乡建设主管部门。建设、勘察、设计、监理等单位应当配合施工单位开展应急抢险工作。危大工程应急抢险结束后，建设单位应当组织勘察、设计、施工、监理等单位制订工程恢复方案，并对应急抢险工作进行后评估。

施工、监理单位应当建立危大工程安全管理档案。施工单位应当将专项施工方案及审核、专家论证、交底、现场检查、验收及整改等相关资料纳入档案管理。监理单位应当将监理实施细则、专项施工方案审查、专项巡视检查、验收及整改等相关资料纳入档案管理。

(二)安全施工技术交底

《建设工程安全生产管理条例》规定,建设工程施工前,施工单位负责项目管理的技术人员应当对有关安全施工的技术要求向施工作业班组、作业人员作出详细说明,并由双方签字确认。

《危险性较大的分部分项工程安全管理规定》中规定,专项施工方案实施前,编制人员或项目技术负责人应当向施工现场管理人员进行方案交底。施工现场管理人员应当向作业人员进行安全技术交底,并由双方和项目专职安全生产管理人员共同签字确认。

通常,安全技术交底,有施工工种安全技术交底、分部分项工程施工安全技术交底、大型特殊工程单项安全技术交底、设备安装工程技术交底,以及采用新工艺、新技术、新材料施工的安全技术交底等。

安全技术交底的基本要求如下:

(1)逐级交底,由总承包单位向分包单位、分包单位工程项目的技术人员向施工班组长、施工班组长向作业人员分别进行交底;

(2)交底必须具体、明确、针对性强;

(3)技术交底的内容应针对分部分项工程施工给作业人员带来的潜在危险因素和存在的问题;

(4)应优先采用新的安全技术措施;

(5)各工种的安全技术交底一般与分部分项安全技术交底同步进行,对施工工艺负责、施工难度较大或作业条件危险的,应当单独进行各工种的安全技术交底;

(6)交底应当采用书面形式,即将每天参加交底的人员名单和交底内容记录在班组活动记录中。

二、施工现场安全防范措施和安全费用的规定

(一)施工现场安全防护

《建筑法》规定,建筑施工企业应当在施工现场采取维护安全、防范危险、预防火灾等措施;有条件的,应当对施工现场实行封闭管理。施工现场对毗邻的建筑物、构筑物和特殊作业环境可能造成损害的,建筑施工企业应当采取安全防护措施。

《国务院办公厅关于促进建筑业持续健康发展的意见》中规定,全面落实安全生产责任,加强施工现场安全防护,特别要强化对深基坑、高支模、起重机械等危险性较大的分部分项工程的管理,以及对不良地质地区重大工程项目的风险评估或论证。

1. 危险部位设置安全警示标志

《安全生产法》规定,生产经营单位应当在有较大危险因素的生产经营场所和有关设施、设备上,设置明显的安全警示标志。《建设工程安全生产管理条例》进一步规定,施工单位应当在施工现场入口处、施工起重机械、临时用电设施、脚手架、出入通道口、楼梯口、电梯井口、孔洞口、桥梁口、隧道口、基坑边沿、爆破物及有害危险气体和液体存放处等危险部位,设置明显的安全警示标志。安全警示标志必须符合国家标准。

工地现场的情况尽管千差万别,不同施工现场的危险源也不尽相同,但施工现场入口处、施工起重机械、临时用电设施、脚手架、出入通道口、楼梯口、电梯井口、孔洞口、桥梁口、隧道

口、基坑边沿、爆破物及有害危险气体和液体存放处等,通常都是容易出现生产安全事故的危险部位。

安全警示标志,是指提醒人们注意的各种标牌、文字、符号及灯光等,一般由安全色、几何图形和图形符号构成。安全警示标志须符合国家标准《安全标志及其使用导则》的有关规定。

2. 不同施工阶段和暂停施工应采取的安全施工措施

《建设工程安全生产管理条例》规定,施工单位应当根据不同施工阶段和周围环境及季节、气候的变化,在施工现场采取相应的安全施工措施。施工现场暂时停止施工的,施工单位应当做好现场防护,所需费用由责任方承担,或者按照合同约定执行。

由于施工作业的风险性较大,在地下施工、高处施工等不同的施工阶段要采取相应安全措施,并应根据周围环境和季节、气候变化,加强季节性安全防护措施。例如,夏季要防暑降温,冬季要防寒防冻、防止煤气中毒;夜间施工应有足够的照明;雨期和冬期施工应对道路采取防滑措施;傍山沿河地区应制订防滑坡、防泥石流、防汛措施;大风、大雨期间应暂停施工。

当然,在实践中造成暂时停止施工的原因多种多样,可能是因为施工单位,也可能是建设单位、设计单位或监理单位的问题,还有因不可抗力或违法行为被责令停止施工等。一般来说,除不可抗力要按合同约定执行外,其他则要分清责任,谁的责任就由谁承担费用。但无论费用由谁承担,施工单位都必须做好现场防护,以防止在暂停施工期间出现施工现场的作业人员或者其他人员的安全事故,并为今后继续施工创造良好的作业环境。

3. 施工现场临时设施的安全卫生要求

《建设工程安全生产管理条例》规定,施工单位应当将施工现场的办公区、生活区与作业区分开设置,并保持安全距离;办公区、生活区的选址应当符合安全性要求。职工的膳食、饮水、休息场所等应当符合卫生标准。施工单位不得在尚未竣工的建筑物内设置员工集体宿舍。施工现场临时搭建的建筑物应当符合安全使用要求。施工现场使用的装配式活动房屋应当具有产品合格证。

依法将施工现场的办公区、生活区与作业区分开设置,并保持安全距离,这是因为办公区、生活区是人们进行办公和日常生活的区域,人员较多且复杂,安全意识和防范措施相对较弱,如果将其混设一处,势必造成施工现场管理混乱,极易发生生产安全事故。办公区和生活区的选址也要满足安全性要求,应当建在安全地带,保证办公、生活用房不致因滑坡、泥石流等地质灾害而受到破坏,造成人员伤亡和财产损失。

为了保障职工身体健康,对职工的膳食、饮水、休息场所等的建设,均应符合卫生安全标准。2018年12月经修订后公布的《中华人民共和国食品安全法》(以下简称《食品安全法》)规定,学校、托幼机构、养老机构、建筑工地等集中用餐单位的食堂应当严格遵守法律、法规和食品安全标准;从供餐单位订餐的,应当从取得食品生产经营许可的企业订购,并按照要求对订购的食品进行查验。

4. 对施工现场周边的安全防护措施

《建设工程安全生产管理条例》规定,施工单位对因建设工程施工可能造成损害的毗邻建筑物、构筑物和地下管线等,应采取专项防护措施。在城市市区内的建设工程,施工单位应当对施工现场实行封闭围挡。

建设工程施工多为露天、高处作业,对周围环境特别是毗邻的建筑物、构筑物和地下管线等可能会造成损害。因此,施工单位有责任、有义务采取相应的安全防护措施,确保毗邻的建筑物、构筑物和地下管线等不受损坏。施工现场实行封闭管理,主要是解决"扰民"和"民扰"问题。施工现场采用密目式安全网、围墙、围栏等封闭起来,既可以防止施工中的不安全因素扩散到场外,也可以起到保护环境、美化市容、文明施工的作用,还可以防盗、防砸。

5. 危险作业的施工现场安全管理

《安全生产法》规定,生产经营单位进行爆破、吊装及国务院安全生产监督管理部门会同国务院有关部门规定的其他危险作业,应当安排专门人员进行现场安全管理,确保操作规程的遵守和安全措施的落实。

2013年12月经修改后颁布的《危险化学品安全管理条例》还规定,进行可能危及危险化学品管道安全的施工作业,施工单位应当在开工的7日前书面通知管道所属单位,并与管道所属单位共同制定应急预案,采取相应的安全防护措施。管道所属单位应当指派专门人员到现场进行管道安全保护指导。

6. 安全防护设备、机械设备等的安全管理

《建设工程安全生产管理条例》规定,施工单位采购、租赁的安全防护用具、机械设备、施工机具及配件,应当具有生产(制造)许可证、产品合格证,并在进入施工现场前进行查验。施工现场的安全防护用具、机械设备、施工机具及配件必须由专人管理,定期进行检查、维修和保养,建立相应的资料档案,并按照国家有关规定及时报废。施工单位在使用施工起重机械和整体提升脚手架、模板等自升式架设设施前,应当组织有关单位进行验收,也可以委托具有相应资质的检验检测机构进行验收;使用承租的机械设备和施工机具及配件的,由施工总承包单位、分包单位、出租单位和安装单位共同进行验收。验收合格的方可使用。

(二)施工单位安全生产费用的规定

施工单位安全生产费用(以下简称"安全费用"),是指施工单位按照规定标准提取在成本中列支,专门用于完善和改进企业或施工项目安全生产条件的资金。"安全费用"按照"企业提取、政府监管、确保需要、规范使用"的原则进行管理。

《安全生产法》规定,生产经营单位应当具备的安全生产条件所必需的资金投入,由生产经营单位的决策机构、主要负责人或个人经营的投资人予以保证,并对由于安全生产所必需的资金投入不足导致的后果承担责任。有关生产经营单位应当按照规定提取和使用安全生产费用,专门用于改善安全生产条件。安全生产费用在成本中据实列支。《建设工程安全生产管理条例》进一步规定,施工单位对列入建设工程概算的安全作业环境及安全施工措施所需费用,应当用于施工安全防护用具及设施的采购和更新、安全施工措施的落实、安全生产条件的改善,不得挪作他用。

《建筑工程安全防护、文明施工措施费用及使用管理规定》规定,实行工程总承包的,总承包单位依法将建筑工程分包给其他单位的,总承包单位与分包单位应当在分包合同中明确安全防护、文明施工措施费用由总承包单位统一管理。安全防护、文明施工措施由分包单位实施的,并由分包单位提出专项安全防护措施及施工方案,经总承包单位批准后及时支付所需费用。

工程监理单位应当对施工单位落实安全防护、文明施工措施情况进行现场监理。对施工

单位已经落实的安全防护、文明施工措施,总监理工程师或造价工程师应当及时审查并签订所发生的费用。监理单位发现施工单位未落实施工组织设计及专项施工方案中安全防护和文明施工措施的,有权责令其立即整改;对施工单位拒不整改或未按期限要求完成整改的,工程监理单位应当及时向建设单位和住房城乡建设主管部门报告,必要时责令其暂停施工。

施工单位应当确保安全防护、文明施工措施费专款专用,在财务管理中单独列出安全防护、文明施工措施项目费用清单备查。施工单位安全生产管理机构和专职安全生产管理人员负责对建筑工程安全防护、文明施工措施的组织实施进行现场监督检查,并有权向建设主管部门反映情况。

工程总承包单位对建筑工程安全防护、文明施工措施费用的使用负总责。总承包单位应当按照本规定及合同约定及时向分包单位支付安全防护、文明施工措施费用。总承包单位不按本规定和合同约定支付费用,造成分包单位不能及时落实安全防护措施导致发生事故的,由总承包单位负主要责任。

三、施工现场消防安全职责和应采取的消防安全措施

施工现场的火灾时有发生,甚至出现过特大恶性火灾事故。因此,施工单位必须建立健全消防安全责任制,加强消防安全教育培训,严格消防安全管理,确保施工现场消防安全。

(一)施工单位消防安全责任人和消防安全职责

施工单位的主要负责人是本单位的消防安全责任人,项目负责人是本项目施工现场的消防安全责任人。在施工现场需实施和落实逐级防火责任制、岗位防火责任制。各部门、各班组负责人及各个岗位人员都应对自己管辖工作范围内的消防安全负责,切实做到"谁主管、谁负责;谁在岗、谁负责"。

重点工程的施工现场多定为消防安全重点单位,按照《中华人民共和国消防法》(以下简称《消防法》)的规定,除应当履行所有单位都应当履行的职责外,还应当履行下列消防安全职责:

(1)确定消防安全管理人,组织实施本单位的消防安全管理工作;
(2)建立消防档案,确定消防安全重点部位,设置防火标志,实行严格管理;
(3)实行每日防火巡查,并建立巡查记录;
(4)对职工进行岗前消防安全培训,定期组织消防安全培训和消防演练。

(二)施工现场的消防安全要求

《国务院关于加强和改进消防工作的意见》规定,公共建筑在营业、使用期间不得进行外保温材料施工作业,居住建筑进行节能改造作业期间应撤离居住人员,并设消防安全巡逻人员,严格分离用火用焊作业与保温施工作业,严禁在施工建筑内安排人员住宿。新建、改建、扩建工程的外保温材料一律不得使用易燃材料,严格限制使用可燃材料。建筑室内装饰装修材料必须符合国家、行业标准和消防安全要求。

公安部、住房和城乡建设部《关于进一步加强建设工程施工现场消防安全工作的通知》规定,施工单位应当在施工组织设计中编制消防安全技术措施和专项施工方案,并由专职安全管理人员进行现场监督。

施工现场要设置消防通道并确保畅通。建筑工地要满足消防车通行、停靠和作业要求。

在建建筑内应设置标明楼梯间和出入口的临时醒目标志,视情况安装楼梯间和出入口的临时照明,及时清理建筑垃圾和障碍物,规范材料堆放,保证发生火灾时,现场施工人员疏散和消防人员扑救快捷畅通。

施工现场要按有关规定设置消防水源。应当在建设工程平地阶段按照总平面设计设置室外消火栓系统,并保持充足的管网压力和流量。根据在建工程施工进度,同步安装室内消火栓系统或设置临时消火栓,配备水枪水带,消防干管设置水泵接合器,满足施工现场火灾扑救的消防供水要求。施工现场应当配备必要的消防设施和灭火器材。施工现场的重点防火部位和在建高层建筑的各个楼层,应在明显和方便取用的位置配置适当数量的手提式灭火器、消防沙袋等消防器材。

动用明火必须实行严格的消防安全管理,禁止在具有火灾、爆炸危险的场所使用明火;需要进行明火作业的,动火部门和人员应当按照用火管理制度办理审批手续,落实现场监护人,在确认无火灾、爆炸危险后方可动火施工;动火施工人员应当遵守消防安全规定,并落实相应的消防安全措施;易燃易爆危险物品和场所应有具体防火防爆措施;电焊、气焊、电工等特殊工种人员必须持证上岗;将容易发生火灾、一旦发生火灾后果严重的部位确定为重点防火部位,实行严格管理。

施工现场的办公区、生活区与作业区应当分开设置,并应保持安全距离;施工单位不得在尚未竣工的建筑物内设置员工集体宿舍。

(三)施工单位消防安全自我评估和防火检查

《国务院关于加强和改进消防工作的意见》中指出,要建立消防安全自我评估机制,消防安全重点单位每季度、其他单位每半年自行或委托有资质的机构对本单位进行一次消防安全检查评估,做到安全自查、隐患自除、责任自负。

公安部、住房和城乡建设部《关于进一步加强建设工程施工现场消防安全工作的通知》规定,施工单位应及时纠正违章操作行为,及时发现火灾隐患并采取防范、整改措施。国家、省级等重点工程的施工现场应当进行每日防火巡查,其他施工现场也应根据需要组织防火巡查。

施工单位防火检查的内容应当包括:火灾隐患的整改情况及防范措施的落实情况,疏散通道、消防车通道、消防水源情况,灭火器材配置及有效情况,用火、用电有无违章情况,重点工种人员及其他施工人员消防知识掌握情况,消防安全重点部位管理情况,易燃易爆危险物品和场所防火防爆措施落实情况,防火巡查落实情况等。

(四)建设工程消防施工的质量和安全责任

《消防法》规定,建设工程的消防设计、施工必须符合国家工程建设消防技术标准。建设、设计、施工、工程监理等单位依法对建设工程的消防设计、施工质量负责。特殊建设工程未经消防设计审查或审查不合格的,建设单位、施工单位不得施工;其他建设工程、建设单位未提供满足施工需要的消防设计图纸及技术资料的,有关部门不得发放施工许可证或批准开工报告。

因施工等特殊情况需要使用明火作业的,应当按照规定事先办理审批手续,采取相应的消防安全措施;作业人员应当遵守消防安全规定。进行电焊、气焊等具有火灾危险作业的人员和自动消防系统的操作人员,必须持证上岗,并应遵守消防安全操作规程。

(五)施工单位的消防安全教育培训和消防演练

《国务院关于加强和改进消防工作的意见》指出,要加强对单位消防安全责任人、消防安全管理人、消防控制室操作人员和消防设计、施工、监理人员及保安、电(气)焊工、消防技术服务机构从业人员的消防安全培训。

2009年5月,公安部、住房和城乡建设部等9部委发布的《社会消防安全教育培训规定》中规定,在建工程的施工单位应当开展下列消防安全教育工作:

(1)建设工程施工前应当对施工人员进行消防安全教育;

(2)在建设工地醒目位置、施工人员集中住宿场所设置消防安全宣传栏,悬挂消防安全挂图和消防安全警示标识;

(3)对明火作业人员进行经常性的消防安全教育;

(4)组织灭火和应急疏散演练。

公安部、住房和城乡建设部《关于进一步加强建设工程施工现场消防安全工作的通知》规定,施工人员上岗前的安全培训应当包括以下消防内容:有关消防法规、消防安全制度和保障消防安全的操作规程,本岗位的火灾危险性和防火措施,有关消防设施的性能、灭火器材的使用方法,报火警、扑救初起火灾及自救逃生的知识和技能等,保障施工现场人员具有相应的消防常识和逃生自救能力。

施工单位应当根据国家有关消防法规和建设工程安全生产法规的规定,建立施工现场消防组织,制定灭火和应急疏散预案,并至少每半年组织一次演练,提高施工人员及时报警、扑灭初起火灾和自救逃生能力。

四、工伤保险和意外伤害保险的规定

《建筑法》规定,建筑施工企业应当依法为职工参加工伤保险缴纳工伤保险费。鼓励企业为从事危险作业的职工办理意外伤害保险,支付保险费。

据此,工伤保险是面向施工企业全体员工的强制性保险。意外伤害保险则是针对施工现场从事危险作业特殊群体的职工,其适用范围是在施工现场从事高处作业、深基坑作业、爆破作业等危险性较大的施工人员,法律鼓励施工企业再为他们办理意外伤害保险,使这部分人员能够比其他职工依法获得更多的权益保障。

(一)工伤保险的规定

2010年12月经修订后颁布的《工伤保险条例》规定,中华人民共和国境内的企业、事业单位、社会团体、民办非企业单位、基金会、律师事务所、会计师事务所等组织和有雇工的个体工商户(以下称用人单位)应当依照本条例规定参加工伤保险,为本单位全部职工或雇工(以下称职工)缴纳工伤保险费。

1. 工伤保险基金

工伤保险基金由用人单位缴纳的工伤保险费、工伤保险基金的利息和依法纳入工伤保险基金的其他资金构成。工伤保险费根据以支定收、收支平衡的原则,确定费率。

工伤保险基金存入社会保障基金财政专户,用于《工伤保险条例》规定的工伤保险待遇、劳动能力鉴定,工伤预防的宣传、培训等费用,以及法律、法规规定的用于工伤保险的其他费用的支付。任何单位或者个人不得将工伤保险基金用于投资运营、兴建或者改建办公场所、发放奖金,或者挪作其他用途。

2. 工伤认定

职工有下列情形之一的,应当认定为工伤:

(1)在工作时间和工作场所内,因工作原因受到事故伤害的;

(2)工作时间前后在工作场所内,从事与工作有关的预备性或者收尾性工作受到事故伤害的;

(3)在工作时间和工作场所内,因履行工作职责受到暴力等意外伤害的;

(4)患职业病的;

(5)因工外出期间,由于工作原因受到伤害或者发生事故下落不明的;

(6)在上下班途中,受到非本人主要责任的交通事故或者城市轨道交通、客运轮渡、火车事故伤害的;

(7)法律、行政法规规定应当认定为工伤的其他情形。

职工有下列情形之一的,视同工伤:

(1)在工作时间和工作岗位,突发疾病死亡或者在48小时之内经抢救无效死亡的;

(2)在抢险救灾等维护国家利益、公共利益活动中受到伤害的;

(3)职工原在军队服役,因战、因公负伤致残,已取得革命伤残军人证,到用人单位后旧伤复发的。

职工有以上第(1)项、第(2)项情形的,按照《工伤保险条例》的有关规定享受工伤保险待遇;职工有以上第(3)项情形的,按照《工伤保险条例》的有关规定享受除一次性伤残补助金以外的工伤保险待遇。

职工符合以上的规定,但是有下列情形之一的,不得认定为工伤或者视同工伤:

(1)故意犯罪的;

(2)醉酒或者吸毒的;

(3)自残或者自杀的。

职工发生事故伤害或者按照职业病防治法规定被诊断、鉴定为职业病,所在单位应当自事故伤害发生之日或者被诊断、鉴定为职业病之日起30日内,向统筹地区社会保险行政部门提出工伤认定申请。遇有特殊情况,经报社会保险行政部门同意,申请时限可以适当延长。用人单位未按以上规定提出工伤认定申请的,工伤职工或者其近亲属、工会组织在事故伤害发生之日或者被诊断、鉴定为职业病之日起1年内,可以直接向用人单位所在地统筹地区社会保险行政部门提出工伤认定申请。用人单位未在以上规定的时限内提交工伤认定申请,在此期间发生符合《工伤保险条例》规定的工伤待遇等有关费用由该用人单位负担。

3. 工伤保险待遇

职工因工作遭受事故伤害或者患职业病进行治疗,享受工伤医疗待遇。

职工治疗工伤应当在签订服务协议的医疗机构就医,情况紧急时可以先到就近的医疗机构急救。治疗工伤所需费用符合工伤保险诊疗项目目录、工伤保险药品目录、工伤保险住院服务标准的,从工伤保险基金支付。职工住院治疗工伤的伙食补助费,以及经医疗机构出具证明,报经办机构同意,工伤职工到统筹地区以外就医所需的交通、食宿费用从工伤保险基金支付,基金支付的具体标准由统筹地区人民政府规定。工伤职工到签订服务协议的医疗机构进行工伤康复的费用,符合规定的,从工伤保险基金支付。

工伤职工治疗非工伤引发的疾病,不享受工伤医疗待遇,按照基本医疗保险办法处理。社会保险行政部门作出认定为工伤的决定后发生行政复议、行政诉讼的,行政复议和行政诉讼期间不停止支付工伤职工治疗工伤的医疗费用。

工伤职工因日常生活或就业需要，经劳动能力鉴定委员会确认，可以安装假肢、矫形器、假眼、假牙和配置轮椅等辅助器具，所需费用按照国家规定的标准从工伤保险基金支付。

职工因工作遭受事故伤害或患职业病需要暂停工作接受工伤医疗的，在停工留薪期内，原工资福利待遇不变，由所在单位按月支付。停工留薪期一般不超过12个月。伤情严重或情况特殊，经设区的市级劳动能力鉴定委员会确认，可以适当延长，但延长时间不得超过12个月。

工伤职工评定伤残等级后，停发原待遇，按照有关规定享受伤残待遇。工伤职工在停工留薪期满后仍需治疗的，继续享受工伤医疗待遇。

4. 建筑意外伤害保险的规定

《建筑法》规定，鼓励企业为从事危险作业的职工办理意外伤害保险，支付保险费。《建设工程安全生产管理条例》规定，施工单位应当为施工现场从事危险作业的人员办理外伤害保险。意外伤害保险费由施工单位支付。实行施工总承包的，由总承包单位支付意外伤害保险费。意外伤害保险期限自建设工程开工之日起至竣工验收合格时止。

第六节 施工安全事故的应急救援与调查处理

施工现场一旦发生生产安全事故，应当立即实施抢险救援，特别是抢救遇险人员，控制事态，防止伤亡事故进一步扩大，并依法向有关部门报告事故。事故调查处理应当坚持实事求是，尊重科学的原则，及时准确地调查事故经过、事故原因和事故损失，查明事故性质，认定事故责任，总结事故教训，提出整改措施，并对事故责任者依法追究责任。

一、生产安全事故的等级划分标准

2007年4月国务院颁布的《生产安全事故报告和调查处理条例》规定，根据生产安全事故（以下简称"事故"）造成的人员伤亡或者直接经济损失，事故一般分为以下等级：

(1) 特别重大事故，是指造成30人以上死亡，或者100人以上重伤（包括急性工业中毒，下同），或者1亿元以上直接经济损失的事故；

(2) 重大事故，是指造成10人以上30人以下死亡，或者50人以上100人以下重伤，或者5000万元以上1亿元以下直接经济损失的事故；

(3) 较大事故，是指造成3人以上10人以下死亡，或者10人以上50人以下重伤，或者1000万元以上5000万元以下直接经济损失的事故；

(4) 一般事故，是指造成3人以下死亡，或者10人以下重伤，或者1000万元以下直接经济损失的事故。

这里所称的"以上"包括本数，所称的"以下"不包括本数。

(一) 事故等级划分的要素

事故等级的划分包括人身、经济和社会三个要素，可以单独适用。

人身要素就是人员伤亡的数量。施工生产安全事故危害的最严重后果，就是造成人员的死亡和重伤。因此，人员伤亡数量被列为事故分级的第一要素。

经济要素就是直接经济损失的数额。施工生产安全事故不仅会造成人员伤亡，往往还会造成直接经济损失。因此,要保护国家、单位和人民群众的财产权,还应根据造成直接经济损失的多少来划分事故等级。

社会要素就是社会影响。在实践中,有些生产安全事故的伤亡人数、直接经济损失数额虽然达不到法定标准,但是造成了恶劣的社会影响、政治影响和国际影响,也应当列为特殊事故进行调查处理。例如,事故严重影响周边单位和居民正常的生产生活,社会反应强烈;造成较大的国际影响;对公众健康构成潜在威胁等。对此,《生产安全事故报告和调查处理条例》规定,没有造成人员伤亡,但是社会影响恶劣的事故,国务院或有关地方人民政府认为需要调查处理的,依照本条例的有关规定执行。

(二)事故等级划分的补充性规定

《生产安全事故报告和调查处理条例》规定,国务院安全生产监督管理部门可以会同国务院有关部门,制定事故等级划分的补充性规定。

由于不同行业和领域的事故各有特点,发生事故的原因和损失情况也差异较大,很难用同一标准来划分不同行业或领域的事故等级,因此,授权国务院安全生产监督管理部门可以会同国务院有关部门,针对某些特殊行业或领域的实际情况来制定事故等级划分的补充性规定,是十分必要的。

二、施工生产安全事故应急救援预案的规定

《安全生产法》规定,生产经营单位应当制定本单位生产安全事故应急救援预案,与所在地县级以上地方人民政府组织制定的生产安全事故应急救援预案相衔接,并定期组织演练。《建设工程安全生产管理条例》规定,施工单位应当制定本单位生产安全事故应急救援预案,建立应急救援组织或者配备应急救援人员,配备必要的应急救援器材、设备,并定期组织演练。

《生产安全事故应急条例》规定,生产经营单位应当加强生产安全事故应急工作,建立、健全生产安全事故应急工作责任制,其主要负责人对本单位的生产安全事故应急工作全面负责。

(一)生产安全事故应急救援预案的编制

《建设工程安全生产管理条例》规定,施工单位应当根据建设工程施工的特点、范围,对施工现场易发生重大事故的部位、环节进行监控,制定施工现场生产安全事故应急救援预案。

生产安全事故应急救援预案应当符合有关法律、法规、规章和标准的规定,具有科学性、针对性和可操作性,明确规定应急组织体系、职责分工以及应急救援程序和措施。

《生产安全事故应急预案管理办法》规定,生产经营单位应急预案分为综合应急预案、专项应急预案和现场处置方案。

综合应急预案是指生产经营单位为应对各种生产安全事故而制订的综合性工作方案,是本单位应对生产安全事故的总体工作程序、措施和应急预案体系的总纲;专项应急预案,是指生产经营单位为应对某一种或者多种类型生产安全事故,或者针对重要生产设施、重大危险源、重大活动防止生产安全事故而制定的专项性工作方案;现场处置方案,是指生产经营单位根据不同生产安全事故类型,针对具体场所、装置或者设施所制订的应急处置措施。

综合应急预案应当规定应急组织机构及其职责、应急预案体系、事故风险描述、预警及信息报告、应急响应、保障措施、应急预案管理等内容。专项应急预案应当规定应急指挥机构与

职责、处置程序和措施等内容。现场处置方案应当规定应急工作职责、应急处置措施和注意事项等内容。

(二)施工生产安全事故应急预案的修订、教育培训和演练

《生产安全事故应急条例》规定,有下列情形之一的,生产安全事故应急救援预案制定单位应当及时修订相关预案:

(1)制定预案所依据的法律、法规、规章、标准发生重大变化;
(2)应急指挥机构及其职责发生调整;
(3)安全生产面临的风险发生重大变化;
(4)重要应急资源发生重大变化;
(5)在预案演练或者应急救援中发现需要修订预案的重大问题;
(6)其他应当修订的情形。

生产经营单位应当对从业人员进行应急教育和培训,保证从业人员具备必要的应急知识,掌握风险防范技能和事故应急措施。

建筑施工单位应当至少每半年组织1次生产安全事故应急救援预案演练,并将演练情况报送所在地县级以上地方人民政府负有安全生产监督管理职责的部门。县级以上地方人民政府负有安全生产监督管理职责的部门应当对本行政区域内以上规定的重点生产经营单位的生产安全事故应急救援预案演练进行抽查;发现演练不符合要求的,应当责令限期改正。

(三)应急救援队伍与应急值班制度

建筑施工单位应当建立应急救援队伍;其中,小型企业或微型企业等规模较小的生产经营单位,可以不建立应急救援队伍,但应当指定兼职的应急救援人员,并且可以与邻近的应急救援队伍签订应急救援协议。

应急救援队伍的应急救援人员应当具备必要的专业知识、技能、身体素质和心理素质。应急救援队伍建立单位或兼职应急救援人员所在单位应当按照国家有关规定对应急救援人员进行培训;应急救援人员经培训合格后,方可参加应急救援工作。应急救援队伍应当配备必要的应急救援装备和物资,并定期组织训练。

建筑施工单位应当根据本单位可能发生的生产安全事故的特点和危害,配备必要的灭火、排水、通风及危险物品稀释、掩埋、收集等应急救援器材、设备和物资,并进行经常性维护和保养,保证正常运转。

建筑施工单位、应急救援队伍应当建立应急值班制度,配备应急值班人员。

(四)应急救援的组织实施

发生生产安全事故后,生产经营单位应当立即启动生产安全事故应急救援预案,采取下列一项或者多项应急救援措施,并按照国家有关规定报告事故情况:

(1)迅速控制危险源,组织抢救遇险人员;
(2)根据事故危害程度,组织现场人员撤离或者采取可能的应急措施后撤离;
(3)及时通知可能受到事故影响的单位和人员;
(4)采取必要措施,防止事故危害扩大和次生、衍生灾害发生;
(5)根据需要请求邻近的应急救援队伍参加救援,并向参加救援的应急救援队伍提供相关技术资料、信息和处置方法;
(6)维护事故现场秩序,保护事故现场和相关证据;

(7)法律、法规规定的其他应急救援措施。

应急救援队伍接到有关人民政府及其部门的救援命令或者签有应急救援协议的生产经营单位的救援请求后,应当立即参加生产安全事故应急救援。应急救援队伍根据救援命令参加生产安全事故应急救援所耗费用,由事故责任单位承担;事故责任单位无力承担的,由有关人民政府协调解决。

参加生产安全事故现场应急救援的单位和个人应当服从现场指挥部的统一指挥。在生产安全事故应急救援过程中,发现可能直接危及应急救援人员生命安全的紧急情况时,现场指挥部或者统一指挥应急救援的人民政府应当立即采取相应措施消除隐患,降低或者化解风险,必要时可以暂时撤离应急救援人员。

(五)施工总分包单位的职责分工

《建设工程安全生产管理条例》规定,实行施工总承包的,由总承包单位统一组织编制建设工程生产安全事故应急救援预案,工程总承包单位和分包单位按照应急救援预案,各自建立应急救援组织或者配备应急救援人员,配备救援器材、设备,并定期组织演练。

三、施工生产安全事故报告及采取相应措施的规定

《建筑法》规定,施工过程中发生事故时,建筑施工企业应当采取紧急措施减少人员伤亡和事故损失,并按照国家有关规定及时向有关部门报告。

《建设工程安全生产管理条例》进一步规定,施工单位发生生产安全事故,应当按照国家有关伤亡事故报告和调查处理的规定,及时、如实地向负责安全生产监督管理的部门、住房城乡建设主管部门或者其他有关部门报告;特种设备发生事故的,还应当同时向特种设备安全监督管理部门报告。实行施工总承包的建设工程,由总承包单位负责上报事故。

(一)施工生产安全事故报告的基本要求

《安全生产法》规定,生产经营单位发生生产安全事故后,事故现场有关人员应当立即报告本单位负责人。单位负责人接到事故报告后,应当迅速采取有效措施,组织抢救,防止事故扩大,减少人员伤亡和财产损失,并按照国家有关规定立即如实报告当地负有安全生产监督管理职责的部门,不得隐瞒不报、谎报或者迟报,不得故意破坏事故现场、毁灭有关证据。

1. 事故报告的时间要求

《生产安全事故报告和调查处理条例》规定,事故发生后,事故现场有关人员应当立即向本单位负责人报告;单位负责人接到报告后,应当于1小时内向事故发生地县级以上人民政府安全生产监督管理部门和负有安全生产监督管理职责的有关部门报告。情况紧急时,事故现场有关人员可以直接向事故发生地县级以上人民政府安全生产监督管理部门和负有安全生产监督管理职责的有关部门报告。

所谓事故现场,是指事故具体发生地点与事故能够影响和波及的区域,以及该区域内的物品、痕迹等所处的状态。所谓有关人员,主要是指事故发生单位在事故现场的有关工作人员,可以是事故的负伤者,也可以是在事故现场的其他工作人员。所谓立即报告,是指在事故发生后的第一时间用最快捷的报告方式进行报告。所谓单位负责人,可以是事故发生单位的主要负责人,也可以是事故发生单位主要负责人以外的其他分管安全生产工作的副职领导或其他负责人。

一般情况下,事故现场有关人员应当先向本单位负责人报告事故。但是,事故是人命关

天的大事,在情况紧急时允许事故现场有关人员直接向安全生产监督管理部门和负有安全生产监督管理职责的有关部门报告。事故报告应当及时、准确、完整。任何单位和个人对事故不得迟报、漏报、谎报或瞒报。

2. 事故报告的内容要求

《生产安全事故报告和调查处理条例》规定,报告事故应当包括下列内容:

(1)事故发生单位概况;
(2)事故发生的时间、地点及事故现场情况;
(3)事故的简要经过;
(4)事故已经造成或者可能造成的伤亡人数(包括下落不明的人数)和初步估计的直接经济损失;
(5)已经采取的措施;
(6)其他应当报告的情况。

事故发生单位概况,应当包括单位的全称、所处地理位置、所有制形式和隶属关系、生产经营范围和规模、持有各类证照情况、单位负责人基本情况及近期生产经营状况等。该部分内容应以全面、简洁为原则。

报告事故发生的时间应当具体;报告事故发生的地点要准确,除事故发生的中心地点外,还应当报告事故所波及的区域;报告事故现场的情况应当全面,包括现场的总体情况、人员伤亡情况和设备设施的毁损情况,以及事故发生前后的现场情况,便于比较分析事故原因。

对于人员伤亡情况的报告,应当遵守实事求是的原则,不作无根据的猜测,更不能隐瞒实际伤亡人数。对直接经济损失的初步估算,主要是指事故所导致的建筑物毁损、生产设备设施和仪器仪表损坏等。

已经采取的措施主要是指事故现场有关人员、事故单位负责人以及已经接到事故报告的安全生产管理部门等,为减少损失、防止事故扩大和便于事故调查所采取的应急救援和现场保护等具体措施。

其他应当报告的情况,则应根据实际情况而定。如发生较大等级以上事故,还应当报告事故所造成的社会影响、政府有关领导和部门现场指挥等有关情况。

3. 事故补报的要求

《生产安全事故报告和调查处理条例》规定,事故报告后出现新情况的,应当及时补报。自事故发生之日起30日内,事故造成的伤亡人数发生变化的,应当及时补报。道路交通事故、火灾事故自发生之日起7日内,事故造成的伤亡人数发生变化的,应当及时补报。

(二)发生施工生产安全事故后应采取的相应措施

《安全生产法》规定,生产经营单位发生生产安全事故时,单位的主要负责人应当立即组织抢救,并不得在事故调查处理期间擅离职守。

《建设工程安全生产管理条例》进一步规定,发生生产安全事故后,施工单位应当采取措施防止事故扩大,保护事故现场。需要移动现场物品时,应当做出标记和书面记录,妥善保管有关证物。

1. 组织应急抢救工作

《生产安全事故报告和调查处理条例》规定,事故发生单位负责人接到事故报告后,应当立即启动事故相应应急预案,或者采取有效措施,组织抢救,防止事故扩大,减少人员伤亡和财产损失。

例如,对危险化学品泄漏等可能对周边群众和环境产生危害的事故,施工单位应当在向地方政府及有关部门报告的同时,及时向可能受到影响的单位、职工、群众发出预警信息,标明危险区域,组织、协助应急救援队伍救助受害人员,疏散、撤离、安置受到威胁的人员,并采取必要措施防止发生次生、衍生事故。

2. 妥善保护事故现场

《生产安全事故报告和调查处理条例》规定,事故发生后,有关单位和人员应当妥善保护事故现场以及相关证据,任何单位和个人不得破坏事故现场,毁灭相关证据。因抢救人员、防止事故扩大以及疏通交通等原因,需要移动事故现场物品的,应当做出标志,绘制现场简图并做出书面记录,妥善保存现场重要痕迹、物证。

事故现场是追溯判断发生事故原因和事故责任人责任的客观物质基础。从事故发生到事故调查组赶赴现场,往往需要一段时间,而在这段时间里,许多外界因素,如对伤员救护、险情控制、周围群众围观等都会给事故现场造成不同程度的破坏,甚至还有故意破坏事故现场的情况。如果事故现场保护不好,一些与事故有关的证据难以找到,将直接影响到事故现场的勘查,不便于查明事故原因,从而影响事故调查处理的进度和质量。保护事故现场,就是要根据事故现场的具体情况和周围环境,划定保护区范围,布置警戒,必要时将事故现场封锁起来,维持现场的原始状态,既不要减少任何痕迹、物品,也不能增加任何痕迹、物品。即使是保护现场的人员,也不要无故进入,更不能擅自进行勘查,或者随意触摸、移动事故现场的任何物品。任何单位和个人都不得破坏事故现场,毁灭相关证据。

确因特殊情况需要移动事故现场物品的,须同时满足以下条件:

(1)抢救人员、防止事故扩大及疏通交通的需要;

(2)经事故单位负责人或者组织事故调查的安全生产监督管理部门和负有安全生产监督管理职责的有关部门同意;

(3)做出标志,绘制现场简图,拍摄现场照片,对被移动物件贴上标签,并做出书面记录;

(4)尽量使现场少受破坏。

(三)施工生产安全事故的调查

《安全生产法》规定,事故调查处理应当按照科学严谨、依法依规、实事求是、注重实效的原则,及时、准确地查清事故原因,查明事故性质和责任,总结事故教训,提出整改措施,并对事故责任者提出处理意见。事故调查报告应当依法及时向社会公布。

1. 事故调查的管辖

《生产安全事故报告和调查处理条例》规定,特别重大事故由国务院或者国务院授权有关部门组织事故调查组进行调查。

重大事故、较大事故、一般事故分别由事故发生地省级人民政府、设区的市级人民政府、县级人民政府负责调查。省级人民政府、设区的市级人民政府、县级人民政府可以直接组织事故调查组进行调查,也可以授权或者委托有关部门组织事故调查组进行调查。未造成人员伤亡的一般事故,县级人民政府也可以委托事故发生单位组织事故调查组进行调查。上级人民政府认为必要时,可以调查由下级人民政府负责调查的事故。

自事故发生之日起 30 日内(道路交通事故、火灾事故自发生之日起 7 日内),因事故伤亡人数变化导致事故等级发生变化,依照《生产安全事故报告和调查处理条例》规定,应当由上级人民政府负责调查的,上级人民政府可以另行组织事故调查组进行调查。

特别重大事故以下等级事故,事故发生地与事故发生单位不在同一个县级以上行政区域的,由事故发生地人民政府负责调查,事故发生单位所在地人民政府应当派人参加。

2. 事故调查组的组成与职责

事故调查组的组成应当遵循精简、效能的原则。根据事故的具体情况,事故调查组由有关人民政府、安全生产监督管理部门、负有安全生产监督管理职责的有关部门、监察机关、公安机关及工会派人组成,并应当邀请人民检察院派人参加。事故调查组可以聘请有关专家参与调查。

事故调查组成员应当具有事故调查所需要的知识和专长,并与所调查的事故没有直接利害关系。事故调查组组长由负责事故调查的人民政府指定。事故调查组组长主持事故调查组的工作。

事故调查组履行下列职责:
(1)查明事故发生的经过、原因、人员伤亡情况及直接经济损失;
(2)认定事故的性质和事故责任;
(3)提出对事故责任者的处理建议;
(4)总结事故教训,提出防范和整改措施;
(5)提交事故调查报告。

3. 事故调查组的权力与纪律

事故调查组有权向有关单位和个人了解与事故有关的情况,并要求其提供相关文件、资料,有关单位和个人不得拒绝。事故发生单位的负责人和有关人员在事故调查期间不得擅离职守,并应当随时接受事故调查组的询问,如实提供有关情况。事故调查中发现涉嫌犯罪的,事故调查组应当及时将有关材料或者其复印件移交司法机关处理。

事故调查中需要进行技术鉴定的,事故调查组应当委托具有国家规定资质的单位进行技术鉴定。必要时,事故调查组可以直接组织专家进行技术鉴定。技术鉴定所需时间不计入事故调查期限。

事故调查组成员在事故调查工作中应当诚信公正、恪尽职守,遵守事故调查组的纪律,保守事故调查的秘密。未经事故调查组组长允许,事故调查组成员不得擅自发布有关事故的信息。

4. 事故调查报告的期限与内容

事故调查组应当自事故发生之日起60日内提交事故调查报告;特殊情况下,经负责事故调查的人民政府批准,提交事故调查报告的期限可以适当延长,但延长的期限最长不超过60日。

事故调查报告应当包括下列内容:
(1)事故发生单位概况;
(2)事故发生经过和事故救援情况;
(3)事故造成的人员伤亡和直接经济损失;
(4)事故发生的原因和事故性质;
(5)事故责任的认定以及对事故责任者的处理建议;
(6)事故防范和整改措施。事故调查报告应当附具有关证据材料。事故调查组成员应当在事故调查报告上签名。

(四)施工生产安全事故的处理

1. 事故处理时限和落实批复

《生产安全事故报告和调查处理条例》规定,重大事故、较大事故、一般事故,负责事故调查的人民政府应当自收到事故调查报告之日起15日内做出批复;特别重大事故,30日内做出批复,特殊情况下,批复时间可以适当延长,但延长的时间最长不超过30日。

有关机关应当按照人民政府的批复,依照法律、行政法规规定的权限和程序,对事故发生单位和有关人员进行行政处罚,对负有事故责任的国家工作人员进行处分。事故发生单位应当按照负责事故调查的人民政府的批复,对本单位负有事故责任的人员进行处理。

负有事故责任的人员涉嫌犯罪的,依法追究刑事责任。

2. 事故发生单位的防范和整改措施

事故发生单位应当认真吸取事故教训,落实防范和整改措施,防止事故再次发生。防范和整改措施的落实情况应当接受工会和职工的监督。

安全生产监督管理部门和负有安全生产监督管理职责的有关部门应当对事故发生单位落实防范和整改措施的情况进行监督检查。

3. 处理结果的公布

事故处理的情况由负责事故调查的人民政府或者其授权的有关部门、机构向社会公布,依法应当保密的除外。

案例分析

某招待所决定对2层砖混结构住宅楼进行局部拆除改建和重新装修,并将拆改和装修工程包给一无资质的劳务队。该工程未经有资质的单位设计,也没有办理相关手续,仅仅由劳务队队长口述了自己的施工方案,便开始组织施工。该劳务队队长在现场指挥4人在2楼干活,安排2人在1楼干活。当1名工人在修凿剩余墙体时,突然发生坍塌,导致屋面梁和整个屋面板全部倒塌,施工人员被埋压。

案例分析

问题:1. 本案例中建设单位有何违法行为?
2. 建设单位应该承担哪些法律责任?

知识拓展

安全生产教育培训制度

《安全生产法》规定,生产经营单位的主要负责人和安全生产管理人员必须具备与本单位所从事的生产经营活动相应的安全生产知识和管理能力。危险物品的生产、经营、储存单位,及矿山、金属冶炼、建筑施工、道路运输单位的主要负责人和安全生产管理人员,应当由主管的负有安全生产监督管理职责的部门对其安全生产知识和管理能力进行考核,考核不得收费。

《建设工程安全生产管理条例》进一步规定,施工单位的主要负责人、项目负责人、专职安全生产管理人员应当经住房城乡建设主管部门或者其他部门考核合格后方可任职。这是因为,施工单位的主要负责人要对本单位的安全生产工作全面负责,项目负责人对所负责的建设工程项目的安全生产工作全面负责,安全生产管理人员更是要具体承担本单位日常的安全生产管理工作。这三类人员的施工安全知识水平和管理能力直接关系到本单位、本项目的安全生产管理水平。如果这三类人员缺乏基本的施工安全生产知识,施工安全生产管理和组织能力不强,甚至违章指挥,将很可能导致施工生产安全事故的发生。因此,他们必须经安全生产知识和管理能力考核合格后方可任职。

《国务院关于坚持科学发展安全发展促进安全生产形势持续稳定好转的意见》规定，企业主要负责人、安全管理人员、特种作业人员一律经严格考核，持证上岗。《国务院安委会关于进一步加强安全培训工作的决定》进一步指出，严格落实"三项岗位"人员持证上岗制度。企业新任用或者招聘"三项岗位"人员，要组织其参加安全培训，经考试合格后持证上岗。对发生人员死亡事故负有责任的企业主要负责人、实际控制人和安全管理人员，要重新参加安全培训考试。

"三项岗位"人员中的企业主要负责人、安全管理人员已涵盖在三类管理人员之中。对于特种作业人员，因其从事直接对本人或他人及其周围设施安全有着重大危害因素的作业，必须经专门的安全作业培训，并取得特种作业操作资格证书后，方可上岗作业。

《安全生产法》规定，生产经营单位的特种作业人员必须按照国家有关规定经专门的安全作业培训，取得相应资格，方可上岗作业。《建设工程安全生产管理条例》进一步规定，垂直运输机械作业人员、安装拆卸工、爆破作业人员、起重信号工、登高架设作业人员等特种作业人员，必须按照国家有关规定经过专门的安全作业培训，并取得特种作业操作资格证书后，方可上岗作业。《建筑施工特种作业人员管理规定》规定，建筑施工特种作业人员包括以下几项：

(1) 建筑电工；
(2) 建筑架子工；
(3) 建筑起重信号司索工；
(4) 建筑起重机械司机；
(5) 建筑起重机械安装拆卸工；
(6) 高处作业吊篮安装拆卸工；
(7) 经省级以上人民政府住房城乡建设主管部门认定的其他特种作业人员。

《安全生产法》规定，生产经营单位应当对从业人员进行安全生产教育和培训，保证从业人员具备必要的安全生产知识，熟悉有关的安全生产规章制度和安全操作规程，掌握本岗位的安全操作技能，了解事故应急处理措施，知悉自身在安全生产方面的权利和义务。未经安全生产教育和培训合格的从业人员，不得上岗作业。

生产经营单位使用被派遣劳动者的，应当将被派遣劳动者纳入本单位从业人员统一管理，对被派遣劳动者进行岗位安全操作规程和安全操作技能的教育与培训。劳务派遣单位应当对被派遣劳动者进行必要的安全生产教育和培训。

生产经营单位应当建立安全生产教育和培训档案，如实记录安全生产教育和培训的时间、内容、参加人员及考核结果等情况。

《建设工程安全生产管理条例》进一步规定，施工单位应当对管理人员和作业人员每年至少进行一次安全生产教育培训，其教育培训情况记入个人工作档案。安全生产教育培训考核不合格的人员，不得上岗。《国务院关于坚持科学发展安全发展促进安全生产形势持续稳定好转的意见》规定，企业用工要严格依照劳动合同法与职工签订劳动合同，职工必须全部经培训合格后上岗。

施工单位应当根据实际需要，对不同岗位、不同工种的人员进行因人施教。安全教育培训可采取多种形式，包括安全形势报告会、事故案例分析会、安全法制教育、安全技术交流、安全竞赛、师傅带徒弟等。

由于新岗位、新工地往往各有特殊性，故施工单位须对新录用或转场的职工进行安全教育培训,包括施工安全生产法律法规,施工工地危险源识别,安全技术操作规程,机械设备电气及高处作业安全知识,防火防毒防尘防爆知识,紧急情况安全处置与安全疏散知识,安全防护用品使用知识,以及发生事故时自救排险、抢救伤员、保护现场和及时报告等。《建设工程安全生产管理条例》规定,作业人员进入新的岗位或者新的施工现场前,应当接受安全生产教育培训。未经教育培训或者教育培训考核不合格的人员,不得上岗作业。《国务院安委会关于进一步加强安全培训工作的决定》中指出,严格落实企业职工先培训后上岗制度。建筑企业要对新职工进行至少32学时的安全培训,每年进行至少20学时的再培训。

强化现场安全培训。高危企业要严格班前安全培训制度,有针对性地讲述岗位安全生产与应急救援知识、安全隐患和注意事项等,使班前安全培训成为安全生产第一道防线。要大力推广"手指口述"等安全确认法,帮助员工通过心想、眼看、手指、口述,确保按规程作业。要加强班组长培训,提高班组长现场安全管理水平和现场安全风险管控能力。

本章小结

建设工程的安全问题,直接关系到公众生命财产安全,关系到社会稳定和谐发展。本章内容从安全生产许可证、安全生产责任制,安全生产培训教育,安全生产事故应急救援预案机制及安全责任进行阐述,是建筑施工管理人员必备的知识。通过本章的学习,应掌握以下内容:

一是了解施工安全生产许可证制度。建筑施工企业从事建筑施工活动前,应当依照《建筑施工企业安全生产许可证管理规定》向企业注册所在地省、自治区、直辖市人民政府住房和城乡建设主管部门申请领取安全生产许可证。安全生产许可证的有效期为3年。安全生产许可证有效期满需要延期的,企业应当于期满前3个月向原安全生产许可证颁发管理机关办理延期手续。

二是掌握施工安全生产、建设单位和相关单位的安全生产责任制度。"安全第一、预防为主、综合治理"是建筑工程安全生产管理的方针,建筑施工企业必须依法加强对建筑安全生产的管理,执行安全生产责任制度,采取有效措施,防止伤亡和其他安全生产事故的发生。建设工程项目各责任方在安全生产中应遵守安全生产法律、法规的规定,保证建设工程安全生产,依法承担建设工程安全生产责任。

三是了解安全生产教育培训制度。建筑施工企业应当建立健全劳动安全生产教育培训制度,加强对职工安全生产的教育培训;未经安全生产教育培训的人员,不得上岗作业。

四是施工现场安全防护制度。包括编制安全技术措施、专项施工方案和安全技术交底的规定,施工现场安全防范措施和安全费用的规定和施工现场消防安全职责和应采取的消防安全措施等。

五是掌握施工安全事故的应急救援与调查处理。《生产安全事故报告和调查处理条例》根据生产安全事故造成的人员伤亡或者直接经济损失,将事故分为特别重大事故、重大事故、较大事故和一般事故4个等级。事故调查处理应当按照科学严谨、依法依规、实事求是、注重实效的原则,及时、准确地查清事故原因,查明事故性质和责任,总结事故教训,提出整改措施,并对事故责任者提出处理意见。事故调查报告应当依法及时向社会公布。

第六章 建设工程合同与劳动合同法律制度

引言

建设工程合同是承包人进行工程建设，发包人支付价款的合同。按照《民法典》的规定，建设工程合同可分为建设工程勘察合同、建设工程设计合同、建设工程施工合同等。建设工程合同属承揽合同之一种，德国、日本、法国及中国台湾地区民法均将对建设工程合同的规定纳入承揽合同中。

知识目标

1. 掌握建设工程合同基本制度；
2. 掌握劳动合同制度；
3. 了解劳动者权益保护制度；
4. 了解承揽、买卖、租赁、融资租赁等合同的相关制度。

技能目标

在工程实践中，能够利用所学的知识对项目各责任方的质量责任进行判断，同时能够了解各种质量缺陷对应的法律责任，能够站在法律的视角运用法律和知识去解决工程实际质量问题。

第一节 建设工程合同制度

建设工程合同的订立，应当遵循平等原则、自愿原则、公平原则、诚实信用原则、合法原则等。

一、建设工程施工合同的法定形式和内容

建设工程施工合同是建设工程合同中的重要部分，是指施工人（承包人）根据发包人的委托，完成建设工程项目的施工工作，发包人接受工作成果并支付报酬的合同。

（一）建设工程施工合同的法定形式

《民法典》规定，当事人订立合同，有书面形式、口头形式和其他形式。法律、行政法规规定采用书面形式的，应当采用书面形式。当事人约定采用书面形式的，应当采用书面形式。

《民法典》明确规定，建设工程合同应当采用书面形式。

书面形式合同的内容明确，有据可查，对于防止和解决争议有积极意义。口头形式合同

具有直接、简便、快速的特点,但缺乏凭证,一旦发生争议,难以取证,且不易分清责任。其他形式合同,可以根据当事人的行为或者特定情形推定合同的成立,也可以称之为默示合同。

(二)合同的内容

合同的内容,即合同当事人的权利、义务,除法律规定的外,主要由合同的条款确定。合同的内容由当事人约定,一般包括以下条款:①当事人的名称或者姓名和住所;②标的,如有形财产、无形财产、劳务、工作成果等;③数量,应选择使用共同接受的计量单位、计量方法和计量工具;④质量,国家有强制性标准的,必须按照强制性标准执行,并可约定质量检验方法、质量责任期限与条件、对质量提出异议的条件与期限等;⑤价款或者报酬,应规定清楚计算价款或者报酬的方法;⑥履行期限、地点和方式;⑦违约责任,可在合同中约定定金、违约金、赔偿金额以及赔偿金的计算方法等;⑧解决争议的方法。

当事人在合同中特别约定的条款,也作为合同的主要条款。

(三)建设工程施工合同的内容

《民法典》规定,施工合同的内容包括工程范围、建设工期、中间交工工程的开工和竣工时间、工程质量、工程造价、技术资料交付时间、材料和设备供应责任、拨款和结算、竣工验收、质量保修范围和质量保证期、双方相互协作等条款。

1. 工程范围

工程范围是指施工的界区,是施工人进行施工的工作范围。

2. 建设工期

建设工期是指施工人完成施工任务的期限。在实践中,有的发包人常常要求缩短工期,施工人为了赶进度,往往导致严重的工程质量问题。因此,为了保证工程质量,双方当事人应当在施工合同中确定合理的建设工期。

3. 中间交工工程的开工和竣工时间

中间交工工程是指施工过程中的阶段性工程。为了保证工程各阶段的交接,顺利完成工程建设,当事人应当明确中间交工工程的开工和竣工时间。

4. 工程质量

工程质量条款是明确施工人施工要求,确定施工人责任的依据。施工人必须按照工程设计图纸和施工技术标准施工,不得擅自修改工程设计,不得偷工减料。发包人也不得明示或者暗示施工人违反工程建设强制性标准,降低建设工程质量。

5. 工程造价

工程造价是指进行工程建设所需的全部费用,包括人工费、材料费、施工机械使用费、措施费等。在实践中,有的发包人为了获得更多的利益,往往压低工程造价,而施工人为了盈利或不亏本,不得不偷工减料、以次充好,结果导致工程质量不合格,甚至造成严重的工程质量事故。因此,为了保证工程质量,双方当事人应当合理确定工程造价。

6. 技术资料交付时间

技术资料主要是指勘察、设计文件以及其他施工人据以施工所必需的基础资料。当事人应当在施工合同中明确技术资料的交付时间。

7. 材料和设备供应责任

材料和设备供应责任是指由哪一方当事人提供工程所需材料设备及其应承担的责任。

材料和设备可以由发包人负责提供,也可以由施工人负责采购。如果按照合同约定由发包人负责采购建筑材料、构配件和设备的,发包人应当保证建筑材料、构配件和设备符合设计文件和合同要求。施工人则须按照工程设计要求、施工技术标准和合同约定,对建筑材料、构配件和设备进行检验。

8. 拨款和结算

拨款是指工程款的拨付。结算是指施工人按照合同约定和已完工程量向发包人办理工程款的清算。拨款和结算条款是施工人请求发包人支付工程款和报酬的依据。

9. 竣工验收

竣工验收条款一般应当包括验收范围与内容、验收标准与依据、验收人员组成、验收方式和日期等内容。

10. 质量保修范围和质量保证期

建设工程质量保修范围和质量保证期,应当按照《建设工程质量管理条例》的规定执行。

11. 双方相互协作条款

双方相互协作条款一般包括双方当事人在施工前的准备工作,施工人及时向发包人提出开工通知书、施工进度报告书、对发包人的监督检查提供必要协助等。

(四)建设工程施工合同发承包双方的主要义务

1. 发包人的主要义务

(1)不得违法发包。《民法典》规定,发包人不得将应当由一个承包人完成的建设工程肢解成若干部分发包给几个承包人。

(2)提供必要施工条件。发包人未按照约定的时间和要求提供原材料、设备、场地、资金、技术资料的,承包人可以顺延工程日期,并有权要求赔偿停工、窝工等损失。

(3)及时检查隐蔽工程。隐蔽工程在隐蔽以前,承包人应当通知发包人检查。发包人没有及时检查的,承包人可以顺延工程日期,并有权要求赔偿停工、窝工等损失。

(4)及时验收工程。建设工程竣工后,发包人应当根据施工图纸及说明书、国家颁发的施工验收规范和质量检验标准及时进行验收。

(5)支付工程价款。发包人应当按照合同约定的时间、地点和方式等,向承包人支付工程价款。

2. 承包人的主要义务

(1)不得转包和违法分包工程。承包人不得将其承包的全部建设工程转包给第三人,不得将其承包的全部建设工程肢解以后以分包的名义分别转包给第三人。禁止承包人将工程分包给不具备相应资质条件的单位。禁止分包单位将其承包的工程再分包。

(2)自行完成建设工程主体结构施工。建设工程主体结构的施工必须由承包人自行完成。承包人将建设工程主体结构的施工分包给第三人的,该分包合同无效。

(3)接受发包人有关检查。发包人在不妨碍承包人正常作业的情况下,可以随时对作业进度、工程质量进行检查。隐蔽工程在隐蔽以前,承包人应当通知发包人检查。

(4)交付竣工验收合格的建设工程。建设工程竣工经验收合格后,方可交付使用;未经验收或者验收不合格的,不得交付使用。

(5)建设工程质量不符合约定的无偿修理。因施工人的原因致使建设工程质量不符合约定的,发包人有权要求施工人在合理期限内无偿修理或者返工、改建。经过修理或者返工、改建后,造成逾期交付的,施工人应当承担违约责任。

二、建设工程工期和价款的规定

(一)建设工程工期

住房和城乡建设部、原工商行政管理总局《建设工程施工合同(示范文本)》(GF－2017－0201)规定,工期是指在合同协议书约定的承包人完成工程所需的期限,包括按照合同约定所作的期限变更。

1. 开工日期及开工通知

开工日期包括计划开工日期和实际开工日期。

经发包人同意后,监理人发出的开工通知应符合法律规定。监理人应在计划开工日期7天前向承包人发出开工通知,工期自开工通知中载明的开工日期起算。

《最高人民法院关于审理建设工程施工合同纠纷案件适用法律问题的解释(一)》(法释〔2020〕25号)规定,当事人对建设工程开工日期有争议的,人民法院应当分别按照以下情形予以认定:①开工日期为发包人或者监理人发出的开工通知载明的开工日期;开工通知发出后,尚不具备开工条件的,以开工条件具备的时间为开工日期;因承包人原因导致开工时间推迟的,以开工通知载明的时间为开工日期;②承包人经发包人同意已经实际进场施工的,以实际进场施工时间为开工日期;③发包人或者监理人未发出开工通知,亦无相关证据证明实际开工日期的,应当综合考虑开工报告、合同、施工许可证、竣工验收报告或者竣工验收备案表等载明的时间,并结合是否具备开工条件的事实,认定开工日期。

2. 工期顺延

当事人约定顺延工期应当经发包人或者监理人签证等方式确认,承包人虽未取得工期顺延的确认,但能够证明在合同约定的期限内向发包人或者监理人申请过工期顺延且顺延事由符合合同约定,承包人以此为由主张工期顺延的,人民法院应予支持。

当事人约定承包人未在约定期限内提出工期顺延申请视为工期不顺延的,按照约定处理,但发包人在约定期限后同意工期顺延或者承包人提出合理抗辩的除外。

3. 竣工日期

《建设工程施工合同(示范文本)》规定,竣工日期包括计划竣工日期和实际竣工日期。

《最高人民法院关于审理建设工程施工合同纠纷案件适用法律问题的解释》(法释〔2020〕25号)规定,当事人对建设工程实际竣工日期有争议的,按照以下情形分别处理:①建设工程经竣工验收合格的,以竣工验收合格之日为竣工日期;②承包人已经提交竣工验收报告,发包人拖延验收的,以承包人提交验收报告之日为竣工日期;③建设工程未经竣工验收,发包人擅自使用的,以转移占有建设工程之日为竣工日期。

(二)工程价款的支付

按照合同约定的时间、金额和支付条件支付工程价款,是发包人的主要合同义务,也是承包人的主要合同权利。

《民法典》规定,合同生效后,当事人就质量、价款或者报酬、履行地点等内容没有约定或者约定不明确的,可以协议补充;不能达成补充协议的,按照合同有关条款或者交易习惯确定。

如果按照合同有关条款或交易习惯仍不能确定的,《民法典》规定,价款或者报酬不明确的,按照订立合同时履行地的市场价格履行;依法应当执行政府定价或者政府指导价的,按照规定履行;履行期限不明确的,债务人可以随时履行,债权人也可以随时要求履行,但应当给对方必要的准备时间。

1. 合同价款的确定

招标工程的合同价款由发包人、承包人依据中标通知书中的中标价格在协议书内约定。非招标工程的合同价款由发包人、承包人依据工程预算书在协议书内约定。合同价款在协议书内约定后,任何一方不得擅自改变。

合同价款的确定方式有固定价格合同、可调价格合同、成本加酬金合同,双方可在专用条款内约定采用其中一种。

2013年12月住房和城乡建设部发布的《建筑工程施工发包与承包计价管理办法》规定,招标人与中标人应当根据中标价订立合同。不实行招标投标的工程由发承包双方协商订立合同。合同价款的有关事项由发承包双方约定,一般包括合同价款约定方式,预付工程款、工程进度款、工程竣工价款的支付和结算方式,以及合同价款的调整情形等。

发承包双方在确定合同价款时,应当考虑市场环境和生产要素价格变化对合同价款的影响。实行工程量清单计价的建筑工程,鼓励发承包双方采用单价方式确定合同价款。建设规模较小、技术难度较低、工期较短的建筑工程,发承包双方可以采用总价方式确定合同价款。紧急抢险、救灾及施工技术特别复杂的建筑工程,发承包双方可以采用成本加酬金方式确定合同价款。

对于"黑白合同"的纠纷,《最高人民法院关于审理建设工程施工合同纠纷案件适用法律问题的解释》规定:"当事人就同一建设工程另行订立的建设工程施工合同与经过备案的中标合同实质性内容不一致的,应当以备案的中标合同作为结算工程价款的根据。"

2. 工程价款的支付和竣工结算

《民法典》规定,验收合格的,发包人应当按照约定支付价款,并接收该建设工程。

《建筑工程施工发包与承包计价管理办法》进一步规定,预付工程款按照合同价款或者年度工程计划额度的一定比例确定和支付,并在工程进度款中予以抵扣。承包方应当按照合同约定向发包方提交已完成工程量报告。发包方收到工程量报告后,应当按照合同约定及时核对并确认。发承包双方应当按照合同约定,定期或者按照工程进度分段进行工程款结算和支付。

工程完工后,应当按照下列规定进行竣工结算:①承包方应当在工程完工后的约定期限内提交竣工结算文件;②国有资金投资建筑工程的发包方,应当委托具有相应资质的工程造价咨询企业对竣工结算文件进行审核,并在收到竣工结算文件后的约定期限内向承包方提出由工程造价咨询企业出具的竣工结算文件审核意见;逾期未答复的,按照合同约定处理,合同没有约定的,竣工结算文件视为已被认可。非国有资金投资的建筑工程发包方,应当在收到竣工结算文件后的约定期限内予以答复,逾期未答复的,按照合同约定处理,合同没有约定的,竣工结算文件视为已被认可;发包方对竣工结算文件有异议的,应当在答复期内向承包方提出,并可以在提出异议之日起的约定期限内与承包方协商;发包方在协商期内未与承包方协商或者经协商未能与承包方达成协议的,应当委托工程造价咨询企业进行竣工结算审核,并在协商期满后的约定期限内向承包方提出由工程造价咨询企业出具的竣工结算文件审核意见;③承包方对发包方提出的工程造价咨询企业竣工结算审核意见有异议的,在接到该审核意见后1个月内,可以向有关工程造价管理机构或者有关行业组织申请调解,调解不成的,可以依法申请仲裁或者向人民法院提起诉讼。发承包双方在合同中对本条第①项、第②项的期限没有明确约定的,应当按照国家有关规定执行;国家没有规定的,可认为其约定期限均为28日。

工程竣工结算文件经发承包双方签字确认的,应当作为工程决算的依据,未经对方同意,另一方不得就已生效的竣工结算文件委托工程造价咨询企业重复审核。发包方应当按照竣工结算文件及时支付竣工结算款。

3. 合同价款的调整

《建筑工程施工发包与承包计价管理办法》规定,发承包双方应当在合同中约定,发生下列情形时合同价款的调整方法:①法律、法规、规章或者国家有关政策变化影响合同价款的;②工程造价管理机构发布价格调整信息的;③经批准变更设计的;④发包方更改经审定批准的施工组织设计造成费用增加的;⑤双方约定的其他因素。

4. 解决工程价款结算争议的规定

(1)视为发包人认可承包人的单方结算价。《最高人民法院关于审理建设工程施工合同纠纷案件适用法律问题的解释(二)》规定,当事人约定,发包人收到竣工结算文件后,在约定期限内不予答复,视为认可竣工结算文件的,按照约定处理。承包人请求按照竣工结算文件结算工程价款的,应予支持。

(2)对工程量有争议的工程款结算。《最高人民法院关于审理建设工程施工合同纠纷案件适用法律问题的解释(二)》规定,当事人对工程量有争议的,按照施工过程中形成的签证等书面文件确认。承包人能够证明发包人同意其施工,但未能提供签证文件证明工程量发生的,可以按照当事人提供的其他证据确认实际发生的工程量。

《最高人民法院关于审理建设工程施工合同纠纷案件适用法律问题的解释(二)》规定,当事人就同一建设工程订立的数份建设工程施工合同均无效,但建设工程质量合格,一方当事人请求参照实际履行的合同结算建设工程价款的,人民法院应予支持。实际履行的合同难以确定,当事人请求参照最后签订的合同结算建设工程价款的,人民法院应予支持。

当事人签订的建设工程施工合同与招标文件、投标文件、中标通知书载明的工程范围、建设工期、工程质量、工程价款不一致,一方当事人请求将招标文件、投标文件、中标通知书作为结算工程价款的依据的,人民法院应予支持。

(3)欠付工程款的利息支付。《最高人民法院关于审理建设工程施工合同纠纷案件适用法律问题的解释(二)》规定,当事人对欠付工程价款利息计付标准有约定的,按照约定处理;没有约定的,按照中国人民银行发布的同期同类贷款利率计息。

利息从应付工程价款之日起计付。当事人对付款时间没有约定或者约定不明的,下列时间视为应付款时间:①建设工程已实际交付的,为交付之日;②建设工程没有交付的,为提交竣工结算文件之日;③建设工程未交付,工程价款也未结算的,为当事人起诉之日。

(4)工程垫资的处理。《最高人民法院关于审理建设工程施工合同纠纷案件适用法律问题的解释(二)》规定,当事人对垫资和垫资利息有约定,承包人请求按照约定返还垫资及其利息的,应予支持,但是约定的利息计算标准高于中国人民银行发布的同期同类贷款利率的部分除外。

当事人对垫资没有约定的,按照工程欠款处理。当事人对垫资利息没有约定,承包人请求支付利息的,不予支持。

(5)承包人工程价款的优先受偿权。《民法典》规定,发包人未按照约定支付价款的,承包人可以催告发包人在合理期限内支付价款。发包人逾期不支付的,除按照建设工程的性质不宜折价、拍卖的外,承包人可以与发包人协议将该工程折价,也可以申请人民法院将该工程依法拍卖。建设工程的价款就该工程折价或拍卖的价款优先受偿。

三、建设工程赔偿损失的规定

(一)赔偿损失的概念和特征

赔偿损失是指合同违约方因不履行或不完全履行合同义务而给对方造成的损失,依法或依据合同约定赔偿对方所蒙受损失的一种违约责任形式。

《民法典》规定,当事人一方不履行合同义务或者履行合同义务不符合约定,应当承担继续履行、采取补救措施或者赔偿损失等违约责任。

赔偿损失具有以下特征:①赔偿损失是合同违约方违反合同义务所产生的责任形式;②赔偿损失具有补偿性,是强制违约方给非违约方所受损失的一种补偿;③赔偿损失具有一定的任意性。当事人订立合同时,可以预先约定对违约的赔偿损失的计算方法,或者直接约定违约方付给非违约方一定数额的金钱。当事人也可以事先约定免责的条款;④赔偿损失以赔偿非违约方实际遭受的全部损害为原则。

(二)承担赔偿损失责任的构成要件

承担赔偿损失责任的构成要件是:①具有违约行为;②造成损失后果;③违约行为与财产等损失之间有因果关系;④违约人有过错,或者虽无过错,但法律规定应当赔偿。

(三)赔偿损失的范围

《民法典》规定,当事人一方不履行合同义务或者履行合同义务不符合约定,给对方造成损失的,损失赔偿额应当相当于因违约所造成的损失,包括合同履行后可以获得的利益,但不得超过违反合同一方订立合同时预见到或者应当预见到的因违反合同可能造成的损失。

赔偿损失范围包括直接损失和间接损失。直接损失是指财产上的直接减少;间接损失(又称所失利益),是指失去的可以预期取得的利益。可以预期取得的利益(也称可得利益),是指利润而不是营业额。

(四)约定赔偿损失与法定赔偿损失

《民法典》规定,当事人可以约定一方违约时应当根据违约情况向对方支付一定数额的违约金,也可以约定因违约产生的损失赔偿额的计算方法。约定的违约金低于造成的损失的,当事人可以请求人民法院或者仲裁机构予以增加;约定的违约金过分高于造成的损失的,当事人可以请求人民法院或者仲裁机构予以适当减少。

法定赔偿损失,是指根据法律规定的赔偿范围、损失计算原则与标准,确定赔偿损失的金额。

一般来说,赔偿损失的主要形式是法定赔偿损失,而约定赔偿损失是为了弥补法定赔偿损失的不足。在确定了是用约定赔偿损失还是法定赔偿损失的情况下,原则上约定赔偿损失优先于法定赔偿损失。作为约定赔偿损失,一旦发生违约并造成受害人的损害以后,受害人不必证明其具体损害范围即可依据约定赔偿损失条款而获得赔偿。

(五)赔偿损失的限制

1.赔偿损失的可预见性原则

《民法典》规定,赔偿损失不得超过违反合同一方订立合同时预见到或者应当预见到的违反合同可能造成的损失。

据此,只有当违约所造成的损害是违约方在订约时可以预见的情况下,方能认为损害结果与违约行为之间具有因果关系,违约方才应当对这些损害承担赔偿责任。如果损害是不可预见的,则违约方不应赔偿。

2.采取措施防止损失的扩大

《民法典》规定,当事人一方违约后,对方应当采取适当措施防止损失的扩大;没有采取适当措施致使损失扩大的,不得就扩大的损失要求赔偿。当事人因防止损失扩大而支出的合理费用,由违约方承担。

对于当事人一方违反合同的,另一方不能任凭损失的扩大,在接到对方的通知后,应当及时采取措施防止损失扩大,即使没有接到对方通知,也应当采取适当措施;如果没有及时采取措施致使损失扩大的,无权就扩大的损失部分请求赔偿。

(六)建设工程施工合同中的赔偿损失

1.发包人应当承担的赔偿损失

(1)未及时检查隐蔽工程造成的损失。《民法典》规定,隐蔽工程在隐蔽以前,承包人应当通知发包人检查。发包人没有及时检查的,承包人可以顺延工程日期,并有权要求赔偿停工、窝工等损失。

(2)未按照约定提供原材料、设备等造成的损失。发包人未按照约定的时间和要求提供原材料、设备、场地、资金、技术资料的,承包人可以顺延工程日期,并有权要求赔偿停工、窝工等损失。

(3)因发包人原因致使工程中途停建、缓建造成的损失。因发包人的原因致使工程中途停建、缓建的,发包人应当采取措施弥补或者减少损失,赔偿承包人因此造成的停工、窝工、倒运、机械设备调迁、材料和构件积压等损失和实际费用。

(4)提供图纸或者技术要求不合理且怠于答复等造成的损失。承揽人(承包人)发现定做人(发包人)提供的图纸或者技术要求不合理的,应当及时通知定做人(发包人)。因定做人(发包人)怠于答复等原因造成承揽人(承包人)损失的,应当赔偿损失。

(5)中途变更承揽工作要求造成的损失。定做人(发包人)中途变更承揽工作的要求,造成承揽人(承包人)损失的,应当赔偿损失。

(6)要求压缩合同约定工期造成的损失。《建设工程安全生产管理条例》规定,建设单位有下列行为之一的,……造成损失的,依法承担赔偿责任:……(2)要求施工单位压缩合同约定的工期的;……

(7)验收违法行为造成的损失。《建设工程质量管理条例》规定,建设单位有下列行为之一的,……造成损失的,依法承担赔偿责任:①未组织竣工验收,擅自交付使用的;②验收不合格,擅自交付使用的;③对不合格的建设工程按照合格工程验收的。

2.承包人应当承担的赔偿损失

(1)转让、出借资质证书等造成的损失。《建筑法》规定,建筑施工企业转让、出借资质证书或者以其他方式允许他人以本企业的名义承揽工程的……。对因该项承揽工程不符合规定的质量标准造成的损失,建筑施工企业与使用本企业名义的单位或者个人承担连带赔偿责任。

(2)转包、违法分包造成的损失。承包单位将承包的工程转包的,或者违反规定进行分包的……对因转包工程或者违法分包的工程不符合规定的质量标准造成的损失,与接受转包或者分包的单位承担连带赔偿责任。

(3)偷工减料等造成的损失。建筑施工企业在施工过程中偷工减料的,使用不合格的建筑材料、建筑构配件和设备的,或者有其他不按照工程设计图纸或者施工技术标准施工的行为的造成建筑工程质量不符合规定的质量标准的,负责返工、修理,并赔偿因此造成的损失。

(4)与监理单位串通造成的损失。工程监理单位与承包单位串通,为承包单位牟取非法利益,给建设单位造成损失的,应当与承包单位承担连带赔偿责任。

(5)不履行保修义务造成的损失。建筑施工企业违反规定,不履行保修义务或者拖延履行保修义务的,……并对在保修期内因屋顶、墙面渗漏、开裂等质量缺陷造成的损失,承担赔偿责任。

(6)保管不善造成的损失。《民法典》规定,承揽人(承包人)应当妥善保管定做人(发包人)提供的材料以及完成的工作成果,因保管不善造成毁损、灭失的,应当承担损害赔偿责任。

(7)合理使用期限内造成的损失。因承包人的原因致使建设工程在合理使用期限内造成人身和财产损害的,承包人应当承担损害赔偿责任。

四、违约责任及违约责任的免除

(一)违约责任的概念和特征

违约责任是指合同当事人因违反合同义务所承担的责任。

《民法典》规定,当事人一方不履行合同义务或者履行合同义务不符合约定的,应当承担继续履行、采取补救措施或者赔偿损失等违约责任。

违约责任具有如下特征:①违约责任的产生是以合同当事人不履行合同义务为条件的;②违约责任具有相对性;③违约责任主要具有补偿性,即旨在弥补或补偿因违约行为造成的损害后果;④违约责任可以由合同当事人约定,但约定不符合法律要求的,将会被宣告无效或被撤销;⑤违约责任是民事责任的一种形式。

(二)当事人承担违约责任应具备的条件

《民法典》规定,当事人一方明确表示或者以自己的行为表明不履行合同义务的,对方可以在履行期限届满之前要求其承担违约责任。

承担违约责任,首先是合同当事人发生了违约行为,即有违反合同义务的行为;其次,非违约方只需证明违约方的行为不符合合同约定,便可以要求其承担违约责任,而不需要证明其主观上是否具有过错;最后,违约方若想免于承担违约责任,必须举证证明其存在法定的或约定的免责事由,而法定免责事由主要限于不可抗力,约定的免责事由主要是合同中的免责条款。

(三)承担违约责任的种类

合同当事人违反合同义务,承担违约责任的种类主要有继续履行、采取补救措施、停止违约行为、赔偿损失、支付违约金或定金等。

守约方可以要求违约方停止违约行为,采取补救措施,继续履行合同约定;可以按照合同约定,要求违约方支付违约金或没收定金。如果守约方发生的经济损失大于违约金或定金的,守约方可以主张违约方按照实际损失予以赔偿。

1.继续履行

《民法典》规定,当事人一方不履行合同义务或者履行合同义务不符合约定的,应当承担继续履行、采取补救措施或者赔偿损失等违约责任。

继续履行是一种违约后的补救方式,是否要求违约方继续履行是非违约方的一项权利。继续履行可以与违约金、定金、赔偿损失并用,但不能与解除合同的方式并用。

2.违约金和定金

违约金有法定违约金和约定违约金两种。由法律规定的违约金为法定违约金;由当事人约定的违约金为约定违约金。

《民法典》规定,当事人可以约定一方违约时应当根据违约情况向对方支付一定数额的违约金,也可以约定因违约产生的损失赔偿额的计算方法。

约定的违约金低于造成的损失的,当事人可以请求人民法院或者仲裁机构予以增加;约定的违约金过分高于造成的损失的,当事人可以请求人民法院或者仲裁机构予以适当减少。

当事人可以依照《民法典》约定一方向对方给付定金作为债权的担保。债务人履行债务后,定金应当抵作价款或者收回。给付定金的一方不履行约定的债务的,无权要求返还定金;收受定金的一方不履行约定的债务的,应当双倍返还定金。

当事人既约定违约金,又约定定金的,一方违约时,对方可以选择适用违约金或者定金条款。

(四)违约责任的免除

在合同履行过程中,如果出现法定的免责条件或合同约定的免责事由,违约人将免于承担违约责任。我国的《民法典》仅承认不可抗力为法定的免责事由。

《民法典》规定,因不可抗力不能履行合同的,根据不可抗力的影响,部分或者全部免除责任,但法律另有规定的除外。当事人迟延履行后发生不可抗力的,不能免除责任。本法所称不可抗力,是指不能预见、不能避免并不能克服的客观情况。

当事人一方因不可抗力不能履行合同的,应当及时通知对方,以减轻可能给对方造成的损失,并应当在合理期限内提供证明。

五、无效合同和效力待定合同的规定

(一)无效合同

无效合同是指合同内容或者形式违反了法律、行政法规的强制性规定和社会公共利益,因此不能产生法律约束力，不受法律保护的合同。

无效合同的特征是：具有违法性；具有不可履行性；自订立之时就不具有法律效力。

1. 有效的民事法律行为

《民法典》规定，具备下列条件的民事法律行为有效：①行为人具有相应的民事行为能力；②意思表示真实；③不违反法律、行政法规的强制性规定，不违背公序良俗。

有效的民事法律行为需要同时具备上述三个条件，否则为无效的民事法律行为。

《民法典》规定，无民事行为能力人实施的民事法律行为无效。民事行为能力是指民事主体以自己独立的行为去取得民事权利、承担民事义务的能力。自然人的行为能力有完全行为能力、限制行为能力和无行为能力三种情况。

意思表示真实，就是民事法律行为必须出于当事人的自愿，反映当事人的真实意思。《民法典》规定，行为人与相对人以虚假的意思表示实施的民事法律行为无效。

法律、行政法规中包含强制性规定和任意性规定。公序良俗是指民事主体的行为应当遵守公共秩序，符合善良风俗，不得违反国家的公共秩序和社会的一般道德。

2. 无效的免责条款

免责条款，是指当事人在合同中约定免除或者限制其未来责任的合同条款；免责条款无效，是指没有法律约束力的免责条款。

《民法典》规定，合同中的下列免责条款无效：①造成对方人身伤害的；②因故意或者重大过失造成对方财产损失的。

造成对方人身伤害就侵犯了对方的人身权，造成对方财产损失就侵犯了对方的财产权。人身权和财产权是法律赋予的权利，如果合同中的条款对此予以侵犯，该条款就是违法条款，这样的免责条款是无效的。

3. 建设工程无效施工合同的主要情形

《最高人民法院关于审理建设工程施工合同纠纷案件适用法律问题的解释（二）》规定，建设工程施工合同具有下列情形之一的，应当根据《民法典》的规定（即违反法律、行政法规的强制性规定），认定无效：①承包人未取得建筑施工企业资质或者超越资质等级的；②没有资质的实际施工人借用有资质的建筑施工企业名义的；③建设工程必须进行招标而未招标或者中标无效的。

承包人非法转包、违法分包建设工程或者没有资质的实际施工人借用有资质的建筑施工企业名义与他人签订建设工程施工合同的行为无效。

4. 无效合同的法律后果

《民法典》规定，无效的合同或者被撤销的合同自始没有法律约束力。合同部分无效，不影响其他部分效力的，其他部分仍然有效。

合同无效、被撤销或者终止的，不影响合同中独立存在的有关解决争议方法的条款的效力。

合同无效或者被撤销后，因该合同取得的财产，应当予以返还；不能返还或者没有必要返还的，应当折价补偿。有过错的一方应当赔偿对方因此所受到的损失，双方都有过错的，应当各自承担相应的责任。

5. 无效施工合同的工程款结算

《最高人民法院关于审理建设工程施工合同纠纷案件适用法律问题的解释（二）》规定，建设工程施工合同无效,但建设工程经竣工验收合格,承包人请求参照合同约定支付工程价款的,应予支持。

建设工程施工合同无效,且建设工程经竣工验收不合格的,按照以下情形分别处理:①修复后的建设工程经竣工验收合格,发包人请求承包人承担修复费用的,应予支持;②修复后的建设工程经竣工验收不合格,承包人请求支付工程价款的,不予支持。

(二)效力待定合同

效力待定合同是指合同虽然已经成立,但因其不完全符合有关生效要件的规定,其合同效力能否发生尚未确定,一般须经有权人表示承认才能生效。

《民法典》规定的效力待定合同有三种,即限制行为能力人订立的合同,无权代理人订立的合同,无处分权人处分他人的财产订立的合同。

1. 限制行为能力人订立的合同

《民法典》规定,限制民事行为能力人订立的合同,经法定代理人追认后,该合同有效,但纯获利益的合同或者与其年龄、智力、精神健康状况相适应而订立的合同,不必经法定代理人追认。

相对人可以催告法定代理人在30日内予以追认。法定代理人未作表示的,视为拒绝追认。合同被追认之前,善意相对人有撤销的权利。撤销应当以通知的方式作出。

2. 无权代理人订立的合同

行为人没有代理权、超越代理权或者代理权终止后以被代理人名义订立的合同,未经被代理人追认,对被代理人不发生效力,由行为人承担责任。

相对人可以催告被代理人在30日内予以追认。被代理人未作表示的,视为拒绝追认。合同被追认之前,善意相对人有撤销的权利。撤销应当以通知的方式作出。

相对人知道或者应当知道行为人无权代理的,相对人和行为人按照各自的过错承担责任。

(三)合同的履行、变更、转让、撤销和终止

1. 合同的履行

《民法典》规定,当事人应当按照约定全面履行自己的义务。当事人应当遵循诚实信用原则,根据合同的性质、目的和交易习惯履行通知、协助、保密等义务。

合同生效后,当事人不得因姓名、名称的变更或者法定代表人、负责人、承办人的变动而不履行合同义务。

2. 合同的变更

当事人协商一致,可以变更合同。法律、行政法规规定变更合同应当办理批准、登记等手续的,依照其规定。当事人对合同变更的内容约定不明确的,推定为未变更。

(1)合同的变更须经当事人双方协商一致。如果双方当事人就变更事项达成一致意见,则变更后的内容取代原合同的内容,当事人应当按照变更后的内容履行合同。如果一方当事人未经对方同意就改变合同的内容,不仅变更的内容对另一方没有约束力,其做法还是一种违约行为,应当承担违约责任。

(2)合同变更须遵循法定的程序。法律、行政法规规定变更合同事项应当办理批准、登记手续的,应当依法办理相应手续。如果没有履行法定程序,即使当事人已协议变更了合同内容,其变更

内容也不发生法律效力。

(3)对合同变更内容约定不明确的推定。合同变更的内容必须明确约定。如果当事人对于合同变更的内容约定不明确,则将被推定为未变更。任何一方不得要求对方履行约定不明确的变更内容。

3.合同权利、义务的转让

(1)合同权利的转让。

1)合同权利的转让范围。《民法典》规定,债权人可以将合同的权利全部或者部分转让给第三人,但有下列情形之一的除外:①根据合同性质不得转让;②按照当事人约定不得转让;③依照法律规定不得转让。a.根据合同性质不得转让的权利。主要是指合同是基于特定当事人的身份关系订立的,如果合同权利转让给第三人,会使合同的内容发生变化,违反当事人订立合同的目的,使当事人的合法利益得不到应有的保护。b.按照当事人约定不得转让的权利。当事人订立合同时可以对权利的转让作出特别约定,禁止债权人将权利转让给第三人。这种约定只要是当事人真实意思的表示,同时不违反法律禁止性规定,即对当事人产生法律的效力。债权人如果将权利转让给他人,其行为将构成违约。c.依照法律规定不得转让的权利。我国一些法律中对某些权利的转让作出了禁止性规定。如《民法典》规定,最高额抵押的主合同债权不得转让。对于这些规定,当事人应当严格遵守,不得擅自转让法律禁止转让的权利。

2)合同权利的转让应当通知债务人。《民法典》规定,债权人转让权利的,应当通知债务人。未经通知,该转让对债务人不发生效力。债权人转让权利的通知不得撤销,但经受让人同意的除外。

需要说明的是,债权人转让权利应当通知债务人,未经通知的转让行为对债务人不发生效力,但债权人债权的转让无须得到债务人的同意。这一方面是尊重债权人对其权利的行使;另一方面也防止债权人滥用权利损害债务人的利益。当债务人接到权利转让的通知后,权利转让即行生效,原债权人被新的债权人替代,或者新债权人的加入使原债权人不再完全享有原债权。

3)债务人对让与人的抗辩。《民法典》规定,债务人接到债权转让通知后,债务人对让与人的抗辩,可以向受让人主张。

抗辩权是指债权人行使债权时,债务人根据法定事由对抗债权人行使请求权的权利。债务人的抗辩权是其固有的一项权利,并不随权利的转让而消灭。在权利转让的情况下,债务人可以向新债权人行使该权利。受让人不得以任何理由拒绝债务人抗辩权的行使。

4)从权利随同主权利转让。《民法典》规定,债权人转让权利的,受让人取得与债权有关的从权利,但该从权利专属于债权人自身的除外。

(2)合同义务的转让。《民法典》规定,债务人将合同的义务全部或者部分转移给第三人的,应当经债权人同意。

合同义务转移分为两种情况:一是合同义务的全部转移,在这种情况下,新的债务人完全取代了旧的债务人,新的债务人负责全面履行合同义务;另一种情况是合同义务的部分转移,即新的债务人加入原债务中,与原债务人一起向债权人履行义务。无论是转移全部义务还是部分义务,债务人都需要征得债权人同意。未经债权人同意,债务人转移合同义务的行为对债权人不发生效力。

(3)合同中权利和义务的一并转让。《民法典》规定,当事人一方经对方同意,可以将自己在合同中的权利和义务一并转让给第三人。

权利和义务一并转让,是指合同一方当事人将其权利和义务一并转移给第三人,由第三人全部地承受这些权利和义务。权利和义务一并转让的后果,导致原合同关系的消灭,第三人取代了转让方的地位,产生出一种新的合同关系。只有经对方当事人同意,才能将合同的权利和义务一并转让。如果未经对方同意,一方当事人擅自一并转让权利和义务的,其转让行为无效,对方有权就转让行为对自己造成的损害,追究转让方的违约责任。

4. 可撤销合同

可撤销合同是指因意思表示不真实,通过有撤销权的机构行使撤销权,使已经生效的意思表示归于无效的合同。

(1)可撤销合同的种类。《民法典》规定,下列合同,当事人一方有权请求人民法院或者仲裁机构变更或者撤销:①因重大误解订立的;②在订立合同时显失公平的。一方以欺诈、胁迫的手段或者乘人之危,使对方在违背真实意思的情况下订立的合同,受损害方有权请求人民法院或者仲裁机构变更或者撤销。当事人请求变更的,人民法院或者仲裁机构不得撤销。

1)因重大误解订立的合同。重大误解是指误解者作出意思表示时,对涉及合同法律效果的重要事项存在着认识上的显著缺陷,其后果是使误解者的利益受到较大的损失,或者达不到误解者订立合同的目的。这种情况的出现,并不是由于行为人受到对方的欺诈、胁迫或者对方乘人之危而被迫订立的合同,而是由于行为人自己的大意、缺乏经验或者信息不通而造成的。

2)在订立合同时显失公平的合同。显失公平的合同,就是一方当事人在紧迫或者缺乏经验的情况下订立的使当事人之间享有的权利和承担的义务严重不对等的合同。如标的物的价值与价款过于悬殊,承担责任或风险显然不合理的合同,都可称为显失公平的合同。

3)以欺诈、胁迫的手段订立的合同。《民法典》规定,一方以欺诈、胁迫的手段,使对方在违背真实意思的情况下实施的民事法律行为,如果损害国家利益的,按照《民法典》的规定属无效合同。如果未损害国家利益,则受欺诈、胁迫的一方有权请求人民法院或仲裁机构予以撤销。

(2)合同撤销权的行使。《民法典》规定,有下列情形之一的,撤销权消灭:①具有撤销权的当事人自知道或者应当知道撤销事由之日起1年内、重大误解的当事人自知道或者应当知道撤销事由之日起90日内没有行使撤销权;②当事人受胁迫,自胁迫行为终止之日起一年内没有行使撤销权;③具有撤销权的当事人知道撤销事由后明确表示或者以自己的行为放弃撤销权。当事人自民事法律行为发生之日起5年内没有行使撤销权的,撤销权消灭。

(3)被撤销合同的法律后果。《民法典》规定,无效的合同或者被撤销的合同自始没有法律约束力。民事法律行为部分无效,不影响其他部分效力的,其他部分仍然有效。

5. 合同的终止

合同的终止,是指依法生效的合同,因具备法定的或当事人约定的情形,合同的债权、债务归于消灭,债权人不再享有合同的权利,债务人也不必再履行合同的义务。

《民法典》规定,有下列情形之一的,合同的权利义务终止:①债务已经按照约定履行;②债务相互抵销;③债务人依法将标的物提存;④债权人免除债务;⑤债权债务同归于一人;⑥法律规定或者当事人约定终止的其他情形。

(1)合同解除的特征。合同的解除是指合同有效成立后,当具备法律规定的合同解除条件时,因当事人一方或双方的意思表示而使合同关系归于消灭的行为。

合同解除具有如下特征:①合同的解除适用于合法有效的合同,而无效合同、可撤销合同不发生合同解除。②合同解除须具备法律规定的条件。非依照法律规定,当事人不得随意解除合同。我国法律规定的合同解除条件主要有约定解除和法定解除。③合同解除须有解除的行为。无论哪一方当事人享有解除合同的权利,其必须向对方提出解除合同的意思表示,才能达到合同解除的法律后果。④合同解除使合同关系自始消灭或者向将来消灭,可视为当事人之间未发生合同关系,或者合同尚存的权利义务不再履行。

(2)合同解除的种类。合同的解除分为以下两大类:

1)约定解除合同。《民法典》规定,当事人协商一致,可以解除合同。当事人可以约定一方解除合同的条件。解除合同的条件成就时,解除权人可以解除合同。

2)法定解除合同。《民法典》规定,有下列情形之一的,当事人可以解除合同:①因不可抗力致使不能实现合同目的;②在履行期限届满之前,当事人一方明确表示或者以自己的行为表明不履行主要债务;③当事人一方延迟履行主要债务,经催告后在合理期限内仍未履行;④当事人一方延迟履行债务或者有其他违约行为致使不能实现合同目的;⑤法律规定的其他情形。

法定解除是法律直接规定解除合同的条件。当条件具备时,解除权人可直接行使解除权;约定解除则是双方的法律行为,单方行为不能导致合同的解除。

(3)解除合同的程序。《民法典》规定,当事人一方依照本法规定主张解除合同的,应当通知对方。合同自通知到达对方时解除。对方有异议的,可以请求人民法院或者仲裁机构确认解除合同的效力。法律、行政法规规定解除合同应当办理批准、登记等手续的,依照其规定。

当事人对异议期限有约定的依照约定,没有约定的,最长期限为3个月。

(4)施工合同的解除。

1)发包人解除施工合同。《最高人民法院关于审理建设工程施工合同纠纷案件适用法律问题的解释(二)》规定,承包人具有下列情形之一,发包人请求解除建设工程施工合同的,应予支持:①明确表示或者以行为表明不履行合同主要义务的;②合同约定的期限内没有完工,且在发包人催告的合理期限内仍未完工的;③已经完成的建设工程质量不合格,并拒绝修复的;④将承包的建设工程非法转包、违法分包的。

2)承包人解除施工合同。《最高人民法院关于审理建设工程施工合同纠纷案件适用法律问题的解释(二)》规定,发包人具有下列情形之一,致使承包人无法施工,且在催告的合理期限内仍未履行相应义务,承包人请求解除建设工程施工合同的,应予支持:①未按约定支付工程价款的;②提供的主要建筑材料、建筑构配件和设备不符合强制性标准的;③不履行合同约定的协助义务的。

3)施工合同解除的法律后果。《最高人民法院关于审理建设工程施工合同纠纷案件适用法律问题的解释(二)》规定,建设工程施工合同解除后,已经完成的建设工程质量合格的,发包人应当按照约定支付相应的工程价款;已经完成的建设工程质量不合格的,参照本解释第3条规定处理。因一方违约导致合同解除的,违约方应当赔偿因此而给对方造成的损失。

该解释第3条规定,建设工程施工合同无效,且建设工程经竣工验收不合格的,按以下情形分别处理:①修复后的建设工程经竣工验收合格,发包人请求承包人承担修复费用的,应予支持;②修复后的建设工程经竣工验收不合格,承包人请求支付工程价款的,不予支持。因建设工程不合格造成的损失,发包人有过错的,也应承担相应的民事责任。

六、建设工程合同示范文本的性质与作用

《民法典》规定,当事人可以参照各类合同的示范文本订立合同。

(一)合同示范文本的作用

合同示范文本是指由规定的国家机关事先拟定的对当事人订立合同起示范作用的合同文本。实践表明,如果缺乏合同示范文本,则导致部分当事人签订的合同不规范,条款不完备,漏洞较多,将给合同履行带来很大困难,不仅影响合同履约率,还导致合同纠纷增多,解决纠纷的难度增大。

(二)建设工程合同示范文本

国务院住房城乡建设主管部门和原国务院工商行政管理部门,相继制定了《建设工程勘察合同(示范文本)》《建设工程设计合同(示范文本)》《建设工程委托监理合同(示范文本)》《建设工程施工合同(示范文本)》《建设工程施工专业分包合同(示范文本)》《建设工程施工劳务分包合同(示范文本)》。

《建设工程施工合同(示范文本)》由合同协议书、通用合同条款、专用合同条款三部分组成。

(三)合同示范文本的法律地位

合同示范文本对当事人订立合同起参考作用,但不要求当事人必须采用合同示范文本,即合同的成立与生效同当事人是否采用合同示范文本无直接关系。合同示范文本具有引导性、参考性,但无法律强制性,为非强制性使用文本。

第二节 劳动合同制度

劳动合同是在市场经济体制下,用人单位与劳动者进行双向选择、确定劳动关系、明确双方权利与义务的协议,是保护劳动者合法权益的基本依据。

劳动关系是指劳动者与用人单位在实现劳动过程中建立的社会经济关系。由于存在着劳动关系,劳动者和用人单位都要受劳动法律的约束与规范。

一、劳动合同订立的规定

(一)订立劳动合同应当遵守的原则

2012年12月经修改后公布的《中华人民共和国劳动合同法》(以下简称《劳动合同法》)规定,订立劳动合同,应当遵循合法、公平、平等自愿、协商一致、诚实信用的原则。

用人单位招用劳动者,不得扣押劳动者的居民身份证和其他证件,不得要求劳动者提供担保或者以其他名义向劳动者收取财物。

住房和城乡建设部、人力资源社会保障部《建筑工人实名制管理办法(试行)》(建市〔2019〕18号)规定,全面实行建筑业农民工实名制管理制度,坚持建筑企业与农民工先签订劳动合同后进场施工。建筑企业应与招用的建筑工人依法签订劳动合同,对其进行基本安全培训,并在相关建筑工人实名制管理平台上登记,方可允许其进入施工现场从事与建筑作业相关的活动。

(二)劳动合同的种类

《劳动合同法》规定,劳动合同分为固定期限劳动合同、无固定期限劳动合同和以完成一定工作任务为期限的劳动合同。

1. 劳动合同期限

劳动合同的期限是指劳动合同的有效时间,是劳动关系当事人双方享有权利和履行义务的时间。它一般始于劳动合同的生效之日,终于劳动合同的终止之时。

劳动合同期限由用人单位和劳动者协商确定,是劳动合同的一项重要内容。无论劳动者与用人单位建立何种期限的劳动关系,都需要双方将该期限用合同的方式确认下来,否则就不能保证劳动合同内容的实现,劳动关系将会处于一个不确定状态。劳动合同期限是劳动合同存在的前提条件。

2. 固定期限劳动合同

固定期限劳动合同是指用人单位与劳动者约定合同终止时间的劳动合同,即劳动合同双方当事人在劳动合同中明确规定了合同效力的起始和终止的时间。劳动合同期限届满,劳动关系即告终止。固定期限劳动合同可以是1年、2年,也可以是5年、10年,甚至更长时间。

3.无固定期限劳动合同

无固定期限劳动合同是指用人单位与劳动者约定无确定终止时间的劳动合同。无确定终止时间的劳动合同并不是没有终止时间,一旦出现了法定的解除情形(如到了法定退休年龄)或者双方协商一致解除的,无固定期限劳动合同同样可以解除。

用人单位与劳动者协商一致,可以订立无固定期限劳动合同。有下列情形之一,劳动者提出或者同意续订、订立劳动合同的,除劳动者提出订立固定期限劳动合同外,应当订立无固定期限劳动合同:①劳动者在该用人单位连续工作满10年的;②用人单位初次实行劳动合同制度或者国有企业改制重新订立劳动合同时,劳动者在该用人单位连续工作满10年且距法定退休年龄不足10年的;③连续订立2次固定期限劳动合同,且劳动者没有《劳动合同法》第39条和第40条第①项、第②项规定的情形,续订劳动合同的。需要注意的是,用人单位自用工之日起满1年不与劳动者订立书面劳动合同的,则视为用人单位与劳动者已订立无固定期限劳动合同。

4.以完成一定工作任务为期限的劳动合同

以完成一定工作任务为期限的劳动合同,是指用人单位与劳动者约定以某项工作的完成为合同期限的劳动合同。

(三)劳动合同的基本条款

劳动合同应当具备以下条款:①用人单位的名称、住所和法定代表人或者主要负责人;②劳动者的姓名、住址和居民身份证或者其他有效身份证件号码;③劳动合同期限;④工作内容和工作地点;⑤工作时间和休息休假;⑥劳动报酬;⑦社会保险;⑧劳动保护、劳动条件和职业危害防护;⑨法律、法规规定应当纳入劳动合同的其他事项。

劳动合同除上述规定的必备条款外,用人单位与劳动者可以约定试用期、培训、保守秘密、补充保险和福利待遇等其他事项。

(四)订立劳动合同应当注意的事项

1.建立劳动关系即应订立劳动合同

用人单位自用工之日起即与劳动者建立劳动关系。《劳动合同法》规定,建立劳动关系应当订立书面劳动合同。已建立劳动关系,未同时订立书面劳动合同的,应当自用工之日起1个月内订立书面劳动合同。用人单位与劳动者在用工前订立劳动合同的,劳动关系自用工之日起建立。

合同有书面形式、口头形式和其他形式。按照《劳动合同法》的规定,除了非全日制用工(即以小时计酬为主,劳动者在同一用人单位一般平均每日工作时间不超过4小时,每周工作时间累计不超过24小时的用工形式)可以订立口头协议外,建立劳动关系应当订立书面劳动合同。如果没有订立书面合同,不订立书面合同的一方将要承担相应的法律后果。劳动合同文本由用人单位和劳动者各执一份。

2.劳动报酬和试用期

劳动合同对劳动报酬和劳动条件等标准约定不明确,引发争议的,用人单位与劳动者可以重新协商;协商不成,适用集体合同规定;没有集体合同或者集体合同未规定劳动报酬的,实行同工同酬;没有集体合同或者集体合同未规定劳动条件等标准的,适用国家有关规定。

劳动合同期限3个月以上不满1年的,试用期不得超过1个月;劳动合同期限1年以上不满3年的,试用期不得超过2个月;3年以上固定期限和无固定期限的劳动合同,试用期不得超过6个月。同一用人单位与同一劳动者只能约定1次试用期。以完成一定工作任务为期限的劳动合同或者劳动合同期限不满3个月的,不得约定试用期。试用期包含在劳动合同期限内。劳动合同仅约定试用期的,试用期不成立,该期限为劳动合同期限。

劳动者在试用期的工资不得低于本单位相同岗位最低档工资或者劳动合同约定工资的80%,并不得低于用人单位所在地的最低工资标准。在试用期中,除劳动者有《劳动合同法》第39条和第40条第1项、第2项规定的情形外,用人单位不得解除劳动合同。用人单位在试用期解除劳动合同的,应当向劳动者说明理由。

3. 劳动合同的生效与无效

劳动合同由用人单位与劳动者协商一致,并经用人单位与劳动者在劳动合同文本上签字或盖章生效。双方当事人签字或者盖章时间不一致的,以最后一方签字或者盖章的时间为准;如果一方没有写签字时间,则另一方写明的签字时间就是合同生效时间。

《劳动合同法》第26条规定,下列劳动合同无效或者部分无效:①以欺诈、胁迫的手段或者乘人之危,使对方在违背真实意思的情况下订立或者变更劳动合同的;②用人单位免除自己的法定责任、排除劳动者权利的;③违反法律、行政法规强制性规定的。对于部分无效的劳动合同,只要不影响其他部分效力的,其他部分仍然有效。劳动合同被确认无效,劳动者已付出劳动的,用人单位应当向劳动者支付劳动报酬。劳动报酬的数额,参照本单位相同或者相近岗位劳动者的劳动报酬确定。

对劳动合同的无效或者部分无效有争议的,由劳动争议仲裁机构或者人民法院确认。

(五)集体合同

企业职工一方与用人单位通过平等协商,可以就劳动报酬、工作时间、休息休假、劳动安全卫生、保险福利等事项订立集体合同。集体合同草案应当提交职工代表大会或者全体职工讨论通过。集体合同由工会代表企业职工一方与用人单位订立;尚未建立工会的用人单位,由上级工会指导劳动者推举的代表与用人单位订立。企业职工一方与用人单位还可订立劳动安全卫生、女职工权益保护、工资调整机制等专项集体合同。集体合同中劳动报酬和劳动条件等标准不得低于当地人民政府规定的最低标准;用人单位与劳动者订立的劳动合同中劳动报酬和劳动条件等标准不得低于集体合同规定的标准。

集体合同订立后,应当报送劳动行政部门;劳动行政部门自收到集体合同文本之日起15日内未提出异议的,集体合同即行生效。依法订立的集体合同对用人单位和劳动者具有约束力。

用人单位违反集体合同,侵犯职工劳动权益的,工会可以依法要求用人单位承担责任;因履行集体合同发生争议,经协商解决不成的,工会可以依法申请仲裁或提起诉讼。

二、劳动合同的履行、变更、解除和终止

(一)劳动合同的履行和变更

劳动合同一经依法订立便具有法律效力。用人单位与劳动者应当按照劳动合同的约定,全面履行各自的义务。当事人双方既不能只履行部分义务,也不能擅自变更合同,更不能任意不履行合同或者解除合同,否则将承担相应的法律责任。

1. 用人单位应当履行向劳动者支付劳动报酬的义务

用人单位应当按照劳动合同约定和国家规定,向劳动者及时足额支付劳动报酬。劳动报酬是指劳动者为用人单位提供劳动而获得的各种报酬,通常包括三个部分:一是货币工资,包括各种工资、奖金、津贴、补贴等;二是实物报酬,即用人单位以免费或低于成本价提供给劳动者的各种物品和服务等;三是社会保险,即用人单位为劳动者支付的医疗、失业、养老、工伤等保险金。

用人单位和劳动者可以在法律允许的范围内对劳动报酬的金额、支付时间、支付方式等进行平等协商。劳动报酬的支付要遵守国家的有关规定:①用人单位支付劳动者的工资不得低于当地的最低工资标准;②工资应当以货币形式按月支付劳动者本人,即不得以实物或有价证券等形式代替货币支付;③用人单位应当依法向劳动者支付加班费;④劳动者在法定休假日、婚丧假期间、探亲假期间、产假期间和依法参加社会活动期间以及非因劳动者原因停工期间,用人单位应当依法支付工资。

用人单位拖欠或者未足额支付劳动报酬的,劳动者可以依法向当地人民法院申请支付令,人民法院应当依法发出支付令。

2. 依法限制用人单位安排劳动者加班

用人单位应当严格执行劳动定额标准,不得强迫或者变相强迫劳动者加班。用人单位安排加班的,应当按照国家有关规定向劳动者支付加班费。

3. 劳动者有权拒绝违章指挥、冒险作业

劳动者对危害生命安全和身体健康的劳动条件,有权对用人单位提出批评、检举和控告。劳动者拒绝用人单位管理人员违章指挥、强令冒险作业的,不视为违反劳动合同。

4. 用人单位发生变动不影响劳动合同的履行

用人单位如果变更名称、法定代表人、主要负责人或者投资人等事项,不影响劳动合同的履行。

用人单位发生合并或者分立等情况,原劳动合同继续有效,劳动合同由承继其权利和义务的用人单位继续履行。

5. 劳动合同的变更

用人单位与劳动者协商一致,可以变更劳动合同约定的内容。变更劳动合同,应当采用书面形式。变更后的劳动合同文本由用人单位和劳动者各执一份。

变更劳动合同时应当注意:①必须在劳动合同依法订立之后,在合同没有履行或者尚未履行完毕之前的有效时间内进行;②必须坚持平等自愿、协商一致的原则,即须经用人单位和劳动者双方当事人的同意;③不得违反法律法规的强制性规定;④劳动合同的变更须采用书面形式。

(二)劳动合同的解除和终止

劳动合同的解除是指当事人双方提前终止劳动合同、解除双方权利义务关系的法律行为,可分为协商解除、法定解除和约定解除三种情况。劳动合同的终止是指劳动合同期满或者出现法定情形以及当事人约定的情形而导致劳动合同的效力消灭,劳动合同即行终止。

1. 劳动者可以单方解除劳动合同

劳动者提前30日以书面形式通知用人单位,可以解除劳动合同。劳动者在试用期内提前3日通知用人单位,可以解除劳动合同。

《劳动合同法》第38条规定,用人单位有下列情形之一的,劳动者可以解除劳动合同:①未按照劳动合同约定提供劳动保护或者劳动条件的;②未及时足额支付劳动报酬的;③未依法为劳动者缴纳社会保险费的;④用人单位的规章制度违反法律、法规的规定,损害劳动者权益的;⑤因《劳动合同法》第26条第1款规定的情形致使劳动合同无效的;⑥法律、行政法规规定劳动者可以解除劳动合同的其他情形。

用人单位以暴力、威胁或者非法限制人身自由的手段强迫劳动者劳动的,或者用人单位违章指挥、强令冒险作业危及劳动者人身安全的,劳动者可以立即解除劳动合同,不需事先告知用人单位。

2. 用人单位可以单方解除劳动合同的规定

《劳动合同法》在赋予劳动者单方解除权的同时,也赋予用人单位对劳动合同的单方解除权,以保障用人单位的用工自主权。

《劳动合同法》第39条规定,劳动者有下列情形之一的,用人单位可以解除劳动合同:①在试用期间被证明不符合录用条件的;②严重违反用人单位的规章制度的;③严重失职,营私舞弊,给用人单位造成重大损害的;④劳动者同时与其他用人单位建立劳动关系,对完成本单位的工作任务造成严重影响,或者经用人单位提出,拒不改正的;⑤因《劳动合同法》第26条第1款第1项规定的情形致使劳动合同无效的;⑥被依法追究刑事责任的。

《劳动合同法》第40条规定,有下列情形之一的,用人单位提前30日以书面形式通知劳动者本人或者额外支付劳动者1个月工资后,可以解除劳动合同:①劳动者患病或者非因工负伤,在规定的医疗期满后不能从事原工作,也不能从事由用人单位另行安排的工作的;②劳动者不能胜任工作,经过培训或者调整工作岗位,仍不能胜任工作的;③劳动合同订立时所依据的客观情况发生重大变化,致使劳动合同无法履行,经用人单位与劳动者协商,未能就变更劳动合同内容达成协议的。

3. 用人单位经济性裁员的规定

经济性裁员是指用人单位由于经营不善等经济原因,一次性辞退部分劳动者的情形。经济性裁员仍属用人单位单方解除劳动合同。

有下列情形之一,需要裁减人员20人以上或者裁减不足20人但占企业职工总数10%以上的,用人单位提前30日向工会或者全体职工说明情况,听取工会或者职工的意见后,裁减人员方案经向劳动行政部门报告,可以裁减人员:①依照企业破产法规定进行重整的;②生产经营发生严重困难的;③企业转产、重大技术革新或者经营方式调整,经变更劳动合同后,仍需裁减人员的;④其他因劳动合同订立时所依据的客观经济情况发生重大变化,致使劳动合同无法履行的。

裁减人员时,应当优先留用下列三种人员:①与本单位订立较长期限的固定期限劳动合同的;②与本单位订立无固定期限劳动合同的;③家庭无其他就业人员,有需要抚养的老人或者未成年人的。用人单位在6个月内重新招用人员的,应当通知被裁减的人员,并在同等条件下优先招用被裁减人员。

4. 用人单位不得解除劳动合同的规定

为了保护一些特殊群体劳动者的权益,《劳动合同法》第42条规定,劳动者有下列情形之一的,用人单位不得依照该法第40条、第41条的规定解除劳动合同:①从事接触职业病危害作业的劳动者未进行离岗前职业健康检查,或者疑似职业病病人在诊断或者医学观察期间的;②在本单位患职业病或者因工负伤并被确认丧失或者部分丧失劳动能力的;③患病或者非因工负伤,在规定的医疗期内的;④女职工在孕期、产期、哺乳期的;⑤在本单位连续工作满15年,且距法定退休年龄不足5年的;⑥法律、行政法规规定的其他情形。

用人单位违反《劳动合同法》规定解除或者终止劳动合同,劳动者要求继续履行劳动合同的,用人单位应当继续履行;劳动者不要求继续履行劳动合同或者劳动合同已经不能继续履行的,用人单位应当依法向劳动者支付赔偿金。赔偿金标准为经济补偿标准的2倍。

5. 劳动合同的终止

《劳动合同法》第44条规定,有下列情形之一的,劳动合同终止:①劳动合同期满的;②劳动者开始依法享受基本养老保险待遇的;③劳动者死亡,或者被人民法院宣告死亡或者宣告失踪的;④用人单位被依法宣告破产的;⑤用人单位被吊销营业执照、责令关闭、撤销或者用人单位决定提前解散的;⑥法律、行政法规规定的其他情形。

但是,在劳动合同期满时,有《劳动合同法》第42条规定的情形之一的,劳动合同应当继续延续至相应的情形消失时才能终止。但是,在本单位患有职业病或者因工负伤并被确认丧失或者部分丧失劳动能力的劳动者的劳动合同的终止,按照国家有关工伤保险的规定执行。

《工伤保险条例》规定:①职工因工致残被鉴定为1级至4级伤残的,保留劳动关系,退出工作岗位;②职工因工致残被鉴定为5级、6级伤残的,保留与用人单位的劳动关系,由用人单位安排适当工作难以安排工作的,由用人单位按月发给伤残津贴;也可以经工伤职工本人提出,该职工可以与用人单位解除或者终止劳动关系;③职工因工致残被鉴定为7级至10级伤残的,劳动、聘用合同期满终止,或者职工本人提出解除劳动、聘用合同的,由工伤保险基金支付一次性工伤医疗补助金,由用人单位支付一次性伤残就业补助金。

6. 终止劳动合同的经济补偿

有下列情形之一的,用人单位应当向劳动者支付经济补偿:①劳动者依照《劳动合同法》第38条规定解除劳动合同的;②用人单位向劳动者提出解除劳动合同并与劳动者协商一致解除劳动合同的;③用人单位依照《劳动合同法》第40条规定解除劳动合同的;④用人单位依照《劳动合同法》第41条第1款规定解除劳动合同的;⑤除用人单位维持或者提高劳动合同约定条件续订劳动合同,劳动者不同意续订的情形外,依照《劳动合同法》第44条第1项规定终止固定期限劳动合同的;⑥依照《劳动合同法》第44条第4项、第5项规定终止劳动合同的;⑦法律、行政法规规定的其他情形。

经济补偿的标准,按劳动者在本单位工作的年限,每满1年支付1个月工资的标准向劳动者支付。6个月以上不满1年的,按1年计算;不满6个月的,向劳动者支付半个月工资的经济补偿。劳动者月工资高于用人单位所在直辖市、设区的市级人民政府公布的本地区上年度职工月平均工资3倍的,向其支付经济补偿的标准按职工月平均工资3倍的数额支付,向其支付经济补偿的年限最高不超过12年。月工资是指劳动者在劳动合同解除或者终止前12个月的平均工资。

三、合法用工方式与违法用工模式的规定

据有关资料显示,我国建筑业的农民工占建筑业从业总人数的80%以上,约占农民工总人数的25%。因此,实施合法用工方式不仅有利于保证建设工程质量安全,还可以更好地保障农民工的合法权益。

(一)"包工头"用工模式

我国建筑业仍属于劳动密集型行业。20世纪80年代以来,随着建设规模不断扩大,建筑业的发展需要大量务工人员,而农村富余劳动力又迫切要求找到适合工作,"包工头"用工模式便应运而生了。可以说,"包工头"用工模式是在特殊历史条件下的特殊产物。

"包工头"是非法人的用工模式,容易导致大量农民工未经安全和职业技能培训就进入建筑工

地,给工程质量和安全带来隐患;非法用工现象较为严重,损害农民工合法权益事件时有发生,特别是违法合同无效的规定,极易造成清欠农民工工资债务链的法律关系"断层",严重扰乱了建筑市场的正常秩序。

《建筑法》明确规定,禁止建筑施工企业以任何形式允许其他单位或者个人使用本企业的资质证书、营业执照,以本企业的名义承揽工程。禁止总承包单位将工程分包给不具备相应资质条件的单位。禁止分包单位将其承包的工程再分包。

(二)劳务派遣

劳务派遣(又称劳动力派遣、劳动派遣或人才租赁),是指依法设立的劳务派遣单位与劳动者订立劳动合同,依据与接受劳务派遣单位(即实际用工单位)订立的劳务派遣协议,将劳动者派遣到实际用工单位工作,由派遣单位向劳动者支付工资、福利及社会保险费用,实际用工单位提供劳动条件并按照劳务派遣协议支付用工费用的新型用工方式。其显著特征是劳动者的聘用与使用分离。

1. 劳务派遣单位

《劳动合同法》规定,劳务派遣单位经营劳务派遣业务应当具备下列条件:①注册资本不得少于人民币 200 万元;②有与开展业务相适应的固定的经营场所和设施;③有符合法律、行政法规规定的劳务派遣管理制度;④法律、行政法规规定的其他条件。经营劳务派遣业务,应当向劳动行政部门依法申请行政许可;经许可的,依法办理相应的公司登记。未经许可,任何单位和个人不得经营劳务派遣业务。劳务派遣用工是补充形式,只能在临时性、辅助性或者替代性的工作岗位上实施。

2014 年 1 月人力资源和社会保障部发布的《劳务派遣暂行规定》进一步规定,临时性工作岗位是指存续时间不超过 6 个月的岗位;辅助性工作岗位是指为主营业务岗位提供服务的非主营业务岗位;替代性工作岗位是指用工单位的劳动者因脱产学习、休假等原因无法工作的一定期间内,可以由其他劳动者替代工作的岗位。

2. 劳动合同与劳务派遣协议

劳务派遣单位与被派遣劳动者应当订立劳动合同。《劳动合同法》规定,劳务派遣单位是本法所称用人单位,应当履行用人单位对劳动者的义务。劳务派遣单位与被派遣劳动者订立的劳动合同,除应当载明本法第 17 条规定的事项外,还应当载明被派遣劳动者的用工单位以及派遣期限、工作岗位等情况。劳务派遣单位应当与被派遣劳动者订立 2 年以上的固定期限劳动合同,按月支付劳动报酬;被派遣劳动者在无工作期间,劳务派遣单位应当按照所在地人民政府规定的最低工资标准,向其按月支付报酬。

劳务派遣单位派遣劳动者应当与接受以劳务派遣形式用工的单位(以下称"用工单位")订立劳务派遣协议。劳务派遣单位应当将劳务派遣协议的内容告知被派遣劳动者。劳务派遣单位不得克扣用工单位按照劳务派遣协议支付给被派遣劳动者的劳动报酬。劳务派遣单位和用工单位不得向被派遣劳动者收取费用。

《劳务派遣暂行规定》规定,劳务派遣协议应当载明下列内容:①派遣的工作岗位名称和岗位性质;②工作地点;③派遣人员数量和派遣期限;④按照同工同酬原则确定的劳动报酬数额和支付方式;⑤社会保险费的数额和支付方式;⑥工作时间和休息休假事项;⑦被派遣劳动者工伤、生育或者患病期间的相关待遇;⑧劳动安全卫生以及培训事项;⑨经济补偿等费用;⑩劳务派遣协议期限;⑪劳务派遣服务费的支付方式和标准;⑫违反劳务派遣协议的责任;⑬法律、法规、规章规定应当纳入劳务派遣协议的其他事项。

3. 被派遣劳动者

《劳动合同法》规定,被派遣劳动者享有与用工单位的劳动者同工同酬的权利。用工单位应当按照同工同酬原则,对被派遣劳动者与本单位同类岗位的劳动者实行相同的劳动报酬分配办法。用工单位无同类岗位劳动者的,参照用工单位所在地相同或者相近岗位劳动者的劳动报酬确定。劳务派遣单位与被派遣劳动者订立的劳动合同和与用工单位订立的劳务派遣协议,载明或者约定的向被派遣劳动者支付的劳动报酬应当符合前款规定。

被派遣劳动者有权在劳务派遣单位或者用工单位依法参加或者组织工会,维护自身的合法权益。被派遣劳动者可以依照《劳动合同法》第36条、第38条的规定与劳务派遣单位解除劳动合同。

4. 用工单位

《劳动合同法》规定,用工单位应当履行下列义务:①执行国家劳动标准,提供相应的劳动条件和劳动保护;②告知被派遣劳动者的工作要求和劳动报酬;③支付加班费、绩效奖金,提供与工作岗位相关的福利待遇;④对在岗被派遣劳动者进行工作岗位所必需的培训;⑤连续用工的,实行正常的工资调整机制。用工单位不得将被派遣劳动者再派遣到其他用人单位。

被派遣劳动者有该法第39条和第40条第1项、第2项规定情形的,用工单位可以将劳动者退回劳务派遣单位,劳务派遣单位依照该法有关规定,可以与劳动者解除劳动合同。

《劳务派遣暂行规定》规定,用工单位应当按照劳动合同法第62条规定,向被派遣劳动者提供与工作岗位相关的福利待遇,不得歧视被派遣劳动者。被派遣劳动者在用工单位因工作遭受事故伤害的,劳务派遣单位应当依法申请工伤认定,用工单位应当协助工伤认定的调查核实工作。劳务派遣单位承担工伤保险责任,但可以与用工单位约定补偿办法。被派遣劳动者在申请进行职业病诊断、鉴定时,用工单位应当负责处理职业病诊断、鉴定事宜,并如实提供职业病诊断、鉴定所需的劳动者职业史和职业危害接触史、工作场所职业病危害因素检测结果等资料,劳务派遣单位应当提供被派遣劳动者职业病诊断、鉴定所需的其他材料。

有下列情形之一的,用工单位可以将被派遣劳动者退回劳务派遣单位:①用工单位有《劳动合同法》第40条第3项、第41条规定情形的;②用工单位被依法宣告破产、吊销营业执照、责令关闭、撤销、决定提前解散或者经营期限届满不再继续经营的;③劳务派遣协议期满终止的。被派遣劳动者退回后在无工作期间,劳务派遣单位应当按照不低于所在地人民政府规定的最低工资标准,向其按月支付报酬。被派遣劳动者有《劳动合同法》第42条规定情形的,在派遣期限届满前,用工单位不得依据上述第①项规定将被派遣劳动者退回劳务派遣单位;派遣期限届满的,应当延续至相应情形消失时方可退回。

(三)加强和完善建筑劳务管理

《国务院办公厅关于全面治理拖欠农民工工资问题的意见》规定,严格规范劳动用工管理。在工程建设领域,坚持施工企业与农民工先签订劳动合同后进场施工,全面实行农民工实名制管理制度,建立劳动计酬手册,记录施工现场作业农民工的身份信息、劳动考勤、工资结算等信息,逐步实现信息化实名制管理。施工总承包企业要加强对分包企业劳动用工和工资发放的监督管理,在工程项目部配备劳资专管员,建立施工人员进出场登记制度和考勤计量、工资支付等管理台账,实时掌握施工现场用工及其工资支付情况,不得以包代管。施工总承包企业和分包企业应将经农民工本人签字确认的工资支付书面记录保存两年以上备查。

《国务院办公厅关于促进建筑业持续健康发展的意见》规定，改革建筑用工制度。推动建筑业劳务企业转型，大力发展木工、电工、砌筑、钢筋制作等以作业为主的专业企业。以专业企业为建筑工人的主要载体，逐步实现建筑工人公司化、专业化管理。鼓励现有专业企业进一步做专做精，增强竞争力，推动形成一批以作业为主的建筑业专业企业。促进建筑业农民工向技术工人转型，着力稳定和扩大建筑业农民工就业创业。建立全国建筑工人管理服务信息平台，开展建筑工人实名制管理，记录建筑工人的身份信息、培训情况、职业技能、从业记录等信息，逐步实现全覆盖。

1. 倡导多元化建筑用工方式，推行实名制管理

2014年7月住房和城乡建设部《关于进一步加强和完善建筑劳务管理工作的指导意见》中提出，施工总承包、专业承包企业可通过自有劳务人员或劳务分包、劳务派遣等多种方式完成劳务作业。施工总承包、专业承包企业应拥有一定数量的与其建立稳定劳动关系的骨干技术工人，或拥有独资或控股的施工劳务企业，组织自有劳务人员完成劳务作业；也可以将劳务作业分包给具有施工劳务资质的企业；还可以将部分临时性、辅助性或者替代性的工作使用劳务派遣人员完成作业。

施工劳务企业应组织自有劳务人员完成劳务分包作业。施工劳务企业应依法承接施工总承包、专业承包企业发包的劳务作业，并组织自有劳务人员完成作业，不得将劳务作业再次分包或转包。

推行劳务人员实名制管理。施工总承包、专业承包和施工劳务等建筑施工企业要严格落实劳务人员实名制，加强对自有劳务人员的管理，在施工现场配备专职或兼职劳务用工管理人员，负责登记劳务人员的基本身份信息、培训和技能状况、从业经历、考勤记录、诚信信息、工资结算及支付等情况，加强劳务人员动态监管和劳务纠纷调解处理。实行劳务分包的工程项目，施工劳务企业除严格落实实名制管理外，还应将现场劳务人员的相关资料报施工总承包企业核实、备查；施工总承包企业也应配备现场专职劳务用工管理人员监督施工劳务企业落实实名制管理，确保工资支付到位，并留存相关资料。

2. 落实企业责任，保障劳务人员合法权益与工程质量安全

(1)建筑施工企业对自有劳务人员承担用工主体责任。建筑施工企业应对自有劳务人员的施工现场用工管理、持证上岗作业和工资发放承担直接责任。建筑施工企业应与自有劳务人员依法签订书面劳动合同，办理工伤、医疗或综合保险等社会保险，并按劳动合同约定及时将工资直接发放给劳务人员本人；应不断提高和改善劳务人员的工作条件和生活环境，保障其合法权益。

(2)施工总承包、专业承包企业承担相应的劳务用工管理责任。按照"谁承包、谁负责"的原则，施工总承包企业应对所承包工程的劳务管理全面负责。施工总承包、专业承包企业将劳务作业分包时，应对劳务费结算支付负责，对劳务分包企业的日常管理、劳务作业和用工情况、工资支付负监督管理责任；对因转包、违法分包、拖欠工程款等行为导致拖欠劳务人员工资的，负相应责任。

(3)建筑施工企业承担劳务人员的教育培训责任。建筑施工企业应通过积极创建农民工业余学校、建立培训基地、师傅带徒弟、现场培训等多种方式，提高劳务人员职业素质和技能水平，使其满足工作岗位需求。建筑施工企业应对自有劳务人员的技能和岗位培训负责，建立劳务人员分类培训制度，实施全员培训、持证上岗。对新进入建筑市场的劳务人员，应组织相应的上岗培训，考核合格后方可上岗；对因岗位调整或需要转岗的劳务人员，应重新组织培训，考核合格后方可上岗；对从事建筑电工、建筑架子工、建筑起重信号司索工等岗位的劳务人员，应组织培训并取得住房城乡建设主管部门颁发的证书后方可上岗。施工总承包、专业承包企业应对所承包工程项目施

工现场劳务人员的岗前培训负责,对施工现场劳务人员持证上岗作业负监督管理责任。

(4)建筑施工企业承担相应的质量安全责任。施工总承包企业对所承包工程项目的施工现场质量安全负总责,专业承包企业对承包的专业工程质量安全负责,施工总承包企业对分包工程的质量安全承担连带责任。施工劳务企业应服从施工总承包或专业承包企业的质量安全管理,组织合格的劳务人员完成施工作业。

3.加大监管力度,规范劳务用工管理

(1)落实劳务人员实名制管理各项要求。积极推行信息化管理方式,将劳务人员的基本身份信息、培训和技能状况、从业经历和诚信信息等内容纳入信息化管理范畴,逐步实现不同项目、企业、地域劳务人员信息的共享和互通。有条件的地区,可探索推进劳务人员的诚信信息管理,对发生违法违规行为以及引发群体性事件的责任人,记录其不良行为并予以通报。

(2)加大企业违法违规行为的查处力度。各地住房城乡建设主管部门应加大对转包、违法分包等违法违规行为以及不执行实名制管理和持证上岗制度、拖欠劳务费或劳务人员工资、引发群体性讨薪事件等不良行为的查处力度,并将查处结果予以通报,记入企业信用档案。有条件的地区可加快施工劳务企业信用体系建设,将其不良行为统一纳入全国建筑市场监管与诚信信息发布平台,向社会公布。

4.加强政策引导与扶持,夯实行业发展基础

(1)加强劳务分包计价管理。各地工程造价管理机构应根据本地市场实际情况,动态发布定额人工单价调整信息,使人工费用的变化在工程造价中得到及时反映;实时跟踪劳务市场价格信息,做好建筑工种和实物工程量人工成本信息的测算发布工作,引导建筑施工企业合理确定劳务分包费用,避免因盲目低价竞争和计费方式不合理引发合同纠纷。

(2)推进建筑劳务基地化建设。鼓励大型建筑施工企业在劳务输出地建立独资或控股的施工劳务企业,或与劳务输出地有关单位建立长期稳定的合作关系,支持企业参与劳务输出地劳务人员的技能培训,建立双方定向培训机制。

(3)做好引导和服务工作。鼓励施工总承包企业与长期合作、市场信誉好的施工劳务企业建立稳定的合作关系,鼓励和扶持实力较强的施工劳务企业向施工总承包或专业承包企业发展;加强培训工作指导,整合培训资源,推动各类培训机构建设,引导有实力的建筑施工企业按相关规定开办技工职业学校,培养技能人才,鼓励建筑施工企业加强校企合作,对自有劳务人员开展定向教育,加大高技能人才的培养力度。

(四)改革工程建设领域用工方式

《国务院办公厅关于全面治理拖欠农民工工资问题的意见》规定,加快培育建筑产业工人队伍,推进农民工组织化进程。鼓励施工企业将一部分技能水平高的农民工招用为自有工人,不断扩大自有工人队伍。引导具备条件的劳务作业班组向专业企业发展。

实行施工现场维权信息公示制度。施工总承包企业负责在施工现场醒目位置设立维权信息告示牌,明示业主单位、施工总承包企业及所在项目部、分包企业、行业监管部门等基本信息;明示劳动用工相关法律法规、当地最低工资标准、工资支付日期等信息;明示属地行业监管部门投诉举报电话和劳动争议调解仲裁、劳动保障监察投诉举报电话等信息,实现所有施工场地全覆盖。

四、劳动保护的规定

《中华人民共和国劳动法》(以下简称《劳动法》)对劳动者的工作时间、休息休假、工资、劳动安

全卫生、女职工和未成年工特殊保护、社会保险和福利等作了法律规定。

(一)劳动者的工作时间和休息休假

工作时间(又称劳动时间)是指法律规定的劳动者在一昼夜和一周内从事生产、劳动或工作的时间。休息休假(又称休息时间)是指劳动者在国家规定的法定工作时间外,不从事生产、劳动或工作而由自己自行支配的时间,包括劳动者每天休息的时数、每周休息的天数、节假日、年休假、探亲假等。

1. 工作时间

《劳动法》规定,国家实行劳动者每日工作时间不超过 8 小时、平均每周工作时间不超过 44 小时的工时制度。用人单位应当保证劳动者每周至少休息 1 日。《劳动法》还规定,企业因生产特点不能实行上述规定的,经劳动行政部门批准,可以实行其他工作和休息办法。

(1)缩短工作日。1994 年 2 月国务院发布的《关于职工工作时间的规定》中规定,在特殊条件下从事劳动和有特殊情况,需要适当缩短工作时间的,按照国家有关规定执行。目前,我国实行缩短工作时间的主要是:从事矿山、高山、有毒、有害、特别繁重和过度紧张的体力劳动职工,以及纺织、化工、建筑冶炼、地质勘探、森林采伐、装卸搬运等行业或岗位的职工;从事夜班工作的劳动者;在哺乳期工作的女职工;16 至 18 岁的未成年劳动者等。

(2)不定时工作。1994 年 12 月原劳动部《关于企业实行不定时工作制和综合计算工时工作制的审批办法》中规定,企业对符合下列条件之一的职工,可以实行不定时工作日制:①企业中的高级管理人员、外勤人员、推销人员、部分值班人员和其他因工作无法按标准工作时间衡量的职工;②企业中的长途运输人员、出租汽车司机和铁路、港口、仓库的部分装卸人员以及因工作性质特殊,需机动作业的职工;③其他因生产特点、工作特殊需要或职责范围的关系,适合实行不定时工作制的职工。

(3)综合计算工作日,即分别以周、月、季、年等为周期综合计算工作时间,但其平均日工作时间和平均周工作时间应与法定标准工作时间基本相同。按规定,企业对交通、铁路等行业中因工作性质特殊需连续作业的职工,地质及资源勘探、建筑等受季节和自然条件限制的行业的部分职工等,可实行综合计算工作日。

(4)计件工资时间。对实行计件工作的劳动者,用人单位应当根据《劳动法》第 36 条规定的工时制度合理确定其劳动定额和计件报酬标准。

2. 休息休假

《劳动法》规定,用人单位在下列节日期间应当依法安排劳动者休假:①元旦;②春节;③国际劳动节;④国庆节;⑤法律、法规规定的其他休假节日。目前,法律、法规规定的其他休假节日有:全体公民放假的节日是清明节、端午节和中秋节;部分公民放假的节日及纪念日是妇女节、青年节、儿童节、中国人民解放军建军纪念日。

劳动者连续工作 1 年以上的,享受带薪年休假。此外,劳动者按有关规定还可以享受探亲假、婚丧假、生育(产)假、节育手术假等。

用人单位由于生产经营需要,经与工会和劳动者协商可以延长工作时间,一般每日不得超过 1 小时;因特殊原因需要延长工作时间的,在保障劳动者身体健康的条件下延长工作时间每日不得超过 3 小时,但是每月不得超过 36 小时。在发生自然灾害、事故等需要紧急处理,或者生产设备、交通运输线路、公共设施发生故障必须及时抢修的以及法律、行政法规规定的特殊情况下,延长工作时间不受上述限制。

用人单位应当按照下列标准支付高于劳动者正常工作时间工资的工资报酬:安排劳动者延长工作时间的,支付不低于工资150%的工资报酬;休息日安排劳动者工作又不能安排补休的,支付不低于工资200%的工资报酬;法定休假日安排劳动者工作的,支付不低于工资300%的工资报酬。

(二)劳动者的工资

工资,是指用人单位依据国家有关规定和劳动关系双方的约定,以货币形式支付给劳动者的劳动报酬,如计时工资、计件工资、奖金、津贴和补贴等。

1. 工资基本规定

《劳动法》规定,工资分配应当遵循按劳分配原则,实行同工同酬。工资水平在经济发展的基础上逐步提高。国家对工资总量实行宏观调控。用人单位根据本单位的生产经营特点和经济效益,依法自主确定本单位的工资分配方式和工资水平。

工资应当以货币形式按月支付给劳动者本人。不得克扣或者无故拖欠劳动者的工资。劳动者在法定休假日和婚丧假期间及依法参加社会活动期间,用人单位应当依法支付工资。

在我国,企业、机关(包括社会团体)、事业单位实行不同的基本工资制度。企业基本工资制度主要有等级工资制、岗位技能工资制、岗位工资制、结构工资制、经营者年薪制等。

2. 最低工资保障制度

最低工资标准是指劳动者在法定工作时间或依法签订的劳动合同约定的工作时间内提供了正常劳动的前提下,用人单位依法应支付的最低劳动报酬。正常劳动是指劳动者按依法签订的劳动合同约定,在法定工作时间或劳动合同约定的工作时间内从事的劳动。劳动者依法享受带薪休假、探亲假、婚丧假、生育(产)假、节育手术假等国家规定的假期间,以及法定工作时间内依法参加社会活动期间,视为提供了正常劳动。

《劳动法》规定,国家实行最低工资保障制度。最低工资的具体标准由省、自治区、直辖市人民政府规定,报国务院备案。用人单位支付劳动者的工资不得低于当地最低工资标准。

根据2004年1月原劳动和社会保障部颁布的《最低工资规定》的规定,在劳动者提供正常劳动的情况下,用人单位应支付给劳动者的工资在剔除下列各项以后,不得低于当地最低工资标准:①延长工作时间工资;②中班、夜班、高温、低温、井下、有毒有害等特殊工作环境、条件下的津贴;③法律、法规和国家规定的劳动者福利待遇等。实行计件工资或提成工资等工资形式的用人单位,在科学合理的劳动定额基础上,其支付劳动者的工资不得低于相应的最低工资标准。

3. 全面规范企业工资支付行为

《国务院办公厅关于全面治理拖欠农民工工资问题的意见》规定,明确工资支付各方主体责任。在工程建设领域,施工总承包企业(包括直接承包建设单位发包工程的专业承包企业,下同)对所承包工程项目的农民工工资支付负总责,分包企业(包括承包施工总承包企业发包工程的专业企业,下同)对所招用农民工的工资支付负直接责任,不得以工程款未到位等为由克扣或拖欠农民工工资,不得将合同应收工程款等经营风险转嫁给农民工。

推动各类企业委托银行代发农民工工资。在工程建设领域,鼓励实行分包企业农民工工资委托施工总承包企业直接代发的办法。分包企业负责为招用的农民工申办银行个人工资账户并办理实名制工资支付银行卡,按月考核农民工工作量并编制工资支付表,经农民工本人签字确认后,交施工总承包企业委托银行通过其设立的农民工工资(劳务费)专用账户直接将工资划入农民工个人工资账户。

完善工资保证金制度。在建筑市政、交通、水利等工程建设领域全面实行工资保证金制度,逐步将实施范围扩大到其他易发生拖欠工资的行业。建立工资保证金差异化缴存办法,对一定时期内未发生工资拖欠的企业实行减免措施、发生工资拖欠的企业适当提高缴存比例。严格规范工资保证金动用和退还办法。探索推行业主担保、银行保函等第三方担保制度,积极引入商业保险机制,保障农民工工资支付。

建立健全农民工工资(劳务费)专用账户管理制度。在工程建设领域,实行人工费用与其他工程款分账管理制度,推动农民工工资与工程材料款等相分离。施工总承包企业应分解工程价款中的人工费用,在工程项目所在地银行开设农民工工资(劳务费)专用账户,专项用于支付农民工工资。建设单位应按照工程承包合同约定的比例或施工总承包企业提供的人工费用数额,将应付工程款中的人工费单独拨付到施工总承包企业开设的农民工工资(劳务费)专用账户。农民工工资(劳务费)专用账户应向人力资源社会保障部门和交通、水利等工程建设项目主管部门备案,并委托开户银行负责日常监管,确保专款专用。

落实清偿欠薪责任。招用农民工的企业承担直接清偿拖欠农民工工资的主体责任。在工程建设领域,建设单位或施工总承包企业未按合同约定及时划拨工程款,致使分包企业拖欠农民工工资的,由建设单位或施工总承包企业以未结清的工程款为限先行垫付农民工工资。建设单位或施工总承包企业将工程违法发包、转包或违法分包致使拖欠农民工工资的,由建设单位或施工总承包企业依法承担清偿责任。

2016年6月颁发的《国务院办公厅关于清理规范工程建设领域保证金的通知》规定,实行农民工工资保证金差异化缴存办法。对一定时期内未发生工资拖欠的企业,实行减免措施;对发生工资拖欠的企业,适当提高缴存比例。

2017年9月人力资源和社会保障部发布的《拖欠农民工工资"黑名单"管理暂行办法》规定,用人单位存在下列情形之一的,人力资源社会保障行政部门应当自查处违法行为并作出行政处理或处罚决定之日起2个工作日内,按照管辖权限将其列入拖欠工资"黑名单":①克扣、无故拖欠农民工工资报酬,数额达到认定拒不支付劳动报酬罪数额标准的;②因拖欠农民工工资违法行为引发群体性事件、极端事件造成严重不良社会影响的。将劳务违法分包、转包给不具备用工主体资格的组织和个人造成拖欠农民工工资且符合前款规定情形的,应将违法分包、转包单位及不具备用工主体资格的组织和个人一并列入拖欠工资"黑名单"。

人力资源社会保障部、最高人民法院、中华全国总工会、中华全国工商业联合会、中国企业联合会/中国企业家协会《关于实施"护薪"行动全力做好拖欠农民工工资争议处理工作的通知》(人社部发〔2019〕80号)规定,引导用人单位与农民工通过协商解决争议。指导用人单位完善协商规则,积极探索建立内部申诉和协商回应制度。对出现拖欠农民工工资争议的用人单位,积极引导争议双方当事人开展协商,达成和解。工会组织要切实发挥在争议协商中的作用,有效维护农民工合法权益。

(三)劳动安全卫生制度

《劳动法》规定,用人单位必须建立、健全劳动安全卫生制度,严格执行国家劳动安全卫生规程和标准,对劳动者进行劳动安全卫生教育,防止劳动过程中的事故,减少职业危害。

劳动安全卫生设施必须符合国家规定的标准。新建、改建、扩建工程的劳动安全卫生设施必须与主体工程同时设计、同时施工、同时投入生产和使用。用人单位必须为劳动者提供符合国家规定的劳动安全卫生条件和必要的劳动防护用品,对从事有职业危害作业的劳动者应当定期进行健康检查。

从事特种作业的劳动者必须经过专门培训并取得特种作业资格。劳动者在劳动过程中必须严格遵守安全操作规程,对用人单位管理人员违章指挥、强令冒险作业,有权拒绝执行;对危害生命安全和身体健康的行为,有权提出批评、检举和控告。

(四)女职工和未成年工的特殊保护

国家对女职工和未成年工实行特殊劳动保护。

1.女职工的特殊保护

《劳动法》规定,禁止安排女职工从事矿山井下、国家规定的第4级体力劳动强度的劳动和其他禁忌从事的劳动。不得安排女职工在经期从事高处、低温、冷水作业和国家规定的第3级体力劳动强度的劳动。不得安排女职工在怀孕期间从事国家规定的第3级体力劳动强度的劳动和孕期禁忌从事的活动。对怀孕7个月以上的女职工,不得安排其延长工作时间和夜班劳动。女职工生育享受不少于90天的产假。不得安排女职工在哺乳未满1周岁的婴儿期间从事国家规定的第3级体力劳动强度的劳动和哺乳期禁忌从事的其他劳动,不得安排其延长工作时间和夜班劳动。

2012年4月国务院颁布的《女职工劳动保护特别规定》还规定,用人单位应当遵守女职工禁忌从事的劳动范围(详见《女职工劳动保护特别规定》附录)的规定。用人单位应当将本单位属于女职工禁忌从事的劳动范围的岗位书面告知女职工。用人单位不得因女职工怀孕、生育、哺乳降低其工资、予以辞退、与其解除劳动或者聘用合同。女职工生育享受98天产假,其中产前可以休假15天;难产的,增加产假15天;生育多胞胎的,每多生育1个婴儿,增加产假15天。女职工怀孕未满4个月流产的,享受15天产假;怀孕满4个月流产的,享受42天产假。用人单位违反本规定,侵害女职工合法权益的,女职工可以依法投诉、举报、申诉,依法向劳动人事争议调解仲裁机构申请调解仲裁,对仲裁裁决不服的,依法向人民法院提起诉讼。

2.未成年工的特殊保护

未成年工的特殊保护是针对未成年工处于生长发育期的特点,以及接受义务教育的需要,采取的特殊劳动保护措施。未成年工是指年满16周岁未满18周岁的劳动者。

《劳动法》规定,禁止用人单位招用未满16周岁的未成年人。不得安排未成年工从事矿山井下、有毒有害、国家规定的第4级体力劳动强度的劳动和其他禁忌从事的劳动。用人单位应对未成年工定期进行健康检查。

1994年12月原劳动部颁布的《未成年工特殊保护规定》规定,用人单位应根据未成年工的健康检查结果安排其从事适合的劳动,对不能胜任原劳动岗位的,应根据医务部门的证明,予以减轻劳动量或安排其他劳动。对未成年工的使用和特殊保护实行登记制度。用人单位招收未成年工除符合一般用工要求外,还须向所在地的县级以上劳动行政部门办理登记。未成年工上岗前用人单位应对其进行有关的职业安全卫生教育、培训。

(五)劳动者的社会保险与福利

2018年12月经修改后公布《中华人民共和国社会保险法》(以下简称《社会保险法》)规定,国家建立基本养老保险、基本医疗保险、工伤保险、失业保险、生育保险等社会保险制度,保障公民在年老、疾病、工伤、失业、生育等情况下依法从国家和社会获得物质帮助的权利。

1.基本养老保险

职工应当参加基本养老保险,由用人单位和职工共同缴纳基本养老保险费。用人单位应当按照国家规定的本单位职工工资总额的比例缴纳基本养老保险费,记入基本养老保险统筹基金。职工应当按照国家规定的本人工资的比例缴纳基本养老保险费,记入个人账户。

(1)基本养老金的组成。基本养老金由统筹养老金和个人账户养老金组成。基本养老金根据个人累计缴费年限、缴费工资、当地职工平均工资、个人账户金额、城镇人口平均预期寿命等因素确定。

(2)基本养老金的领取。参加基本养老保险的个人,达到法定退休年龄时累计缴费满15年的,按月领取基本养老金。参加基本养老保险的个人,达到法定退休年龄时累计缴费不足15年的,可以缴费至满15年,按月领取基本养老金;也可以转入新型农村社会养老保险或城镇居民社会养老保险,按照国务院规定享受相应的养老保险待遇。

参加基本养老保险的个人,因病或者非因工死亡的,其遗属可以领取丧葬补助金和抚恤金;在未达到法定退休年龄时因病或者非因工致残完全丧失劳动能力的,可以领取病残津贴。所需资金从基本养老保险基金中支付。

个人跨统筹地区就业的,其基本养老保险关系随本人转移,缴费年限累计计算。个人达到法定退休年龄时,基本养老金分段计算、统一支付。

2. 基本医疗保险

职工应当参加职工基本医疗保险,由用人单位和职工按照国家规定共同缴纳基本医疗保险费。医疗机构应当为参保人员提供合理、必要的医疗服务。

参加职工基本医疗保险的个人,达到法定退休年龄时累计缴费达到国家规定年限的,退休后不再缴纳基本医疗保险费,按照国家规定享受基本医疗保险待遇;未达到国家规定年限的,可以缴费至国家规定年限。

符合基本医疗保险药品目录、诊疗项目、医疗服务设施标准以及急诊、抢救的医疗费用,按照国家规定从基本医疗保险基金中支付。下列医疗费用不纳入基本医疗保险基金支付范围:①应当从工伤保险基金中支付的;②应当由第三人负担的;③应当由公共卫生负担的;④在境外就医的。医疗费用依法应当由第三人负担,第三人不支付或者无法确定第三人的,由基本医疗保险基金先行支付。基本医疗保险基金先行支付后,有权向第三人追偿。

个人跨统筹地区就业的,其基本医疗保险关系随本人转移,缴费年限累计计算。

3. 工伤保险

职工应当参加工伤保险,由用人单位缴纳工伤保险费,职工不缴纳工伤保险费。另外,《建筑法》还规定,鼓励企业为从事危险作业的职工办理意外伤害保险,支付保险费。

4. 失业保险

《社会保险法》规定,职工应当参加失业保险,由用人单位和职工按照国家规定共同缴纳失业保险费。职工跨统筹地区就业的,其失业保险关系随本人转移,缴费年限累计计算。

(1)失业保险金的领取。失业人员符合下列条件的,从失业保险基金中领取失业保险金:①失业前用人单位和本人已经缴纳失业保险费满1年的;②非因本人意愿中断就业的;③已经进行失业登记,并有求职要求的。

失业人员失业前用人单位和本人累计缴费满1年不足5年的,领取失业保险金的期限最长为12个月;累计缴费满5年不足10年的,领取失业保险金的期限最长为18个月;累计缴费10年以上的,领取失业保险金的期限最长为24个月。重新就业后,再次失业的,缴费时间重新计算,领取失业保险金的期限与前次失业应当领取而尚未领取的失业保险金的期限合并计算,最长不超过24个月。

失业保险金的标准,由省、自治区、直辖市人民政府确定,但不得低于城市居民最低生活保障标准。

(2)领取失业保险金期间的有关规定。失业人员在领取失业保险金期间,参加职工基本医疗保险,享受基本医疗保险待遇。失业人员应当缴纳的基本医疗保险费从失业保险基金中支付,个人不缴纳基本医疗保险费。

失业人员在领取失业保险金期间死亡的,参照当地对在职职工死亡的规定,向其遗属发给一次性丧葬补助金和抚恤金。所需资金从失业保险基金中支付。个人死亡同时符合领取基本养老保险丧葬补助金、工伤保险丧葬补助金和失业保险丧葬补助金条件的,其遗属只能选择领取其中的一项。

(3)办理领取失业保险金的程序。用人单位应当及时为失业人员出具终止或者解除劳动关系的证明,并将失业人员的名单自终止或解除劳动关系之日起15日内告知社会保险经办机构。

失业人员应当持本单位为其出具的终止或者解除劳动关系的证明,及时到指定的公共就业服务机构办理失业登记。失业人员凭失业登记证明和个人身份证明,到社会保险经办机构办理领取失业保险金的手续。失业保险金领取期限自办理失业登记之日起计算。

(4)停止享受失业保险待遇的规定。失业人员在领取失业保险金期间有下列情形之一的,停止领取失业保险金,并同时停止享受其他失业保险待遇:①重新就业的;②应征服兵役的;③移居境外的;④享受基本养老保险待遇的;⑤无正当理由,拒不接受当地人民政府指定部门或者机构介绍的适当工作或者提供的培训的。

5. 生育保险

《社会保险法》规定,职工应当参加生育保险,由用人单位按照国家规定缴纳生育保险费,职工不缴纳生育保险费。用人单位已经缴纳生育保险费的,其职工享受生育保险待遇;职工未就业配偶按照国家规定享受生育医疗费用待遇。所需资金从生育保险基金中支付。

生育保险待遇包括生育医疗费用和生育津贴。生育医疗费用包括下列各项:①生育的医疗费用;②计划生育的医疗费用;③法律、法规规定的其他项目费用。

职工有下列情形之一的,可以按照国家规定享受生育津贴:①女职工生育享受产假;②享受计划生育手术休假;③法律、法规规定的其他情形。生育津贴按照职工所在用人单位上年度职工月平均工资计发。

6. 福利

《劳动法》规定,国家发展社会福利事业,兴建公共福利设施,为劳动者休息、休养和疗养提供条件。

用人单位应当创造条件,改善集体福利,提高劳动者的福利待遇。

五、劳动争议的解决

劳动争议(又称劳动纠纷)是指劳动关系双方当事人之间因劳动的权利与义务发生分歧而引起的争议。

(一)劳动争议的范围

按照2007年12月颁布的《中华人民共和国劳动争议调解仲裁法》(以下简称《劳动争议仲裁法》)和2001年4月发布的《最高人民法院关于审理劳动争议案件适用法律若干问题的解释》的规定,劳动争议的范围主要是:①因确认劳动关系发生的争议;②因订立、履行、变更、解除和终止劳动合同发生的争议;③因除名、辞退和辞职、离职发生的争议;④因工作时间、休息休假、社会保险、福利、培训以及劳动保护发生的争议;⑤因劳动报酬、工伤医疗费、经济补偿或者赔偿金等发生的争议;⑥劳动者与用人单位在履行劳动合同过程中发生的纠纷;⑦劳动者与用人单位之间没有订立书面劳动合同,但已形成劳动关系后发生的纠纷;⑧劳动者退休后,与尚未参加社会保险统筹的原用人单位因追索养老金、医疗费、工伤保险待遇和其他社会保险而发生的纠纷;⑨法律、法规规定的其他劳动争议。

2006年8月发布的《最高人民法院关于审理劳动争议案件适用法律若干问题的解释(二)》规定,下列纠纷不属于劳动争议:①劳动者请求社会保险经办机构发放社会保险金的纠纷;②劳动者与用人单位因住房制度改革产生的公有住房转让纠纷;③劳动者对劳动能力鉴定委员会的伤残等级鉴定结论或者对职业病诊断鉴定委员会的职业病诊断鉴定结论的异议纠纷;④家庭或者个人与家政服务人员之间的纠纷;⑤个体工匠与帮工、学徒之间的纠纷;⑥农村承包经营户与受雇人之间的纠纷。

(二)劳动争议的解决方式

《劳动法》规定,用人单位与劳动者发生劳动争议,当事人可以依法申请调解、仲裁、提起诉讼,也可以协商解决。调解原则适用于仲裁和诉讼程序。

1. 调解

劳动争议发生后,当事人可以向本单位劳动争议调解委员会申请调解。

在用人单位内,可以设立劳动争议调解委员会。劳动争议调解委员会由职工代表、用人单位代表和工会代表组成。劳动争议调解委员会主任由工会代表担任。劳动争议经调解达成协议的,当事人应当履行。

2. 仲裁

对于调解不成,当事人一方要求仲裁的,可以向劳动争议仲裁委员会申请仲裁。当事人一方也可以直接向劳动争议仲裁委员会申请仲裁。

劳动争议仲裁委员会由劳动行政部门代表、同级工会代表、用人单位方面的代表组成。劳动争议仲裁委员会主任由劳动行政部门代表担任。

按照《劳动争议调解仲裁法》的规定,劳动争议申请仲裁的时效期间为1年。仲裁时效期间从当事人知道或者应当知道其权利被侵害之日起计算。前款规定的仲裁时效,因当事人一方向对方当事人主张权利,或者向有关部门请求权利救济,或者对方当事人同意履行义务而中断。从中断时起,仲裁时效期间重新计算。因不可抗力或者有其他正当理由,当事人不能在本条第1款规定的仲裁时效期间申请仲裁的,仲裁时效中止。从中止时效的原因消除之日起,仲裁时效期间继续计算。劳动关系存续期间因拖欠劳动报酬发生争议的,劳动者申请仲裁不受本条第1款规定的仲裁时效期间的限制;但是,劳动关系终止的,应当自劳动关系终止之日起1年内提出。

《国务院办公厅关于全面治理拖欠农民工工资问题的意见》中规定,充分发挥基层劳动争议调解等组织的作用,引导农民工就地就近解决工资争议。劳动人事争议仲裁机构对农民工因拖欠工资申请仲裁的争议案件优先受理、优先开庭、及时裁决、快速结案。对集体欠薪争议或涉及金额较大的欠薪争议案件要挂牌督办。加强裁审衔接与工作协调,提高欠薪争议案件裁决效率。畅通申请渠道,依法及时为农民工讨薪提供法律服务和法律援助。

3. 诉讼

《劳动法》规定,劳动争议当事人对仲裁裁决不服的,可以自收到仲裁裁决书之日起15日内向人民法院提起诉讼。一方当事人在法定期限内不起诉又不履行仲裁裁决的,另一方当事人可以申请人民法院强制执行。

2017年11月发布的《人力资源社会保障部最高人民法院关于加强劳动人事争议仲裁与诉讼衔接机制建设的意见》规定,对未经仲裁程序直接起诉到人民法院的劳动人事争议案件,人民法院应裁定不予受理;对已受理的,应驳回起诉,并告知当事人向有管辖权的仲裁委员会申请仲裁。

(三)集体合同争议的解决

《劳动法》规定,因签订集体合同发生争议,当事人协商解决不成的,当地人民政府劳动行政部门可以组织有关各方协调处理。

因履行集体合同发生争议,当事人协商解决不成的,可以向劳动争议仲裁委员会申请仲裁;对仲裁裁决不服的,可以自收到仲裁裁决书之日起15日内向人民法院提起诉讼。

六、违法行为应承担的法律责任

劳动合同及劳动关系中违法行为应承担的主要法律责任如下。

(一)劳动合同订立中违法行为应承担的法律责任

《劳动合同法》规定,用人单位提供的劳动合同文本未载明本法规定的劳动合同必备条款或者用人单位未将劳动合同文本交付劳动者的,由劳动行政部门责令改正;给劳动者造成损害的,应当承担赔偿责任。

用人单位自用工之日起超过1个月不满1年未与劳动者订立书面劳动合同的,应当向劳动者每月支付2倍的工资。用人单位自用工之日起满1年不与劳动者订立书面劳动合同的,视为用人单位与劳动者已订立无固定期限劳动合同。

用人单位违反本法规定不与劳动者订立无固定期限劳动合同的,自应当订立无固定期限劳动合同之日起向劳动者每月支付2倍的工资。

劳动合同依照《劳动合同法》第26条规定被确认无效,给对方造成损害的,有过错的一方应当承担赔偿责任。

(二)劳动合同履行、变更、解除和终止中违法行为应承担的法律责任

1. 用人单位应承担的法律责任

《劳动合同法》规定,用人单位有下列情形之一的,由劳动行政部门责令限期支付劳动报酬、加班费或者经济补偿;劳动报酬低于当地最低工资标准的,应当支付其差额部分;逾期不支付的,责令用人单位按应付金额50%以上100%以下的标准向劳动者加付赔偿金:①未按照劳动合同的约定或者国家规定及时足额支付劳动者劳动报酬的;②低于当地最低工资标准支付劳动者工资的;③安排加班不支付加班费的;④解除或者终止劳动合同,未依照本法规定向劳动者支付经济补偿的。

用人单位有下列情形之一的,依法给予行政处罚;构成犯罪的,依法追究刑事责任;给劳动者造成损害的,应当承担赔偿责任:①以暴力、威胁或者非法限制人身自由的手段强迫劳动的;②违章指挥或者强令冒险作业危及劳动者人身安全的;③侮辱、体罚、殴打、非法搜查或者拘禁劳动者的;④劳动条件恶劣、环境污染严重,给劳动者身心健康造成严重损害的。

用人单位违反本法规定解除或者终止劳动合同的,应当依照本法第47条规定的经济补偿标准的2倍向劳动者支付赔偿金。

用人单位违反本法规定未向劳动者出具解除或者终止劳动合同的书面证明,由劳动行政部门责令改正;给劳动者造成损害的,应当承担赔偿责任。

2. 劳动者违法行为应承担的法律责任

《劳动合同法》规定,劳动者违反本法规定解除劳动合同,或者违反劳动合同中约定的保密义务或者竞业限制,给用人单位造成损失的,应当承担赔偿责任。

3. 劳务派遣单位违法行为应承担的法律责任

《劳动合同法》规定,用人单位招用与其他用人单位尚未解除或者终止劳动合同的劳动者,给其他用人单位造成损失的,应当承担连带赔偿责任。

劳务派遣单位、用工单位违反本法有关劳务派遣规定的,由劳动行政部门责令限期改正;逾期不改正的,以每人5 000元以上1万元以下的标准处以罚款,对劳务派遣单位,吊销其劳务派遣业务经营许可证。用工单位给被派遣劳动者造成损害的,劳务派遣单位与用工单位承担连带赔偿责任。

(三)劳动保护违法行为应承担的法律责任

《劳动法》规定,用人单位违反本法规定,延长劳动者工作时间的,由劳动行政部门给予警告,责令改正,并可以处以罚款。

用人单位的劳动安全设施和劳动卫生条件不符合国家规定或者未向劳动者提供必要的劳动防护用品和劳动保护设施的,由劳动行政部门或者有关部门责令改正,可以处以罚款;情节严重的,提请县级以上人民政府决定责令停产整顿;对事故隐患不采取措施,致使发生重大事故,造成劳动者生命和财产损失的,对责任人员依照《刑法》第187条的规定追究刑事责任。

用人单位非法招用未满16周岁的未成年人的,由劳动行政部门责令改正,处以罚款;情节严重的,由市场监督管理部门吊销营业执照。

用人单位违反本法对女职工和未成年工的保护规定,侵害其合法权益的,由劳动行政部门责令改正,处以罚款;对女职工或者未成年工造成损害的,应当承担赔偿责任。

用人单位无故不缴纳社会保险费的,由劳动行政部门责令其限期缴纳,逾期不缴纳的,可以加收滞纳金。

(四)实施重大劳动保障违法行为社会公布办法

2016年9月发布的《重大劳动保障违法行为社会公布办法》规定,人力资源社会保障行政部门对下列已经依法查处并作出处理决定的重大劳动保障违法行为,应当向社会公布:①克扣、无故拖欠劳动者劳动报酬,数额较大的;拒不支付劳动报酬,依法移送司法机关追究刑事责任的;②不依法参加社会保险或者不依法缴纳社会保险费,情节严重的;③违反工作时间和休息休假规定,情节严重的;④违反女职工和未成年工特殊劳动保护规定,情节严重的;⑤违反禁止使用童工规定的;⑥因劳动保障违法行为造成严重不良社会影响的;⑦其他重大劳动保障违法行为。

第三节 建设工程相关合同制度

同建设工程活动关系密切的相关合同,主要是承揽合同、买卖合同、借款合同、租赁合同、融资租赁合同、运输合同、委托合同等。

一、承揽合同的法律规定

《民法典》规定,承揽合同是承揽人按照定做人的要求完成工作,交付工作成果,定做人给付报酬的合同。承揽包括加工、定做、修理、复制、测试、检验等工作。

(一)承揽合同的特征

在承揽合同中,提出工作要求,按约定接受工作成果并给付酬金的一方称为定做人;完成工作并交付工作成果,按约定获取报酬的一方称为承揽人。承揽合同具有以下法律特征。

1. 承揽合同以完成一定的工作并交付工作成果为标的

在承揽合同中,承揽人必须按照定做人的要求完成一定的工作。定做人所关心的是工作成果的品质好坏,而非承揽人的工作过程。

2. 承揽人须以自己的设备、技术和劳力完成所承揽的工作

定做人将工作交给承揽人,其重要原因是定做人相信承揽人具有完成工作的条件和能力。因此,除当事人另有约定外,承揽人应当以自己的设备、技术和劳力完成主要工作。未经定做人的同意,承揽人将承揽的主要工作交由第三人完成的,定做人可以解除合同;经定做人同意的,承揽人也应就第三人完成的工作成果向定做人负责。

承揽人有权将其承揽的辅助工作交由第三人完成。承揽人将承揽的辅助工作交由第三人完成的,应当就第三人完成的工作成果向定做人负责。

3. 承揽人工作具有独立性

承揽人在完成工作过程中,不受定做人的指挥管理,独立承担完成合同约定的质量、数量、期限等责任。承揽人在工作期间,应当接受定做人必要的监督检验,但定做人不得因监督检验妨碍承揽人的正常工作。

(二)承揽合同当事人的权利义务

承揽合同属于双务合同。在承揽合同中,承揽人和定做人都享有一定的权利,也都承担一定的义务。双方的权利和义务还存在着对应关系,即承揽人的权利就是定做人的义务,承揽人的义务就是定做人的权利。

1. 承揽人的义务

(1)按照合同约定完成承揽工作的义务。承揽合同的内容包括承揽的标的、数量、质量、报酬、承揽方式、材料的提供、履行期限、验收标准和方法等条款。承揽人应当按照合同的约定,按时、按质、按量等完成工作。

(2)材料检验的义务。承揽人提供材料的,承揽人应当按照约定选用材料,并接受定做人检验。

如果定做人提供材料的,承揽人应当对定做人提供的材料及时检验,发现不符合约定时,应当及时通知定做人更换、补齐或者采取其他补救措施。承揽人不得擅自更换定做人提供的材料,不得更换不需要修理的零部件。

(3)通知和保密的义务。承揽人发现定做人提供的图纸或者技术要求不合理的,应当及时通知定做人。承揽人应当按照定做人的要求保守秘密,未经定做人许可,不得留存复制品或者技术资料。

(4)接受监督检查和妥善保管工作成果等的义务。承揽人在工作期间,应当接受定做人必要的监督检验。承揽人应当妥善保管定做人提供的材料及完成的工作成果,因保管不善造成毁损、灭失的,应当承担损害赔偿责任。

(5)交付符合质量要求工作成果的义务。承揽人完成工作后,应当向定做人交付工作成果,并提交必要的技术资料和有关质量证明。承揽人交付的工作成果不符合质量要求的,定做人可以要求承揽人承担修理、重作、减少报酬、赔偿损失等违约责任。

共同承揽人对定做人承担连带责任,但当事人另有约定的除外。

2.定做人的义务

(1)按照约定提供材料和协助承揽人完成工作的义务。定做人提供材料的,定做人应当按照约定提供材料。承揽工作需要定做人协助的,定做人有协助的义务。

(2)支付报酬的义务。定做人应当按照约定的期限支付报酬。对支付报酬的期限没有约定或约定不明确的,可以协议补充;不能达成补充协议的,按照合同有关条款或者交易习惯确定。对于不能达成补充协议,也不能按照合同有关条款或者交易习惯确定的,定做人应当在承揽人交付工作成果时支付;工作成果部分交付的,定做人应当支付相应。

除当事人另有约定的外,定做人未向承揽人支付报酬或者材料费等价款的,承揽人对完成的工作成果享有留置权。

(3)依法赔偿损失的义务。定做人中途变更承揽工作的要求,造成承揽人损失的,应当赔偿损失。

承揽人发现定做人提供的图纸或者技术要求不合理的,在通知定做人后,因定做人怠于答复等原因造成承揽人损失的,定做人应当赔偿损失。

(4)验收工作成果的义务。承揽人完成工作向定做人交付工作成果,并提交了必要的技术资料和有关质量证明的,定做人应当验收该工作成果。

(三)承揽合同的解除

承揽合同是以当事人之间的信赖关系为基础。在合同履行过程中,如果这种信赖关系遭到破坏,法律允许当事人解除合同。

1.承揽人的法定解除权

定做人不履行协助义务致使承揽工作不能完成的,承揽人可以催告定做人在合理期限内履行义务,并可以顺延履行期限;定做人逾期不履行的,承揽人可以依法解除合同。

2.定做人的法定解除权

承揽人将其承揽的主要工作交由第三人完成的,应当就第三人完成的工作成果向定做人负责;未经定做人同意的,定做人可以解除合同。

3.定做人的法定任意解除权

定做人可以随时解除承揽合同,造成承揽人损失的,应当赔偿损失。

双方当事人可以协商解除合同。当事人一方解除合同的,只限于两种情况:一是发生不可抗力致使合同目的无法实现;二是对方当事人严重违约。除此之外,当事人擅自解除合同的,应当承担违约责任。但在承揽合同中,定做人除享有上述法定的解除权外,还享有随时解除合同的权利。这是由承揽合同的性质所决定。因为,承揽合同是定做人为了满足其特殊需求而订立,承揽人是根据定做人的指示进行工作,如果定做人于合同成立后由于种种原因不再需要承揽人完成工作的,允许定做人解除合同。但是,定做人解除合同的前提是赔偿承揽人的损失。

二、买卖合同的法律规定

《民法典》规定,买卖合同是指出卖人转移标的物的所有权于买受人,买受人支付价款的合同。

(一)买卖合同的法律特征

在买卖合同中,取得标的物所有权的一方称为买受人,转移标的物并取得价款的一方称为出卖人。买卖合同具有以下法律特征。

1. 买卖合同是一种转移财产所有权的合同

买受人不但要取得合同涉及的财产,更以依法获得其所有权作为根本目的。这也是区别于其他以行为、智力成果作为法律关系客体的合同之本质特征。

2. 买卖合同是有偿合同

买卖合同的实质是以等价有偿方式转让标的物的所有权,即出卖人转移标的物的所有权于买受人,买受人向出卖人支付价款。这是买卖合同的基本特征。

3. 买卖合同是双务合同

在买卖合同中,买方和卖方的权利与义务是对应的。就是说,任何一方所享有的权利便意味着对方要承担相应的义务。

4. 买卖合同是诺成合同

诺成合同自当事人双方意思表示一致时即可成立,不以一方交付标的物为合同的成立要件。当事人交付标的物属于履行合同,与合同的成立无关。买卖合同可以是书面的,也可以是口头的。但对于房屋买卖等标的额较大的财产买卖,应当签订书面合同。

买卖合同的内容由当事人约定,除一般合同所具有的当事人名称或姓名和住所,标的、数量、质量,价格,履行期限、地点和方式,违约责任及解决争议的条款外,还可以包括包装方式、检验标准和方法、结算方式、合同使用的文字及效力等条款。

(二)买卖合同当事人的权利义务

1. 出卖人的主要义务

(1)按照合同约定交付标的物的义务。出卖的标的物,应当属于出卖人所有或出卖人有权处分。法律、行政法规禁止或者限制转让的标的物,不得违法出卖。

出卖人应当向买受人交付标的物或者交付提取标的物的单证,并应当按照约定或者交易习惯向买受人交付提取标的物单证以外的有关单证和资料,主要应当包括保险单、保修单、普通发票、增值税专用发票、产品合格证、质量保证书、质量鉴定书、品质检验证书、产品进出口检疫书、原产地证明书、使用说明书、装箱单等。

交付的方式可以是:①现实交付。标的物由出卖人直接交付给买受人。普通发票可以作为买受人付款和履行付款义务的凭证,但有相反证据足以推翻的除外。②简易交付。标的物在订立合同之前已为买受人占有,合同生效即视为完成交付。③占有改定。买卖双方特别约定,合同生效后标的物仍然由出卖人继续占有,但其所有权已完成法律上的转移。④指示交付。合同成立时,标的物为第三人合法占有,买受人取得了返还标的物请求。⑤拟制交付。出卖人将标的物的权利凭证(如仓单、提单)交给买受人,以代替标的物的现实交付。出卖人仅以增值税专用发票及税款抵扣资料证明其已履行交付标的物义务,买受人不认可的,出卖人应当提供其他证据证明交付标的物的事实。

标的物为无须以有形载体交付的电子信息产品,当事人对交付方式约定不明确,且依照《民法典》规定仍不能确定的,买受人收到约定的电子信息产品或权利凭证即交付。

《民法典》规定,买受人拒绝接收多交部分标的物的,可以代为保管多交部分标的物。出卖人应当负担代为保管期间的合理费用,以及买受人代为保管期间非因买受人故意或者重大过失造成的损失。

出卖人应当按照约定的期限交付标的物。约定交付期间的,出卖人可以在该交付期间内的任何时间交付。当事人没有约定标的物的交付期限或者约定不明确的,可以协议补充;不能达成补充协议的,按照合同有关条款或者交易习惯确定。对于不能达成补充协议,也不能按照合同有关条款或者交易习惯确定的,债务人可以随时履行,债权人也可以随时要求履行,但应当给对方必要的准备时间。

出卖人应当按照约定的地点交付标的物。当事人没有约定交付地点或者约定不明确,可以协议补充;不能达成补充协议的,按照合同有关条款或者交易习惯确定。对于不能达成补充协议,也不能按照合同有关条款或者交易习惯确定的,适用下列规定:①标的物需要运输的,出卖人应当将标的物交付给第一承运人以运交给买受人;②标的物不需要运输,出卖人和买受人订立合同时知道标的物在某一地点的,出卖人应当在该地点交付标的物;不知道标的物在某一地点的,应当在出卖人订立合同时的营业地交付标的物。

出卖人应当按照约定的质量要求交付标的物。出卖人提供有关标的物质量说明的,交付的标的物应当符合该说明的质量要求。当事人对标的物的质量要求没有约定或约定不明确,可以协议补充;不能达成补充协议的,按照合同有关条款或者交易习惯确定。对于不能达成补充协议,也不能按照合同有关条款或交易习惯确定的,按照国家标准、行业标准履行;没有国家标准、行业标准的,按照通常标准或符合合同目的的特定标准履行。

出卖人交付的标的物不符合质量要求的,应当按照当事人的约定承担违约责任。对违约责任没有约定或约定不明确,可以协议补充;不能达成补充协议的,按照合同有关条款或交易习惯确定。对于不能达成补充协议,也不能按照合同有关条款或交易习惯确定的,受损害方根据标的的性质以及损失的大小,可以合理选择要求对方承担修理、更换、重作、退货、减少价款或报酬等违约责任。

出卖人应当按照约定的包装方式交付标的物。对包装方式没有约定或者约定不明确,可以协议补充;不能达成补充协议的,按照合同有关条款或交易习惯确定。对于不能达成补充协议,也不能按照合同有关条款或交易习惯确定的,应当按照通用的方式包装,没有通用方式的,应当采取足以保护标的物的包装方式。

(2)转移标的物所有权的义务。除法律另有规定或当事人另有约定的外,标的物的所有权自标的物交付时起转移。出卖人应当履行向买受人交付标的物或交付提取标的物的单证,并转移标的物所有权的义务。但是,出卖具有知识产权的计算机软件等标的物的,除法律另有规定或当事人另有约定的以外,该标的物的知识产权不属于买受人。

买受人的最终目的是获得标的物的所有权,将标的物所有权转移给买受人是出卖人的一项重要义务。

(3)瑕疵担保义务。出卖人的瑕疵担保义务,可分为权利瑕疵担保义务和物的瑕疵担保义务。

(4)权利瑕疵担保义务。《民法典》规定,出卖人就交付的标的物负有保证第三人不向买受人主张任何权利的义务,但法律另有规定的除外。

如果出卖人对于出卖的标的物没有所有权或处分权,或者没有完全的所有权或处分权,或者其处分涉及第三人的物权、知识产权等权益,则称其标的物存在权利瑕疵,因此出卖人应当承担权利瑕疵担保责任。

但是,买受人订立合同时知道或者应当知道第三人对买卖的标的物享有权利的,出卖人不承担《民法典》规定的义务。买受人有确切证据证明第三人可能就标的物主张权利的,可以中止支付相应的价款,但出卖人提供适当担保的除外。

(5)物的瑕疵担保义务。物的瑕疵担保义务,是指出卖人就其所交付的标的物具备约定或法定品质所负有的担保义务。

出卖人必须保证标的物转移于买受人之后，具有约定或法定的品质。就是说，出卖人应当按照约定的质量要求交付标的物。

2. 买受人的主要义务

买受人应当按照约定的数额支付价款。对价款没有约定或者约定不明确的，可以协议补充；不能达成补充协议的，按照合同有关条款或交易习惯确定。对于不能达成补充协议，也不能按照合同有关条款或交易习惯确定的，按照订立合同时履行地的市场价格履行；依法应当执行政府定价或者政府指导价的，按照规定履行。执行政府定价或者政府指导价的，在合同约定的交付期限内政府价格调整时，按照交付时的价格计价。逾期交付标的物的，遇价格上涨时，按照原价格执行；价格下降时，按照新价格执行。逾期提取标的物或者逾期付款的，遇价格上涨时，按照新价格执行；价格下降时，按照原价格执行。

买受人应当按照约定的地点支付价款。对支付地点没有约定或约定不明确，可以协议补充；不能达成补充协议的，按照合同有关条款或交易习惯确定。对于不能达成补充协议，也不能按照合同有关条款或交易习惯确定的，买受人应当在出卖人的营业地支付，但约定支付价款以交付标的物或者交付提取标的物单证为条件的，在交付标的物或交付提取标的物单证的所在地支付。

买受人应当按照约定的时间支付价款。对支付时间没有约定或约定不明确，可以协议补充；不能达成补充协议的，按照合同有关条款或交易习惯确定。对于不能达成补充协议，也不能按照合同有关条款或交易习惯确定的，买受人应当在收到标的物或提取标的物单证的同时支付。

当事人可以在买卖合同中约定买受人未履行支付价款或者其他义务的，标的物的所有权属于出卖人。

（三）标的物毁损灭失风险的承担

标的物毁损、灭失的风险，在标的物交付之前由出卖人承担，交付之后由买受人承担，但法律另有规定或当事人另有约定的除外。因买受人的原因致使标的物不能按照约定的期限交付的，买受人应当自违反约定之日起承担标的物毁损、灭失的风险。

出卖人出卖交由承运人运输的在途标的物，除当事人另有约定的外，毁损、灭失的风险自合同成立时起由买受人承担。但在合同成立时出卖人知道或应当知道标的物已经毁损、灭失却未告知买受人的，出卖人应当负担标的物毁损、灭失的风险。

对于需要运输的标的物，当事人没有约定交付地点或者约定不明确，出卖人将标的物交付给第一承运人后，标的物毁损、灭失的风险由买受人承担。出卖人依约将标的物置于交付地点，买受人违反约定没有收取的，标的物毁损、灭失的风险自违反约定之日起由买受人承担。

当事人对风险负担没有约定，标的物为种类物，出卖人未以装运单据、加盖标记、通知买受人等可识别的方式清楚地将标的物特定于买卖合同，买受人可以不负担标的物毁损、灭失的风险。

出卖人按照约定未交付有关标的物的单证和资料的，不影响标的物毁损、灭失风险的转移。因标的物质量不符合质量要求，致使不能实现合同目的的，买受人可以拒绝接受标的物或者解除合同。买受人拒绝接受标的物或者解除合同的，标的物毁损、灭失的风险由出卖人承担。

标的物毁损、灭失的风险由买受人承担的，不影响因出卖人履行债务不符合约定，买受人要求其承担违约责任的权利。

（四）特殊买卖合同的规定

1. 凭样品买卖

凭样品买卖是指标的物的品质须与特定的样品品质一致的买卖方式。

凭样品买卖的当事人应当封存样品,并可以对样品质量予以说明。出卖人交付的标的物应当与样品及其说明的质量相同。凭样品买卖的买受人不知道样品有隐蔽瑕疵的,即使交付的标的物与样品相同,出卖人交付的标的物的质量仍然应当符合同种物的通常标准。

2. 试用买卖

试用买卖是指出卖人将标的物交给买受人试用,买受人在试用期间决定是否购买的买卖方式。

试用买卖的当事人可以约定标的物的试用期间。对试用期间没有约定或者约定不明确,可以协议补充;不能达成补充协议的,按照合同有关条款或者交易习惯确定。对于不能达成补充协议,也不能按照合同有关条款或者交易习惯确定的,由出卖人确定。试用买卖的买受人在试用期内可以购买标的物,也可以拒绝购买。试用期间届满,买受人对是否购买标的物未作表示的,视为购买。

3. 招标投标买卖

招标投标买卖是指招标人采用招标的方式向投标人购买或出售标的物,投标人编制标书参与竞卖或竞买,招标人根据评标报告确定中标人的特殊买卖形式。

招标投标买卖的当事人的权利和义务以及招标投标程序等,依照有关法律、行政法规的规定。《招标投标法》中对与工程建设有关的重要设备、材料等的采购,作出了明确规定。

4. 拍卖

拍卖是指以公开竞价的方式,将标的物出售给应价最高的竞买人的买卖方式。拍卖的当事人的权利和义务以及拍卖程序等,依照《拍卖法》等法律、行政法规的规定执行。

5. 易货买卖

易货买卖是指买卖双方以物易物的买卖方式。一方交付给对方的货物,即是自己取得对方货物支付的特殊对价。对价是指当事人一方在获得某种利益时,必须给付对方相应的代价。

《民法典》规定,当事人约定易货交易,转移标的物的所有权的,参照买卖合同的有关规定。

(五)孳息的归属和买卖合同的解除

1. 孳息的归属

标的物在交付之前产生的孳息,归出卖人所有,交付之后产生的孳息,归买受人所有。

法定孳息是指基于法律关系所获得的收益,如出租人根据租赁合同收取的租金、出借人根据贷款合同取得的利息等。

2. 买卖合同的解除

因标的物的主物不符合约定而解除合同的,解除合同的效力及于从物。因标的物的从物不符合约定被解除的,解除的效力不及于主物。

标的物为数物,其中一物不符合约定的,买受人可以就该物解除,但该物与他物分离使标的物的价值显受损害的,当事人可以就数物解除合同。

出卖人分批交付标的物的,出卖人对其中一批标的物不交付或交付不符合约定,致使该批标的物不能实现合同目的的,买受人可以就该批标的物解除。

出卖人不交付其中一批标的物或者交付不符合约定,致使今后其他各批标的物的交付不能实现合同目的的,买受人可以就该批及今后其他各批标的物解除。

买受人如果就其中一批标的物解除,该批标的物与其他各批标的物相互依存的,可以就已经交付和未交付的各批标的物解除。

分期付款的买受人未支付到期价款的金额达到全部价款的五分之一的,出卖人有权要求买受人支付全部价款或解除合同。出卖人解除合同的,可以向买受人要求支付该标的物的使用费。

三、借款合同的法律规定

《民法典》规定,借款合同是借款人向贷款人借款,到期返还借款并支付利息的合同。

(一)借款合同的主要法律特征

1. 借款合同的标的物是货币

借款合同的标的物是作为一般等价交换物的货币,属于特殊种类物,原则上仅可能发生履行迟延,不会发生履行不能。

2. 借款合同一般为要式合同

借款合同采用书面形式,但自然人之间借款另有约定的除外。借款合同的内容包括借款种类、币种、用途、数额、利率、期限和还款方式等条款。

3. 借款合同一般是有偿合同(有息借款)

借款合同原则上为有偿合同(有息借款),也可以是无偿合同(无息借款)。自然人之间的借款合同如果没有约定利息,贷款人主张利息的,人民法院不予支持。

(二)借款合同当事人的权利义务

1. 贷款人的义务

贷款人的主要义务是提供借款和不得预扣利息。

贷款人应当按照合同约定提供借款。贷款人未按照约定的日期、数额提供借款,造成借款人损失,应当赔偿损失。

借款的利息不得预先在本金中扣除。利息预先在本金中扣除的,应当按照实际借款数额返还借款并计算利息。

2. 借款人的义务

借款人的主要义务是提供担保、提供真实情况、按照约定收取借款、按照约定用途使用借款、按期归还本金和利息。

订立借款合同,贷款人可以要求借款人提供担保。订立借款合同,借款人应当按照贷款人的要求提供与借款有关的业务活动和财务状况的真实情况。借款人未按照约定的日期、数额收取借款的,应当按照约定的日期、数额支付利息。

借款人应当按照约定向贷款人定期提供有关财务会计报表等资料。借款人未按照约定的借款用途使用借款的,贷款人可以停止发放借款、提前收回借款或者解除合同。借款人应当按照约定的期限返还借款。对借款期限没有约定或约定不明确,可以协议补充;不能达成补充协议的,按照合同有关条款或交易习惯确定。对于不能达成补充协议,也不能按照合同有关条款或交易习惯确定的,借款人可以随时返还;贷款人可以催告借款人在合理期限内返还。

借款人应当按照约定的期限支付利息。对支付利息的期限没有约定或约定不明确,可以协议补充;不能达成补充协议的,按照合同有关条款或交易习惯确定。对于不能达成补充协议,也不能按照合同有关条款或交易习惯确定的,借款期间不满1年的,应当在返还借款时一并支付;借款期间1年以上的,应当在每届满1年时支付,剩余期间不满1年的,应当在返还借款时一并支付。

借款人未按照约定的期限返还借款的,应当按照约定或国家有关规定支付逾期利息。借款人提前偿还借款的,除当事人另有约定的外,应当按照实际借款的期间计算利息。

(三)借款合同的其他规定

借款人可以在还款期限届满之前向贷款人申请展期。贷款人同意的,可以展期。办理贷款业务的金融机构贷款的利率,应当按照中国人民银行规定的贷款利率的上下限确定。

自然人之间的借款合同,自贷款人提供借款时生效。自然人之间的借款合同对支付利息没有约定或者约定不明确的,视为不支付利息。自然人之间的借款合同约定支付利息的,借款的利率不得违反国家有关限制借款利率的规定。

2015年8月颁布的《最高人民法院关于审理民间借贷案件适用法律若干问题的规定》中规定,借贷双方约定的利率未超过年利率24%,出借人请求借款人按照约定的利率支付利息的,人民法院应予支持。借贷双方约定的利率超过年利率36%,超过部分的利息约定无效。借款人请求出借人返还已支付的超过年利率36%部分的利息的,人民法院应予支持。借贷双方对逾期利率有约定的,从其约定,但以不超过年利率24%为限。

《最高人民法院关于依法妥善审理民间借贷案件的通知》(法〔2018〕215号)指出,加大对借贷事实和证据的审查力度。严格区分民间借贷行为与诈骗等犯罪行为。依法严守法定利率红线。建立民间借贷纠纷防范和解决机制。

四、租赁合同的法律规定

租赁合同是出租人将租赁物交付承租人使用、收益,承租人支付租金的合同。

(一)租赁合同的法律特征

租赁合同是转移租赁物使用收益权的合同,也是诺成合同和双务、有偿合同。

在租赁合同中,承租人的目的是取得租赁物的使用收益权,出租人也只转让租赁物的使用收益权,而不转让其所有权;租赁合同终止时,承租人须返还租赁物。这是租赁合同区别于买卖合同的根本特征。

租赁合同的成立不以租赁物的交付为要件,当事人只要依法达成协议,合同即告成立。在租赁合同中,双方当事人互享权利、互负义务,一方权利的实现有赖于对方履行约定及法定的义务。同时,承租人须向出租人支付租金。

(二)租赁合同的内容和类型

1. 租赁合同的内容

租赁合同的内容包括租赁物的名称、数量、用途、租赁期限、租金及其支付期限和方式、租赁物维修等条款。

2. 租赁合同的类型

租赁合同根据租赁标的物不同,可分为动产租赁和不动产租赁。另外,根据是否约定租赁期限,还可分为定期租赁和不定期租赁。

租赁合同可以约定租赁期限,但租赁期限不得超过20年。超过20年的,超过部分无效。租赁期间届满,当事人可以续订租赁合同,但约定的租赁期限自续订之日起不得超过20年。租赁期限6个月以上的,应当采用书面形式。当事人未采用书面形式的,视为不定期租赁。

不定期租赁分为两种情形:①当事人没有约定租赁期限;②定期租赁合同期限届满,承租人继续使用租赁物,出租人没有提出异议的,原租赁合同继续有效,但租赁期限为不定期。

另外,当事人对租赁期限没有约定或者约定不明确,可以协议补充;不能达成补充协议的,按照合同有关条款或者交易习惯确定。对于不能达成补充协议,也不能按照合同有关条款或者交易习惯确定的,视为不定期租赁。当事人可以随时解除合同,但出租人解除合同应当在合理期限之前通知承租人。

(三)租赁合同当事人的权利义务

1. 出租人的义务

出租人的主要义务是交付出租物、维修租赁物、权利瑕疵担保、物的瑕疵担保、保证承租人优先购买权和保证共同居住人继续承租。

出租人应当按照约定将租赁物交付承租人,并在租赁期间保持租赁物符合约定的用途。除当事人另有约定的外,出租人应当履行租赁物的维修义务。承租人在租赁物需要维修时可以要求出租人在合理期限内维修。出租人不履行维修义务,承租人可以自行维修,维修费用由出租人负担。因维修租赁物影响承租人使用时,应当相应减少租金或者延长租期。

在租赁期间,出租人应当担保没有第三人对租赁物主张权利。如果因第三人主张权利,致使承租人不能对租赁物使用、收益的,承租人可以要求减少租金或者不支付租金。出租人应当担保租赁物质量完好,不存在影响承租人正常使用的瑕疵。如果承租人在签订合同时知悉某瑕疵存在,则不应受此约束。当租赁物危及承租人的安全或者健康时,即使承租人订立合同时明知该租赁物质量不合格,承租人仍然可以随时解除合同。

出租人出卖租赁房屋的,应当在出卖之前的合理期限内通知承租人,承租人享有以同等条件优先购买的权利。租赁物在租赁期间发生所有权变动的,不影响租赁合同的效力。

承租人在房屋租赁期间死亡的,与其生前共同居住的人可以按照原租赁合同租赁该房屋。生前共同居住的人不以与承租人是否有继承关系、亲属关系为限。

2. 承租人的义务

承租人的主要义务是支付租金、按照约定使用租赁物、妥善保管租赁物、有关事项通知、返还租赁物和损失赔偿。

承租人应当按照约定的期限支付租金。对支付期限没有约定或约定不明确,可以协议补充;不能达成补充协议的,按照合同有关条款或交易习惯确定。对于不能达成补充协议,也不能按照合同有关条款或交易习惯确定的,租赁期间不满1年的,应当在租赁期间届满时支付;租赁期间1年以上的,应当在每届满1年时支付,剩余期间不满1年的,应当在租赁期间届满时支付。承租人无正当理由未支付或者迟延支付租金的,出租人可以要求承租人在合理期限内支付。承租人逾期不支付的,出租人可以解除合同。

承租人应当按照约定的方法使用租赁物。对租赁物的使用方法没有约定或约定不明确,可以协议补充;不能达成补充协议的,按照合同有关条款或交易习惯确定。对于不能达成补充协议,也不能按照合同有关条款或交易习惯确定的,应当按照租赁物的性质使用。承租人按照约定的方法或者租赁物的性质使用租赁物,致使租赁物受到损耗的,不承担损害赔偿责任。承租人未按照约定的方法或租赁物的性质使用租赁物,致使租赁物受到损失的,出租人可以解除合同并要求赔偿损失。

承租人应当妥善保管租赁物,因保管不善造成租赁物毁损、灭失的,应当承担损害赔偿责任。承租人经出租人同意,可以对租赁物进行改善或者增设他物。承租人未经出租人同意,对租赁物进行改善或者增设他物的,出租人可以要求承租人恢复原状或赔偿损失。

在租赁期间,遇到租赁物需要维修、第三人主张权利及其他涉及租赁物的相关事项,承租人应当及时通知出租人。租赁期间届满,承租人应当返还租赁物。返还的租赁物应当符合按照约定或者租赁物的性质使用后的状态。承租人经出租人同意,可以将租赁物转租给第三人。承租人转租的,承租人与出租人之间的租赁合同继续有效,第三人对租赁物造成损失的,承租人应当赔偿损失。承租人未经出租人同意转租的,出租人可以解除合同。

(四)租赁合同的其他规定

在租赁期间因占有、使用租赁物获得的收益,归承租人所有,但当事人另有约定的除外。

因不可归责于承租人的事由,致使租赁物部分或全部毁损、灭失的,承租人可以要求减少租金或者不支付租金;因租赁物部分或者全部毁损、灭失,致使不能实现合同目的的,承租人可以解除合同。

五、融资租赁合同的法律规定

《民法典》规定,融资租赁合同是出租人根据承租人对出卖人、租赁物的选择,向出卖人购买租赁物,提供给承租人使用,承租人支付租金的合同。

(一)融资租赁合同的法律特征

融资租赁是将融资与融物结合在一起的特殊交易方式。融资租赁合同涉及出租人、出卖人和承租人三方主体。通常的做法是,承租人要求出租人为其融资购买所需的租赁物,由出租人向出卖人支付价款,并由出卖人向承租人交付租赁物及承担瑕疵担保义务,而承租人仅向出租人支付租金而无须向出卖人承担义务。

融资租赁合同是由出卖人与买受人(租赁合同的出租人)之间的买卖合同和出租人与承租人之间的租赁合同构成的,但其法律效力又不是买卖和租赁两个合同效力的简单叠加。其法律特征如下。

1. 出租人身份的二重性

出租人是租赁行为的出租方,但在承租人选择承租物和出卖人后,出租人与出卖人之间构成了法律上的买卖关系,因此又是买受人。

2020年12月发布的《最高人民法院关于审理融资租赁合同纠纷案件适用法律问题的解释》中规定,承租人将其自有物出卖给出租人,再通过融资租赁合同将租赁物从出租人处租回的,人民法院不应仅以承租人和出卖人系同一人为由认定不构成融资租赁法律关系。

2. 出卖人权利与义务相对人的差异性

融资租赁合同不同于买卖合同。在买卖合同中,出卖人的权利和义务总是指向同一方主体。但在融资租赁合同中,出卖人是向承租人履行交付标的物和瑕疵担保义务,而不是向买受人(出租人)履行义务,即承租人享有买受人的权利但不承担买受人的义务。

融资租赁合同也不同于租赁合同。融资租赁合同的出租人不负担租赁物的维修与瑕疵担保义务,但承租人须向出租人履行交付租金义务。

3. 融资租赁合同是要式合同

融资租赁是三方主体参与的经济活动。为明确各自的权利和义务,《民法典》规定,融资租赁合同应当采用书面形式。

融资租赁合同的内容包括租赁物名称、数量、规格、技术性能、检验方法、租赁期限、租金构成及其支付期限和方式、币种、租赁期间届满租赁物的归属等条款。

(二)融资租赁合同当事人的权利义务

1. 出租人的义务

出租人的主要义务是向出卖人支付价金、保证承租人对租赁物的占有和使用、协助承租人索赔和尊重承租人选择权。

出租人应当根据承租人对出卖人、租赁物的选择订立的买卖合同,向出卖人支付标的物的价金。出租人应当保证承租人对租赁物的占有和使用。出租人、出卖人、承租人可以约定,出卖人不履行买卖合同义务的,由承租人行使索赔的权利。承租人行使索赔权利的,出租人应当协助。

出租人根据承租人对出卖人、租赁物的选择订立的买卖合同,未经承租人同意,出租人不得变更与承租人有关的合同内容。租赁物不符合约定或不符合使用目的的,出租人不承担责任,但承租人依赖出租人的技能确定租赁物或出租人干预选择租赁物的除外。

2. 出卖人的义务

出卖人的主要义务是向承租人交付标的物和标的物的瑕疵担保。

根据融资租赁合同,虽然出卖人是向出租人主张价金,但却需按照约定向承租人交付标的物。承租人享有与受领标的物有关的买受人的权利。由于出卖人是向承租人交付标的物,则承租人便享有与受领标的物有关的买受人的权利,包括出卖人应向承租人履行标的物的瑕疵担保义务。

《最高人民法院关于审理融资租赁合同纠纷案件适用法律问题的解释》规定,出卖人违反合同约定的向承租人交付标的物的义务,承租人因下列情形之一拒绝受领租赁物的,人民法院应予支持:①租赁物严重不符合约定的;②出卖人未在约定的交付期间或者合理期间内交付租赁物,经承租人或者出租人催告,在催告期满后仍未交付的。

3. 承租人的义务

承租人的主要义务是支付租金、妥善保管和使用租赁物、租赁期限届满返还租赁物。

承租人应当按照约定支付租金。承租人经催告后在合理期限内仍不支付租金的,出租人可以要求支付全部租金;也可以解除合同,收回租赁物。当事人约定租赁期间届满租赁物归承租人所有,承租人已经支付大部分租金,但无力支付剩余租金,出租人因此解除合同收回租赁物的,收回的租赁物的价值超过承租人欠付的租金及其他费用的,承租人可以要求部分返还。

承租人应当妥善保管、使用租赁物,并且履行占有租赁物期间的维修义务。承租人占有租赁物期间,因租赁物造成第三人的人身伤害或财产损害的,出租人不承担责任。

出租人享有租赁物的所有权。出租人和承租人可以约定租赁期间届满租赁物的归属。对租赁物的归属没有约定或约定不明确,可以协议补充;不能达成补充协议的,按照合同有关条款或交易习惯确定。对于不能达成补充协议,也不能按照合同有关条款或交易习惯确定的,租赁物的所有权归出租人。

承租人破产的,租赁物不属于破产财产。

《最高人民法院关于审理融资租赁合同纠纷案件适用法律问题的解释》规定,承租人占有租赁物期间,租赁物毁损、灭失的风险由承租人承担,出租人要求承租人继续支付租金的,人民法院应予支持。但当事人另有约定或法律另有规定的除外。出租人转让其在融资租赁合同项下的部分或全部权利,受让方以此为由请求解除或变更融资租赁合同的,人民法院不予支持。

六、运输合同的法律规定

运输合同是承运人将旅客或者货物从起运地点运输到约定地点,旅客、托运人或者收货人支付票款或者运输费用的合同。

运输合同可分为客运合同和货运合同。鉴于土建类工程技术人员的执业特点,这里仅介绍货运合同。

(一)货运合同的法律特征

1. 货运合同是双务、有偿合同

承运人与托运人各承担一定的义务,互享一定的权利。承运人有义务安全、准时地将货物运抵约定地点,并有权取得托运人支付的费用,而托运人或收货人有义务支付运输费用。

2. 合同的标的是运输行为

货运合同当事人的权利及义务关系,不是围绕货物本身产生的,而是围绕着运送货物的行为而产生。

3. 货运合同是诺成合同

货运合同一般以托运人提出运输货物的请求为要约,承运人同意运输为承诺,合同即告成立。

4. 货运合同当事人的特殊性

货运合同的收货人和托运人可以是同一人,但在大多数情况下不是同一人。在第三人为收货人的情况下,收货人虽不是订立合同的当事人,但却是合同的利害关系人。

(二)货运合同当事人的权利义务

1. 承运人的权利义务

(1)承运人的权利。承运人的主要权利是求偿权、特殊情况下的拒运权和留置权。

因托运人申报不实或遗漏重要情况,造成承运人损失的,托运人应当承担损害赔偿责任。托运人应当按照约定的方式包装货物。对包装方式没有约定或者约定不明确的,适用《民法典》的规定。托运人违反包装的规定的,承运人可以拒绝运输。

托运人或收货人不支付运费、保管费及其他运输费用的,承运人对相应的运输货物享有留置权,但当事人另有约定的除外。

(2)承运人的义务。承运人的主要义务是运送货物、及时通知提领货物、按指示运输、货物毁损灭失的赔偿和因不可抗力灭失货物不得要求支付运费。

承运人应当在约定期间或者合理期间内,按照约定的或通常的运输路线,将货物安全运输到约定地点。承运人未按照约定路线或者通常路线运输增加运输费用的,托运人或者收货人可以拒绝支付增加部分的运输费用。货物运输到达后,承运人知道收货人的,应当及时通知收货人。

在承运人将货物交付收货人之前,托运人可以要求承运人中止运输、返还货物、变更到达地或者将货物交给其他收货人,但应当赔偿承运人因此受到的损失。承运人对运输过程中货物的毁损、灭失承担损害赔偿责任,但承运人证明货物的毁损、灭失是因不可抗力、货物本身的自然性质或者合理损耗以及托运人、收货人的过错造成的,不承担损害赔偿责任。两个以上承运人以同一运输方式联运的,与托运人订立合同的承运人应当对全程运输承担责任。损失发生在某一运输区段的,与托运人订立合同的承运人和该区段的承运人承担连带责任。

货物在运输过程中因不可抗力灭失,未收取运费的,承运人不得要求支付运费;已收取运费的,托运人可以要求返还。

2. 托运人的权利义务

(1)托运人的权利。托运人的主要权利是有条件地拒绝支付运费权和任意变更解除权。

承运人未按照约定路线或者通常路线运输导致增加运输费用的，托运人或者收货人可以拒绝支付增加部分的运输费用。在承运人将货物交付收货人之前，托运人可以要求承运人中止运输、返还货物、变更到达地或者将货物交给其他收货人，但应当赔偿承运人因此受到的损失。

(2)托运人的义务。托运人的主要义务是支付运费、妥善包装和告知。

托运人或收货人应当支付运输费用。托运人或收货人不支付运费、保管费及其他运输费用的，承运人对相应的运输货物享有留置权，但当事人另有约定的除外。

托运人应当按照约定的方式包装货物。对包装方式没有约定或约定不明确，可以协议补充；不能达成补充协议的，按照合同有关条款或交易习惯确定。对于不能达成补充协议，也不能按照合同有关条款或交易习惯确定的，应当按照通用的方式包装，没有通用方式的，应当采取足以保护标的物的包装方式。托运人违反以上规定的，承运人可以拒绝运输。

托运人托运易燃易爆、有毒、有腐蚀性、有放射性等危险物品的，应当按照国家有关危险物品运输的规定对危险物品妥善包装，做出危险物标志和标签，并将有关危险物品的名称、性质和防范措施的书面材料提交承运人。托运人违反以上规定的，承运人可以拒绝运输，也可以采取相应措施以避免损失的发生，因此产生的费用由托运人承担。

托运人办理货物运输，应当向承运人准确表明收货人的名称或者姓名或者凭指示的收货人，货物的名称、性质、重量、数量、收货地点等有关货物运输的必要情况。因托运人申报不实或者遗漏重要情况，造成承运人损失的，托运人应当承担损害赔偿责任。货物运输需要办理审批、检验等手续的，托运人应当将办理完有关手续的文件提交承运人。

3. 收货人的权利义务

(1)收货人的权利。承运人未按照约定路线或通常路线运输导致增加运输费用的，托运人或收货人可以拒绝支付增加部分的运输费用。

(2)收货人的义务。收货人的主要义务是提货验收、支付托运人未付或少付运费及其他费用。

收货人应当及时提货。收货人逾期提货的，应当向承运人支付保管费等费用。收货人提货时应当按照约定的期限检验货物。对检验货物的期限没有约定或约定不明确，可以协议补充；不能达成补充协议的，按照合同有关条款或者交易习惯确定。对于不能达成补充协议，也不能按照合同有关条款或者交易习惯确定的，应当在合理期限内检验货物。收货人在约定的期限或者合理期限内对货物的数量、毁损等未提出异议的，视为承运人已经按照运输单证的记载交付的初步证据。

一般情况下，运费由托运人在发站向承运人支付。但如果合同约定由收货人在到站支付或者托运人未支付的，收货人应支付。在运输中发生的其他费用，应由收货人支付的，收货人也必须支付。

4. 多式联运合同

多式联运是指由两种及其以上的交通工具相互衔接、转运而共同完成的运输过程。多式联运经营人负责履行或组织履行多式联运合同，对全程运输享有承运人的权利，承担承运人的义务。

多式联运经营人收到托运人交付的货物时，应当签发多式联运单据。按照托运人的要求，多式联运单据可以是可转让单据，也可以是不可转让单据。

多式联运经营人可以与参加多式联运的各区段承运人就多式联运合同的各区段运输约定相互之间的责任，但该约定不影响多式联运经营人对全程运输承担的义务。因托运人托运货物时的过错造成多式联运经营人损失的，即使托运人已经转让多式联运单据，托运人仍然应当承担损害赔偿责任。

七、委托合同的法律规定

《民法典》规定,委托合同是委托人和受托人约定,由受托人处理委托人事务的合同。

委托人可以特别委托受托人处理一项或数项事务,也可以概括委托受托人处理一切事务。

(一)委托合同的法律特征

委托合同的目的是为他人处理或管理事务,委托合同的订立以双方相互信任为前提,但委托合同未必是有偿合同。

委托合同是一种典型的提供劳务的合同。合同订立后,受托人在委托的权限内所实施的行为,等同于委托人自己的行为;委托的事务可以是法律行为,也可以是事实行为。它不同于民事代理,后者委托的只能是法律行为。它也不同于行纪合同,后者委托的仅是商事贸易行为。

如果没有双方的相互信任和了解,委托合同关系难以成立,即使是建立了委托关系,也难以巩固。因此,在委托合同关系成立并生效后,如果一方对另一方产生了不信任感,可随时终止委托合同。委托合同可以是有偿合同,也可以是无偿合同。

(二)委托合同当事人的权利义务

1. 委托人的义务

委托人的主要义务是支付费用、支付报酬和赔偿损失。

委托人应当预付处理委托事务的费用。受托人为处理委托事务垫付的必要费用,委托人应当偿还该费用及其利息。无论委托合同是否有偿,委托人都有义务提供或偿还委托事务的必要费用。

受托人完成委托事务的,委托人应当向其支付报酬。因不可归责于受托人的事由,委托合同解除或者委托事务不能完成的,委托人应当向受托人支付相应的报酬。当事人另有约定的,按照其约定。

委托人经受托人同意,可以在受托人之外委托第三人处理委托事务,但因此给受托人造成损失的,受托人可以向委托人要求赔偿损失。受托人处理委托事务时,因不可归责于自己的事由受到损失的,可以向委托人要求赔偿损失。

2. 受托人的义务

受托人的主要义务是按指示处理委托事务、亲自处理委托事务、委托事务报告和转交财产、披露委托人或第三人及承担赔偿。

受托人应当按照委托人的指示处理委托事务。需要变更委托人指示的,应当经委托人同意;因情况紧急,难以和委托人取得联系的,受托人应当妥善处理委托事务,但事后应当将该情况及时报告委托人。

受托人应当亲自处理委托事务。经委托人同意,受托人可以转委托。转委托经同意的,委托人可以就委托事务直接指示转委托的第三人,受托人仅就第三人的选任及其对第三人的指示承担责任。转委托未经同意的,受托人应当对转委托的第三人的行为承担责任,但在紧急情况下受托人为维护委托人的利益需要转委托的除外。受托人应当按照委托人的要求,报告委托事务的处理情况。委托合同终止时,受托人应当报告委托事务的结果。受托人处理委托事务取得的财产,应当转交给委托人。

受托人以自己的名义与第三人订立合同时,第三人不知道受托人与委托人之间的代理关系的,受托人因第三人的原因对委托人不履行义务,受托人应当向委托人披露第三人,委托人因此可以行使受托人对第三人的权利,但第三人与受托人订立合同时如果知道该委托人就不会订立合同的除外。受托人因委托人的原因对第三人不履行义务,受托人应当向第三人披露委托人,第三人因此可以选择受托人或委托人作为相对人主张其权利,但第三人不得变更选定的相对人。

有偿的委托合同,因受托人的过错给委托人造成损失的,委托人可以要求赔偿损失。无偿的委托合同,因受托人的故意或重大过失给委托人造成损失的,委托人可以要求赔偿损失。受托人超越权限给委托人造成损失的,应当赔偿损失。

案例分析

某开发商与某建筑公司签订了《建筑工程施工合同》,对工程的内容、工程价款、支付时间、工程质量、工期和违约责任等作出了具体规定。在施工过程中,开发商对施工图纸先后做了7次修改,但未能按期交付图纸,导致工期拖延。竣工验收时,开发商对部分工程质量提出异议,经双方协商无果,开发商向法院提起诉讼,要求建筑公司因工期延误和部分工程质量问题承担违约责任。

案例分析

问题:1. 建筑公司应当承担哪些法律责任?
2. 对工期的延误,建筑公司是否应当承担违约责任?
3. 建筑公司今后在施工合同签订和履行过程中应当注意哪些问题?

知识拓展

FIDIC 是指国际咨询工程师联合会(Federation Internationale Des Ingénieurs Conseils, FIDIC),是由该联合会的法文名称字头组成的缩写词。1913年欧洲四个国家的咨询工程师协会成立了国际咨询工程师联合会(FIDIC),该组织在每个国家或地区均吸收一个独立的咨询工程师协会作为团体会员,至今已拥有60多个发达国家和发展中国家或地区的成员,因此它是国际上最具有权威性的咨询工程师组织,总部设立在瑞士洛桑。我国已于1996年10月正式加入了该组织。FIDIC 作为国际上权威的咨询工程师机构,多年来所编写的标准合同条款是国际工程界几十年来实践经验的总结,公正地规定了合同各方的职责、权利和义务,程序严谨,可操作性强。如今已在工程建设、机械和电气设备的提供等方面被广泛使用。

FIDIC 合同条款在世界上应用广泛,不仅为 FIDIC 成员国采用,而且也常为世界银行、亚洲开发银行等国际金融机构的招标采购样本所采用。我国于1984年开工的云南鲁布草水电站引水系统工程是我国第一个利用世界银行贷款,并按世界银行规定,采用国际竞争性招标和项目管理的工程,也是国内第一个使用 FIDIC 建设工程施工合同条款的工程。

FIDIC 编制了许多标准合同条款,其中在工程界影响最大的是 FIDIC 建设工程施工合同条款。

本章小结

《民法典》规定,建设工程合同主要包括建设工程勘察合同、建设工程设计合同、建设工程施工合同等。建设工程合同在订立过程中应遵循平等原则、自愿原则、公平原则、诚实信用原则、合法原则等。建设工程合同应当采用书面形式。通过本章的学习,能够掌握以下内容:

一是掌握建设工程合同发承包双方依法享有的权利和依法履行的义务,以及建设工程赔偿损失的规定、违约责任等内容。

二是掌握建设工程无效合同、效力待定合同、可撤销合同之间的区别,以及建设工程合同的履行、变更、转让和终止等内容。

三是了解劳动合同是在市场经济体制下,用人单位与劳动者进行双向选择、确定劳动关系、明确双方权利与义务的协议,是保护劳动者合法权益的基本依据。当用人单位与劳动者发生劳动争议时,当事人可以通过调解、仲裁、提起诉讼的方式解决,也可以协商解决。调解原则适用于仲裁和诉讼程序。

四是了解承揽合同、买卖合同、借款合同、租赁合同、融资租赁合同、运输合同、委托合同等同建设工程活动关系密切的相关合同的特征、合同当事人的权利义务、合同的解除的内容。

第七章 建设工程法律纠纷相关知识

引言

法律纠纷是指公民、法人及其他组织之间因人身、财产或其他法律关系所发生的对抗冲突（或者争议），主要包括民事纠纷、行政纠纷、刑事附带民事纠纷。民事纠纷是平等主体的自然人、法人和非法人组织之间的有关人身权、财产权的纠纷；行政纠纷是行政机关之间或行政机关同公民、法人和其他组织之间由于行政行为包括行政协议而产生的纠纷；刑事附带民事纠纷是因犯罪而产生的有关人身权、财产权纠纷。

知识目标

1. 了解建设工程纠纷主要种类及法律解决途径；
2. 掌握民事诉讼的相关制度；
3. 掌握仲裁的相关制度。

技能目标

通过本章的学习，能够知道建设工程纠纷产生后，如何用法律的手段去解决，并且熟悉每种解决途径的特点和程序。

第一节 建设工程纠纷主要种类和法律解决途径

一、建设工程纠纷的主要种类

建设工程项目通常具有投资规模大、建造周期长、技术要求高、合同关系复杂和政府监管严格等特点，因此，在建设工程领域里常见的是民事纠纷和行政纠纷。

（一）建设工程民事纠纷

建设工程民事纠纷，是在建设工程活动中平等主体之间发生的以民事权利义务法律关系为内容的争议。民事纠纷主要是因为违反了民事法律规范或合同约定而引起的。民事纠纷可分为两大类：一类是财产关系方面的民事纠纷，如合同纠纷、损害赔偿纠纷等；另一类是人身关系方面的民事纠纷，如名誉权纠纷、继承权纠纷等。

民事纠纷有三个特点：第一，民事纠纷主体之间的法律地位平等；第二，民事纠纷的内容是对民事权利义务的争议；第三，民事纠纷的可处分性（针对有关财产关系的民事纠纷具有可处分性，而有关人身关系的民事纠纷多具有不可处分性）。在建设工程领域，较为普遍和重要的民事纠纷主要是合同纠纷和侵权纠纷。

合同纠纷是指因合同的生效、解释、履行、变更、终止等行为而引起的合同当事人之间的所有争议。合同纠纷的内容主要表现在争议主体对于导致民事法律关系设立、变更与终止的法律事实及法律关系的内容有着不同的观点与看法。合同纠纷的范围涵盖了一项合同从成立到终止的整个过程。建设工程合同纠纷主要有工程咨询合同纠纷、工程总承包合同纠纷、工程勘察合同纠纷、工程设计合同纠纷、工程施工合同纠纷、工程监理合同纠纷、工程分包合同纠纷、材料设备采购合同纠纷等。

侵权纠纷是指因侵害民事权益产生的纠纷。建设工程领域常见的侵权纠纷，如施工中造成对他人财产或者人身损害而产生的侵权纠纷，未经许可使用他人的专利、工法等造成的知识产权侵权纠纷等。

发包人和承包人就有关工期、质量、造价等产生的建设工程合同争议，是建设工程领域最常见的民事纠纷。

(二)建设工程行政纠纷

建设工程行政纠纷是在建设工程活动中行政机关之间或行政机关同公民、法人和其他组织之间由于行政行为而引起的纠纷。在行政法律关系中，一方面行政机关对公民、法人和其他组织行使行政管理职权，应当依法行政；另一方面公民、法人和其他组织也应当依法约束自己的行为，做到自觉守法。另外，行政机关为了实现行政管理或公共服务目标，与公民、法人或其他组织协商订立的具有行政法上权利义务内容的协议，既具有行政管理活动"行政性"的一般属性，也具有"协议性"的特别属性。在各种行政纠纷中，既有因行政机关超越职权、滥用职权、行政不作为、违反法定程序、事实认定错误、适用法律错误等所引起的纠纷，也有公民、法人或其他组织逃避监督管理、非法抗拒监督管理或误解法律规定等而产生的纠纷，还有行政协议纠纷中行政机关行使行政优益权的行政行为纠纷，以及行政机关不依法履行、未按照约定履行协议义务的违约纠纷。

除行政协议外，行政机关的行政行为具有以下特征：①行政行为属于执行法律的行为。任何行政行为均须有法律根据，没有法律的明确规定或授权，行政机关不得作出任何行政行为；②行政行为具有一定的裁量性。这是由立法技术本身的局限性和行政管理的广泛性、复杂性等所决定的；③行政机关在实施行政行为时具有单方意志性，不必与行政相对人协商或征得其同意，便可依法自主作出；④行政行为是以国家强制力保障实施的，带有强制性。行政相对人必须服从并配合行政行为，否则行政机关将予以制裁或强制执行；⑤行政行为以无偿为原则，以有偿为例外。只有当特定行政相对人承担了特别公共负担，或者分享了特殊公共利益时，方可为有偿的。

在建设工程领域，易引发行政纠纷的行政行为主要有以下几种：

(1)行政许可，即行政机关根据公民、法人或者其他组织的申请，经依法审查，准予其从事特定活动的行政管理行为，如施工许可、专业人员执业资格注册、企业资质等级核准、安全生产许可等。行政许可易引发的行政纠纷通常是行政机关的行政不作为、违反法定程序等。

(2)行政处罚，即行政机关依照法定职权、程序对于违法但尚未构成犯罪的相对人给予行政制裁的具体行政行为。常见的行政处罚为警告、罚款、没收违法所得、责令停业整顿、降低资质等级、吊销资质证书等。行政处罚易导致的行政纠纷，通常是行政处罚超越职权、滥用职权、违反法定程序、事实认定错误、适用法律错误等。

(3)行政强制,包括行政强制措施和行政强制执行。行政强制措施是指行政机关在行政管理过程中,为制止违法行为、防止证据损毁、避免危害发生、控制危险扩大等情形,依法对公民的人身自由实施暂时性限制,或者对公民、法人或者其他组织的财物实施暂时性控制的行政行为。行政强制执行是指行政机关或者行政机关申请人民法院,对不履行行政决定的公民、法人或者其他组织,依法强制履行义务的行政行为。行政强制易导致的行政纠纷,通常是行政强制超越职权、滥用职权、违反法定程序、事实认定错误、适用法律错误等。

(4)行政裁决,即行政机关或法定授权的组织,依照法律的授权,对平等主体之间发生的与行政管理活动密切相关的、特定的民事纠纷(争议)进行审查,并作出裁决的行政行为,如对特定的侵权纠纷、损害赔偿纠纷、权属纠纷、国有资产产权纠纷以及劳动工资、经济补偿纠纷等的裁决。行政裁决易引发的行政纠纷通常是行政裁决违反法定程序、事实认定错误、适用法律错误等。

二、民事纠纷的法律解决途径

根据2017年6月经修改后公布的《中华人民共和国民事诉讼法》(以下简称《民事诉讼法》)及其相关司法解释的规定,人民法院受理公民之间、法人之间、其他组织之间以及他们相互之间因财产关系和人身关系提起的民事诉讼;人民法院审理民事案件,双方当事人可以自行和解;也可以根据当事人自愿的原则,在事实清楚的基础上,分清是非,进行调解;双方当事人达成有效书面仲裁协议的,应当根据仲裁协议向仲裁机构申请仲裁;涉外经济贸易、运输和海事运输中发生的纠纷,当事人在合同中订有仲裁条款或事后达成书面仲裁协议,提交中华人民共和国涉外仲裁机构或其他仲裁机构仲裁的,当事人不得向人民法院提起诉讼。当事人应当履行发生法律效力的判决、仲裁裁决、调解书;拒不履行的,对方可以请求人民法院执行。

由此可见,民事纠纷的法律解决途径主要有四种,即和解、调解、仲裁、诉讼。

(一)和解

和解是民事纠纷的当事人在自愿互谅的基础上,就已经发生的争议进行协商、妥协与让步并达成协议,无须第三方介入,完全自行解决争议的一种方式。它不仅从形式上,而且从心理上消除了当事人之间的对抗。

和解可以在民事纠纷的任何阶段进行,无论是否已经进入诉讼或仲裁程序,只要终审裁判未生效或者仲裁裁决未作出,当事人均可自行和解。和解也可与仲裁、诉讼程序相结合:当事人达成和解协议,已提请仲裁的,可以请求仲裁庭根据和解协议作出裁决书或仲裁调解书;已提起诉讼的,可以请求法庭在和解协议基础上制作调解书。仲裁机构作出的仲裁调解书和法院的调解书,具有强制执行的效力。

需要注意的是,当事人自行达成的和解协议不具有强制执行力,在性质上仍属于当事人之间的约定。如果一方当事人不按照和解协议执行,另一方当事人不能直接申请法院强制执行,但可要求对方承担不履行和解协议的违约责任。

(二)调解

调解是指双方当事人以外的第三方应纠纷当事人的请求。以法律、法规、政策或合同约定及社会公德为依据,居中调停,对纠纷双方进行疏导、劝说。促使其互谅互让,自愿协商达成协议,解决纠纷的一种方式。

在我国,调解的主要方式有人民调解、行政调解、仲裁调解、司法调解、行业调解及专业机构调解。

(三)仲裁

仲裁是当事人根据在纠纷发生前或发生后达成的协议,自愿将纠纷提交中立第三方作出裁决,纠纷各方都有义务执行该裁决的一种争议解决方式。仲裁与诉讼不同。诉讼是法院行使国家所赋予的审判权,向法院起诉不需要双方当事人在诉讼前达成协议,只要一方当事人向有审判管辖权的法院起诉,经法院受理后,另一方必须应诉。仲裁具有民间性质,其受理案件的管辖权来自当事人的授权。有效的仲裁协议可以排除法院的管辖权;纠纷发生后,一方当事人提起仲裁的,另一方必须仲裁。但是,没有仲裁协议,就不能启动仲裁程序。

根据2017年9月经修改后公布的《中华人民共和国仲裁法》(以下简称《仲裁法》)的规定,该法的调整范围仅限于民商事仲裁,即"平等主体的公民、法人和其他组织之间发生的合同纠纷和其他财产权纠纷";对于婚姻、收养、监护、扶养、继承纠纷以及依法应当由行政机关处理的行政争议等不能仲裁。另外,劳动争议仲裁和农业集体经济组织内部的农业承包合同纠纷不受《仲裁法》的调整。

仲裁具有以下基本特点。

1. 自愿性

当事人的自愿性是仲裁最突出的特点。仲裁的基石是当事人的意思自治。仲裁以当事人的自愿为前提,即是否将纠纷提交仲裁,向何仲裁机构申请仲裁,仲裁适用的法律和语言,仲裁庭的组成,仲裁员的选择。以及仲裁程序如何进行等,在不违反法律强制性规定和仲裁规则允许的情况下,都是在当事人自愿的基础上,由当事人协商确定的。

2. 专业性

专家裁案是仲裁的重要特点之一。仲裁往往涉及不同行业的专业知识,如建设工程纠纷的处理不仅涉及与工程建设有关的法律法规,还常常需要运用大量的工程造价、工程质量方面的专业知识,以及建筑业自身特有的交易习惯和行业惯例。基于仲裁解决商事纠纷专业性的需要,仲裁员中除法律专家外,还有大量各行业具有一定专业水平的专家,他们精通专业知识、熟悉行业规则,以确保仲裁结果的专业性。

3. 独立性

《仲裁法》规定,仲裁委员会独立于行政机关,与行政机关没有隶属关系。仲裁委员会之间也没有隶属关系。

在仲裁过程中,仲裁庭独立进行仲裁,不受任何行政机关、社会团体和个人的干涉,也不受仲裁机构的干涉,具有独立性。

4. 保密性

仲裁以不公开审理为原则。同时,当事人及其代理人、证人、翻译、仲裁员、专家证人和指定的鉴定人、仲裁委员会有关工作人员也要遵守保密义务,不得对外界透露案件实体和程序的有关情况。因此,仲裁可以有效地保护当事人的商业秘密和商业信誉。

5. 快捷性

仲裁实行一裁终局制度,仲裁裁决一经作出即发生法律效力。仲裁裁决不能上诉,这使得当事人之间的纠纷能够迅速得以解决。

6. 执行的强制性和域外执行力

对于生效的仲裁裁决书和调解书,一方不履行的,另外一方当事人有权向人民法院申请强制执行。中国是《承认和执行外国仲裁裁决公约》(1958年6月10日签订于纽约,以下简称《纽约公约》)的缔约国。根据该公约,中国仲裁机构作出的仲裁裁决书,具有域外的执行效力,可在所有缔约国家和地区之间得到承认和执行。

(四)民事诉讼

民事诉讼是诉讼的基本类型之一,是指人民法院在当事人和其他诉讼参与人的参加下,以审理、裁判、执行等方式解决民事纠纷的活动,以及由此产生的各种诉讼关系的总和。诉讼参与人包括原告、被告、第三人、证人、鉴定人、勘验人等。

在我国,《民事诉讼法》是调整和规范法院及诉讼参与人的各种民事诉讼活动的基本法律。民事诉讼具有以下基本特点。

1. 公权性

民事诉讼由人民法院代表国家意志行使司法审判权,通过司法手段解决平等民事主体之间的纠纷。在法院主导下,诉讼参与人围绕民事纠纷的解决,进行着产生法律后果的活动。它既不同于群众自治组织性质的人民调解委员会、行业协会或者专业机构等以调解方式解决纠纷,也不同于基于私法自治原则的仲裁委员会以仲裁方式解决纠纷。

2. 程序性

民事诉讼是依照法定程序进行的诉讼活动,无论是法院还是当事人或者其他诉讼参与人。都应当严格按照法律规定的程序和方式实施诉讼行为,违反诉讼程序常常会引起一定的法律后果或者达不到诉讼目的,如法院的裁判被上级法院撤销,当事人失去为某种诉讼行为的权利等。

民事诉讼分为一审程序、二审程序和执行程序三大诉讼阶段。并非每个案件都要经过这三个阶段,有的案件一审就终结,有的经过二审终结,有的不需要启动执行程序。但如果案件要经历诉讼全过程,就要按照上述顺序依次进行。

3. 强制性

强制性是公权力的重要属性。民事诉讼的强制性既表现在案件的受理上,又反映在裁判的执行上。调解、仲裁均建立在当事人自愿的基础上,只要有一方当事人不愿意进行调解、仲裁,则调解和仲裁将不会发生。但民事诉讼不同,只要原告的起诉符合法定条件,无论被告是否愿意,诉讼都会发生。另外,和解、调解协议的履行依靠当事人的自觉,不具有强制执行的效力,但法院的裁判则具有强制执行的效力,一方当事人不履行生效判决或裁定,另一方当事人可以申请法院强制执行。

除上述四种民事纠纷解决方式外,由于建设工程活动及其纠纷的专业性、复杂性,在建设工程法律实践中还有其他解决纠纷的特殊方式,如建设工程争议评审机制。

建设工程争议评审是指当事人根据事前签订的合同或争议发生后达成的协议,选择独立于任何一方当事人的争议评审专家(通常是3人,小型工程可以是1人)组成评审小组,就当事人发生的争议及时提出解决问题的建议或作出决定的争议解决方式。当事人通过协议,授权评审组调查、听证、建议或裁决。评审组在工程进程中可能会持续解决多项争议。如果当事人不接受评审组的建议或者裁决,仍可通过仲裁或诉讼的方式解决争议。采用争议评审的方式,有利于及时化解工程建设过程中的争议,防止因争议拖延与扩大而造成不必要的损失或浪费,保障建设工程的顺利进行。

三、行政纠纷的法律解决途径

行政纠纷的法律解决途径主要有两种,即行政复议和行政诉讼。

(一)行政复议

行政复议是公民、法人或其他组织认为行政机关的具体行政行为侵犯其合法权益,依法请求法定的行政复议机关审查该具体行政行为的合法性、适当性,该复议机关依照法定程序对该具体行政行为进行审查,并作出行政复议决定的法律制度。这是公民、法人或其他组织解决行政争议的一种行政救济途径。

行政复议具有以下基本特点:①提出行政复议的,必须是认为行政机关的具体行政行为侵犯其合法权益的公民、法人和其他组织;②公民、法人和其他组织提出行政复议,必须是在行政机关已经作出具体行政行为之后,如果行政机关尚未作出具体行政行为,则不存在复议问题;③当事人对行政机关的具体行政行为不服,只能按照法律规定向有行政复议权的行政机关申请复议;④行政复议原则上采用书面审查办法。公民、法人或其他组织对行政复议决定不服的,可以依照《行政诉讼法》的规定向人民法院提起行政诉讼,但是法律规定行政复议决定为最终裁决的除外。

(二)行政诉讼

行政诉讼是公民、法人或其他组织依法请求法院对行政机关和行政机关工作人员的行政行为侵犯其合法权益进行审查并依法裁判的法律制度。

行政诉讼具有以下主要特点:①行政诉讼是法院解决行政机关实施具体行政行为时与公民、法人或其他组织发生的争议;②行政诉讼为公民、法人或其他组织提供法律救济的同时,具有监督行政机关依法行政的功能;③行政诉讼的被告与原告是恒定的,即被告只能是行政机关,原告则是作为行政行为相对人的公民、法人或其他组织,原告和被告之间不可能互易诉讼身份。

对行政行为除法律、法规规定必须先申请行政复议的外,公民、法人或者其他组织可以自主选择申请行政复议还是提起行政诉讼。公民、法人或其他组织对行政复议决定不服的,除法律规定行政复议决定为最终裁决的外,可以依照《行政诉讼法》的规定向人民法院提起行政诉讼。

第二节 民事诉讼制度

一、民事诉讼的法院管辖

民事诉讼中的管辖是指各级法院之间和同级法院之间受理第一审民事案件的分工和权限。

《民事诉讼法》规定的民事案件的管辖,包括级别管辖、地域管辖、专属管辖、协议管辖、移送管辖、指定管辖和管辖权转移。人民法院受理案件后,被告有权针对人民法院对案件是否有管辖权提出管辖权异议,这是当事人的一项诉讼权利。

(一)级别管辖

级别管辖是指按照一定的标准,划分上下级法院之间受理第一审民事案件的分工和权限。我国的法院有四级,分别是基层人民法院、中级人民法院、高级人民法院和最高人民法院,每一级均受理一审民事案件。《民事诉讼法》主要根据案件的性质、影响和诉讼标的金额等来确定级别管辖。在实践中,争议标的金额大小,往往是确定级别管辖的重要依据,但各地人民法院确定的级别管辖争议标的数额标准不尽相同。

(二)地域管辖

地域管辖就是按照各人民法院的辖区范围和民事案件的隶属关系,划分同级人民法院之间审判第一审民事案件的权限。级别管辖则是确定民事案件由哪一级人民法院管辖。就是说,级别管辖是确定纵向的审判分工,地域管辖是确定横向的审判分工。地域管辖主要包括以下几种情况。

1. 一般地域管辖

一般地域管辖,是以当事人与法院的隶属关系来确定诉讼管辖,通常实行"原告就被告"原则,即以被告住所地作为确定管辖的标准。

(1)对公民提起的民事诉讼,由被告住所地人民法院管辖;被告住所地与经常居住地不一致的,由经常居住地人民法院管辖。其中,公民的住所地是指该公民的户籍所在地。经常居住地是指公民离开住所至起诉时已连续居住满1年的地方,但公民住院就医的地方除外。

(2)对法人或者其他组织提起的民事诉讼,由被告住所地人民法院管辖。被告住所地是指法人或者其他组织的主要办事机构所在地或者主要营业地;主要办事机构所在地不能确定的,其注册地或者登记地为住所地。

(3)同一诉讼的几个被告住所地、经常居住地在两个以上人民法院辖区的,原告可以向任何一个被告住所地或经常居住地人民法院提起诉讼。

2. 特殊地域管辖

特殊地域管辖是指以诉讼标的所在地、引起民事法律关系发生、变更、消灭的法律事实所在地为标准确定的管辖。《民事诉讼法》规定了11种特殊地域管辖,其中与工程建设领域关系最为密切的是因合同纠纷提起诉讼的管辖。

《民事诉讼法》规定:"因合同纠纷提起的诉讼,由被告住所地或者合同履行地人民法院管辖。"《最高人民法院关于适用〈中华人民共和国民事诉讼法〉的解释》(法释〔2015〕5号)规定:"合同约定履行地点的,以约定的履行地点为合同履行地。合同对履行地点没有约定或者约定不明确,争议标的为给付货币的,接收货币一方所在地为合同履行地;交付不动产的,不动产所在地为合同履行地;其他标的,履行义务一方所在地为合同履行地。即时结清的合同,交易行为地为合同履行地。合同没有实际履行,当事人双方住所地都不在合同约定的履行地的,由被告住所地人民法院管辖。"

(三)专属管辖

专属管辖是指法律规定某些特殊类型的案件专门由特定的法院管辖。专属管辖是排他性管辖,排除了诉讼当事人协议选择管辖法院的权利。专属管辖与一般地域管辖和特殊地域管辖的关系是:凡法律规定为专属管辖的诉讼,均适用专属管辖。

《民事诉讼法》中规定了 3 种适用专属管辖的案件,其中因不动产纠纷提起的诉讼,由不动产所在地人民法院管辖,如房屋买卖纠纷、土地使用权转让纠纷等。《最高人民法院关于适用〈中华人民共和国民事诉讼法〉的解释》中规定,建设工程施工合同纠纷按照不动产纠纷确定管辖。不动产已登记的,以不动产登记簿记载的所在地为不动产所在地;不动产未登记的,以不动产实际所在地为不动产所在地。

(四)协议管辖

发生合同纠纷或者其他财产权益纠纷的,《民事诉讼法》还规定了协议管辖制度。协议管辖是指合同当事人在纠纷发生前后,在法律允许的范围内,以书面形式约定案件的管辖法院。协议管辖适用于合同纠纷或者其他财产权益纠纷,其他财产权益纠纷包括因物权、知识产权中的财产权而产生的民事纠纷管辖。

《民事诉讼法》规定,合同或者其他财产权益纠纷的当事人可以书面协议选择被告住所地、合同履行地、合同签订地、原告住所地、标的物所在地等与争议有实际联系的地点的人民法院管辖,但不得违反本法对级别管辖和专属管辖的规定。"与争议有实际联系的地点"还包括侵犯物权或者知识产权等财产权益的行为实施地、侵权结果发生地等。

按照《最高人民法院民事诉讼程序繁简分流改革试点实施办法》(法〔2020〕11 号)规定,经人民调解委员会、特邀调解组织或者特邀调解员调解达成民事调解协议的,双方当事人可以自调解协议生效之日起 30 日内共同向人民法院申请司法确认,试点法院司法确认案件按照以下规定依次确定地域管辖:①委派调解的,由作出委派的人民法院管辖;②当事人选择由人民调解委员会或者特邀调解组织调解的,由调解组织所在地基层人民法院管辖;当事人选择由特邀调解员调解的,由调解协议签订地基层人民法院管辖。

(五)移送管辖和指定管辖

1. 移送管辖

人民法院发现受理的案件不属于本院管辖的,应当移送有管辖权的人民法院,受移送的人民法院应当受理。受移送的人民法院认为受移送的案件依照规定不属于本院管辖的,应当报请上级人民法院指定管辖,不得再自行移送。

移送管辖有两种:一种是同级人民法院间的移送管辖,一般是由于地域管辖的原因引起的;另一种是上下级人民法院间的移送管辖,一般是由于级别管辖的原因引起的。

2. 指定管辖

有管辖权的人民法院由于特殊原因,不能行使管辖权的,由上级人民法院指定管辖。人民法院之间因管辖权发生争议,由争议双方协商解决;协商解决不了的,报请其共同上级人民法院指定管辖。

(六)管辖权转移

管辖权转移是指上级人民法院有权审理下级人民法院管辖的第一审民事案件;确有必要将本院管辖的第一审民事案件交下级人民法院审理的,应当报请其上级人民法院批准。

下级人民法院对它所管辖的第一审民事案件,认为需要由上级人民法院审理的,可以报请上级人民法院审理。

管辖权转移不同于移送管辖:①移送管辖是没有管辖权的法院把案件移送给有管辖权的法院审理,而管辖权转移是有管辖权的法院把案件转移给原来没有管辖权的法院审理;②移送管辖可能在上下级法院之间或者在同级法院间发生,而管辖权转移仅限于上下级法院之间;③二者在程序上不完全相同。

(七)管辖权异议

管辖权异议是指当事人向受诉人民法院提出的该法院对案件无管辖权的主张。《民事诉讼法》规定,人民法院受理案件后,当事人对管辖权有异议的,应当在提交答辩状期间提出。人民法院对当事人提出的异议,应当审查。异议成立的,裁定将案件移交有管辖权的人民法院;异议不成立的,裁定驳回。

一般来说,当事人可以就地域管辖权提出异议;就级别管辖权提出异议;仲裁协议或仲裁条款有效的,为排除法院管辖而提出异议等。另外,《民事诉讼法》还规定了应诉管辖制度,即当事人未提出管辖权异议并应诉答辩的,视为受诉人民法院有管辖权,但违反级别管辖和专属管辖规定的除外。

根据《最高人民法院关于审理民事级别管辖异议案件若干问题的规定》(法释〔2009〕17号),受诉人民法院应当在受理异议之日起15日内作出裁定;对人民法院就级别管辖异议作出的裁定,当事人不服提起上诉的,第二审人民法院应当依法审理并作出裁定。

二、民事诉讼的当事人和代理人

(一)当事人

民事诉讼中的当事人是指因民事权利和义务发生争议,以自己的名义进行诉讼,请求人民法院进行裁判的公民、法人或其他组织。狭义的民事诉讼当事人包括原告和被告。广义的民事诉讼当事人包括原告、被告、共同诉讼人和第三人。外国人、无国籍人、外国企业和组织在人民法院起诉、应诉,同中华人民共和国公民、法人和其他组织有同等的诉讼权利和义务。

外国法院对中华人民共和国公民、法人和其他组织的民事诉讼权利加以限制的,中华人民共和国人民法院对该国公民、企业和组织的民事诉讼权利,实行对等原则。

1.原告和被告

原告,是指为维护自己的权益或自己所管理的他人权益,以自己的名义起诉,从而引起民事诉讼程序的当事人。被告,是指原告诉称侵犯原告民事权益而由法院通知其应诉的当事人。

《民事诉讼法》规定,公民、法人和其他组织可以作为民事诉讼的当事人。法人由其法定代表人进行诉讼,其他组织由其主要负责人进行诉讼。

公民、法人和其他组织虽然都可以成为民事诉讼中的原告或被告,但在实践中,情况还是比较复杂的,需要进一步结合《最高人民法院关于适用〈中华人民共和国民事诉讼法〉的解释》及相关规定进行正确认定。

随着我国经济社会的快速发展和变化,出现了部分环境污染、侵害众多消费者权益等严重损害社会公共利益的行为。为保护社会公共利益,除加强行政监管外,《民事诉讼法》还初步确立了我国的民事公益诉讼制度。根据《民事诉讼法》规定,对污染环境、侵害众多消费者合法权益等损害社会公共利益的行为,法律规定的机关和有关组织可以向人民法院提起诉讼。

2. 共同诉讼人

共同诉讼人是指当事人一方或双方为二人以上（含二人），其诉讼标的是共同的，或者诉讼标的是同一种类、人民法院认为可以合并审理并经当事人同意共同在人民法院进行诉讼的人。

3. 第三人

第三人是指对他人争议的诉讼标的有独立的请求权，或者虽无独立的请求权，但案件的处理结果与其有法律上的利害关系，而参加到原告、被告已经开始的诉讼中进行诉讼的人。

《民事诉讼法》规定，对当事人双方的诉讼标的，第三人认为有独立请求权的，有权提起诉讼。对当事人双方的诉讼标的，第三人虽然没有独立请求权，但案件处理结果同他有法律上的利害关系的，可以申请参加诉讼，或者由人民法院通知他参加诉讼。人民法院判决承担民事责任的第三人，有当事人的诉讼权利和义务。

以上规定的第三人，因不能归责于本人的事由未参加诉讼，但有证据证明发生法律效力的判决、裁定、调解书的部分或者全部内容错误，损害其民事权益的，可以自知道或者应当知道其民事权益受到损害之日起 6 个月内，向作出该判决、裁定、调解书的人民法院提起诉讼。人民法院经审理，诉讼请求成立的，应当改变或者撤销原判决、裁定、调解书；诉讼请求不成立的，驳回诉讼请求。

（二）诉讼代理人

诉讼代理人是指根据法律规定或当事人的委托，代理当事人进行民事诉讼活动的人。民事法律行为代理分为法定代理、委托代理和指定代理。与此相对应，民事诉讼代理人也可分为法定诉讼代理人、委托诉讼代理人和指定诉讼代理人。在建设工程领域的民事诉讼代理中，最常见的是委托诉讼代理人。

当事人、法定代理人可以委托 1~2 人作为其诉讼代理人。《民事诉讼法》规定，下列人员可以被委托为诉讼代理人：①律师、基层法律服务工作者；②当事人的近亲属或工作人员；③当事人所在社区、单位及有关社会团体推荐的公民。

委托他人代为诉讼的，须向人民法院提交由委托人签名或盖章的授权委托书，授权委托书必须记明委托事项和权限。《民事诉讼法》规定，"诉讼代理人代为承认、放弃、变更诉讼请求，进行和解、提起反诉或上诉，必须有委托人的特别授权"。针对实践中经常出现的授权委托书仅写"全权代理"而无具体授权的情形，最高人民法院还特别规定，在这种情况下不能认定为诉讼代理人已获得特别授权，即诉讼代理人无权代为承认、放弃、变更诉讼请求，进行和解、提起反诉或者上诉。

三、民事诉讼的证据和诉讼时效

（一）民事诉讼证据

证据是指在诉讼中能够证明案件真实情况的各种资料。当事人要证明自己提出的主张，需要向法院提供相应的证据。

掌握证据的种类与举证要求才能正确收集证据；掌握证据的调查收集和保全才能不使对自己有利的证据灭失；掌握证据的应用才能真正发挥证据的作用。

1. 证据的种类与举证

《民事诉讼法》规定，证据包括：当事人的陈述、书证、物证、视听资料、电子数据、证人证言、鉴定意见、勘验笔录。证据必须查证属实，才能作为认定事实的根据。

(1) 当事人的陈述。当事人陈述是指当事人在诉讼或仲裁中，就本案的事实向法院或仲裁机构所做的陈述。《民事诉讼法》规定，人民法院对当事人的陈述，应当结合本案的其他证据，审查确定能否作为认定事实的根据。当事人拒绝陈述的，不影响人民法院根据证据认定案件事实。《最高人民法院关于民事诉讼证据的若干规定》(法释〔2019〕19号)规定，在诉讼过程中包括在证据交换、询问、调查过程中，或者在起诉状、答辩状、代理词等书面材料中，一方当事人陈述的于己不利的事实，或者对于己不利的事实明确表示承认的，另一方当事人无须举证证明；一方当事人对于另一方当事人主张的于己不利的事实既不承认也不否认，经审判人员说明并询问后，其仍然不明确表示肯定或者否定的，视为对该事实的承认；当事人委托诉讼代理人参加诉讼的，除授权委托书明确排除的事项外，诉讼代理人的自认视为当事人的自认，但当事人在场对诉讼代理人的自认明确否认的，不视为自认。

(2) 书证。书证是指以文字、符号所记录或表示的，以证明待证事实的文书，如合同、书信、文件、票据等。书证是民事诉讼和仲裁中普遍并大量应用的一种证据。

(3) 物证。物证，是指用物品的外形、特征、质量等说明待证事实的一部分或全部的物品。在工程实践中，建筑材料、设备以及工程质量等，往往表现为物证这种形式。

在民事诉讼和仲裁过程中，应当遵循"优先提供原件或者原物"原则。《民事诉讼法》规定，书证应当提交原件。物证应当提交原物。提交原件或者原物确有困难的，可以提交复制品、照片、副本、节录本。需要说明的是，《最高人民法院关于民事诉讼证据的若干规定》中规定，如需自己保存证据原件、原物或者提供原件、原物确有困难的，可以提供经人民法院核对无异的复制件或者复制品。以动产作为证据的，应当将原物提交人民法院。原物不宜搬移或者不宜保存的，当事人可以提供复制品、影像资料或者其他替代品。当事人以不动产作为证据的，应当向人民法院提供该不动产的影像资料。

(4) 视听资料。视听资料包括录音资料和影像资料，是指利用录音、录像等方法记录下来的有关案件事实的材料，如用录音机录制的当事人的谈话、用摄像机拍摄的人物形象及其活动等。

《最高人民法院关于民事诉讼证据的若干规定》中规定，当事人以视听资料作为证据的，应当提供存储该视听资料的原始载体。

(5) 电子数据。电子数据是指与案件事实有关的下列信息，电子文件：网页、博客、微博客等网络平台发布的信息；手机短信、电子邮件、即时通信、通信群组等网络应用服务的通信信息；用户注册信息、身份认证信息、电子交易记录、通信记录、登录日志等信息；文档、图片、音频、视频、数字证书、计算机程序等电子文件；其他以数字化形式存储、处理、传输的能够证明案件事实的信息。

《最高人民法院关于民事诉讼证据的若干规定》中规定，当事人以电子数据作为证据的，应当提供原件。电子数据的制作者制作的与原件一致的副本，或者直接来源于电子数据的打印件或其他可以显示、识别的输出介质，视为电子数据的原件。

(6) 证人证言。证人证言是指证人以口头或者书面方式向人民法院所作的对案件事实的陈述。证人所作的陈述，既可以是亲自听到、看到的，也可以是从其他人、其他地方间接得知的。

《民事诉讼法》规定,凡是知道案件情况的单位和个人,都有义务出庭作证。有关单位的负责人应当支持证人作证。

《最高人民法院关于民事诉讼证据的若干规定》规定,不能正确表达意思的人,不能作为证人;待证事实与其年龄、智力状况或者精神健康状况相适应的无民事行为能力人和限制民事行为能力人,可以作为证人。

(7)鉴定意见。鉴定意见是指具备相应资格的鉴定人对民事案件中出现的专门性问题,通过鉴别和判断后作出的书面意见。在建设工程领域,较常见的如工程质量鉴定、技术鉴定、工程造价鉴定、伤残鉴定、笔迹鉴定等。由于鉴定意见是运用专业知识所作出的鉴别和判断,所以具有科学性和较强的证明力。

《民事诉讼法》规定,当事人可以就查明事实的专门性问题向人民法院申请鉴定。当事人申请鉴定的,由双方当事人协商确定具备资格的鉴定人;协商不成的,由人民法院指定。当事人未申请鉴定,人民法院对专门性问题认为需要鉴定的,应当委托具备资格的鉴定人进行鉴定。

当事人对鉴定意见有异议或者人民法院认为鉴定人有必要出庭的,鉴定人应当出庭作证。经人民法院通知,鉴定人拒不出庭作证的,鉴定意见不得作为认定事实的根据;支付鉴定费用的当事人可以要求返还鉴定费用。

(8)勘验笔录。勘验笔录是指人民法院为了查明案件的事实,指派勘验人员对与案件争议有关的现场、物品或物体进行查验、拍照、测量,并将查验的情况与结果制成的笔录。《民事诉讼法》《最高人民法院关于民事诉讼证据的若干规定》中规定,勘验物证或者现场,勘验人必须出示人民法院的证件,通知当事人参加,并邀请当地基层组织或当事人所在单位派人参加。当事人或者当事人的成年家属应当到场,拒不到场的,不影响勘验的进行。当事人可以就勘验事项向人民法院进行解释和说明,可以请求人民法院注意勘验中的重要事项。勘验人应当将勘验情况和结果制作笔录,由勘验人、当事人和被邀参加人签名或者盖章。

2.证据的调查收集和保全

(1)法院调查收集证据的申请与实施。申请人民法院调查收集证据,当事人及其诉讼代理人应当在举证期限届满前提交书面申请。申请书应当载明被调查人的姓名或者单位名称、住所地等基本情况、所要调查收集的证据名称或者内容、需要由人民法院调查收集证据的原因及其要证明的事实及明确的线索。

人民法院调查收集的书证、物证、视听资料、电子数据应当符合规定要求。人民法院调查收集可能需要鉴定的证据,应当遵守相关技术规范,确保证据不被污染。

(2)鉴定申请与实施。人民法院在审理案件过程中认为待证事实需要通过鉴定意见证明的,应当向当事人释明,并指定提出鉴定申请的期间。当事人申请鉴定,应当在人民法院指定期间内提出,并预交鉴定费用。逾期不提出申请或者不预交鉴定费用的,视为放弃申请。对需要鉴定的待证事实负有举证责任的当事人,在人民法院指定期间内无正当理由不提出鉴定申请或者不预交鉴定费用,或者拒不提供相关材料,致使待证事实无法查明的,应当承担举证不能的法律后果。

人民法院准许鉴定申请的,应当组织双方当事人协商确定具备相应资格的鉴定人,协商不成的,由人民法院指定;人民法院依职权委托鉴定的,可以在询问当事人的意见后,指定具备相应资格的鉴定人;人民法院在确定鉴定人后应当出具委托书,委托书中应当载明鉴定事项、鉴定范围、鉴定目的和鉴定期限;鉴定开始之前,鉴定人签署承诺书;鉴定人故意作虚假鉴定的,应当退还鉴定费用;鉴定材料应当经过人民法院组织的当事人质证,未经质证的材料,不得作为鉴定的根据;鉴定人应当在人民法院确定的期限内完成鉴定,并提交鉴定书,鉴定人无正当理由未按期提交鉴定书的,当事人可以申请人民法院另行委托鉴定人进行鉴定,经人民法院准许后原鉴定人已经收取的鉴定费用应当退还。

(3)人民法院责令对方当事人提交书证的申请与实施。当事人申请人民法院责令对方当事人提交书证的,申请书应当载明所申请提交的书证名称或者内容、需要以该书证证明的事实及事实的重要性、对方当事人控制该书证的根据及应当提交该书证的理由。

当事人申请理由成立的,人民法院应当作出裁定,责令对方当事人提交书证;理由不成立的,通知申请人。

下列情形中控制书证的当事人应当提交书证:控制书证的当事人在诉讼中曾经引用过的书证;为对方当事人的利益制作的书证;对方当事人依照法律规定有权查阅、获取的书证;账簿、记账原始凭证;人民法院认为应当提交书证的其他情形。前述所列书证,涉及国家秘密、商业秘密、当事人或第三人的隐私,或者存在法律规定应当保密的情形的,提交后不得公开质证。

控制书证的当事人无正当理由拒不提交书证的,人民法院可以认定对方当事人所主张的书证内容为真实。控制书证的当事人存在《最高人民法院关于适用〈中华人民共和国民事诉讼法〉的解释》第113条规定情形的,人民法院可以认定对方当事人主张以该书证证明的事实为真实。

(4)证据保全的申请与实施。当事人或者利害关系人根据民事诉讼法第81条的规定申请证据保全的,申请书应当载明需要保全的证据的基本情况、申请保全的理由以及采取何种保全措施等内容;当事人根据民事诉讼法第81条第1款的规定申请证据保全的,应当在举证期限届满前向人民法院提出;当事人或者利害关系人申请采取查封、扣押等限制保全标的物使用、流通等保全措施,或者保全可能对证据持有人造成损失的,人民法院应当责令申请人提供相应的担保。

人民法院进行证据保全,可以要求当事人或者诉讼代理人到场;根据当事人的申请和具体情况,人民法院可以采取查封、扣押、录音、录像、复制、鉴定、勘验等方法进行证据保全,并制作笔录;人民法院采取诉前证据保全措施后,当事人向其他有管辖权的人民法院提起诉讼的,采取保全措施的人民法院应当根据当事人的申请,将保全的证据及时移交受理案件的人民法院。

3. 证据的应用

在诉讼或仲裁中,证据应用包括举证时限、证据交换、质证、认证四个方面。

(1)举证时限。举证时限是指法律规定或法院、仲裁机构指定的当事人能够有效举证的期限。举证时限是一种限制当事人诉讼行为的制度。

《民事诉讼法》规定,当事人对自己提出的主张应当及时提供证据。人民法院根据当事人的主张和案件审理情况,确定当事人应当提供的证据及其期限。当事人在该期限内提供证据确有困难的,可以向人民法院申请延长期限,人民法院根据当事人的申请适当延长。当事人逾期提供证据的,人民法院应当责令其说明理由;拒不说明理由或理由不成立的,人民法院根据不同情形可以不予采纳该证据,或者采纳该证据但予以训诫、罚款。

《最高人民法院关于适用〈中华人民共和国民事诉讼法〉的解释》规定，人民法院应当在审理前的准备阶段确定当事人的举证期限。举证期限可以由当事人协商，并经人民法院准许。人民法院指定举证期限，第一审普通程序案件不得少于15日，当事人提供新的证据的第二审案件不得少于10日。《最高人民法院关于民事诉讼证据的若干规定》规定，适用简易程序审理的案件不得超过15日，小额诉讼案件的举证期限一般不得超过7日。举证期限届满后，当事人提供反驳证据或者对已经提供的证据的来源、形式等方面的瑕疵进行补正的，人民法院可以酌情再次确定举证期限，该期限不受以上规定的期间限制。

在诉讼过程中，当事人主张的法律关系性质或者民事行为效力与人民法院根据案件事实作出的认定不一致的，人民法院应当将法律关系性质或者民事行为效力作为焦点问题进行审理。但法律关系性质对裁判理由及结果没有影响，或者有关问题已经当事人充分辩论的除外。存在以上情形，当事人根据法庭审理情况变更诉讼请求的，人民法院应当准许并可以根据案件的具体情况重新指定举证期限。

（2）证据交换。我国民事诉讼中的证据交换，是指在诉讼答辩期届满后开庭审理前，在法院的主持下，当事人之间相互明示其持有证据的过程。

《最高人民法院关于民事诉讼证据的若干规定》规定，人民法院依照民事诉讼法第133条第4项的规定，通过组织证据交换进行审理前准备的，证据交换之日举证期限届满。证据交换的时间可以由当事人协商一致并经人民法院认可，也可以由人民法院指定。当事人申请延期举证经人民法院准许的，证据交换日相应顺延。

证据交换应当在审判人员的主持下进行。在证据交换的过程中，审判人员对当事人无异议的事实、证据应当记录在卷；对有异议的证据，按照需要证明的事实分类记录在卷，并记载异议的理由。通过证据交换，确定双方当事人争议的主要问题。当事人收到对方的证据后有反驳证据需要提交的，人民法院应当再次组织证据交换。

（3）质证。质证是指当事人在法庭的主持下，围绕证据的真实性、合法性、关联性，针对证据证明力有无及证明力大小，进行质疑、说明与辩驳的过程。

根据《民事诉讼法》和《最高人民法院关于民事诉讼证据的若干规定》的规定，证据应当在法庭上出示，并由当事人互相质证。对涉及国家秘密、商业秘密和个人隐私的证据应当保密，需要在法庭出示的，不得在公开开庭时出示。未经质证的证据，不能作为认定案件事实的依据。当事人在审理前的准备阶段或者人民法院调查、询问过程中发表过质证意见的证据，视为质证过的证据。当事人要求以书面方式发表质证意见，人民法院在听取对方当事人意见后认为有必要的，可以准许。人民法院应当及时将书面质证意见送交对方当事人。

（4）认证。认证，即证据的审核认定，是指法院对经过质证或当事人在证据交换中认可的各种证据材料作出审查判断，确认其能否作为认定案件事实的根据。

《最高人民法院关于民事诉讼证据的若干规定》规定，当事人对于欺诈、胁迫、恶意串通事实的证明，以及对于口头遗嘱或赠予事实的证明，人民法院确信该待证事实存在的可能性能够排除合理怀疑的，应当认定该事实存在。与诉讼保全、回避等程序事项有关的事实，人民法院结合当事人的说明及相关证据，认为有关事实存在的可能性较大的，可以认定该事实存在。

（二）民事诉讼时效

1. 诉讼时效的概念

诉讼时效是指权利人在法定期间内不行使权利，诉讼时效期间届满后，义务人可以提出不履行义务抗辩的法律制度。

超过诉讼时效期间,在法律上发生的效力是权利人的胜诉权消灭。超过诉讼时效期间权利人起诉,如果符合《民事诉讼法》规定的起诉条件,法院仍然应当受理。如果法院经受理后查明无中止、中断、延长事由的,判决驳回诉讼请求。但是,《民法典》规定,人民法院不得主动适用诉讼时效的规定。当事人对诉讼时效利益的预先放弃无效。诉讼时效期间届满后,义务人同意履行的,不得以诉讼时效期间届满为由抗辩;义务人已经自愿履行的,不得请求返还。

2. 不适用于诉讼时效的情形

当事人可以对债权请求权提出诉讼时效抗辩,但对下列债权请求权提出诉讼时效抗辩的,法院不予支持:①支付存款本金及利息请求权;②兑付国债、金融债券以及向不特定对象发行的企业债券本息请求权;③基于投资关系产生的缴付出资请求权;④其他依法不适用诉讼时效规定的债权请求权。

3. 诉讼时效期间的种类

根据《民法典》及有关法律的规定,诉讼时效期间通常可划分为以下3类:

(1)普通诉讼时效,即向人民法院请求保护民事权利的期间。普通诉讼时效期间通常为3年。

(2)特殊诉讼时效。因国际货物买卖合同和技术进出口合同争议的时效期间为4年;《中华人民共和国海商法》规定,就海上货物运输向承运人要求赔偿的请求权,时效期间为1年。

(3)权利的最长保护期限。诉讼时效期间自权利人知道或应当知道权利受到损害以及义务人之日起计算。但是,从权利被侵害之日起超过20年的,法院不予保护;有特殊情况的,人民法院可以根据权利人的申请决定延长。

4. 诉讼时效期间的起算

《民法典》规定,诉讼时效期间自权利人知道或者应当知道权利受到损害以及义务人之日起计算。

当事人约定同一债务分期履行的,诉讼时效期间自最后一期履行期限届满之日起计算。

5. 诉讼时效中止和中断

(1)诉讼时效中止。《民法典》规定,在诉讼时效期间的最后6个月内,因下列障碍不能行使请求权的,诉讼时效中止:①不可抗力;②无民事行为能力人或者限制民事行为能力人没有法定代理人,或者法定代理人死亡、丧失民事行为能力、丧失代理权;③继承开始后未确定继承人或者遗产管理人;④权利人被义务人或者其他人控制;⑤其他导致权利人不能行使请求权的障碍。自中止时效的原因消除之日起满6个月,诉讼时效期间届满。

根据上述规定,诉讼时效中止,应当同时满足两个条件:①权利人由于不可抗力或者其他障碍,不能行使请求权;②导致权利人不能行使请求权的事由发生在诉讼时效期间的最后6个月内。

诉讼时效中止,即诉讼时效期间暂时停止计算。在导致诉讼时效中止的原因清除后,也就是权利人开始可以行使请求权时起,诉讼时效期间继续计算。

(2)诉讼时效中断。《民法典》规定,有下列情形之一的,诉讼时效中断,从中断、有关程序终结时起,诉讼时效期间重新计算:权利人向义务人提出履行请求;义务人同意履行义务;权利人提起诉讼或申请仲裁;与提起诉讼或申请仲裁具有同等效力的其他情形。

四、民事诉讼的审判和执行

审判程序是人民法院审理案件适用的程序,常见的审判程序可分为一审程序、二审程序和审判监督程序。

人民法院审理某些非民事权益争议案件时,只是对一定的民事权利和法律事实加以确认,而不是解决民事权利义务争议。对此,《民事诉讼法》规定了特别程序,用以审理此类案件。

(一)民事诉讼的审判程序

1. 一审程序

一审程序包括普通程序和简易程序。普通程序是《民事诉讼法》规定的民事诉讼当事人进行第一审民事诉讼和人民法院审理第一审民事案件所通常适用的诉讼程序;简易程序是基层人民法院和它的派出法庭审理事实清楚、权利义务关系明确、争议不大的简单民事案件适用的程序。基层人民法院和它派出的法庭审理除上述规定外的民事案件,当事人双方也可以约定适用简易程序。

《最高人民法院民事诉讼程序繁简分流改革试点实施办法》规定,试点基层人民法院审理的事实清楚、权利义务关系明确、争议不大的简单金钱给付类案件,标的额为人民币 5 万元以下的,适用小额诉讼程序,实行一审终审。

适用普通程序审理的案件,根据《民事诉讼法》的规定,应当在立案之日起 6 个月内审结。有特殊情况需要延长的,由本院院长批准,可以延长 6 个月;还需要延长的,报请上级人民法院批准。适用简易程序审理的案件,应当在立案之日起 3 个月内审结。

(1)起诉。

1)起诉条件。《民事诉讼法》第 119 条规定,起诉必须符合下列条件:原告是与本案有直接利害关系的公民、法人和其他组织;有明确的被告;有具体的诉讼请求、事实和理由;属于人民法院受理民事诉讼的范围和受诉人民法院管辖。

2)起诉方式,应当以书面起诉为原则,口头起诉为例外。在建设工程实践中,基本上采用书面起诉方式。《民事诉讼法》规定,起诉应当向人民法院提交起诉状,并按照被告人数提出副本。

3)起诉状应当记明下列事项:原告的姓名、性别、年龄、民族、职业、工作单位、住所、联系方式,法人或者其他组织的名称、住所和法定代表人或者主要负责人的姓名、职务、联系方式;被告的姓名、性别、工作单位、住所等信息,法人或者其他组织的名称、住所等信息;诉讼请求和所根据的事实与理由;证据和证据来源,证人姓名和住所。

起诉状中最好写明案由。民事案件案由是民事诉讼案件的名称,反映案件所涉及的民事法律关系的性质,是法院对诉讼争议所包含的法律关系进行的概括。根据《民事案件案由规定》规定,建设工程实践中常用的有两类:一类是购买建筑材料可能遇到的买卖合同纠纷,包括分期付款买卖合同纠纷、凭样品买卖合同纠纷、试用买卖合同纠纷、互易纠纷、国际货物买卖合同纠纷等;另一类是工程中可能遇到的各种合同纠纷,包括建设工程勘察合同纠纷、建设工程设计合同纠纷、建设工程施工合同纠纷、建设工程分包合同纠纷、建设工程监理合同纠纷、装饰装修合同纠纷等。适用简易程序审理的案件,原告可以口头起诉。当事人双方可以同时到基层人民法院或者它派出的法庭,请求解决纠纷。基层人民法院或者它派出的法庭可以当即审理,也可以另定日期审理。

(2)受理。《民事诉讼法》规定,人民法院应当保障当事人依照法律规定享有的诉讼权利。对符合本法第 119 条的起诉,必须受理。符合起诉条件的,应当在 7 日内立案,并通知当事人;不符合起诉条件的,应当在 7 日内作出裁定书,不予受理;原告对裁定不服的,可以提起上诉。

(3)开庭审理。开庭审理根据是否向公众和社会公开,分为公开审理和不公开审理。其中,公开审理是人民法院审理案件的一项基本原则,只有在例外情形下,才可以不公开审理。

《民事诉讼法》规定,人民法院审理民事案件,除涉及国家秘密、个人隐私或者法律另有规定的以外,应当公开进行。离婚案件、涉及商业秘密的案件,当事人申请不公开审理的,可以不公开审理。

法庭辩论终结,应当依法作出判决。判决前能够调解的,还可以进行调解,调解不成的,应当及时判决。原告经传票传唤,无正当理由拒不到庭的,或者未经法庭许可中途退庭的,可以按撤诉处理;被告反诉的,可以缺席判决。被告经传票传唤,无正当理由拒不到庭的,或者未经法庭许可中途退庭的,可以缺席判决。宣判前,原告申请撤诉的,是否准许,由人民法院裁定。人民法院裁定不准许撤诉的,原告经传票传唤,无正当理由拒不到庭的,可以缺席判决。

人民法院对公开审理或者不公开审理的案件,一律公开宣告判决。当庭宣判的,应当在 10 日内发送判决书;定期宣判的,宣判后立即发给判决书。宣告判决时,必须告知当事人上诉权利、上诉期限和上诉的法院。最高人民法院的判决、裁定,以及超过上诉期没有上诉的判决、裁定,是发生法律效力判决、裁定。

2. 第二审程序

第二审程序(又称上诉程序或终审程序),是指由于民事诉讼当事人不服地方各级人民法院尚未生效的第一审判决或裁定,在法定上诉期间内,向上一级人民法院提起上诉而引起的诉讼程序。由于我国实行两审终审制,上诉案件经二审法院审理后作出的判决、裁定为终审的判决、裁定,诉讼程序即告终结。

《民事诉讼法》规定,第二审人民法院审理对判决的上诉案件,审限为 3 个月;审理对裁定的上诉案件,审限为 30 日。

(1)上诉期间。当事人不服地方人民法院第一审判决的,有权在判决书送达之日起 15 日内向上一级人民法院提起上诉;不服地方人民法院第一审裁定的,有权在裁定书送达之日起 10 日内向上一级人民法院提起上诉。

(2)上诉状。当事人提起上诉,应当递交上诉状。上诉状应当通过原审法院提出,并按照对方当事人的人数提出副本。当事人直接向第二审人民法院上诉的,第二审人民法院应当在 5 日内将上诉状移交原审人民法院。

(3)第二审人民法院对上诉案件的处理。第二审的上诉审查限于当事人上诉请求的范围,不一般性地作全面审查。《民事诉讼法》规定,第二审人民法院应当对上诉请求的有关事实和适用法律进行审查。第二审人民法院对上诉案件,应当组成合议庭,开庭审理。经过阅卷、调查和询问当事人,对没有提出新的事实、证据或者理由,合议庭认为不需要开庭审理的,可以不开庭审理。

第二审人民法院对上诉案件,经过审理,按照下列情形,分别处理:原判决、裁定认定事实清楚,适用法律正确的,以判决、裁定方式驳回上诉,维持原判决、裁定;原判决、裁定认定事实错误或者适用法律错误的,以判决、裁定方式依法改判、撤销或变更;原判决认定基本事实不清的,裁定撤销原判决,发回原审人民法院重审,或者查清事实后改判;原判决遗漏当事人或者违法缺席判决等严重违反法定程序的,裁定撤销原判决,发回原审人民法院重审。

对于发回原审法院重审的案件,原审法院仍将按照一审程序进行审理。因此,当事人对重审案件的判决、裁定,仍然可以上诉。原审人民法院对发回重审的案件作出判决后,当事人提起上诉的,第二审人民法院不得再次发回重审。

第二审人民法院作出的具有给付内容的判决,具有强制执行力。如果有履行义务的当事人拒不履行,对方当事人有权向法院申请强制执行。

(4)特别程序。特别程序是人民法院依照《民事诉讼法》审理特殊类型案件的一种程序。它审理的对象不是解决当事人之间的民事权利和义务争议,而是确认某种法律事实是否存在,确认某种权利的实际状态。适用特别程序审理的案件,实行一审终审,并且应当在立案之日起30日内或者公告期满后30日内审结。

与建设工程相关的特别程序,主要指当事人向人民法院申请司法确认调解协议案及实现担保物权案。

申请司法确认调解协议,由双方当事人依照人民调解法等法律,自调解协议生效之日起30日内,共同向调解组织所在地基层人民法院提出。人民法院受理申请后,经审查,符合法律规定的,裁定调解协议有效。一方当事人拒绝履行或未全部履行的,对方当事人可以向人民法院申请执行;不符合法律规定的,裁定驳回申请,当事人可以通过调解方式变更原调解协议或者达成新的调解协议,也可以向人民法院提起诉讼。

申请实现担保物权,由担保物权人及其他有权请求实现担保物权的人依照物权法等法律,向担保财产所在地或者担保物权登记地基层人民法院提出。人民法院受理申请后,经审查符合法律规定的,裁定拍卖、变卖担保财产,当事人依据该裁定可以向人民法院申请执行;不符合法律规定的,裁定驳回申请,当事人可以向人民法院提起诉讼。

3.审判监督程序

(1)审判监督程序的概念。审判监督程序即再审程序,是指由有审判监督权的法定机关和人员提起,或由当事人申请,由人民法院对已经发生法律效力的判决、裁定、调解书再次审理的程序。

(2)审判监督程序的提起。

1)人民法院提起再审的程序。人民法院提起再审,必须是已经发生法律效力的判决、裁定、调解书确有错误。其程序为:各级人民法院院长对本院已经发生法律效力的判决、裁定、调解书,发现确有错误,认为需要再审的,应当提交审判委员会讨论决定。最高人民法院对地方各级人民法院已经生效的判决、裁定、调解书,上级人民法院对下级人民法院已生效的判决、裁定、调解书,发现确有错误的,有权提审或指令下级人民法院再审。按照审判监督程序决定再审的案件,裁定中止原判决的执行。

人民法院按照审判监督程序再审的案件。发生法律效力的判决、裁定、调解书是由第一审法院作出的,按照第一审程序审理,对所作的判决、裁定,当事人可以上诉;发生法律效力的判决、裁定是由第二审法院作出的,按照第二审程序审理,所作的判决、裁定是发生法律效力的判决、裁定;上级人民法院按照审判监督程序提审的,按照第二审程序审理,所作的判决、裁定是发生法律效力的判决、裁定。最高人民法院发布的《关于适用〈中华人民共和国民事诉讼法〉审判监督程序若干问题的解释》(法释〔2018〕14号)中规定,人民法院审理再审案件应当开庭审理。但按照第二审程序审理的,双方当事人已经其他方式充分表达意见,且书面同意不开庭审理的除外。

2)当事人申请再审的程序。《民事诉讼法》规定,当事人对已经发生法律效力的判决、裁定,认为有错误的,可以向上一级人民法院申请再审;当事人一方人数众多或者当事人双方为公民的案件,也可以向原审人民法院申请再审。当事人申请再审的,不停止判决、裁定的执行。人民法院应当自收到再审申请书之日起3个月内审查,符合本法规定的,裁定再审;不符合本法规定的,裁定驳回申请。有特殊情况需要延长的,由本院院长批准。

当事人的申请符合下列情形之一的,人民法院应当再审:①有新的证据,足以推翻原判决、裁定的;②原判决、裁定认定的基本事实缺乏证据证明的;③原判决、裁定认定事实的主要证据是伪造的;④原判决、裁定认定事实的主要证据未经质证的;⑤对审理案件需要的主要证据,当事人因客观原因不能自行收集,书面申请人民法院调查收集,人民法院未调查收集的;⑥原判决、裁定适用法律确有错误的;⑦审判组织的组成不合法或者依法应当回避的审判人员没有回避的;⑧无诉讼行为能力人未经法定代理人代为诉讼或者应当参加诉讼的当事人,因不能归责于本人或者其诉讼代理人的事由,未参加诉讼的;⑨违反法律规定,剥夺当事人辩论权利的;⑩未经传票传唤,缺席判决的;原判决、裁定遗漏或者超出诉讼请求的;据以作出原判决、裁定的法律文书被撤销或者变更的;⑪审判人员审理该案件时有贪污受贿,徇私舞弊,枉法裁判行为的。

当事人对已经发生法律效力的调解书,提出证据证明调解违反自愿原则或者调解协议的内容违反法律的,可以申请再审。经人民法院审查属实的,应当再审。

3)当事人可以申请再审的时间。当事人申请再审,应当在判决、裁定发生法律效力后6个月内提出。《最高人民法院关于适用〈中华人民共和国民事诉讼法〉审判监督程序若干问题的解释》中规定,申请再审期间不适用中止、中断和延长的规定。

有新的证据,足以推翻原判决、裁定的;原判决、裁定认定事实的主要证据是伪造的;据以作出原判决、裁定的法律文书被撤销或者变更的;审判人员审理该案件时有贪污受贿、徇私舞弊、枉法裁判行为的,当事人应当自知道或应当知道之日起6个月内提出再审申请。

4)人民检察院的抗诉。抗诉是指人民检察院对人民法院发生法律效力的判决、裁定、调解书,发现有提起抗诉的法定情形,提请人民法院对案件重新审理。

《民事诉讼法》规定,最高人民检察院对各级人民法院已经发生法律效力的判决、裁定,上级人民检察院对下级人民法院已经发生法律效力的判决、裁定,发现有本法第200条规定情形之一的,或者发现调解书损害国家利益、社会公共利益的,应当提出抗诉。

地方各级人民检察院对同级人民法院已经发生法律效力的判决、裁定,发现有本法第200条规定情形之一的,或者发现调解书损害国家利益、社会公共利益的,可以向同级人民法院提出检察建议,并报上级人民检察院备案;也可以提请上级人民检察院向同级人民法院提出抗诉。

各级人民检察院对审判监督程序以外的其他审判程序中审判人员的违法行为,有权向同级人民法院提出检察建议。

有下列情形之一的,当事人可以向人民检察院申请检察建议或者抗诉:①人民法院驳回再审申请的;②人民法院逾期未对再审申请作出裁定的;③再审判决、裁定有明显错误的。人民检察院对当事人的申请应当在3个月内进行审查,作出提出或者不予提出检察建议或者抗诉的决定。当事人不得再次向人民检察院申请检察建议或者抗诉。

(二)民事诉讼的执行程序

审判程序与执行程序是并列的独立程序。审判程序是产生裁判书的过程,执行程序是实现裁判书内容的过程。

1. 执行程序的概念

执行程序,是指人民法院的执行机构依照法定的程序,对发生法律效力并具有给付内容的法律文书,以国家强制力为后盾,依法采取强制措施,迫使具有给付义务的当事人履行其给付义务的行为。

2. 执行根据

执行根据是当事人申请执行、人民法院移交执行以及人民法院采取强制措施的依据。执行根据是执行程序发生的基础,没有执行根据,当事人不能向人民法院申请执行,人民法院也不得采取强制措施。

执行根据主要有:人民法院制作的发生法律效力的民事判决书、裁定书以及生效的调解书等;人民法院作出的具有财产给付内容的发生法律效力的刑事判决书、裁定书;仲裁机构制作的依法由人民法院执行的生效仲裁裁决书、仲裁调解书;公证机关依法作出的赋予强制执行效力的公证债权文书;人民法院作出的先予执行的裁定、执行回转的裁定以及承认并协助执行外国判决、裁定或裁决的裁定;我国行政机关作出的法律明确规定由人民法院执行的行政决定;人民法院依督促程序发布的支付令等。

3. 执行案件的管辖

发生法律效力的民事判决、裁定,以及刑事判决、裁定中的财产部分,由第一审人民法院或者与第一审人民法院同级的被执行的财产所在地人民法院执行。法律规定由人民法院执行的其他法律文书,由被执行人住所地或者被执行的财产所在地人民法院执行。

最高人民法院发布的《关于适用〈中华人民共和国民事诉讼法〉执行程序若干问题的解释》(法释〔2008〕13号)规定,申请执行人向被执行的财产所在地人民法院申请执行的,应当提供该人民法院辖区有可供执行财产的证明材料。人民法院受理执行申请后,当事人对管辖权有异议的,应当自收到执行通知书之日起10日内提出。

4. 执行程序

(1)执行申请。人民法院作出的判决、裁定等法律文书,当事人必须履行。如果无故不履行,另一方当事人可向有管辖权的人民法院申请强制执行。

申请强制执行应提交申请强制执行书,并附作为执行根据的法律文书。申请强制执行,还须遵守申请执行期限。申请执行的期间为两年。申请执行时效的中止、中断,适用法律有关诉讼时效中止、中断的规定。这里的期间,从法律文书规定履行期间的最后1日起计算;法律文书规定分期履行的,从规定的每次履行期间的最后1日起计算;法律文书未规定履行期间的,从法律文书生效之日起计算。

人民法院自收到申请执行书之日起超过6个月未执行的,申请执行人可以向上一级人民法院申请执行。上一级人民法院经审查,可以责令原人民法院在一定期限内执行,也可以决定由本院执行或者指令其他人民法院执行。

最高人民法院《关于适用〈中华人民共和国民事诉讼法〉执行程序若干问题的解释》规定,有下列情形之一的,上一级人民法院可以根据申请执行人的申请,责令执行法院限期执行或者变更执行法院：①债权人申请执行时被执行人有可供执行的财产，执行法院自收到申请执行书之日起超过6个月对该财产未执行完结的；②执行过程中发现被执行人可供执行的财产，执行法院自发现财产之日起超过6个月对该财产未执行完结的；③对法律文书确定的行为义务的执行，执行法院自收到申请执行书之日起超过6个月未依法采取相应执行措施的；④其他有条件执行超过6个月未执行的。

(2) 执行立案。最高人民法院发布的《关于执行案件立案、结案若干问题的意见》（法发〔2014〕26号）规定，执行案件统一由人民法院立案机构进行审查立案，人民法庭经授权执行自审案件的，可以自行审查立案，法律、司法解释规定可以移送执行的，相关审判机构可以移送立案机构办理立案登记手续。立案机构立案后，应当依照法律、司法解释的规定向申请人发出执行案件受理通知书。人民法院对符合法律、司法解释规定的立案标准的执行案件，应当予以立案，并纳入审判和执行案件统一管理体系。

(3) 执行结案。除执行财产保全裁定、恢复执行的案件外，其他执行实施类案件的结案方式包括：执行完毕；终结本次执行程序；终结执行；销案；不予执行；驳回申请。

5. 执行中的其他问题

(1) 委托执行。《民事诉讼法》规定，被执行人或者被执行的财产在外地的，可以委托当地人民法院代为执行。受委托人民法院收到委托函件后，必须在15日内开始执行，不得拒绝。执行完毕后，应当将执行结果及时函复委托人民法院；在30日内如果还未执行完毕，也应当将执行情况函告委托人民法院。

受委托人民法院自收到委托函件之日起15日内不执行的，委托人民法院可以请求受委托人民法院的上级人民法院指令受委托人民法院执行。

(2) 执行中变更、追加当事人。根据《最高人民法院关于民事执行中变更、追加当事人若干问题的规定》（法释〔2016〕21号），执行过程中，申请执行人或其继承人、权利承受人可以向人民法院申请变更、追加当事人，包括申请执行人的变更、追加与被执行人的变更、追加两类。如申请执行人将生效法律文书确定的债权依法转让给第三人，且书面认可第三人取得该债权，该第三人可以申请变更、追加其为申请执行人；执行过程中，第三人向执行法院书面承诺自愿代被执行人履行生效法律文书确定的债务，申请执行人可以申请变更、追加该第三人为被执行人，在承诺范围内承担责任等。

(3) 执行异议。当事人、利害关系人认为执行行为违反法律规定的，可以向负责执行的人民法院提出书面异议。当事人、利害关系人提出书面异议的，人民法院应当自收到书面异议之日起15日内审查，理由成立的，裁定撤销或改正；理由不成立的，裁定驳回。当事人、利害关系人对裁定不服的，可以自裁定送达之日起10日内向上一级人民法院申请复议。

《最高人民法院关于适用〈中华人民共和国民事诉讼法〉执行程序若干问题的解释》规定，当事人、利害关系人申请复议的书面材料，可以通过执行法院转交，也可以直接向执行法院的上一级人民法院提交。上一级人民法院应当自收到复议申请之日起30日内审查完毕，并作出裁定。有特殊情况需要延长的，经本院院长批准，可以延长，延长的期限不得超过30日。执行异议审查和复议期间，不停止执行。被执行人、利害关系人提供充分、有效的担保请求停止相应处分措施的，人民法院可以准许；申请执行人提供充分、有效的担保请求继续执行的，应当继续执行。

在执行过程中，案外人对执行标的提出书面异议的，人民法院应当自收到书面异议之日起 15 日内审查,理由成立的,裁定中止对该标的的执行;理由不成立的,裁定驳回申请。案外人、当事人对裁定不服,认为原判决、裁定错误的,依照审判监督程序办理;与原判决、裁定无关的,可以自裁定送达之日起 15 日内向人民法院提起诉讼。

案外人提起诉讼,对执行标的主张实体权利,并请求对执行标的停止执行的,应当以申请执行人为被告;被执行人反对案外人对执行标的所主张的实体权利的,应当以申请执行人和被执行人为共同被告。该诉讼由执行法院管辖,诉讼期间不停止执行。

(4)执行和解。根据《最高人民法院关于执行和解若干问题的规定》(法释〔2018〕3 号)规定,当事人可以自愿协商达成和解协议,依法变更生效法律文书确定的权利义务主体、履行标的、期限、地点和方式等内容。和解协议一般采用书面形式。和解协议达成后,出现规定情形的,人民法院可以裁定中止执行。被执行人一方不履行执行和解协议的,申请执行人可以申请恢复执行原生效法律文书,也可以就履行执行和解协议向执行法院提起诉讼。

6. 执行措施

执行措施是指人民法院依照法定程序强制执行生效法律文书的方法和手段。在执行过程中,执行措施和执行程序是合为一体的。执行员接到申请执行书或者移交执行书,应当向被执行人发出执行通知,并可以立即采取强制执行措施。

执行措施主要有:①查询、扣押、冻结、划拨、变价被执行人的存款、债券、股票、基金份额等财产;②扣留、提取被执行人的收入;③查封、扣押、冻结、拍卖、变卖被执行人的财产;④对被执行人及其住所或财产隐匿地进行搜查;⑤强制被执行人和有关单位、公民交付法律文书指定交付的财物或票证;⑥强制被执行人迁出房屋或退出土地;⑦强制被执行人履行法律文书指定的行为;⑧办理财产权证照转移手续;⑨强制被执行人支付迟延履行期间的加倍债务利息或迟延履行金;⑩债权人发现被执行人有其他财产的,可以随时请求人民法院执行;⑪限制出境;⑫在征信系统记录、通过媒体公布不履行义务信息;⑬法律规定的其他措施。

《最高人民法院关于人民法院确定财产处置参考价若干问题的规定》(法释〔2018〕15 号)明确规定,人民法院查封、扣押、冻结财产后,对需要拍卖、变卖的财产,应当在 30 日内启动确定财产处置参考价程序;人民法院确定财产处置参考价,可以采取当事人议价、定向询价、网络询价、委托评估等方式。

《民事诉讼法》还规定,被执行人未按执行通知履行法律文书确定的义务,应当报告当前及收到执行通知之日前一年的财产情况。被执行人拒绝报告或者虚假报告的,人民法院可以根据情节轻重对被执行人或者其法定代理人、有关单位的主要负责人或者直接责任人员予以罚款、拘留。

《最高人民法院关于适用〈中华人民共和国民事诉讼法〉执行程序若干问题的解释》《最高人民法院关于网络查询、冻结被执行人存款的规定》(法释〔2013〕20 号)、《最高人民法院关于限制被执行人高消费及有关消费的若干规定》(法释〔2015〕17 号)以及《最高人民法院关于公布失信被执行人名单信息的若干规定》(法释〔2017〕7 号)等,对于执行措施增加了如下内容:

被执行人未按执行通知履行法律文书确定的义务,应当书面报告当前以及收到执行通知之日前一年的财产情况,具体包括:收入、银行存款、现金、有价证券;土地使用权、房屋等不动产;交通运输工具、机器设备、产品、原材料等动产;债权、股权、投资权益、基金、知识产权等财产性权利;其他应当报告的财产。

被执行人报告财产后,其财产情况发生变动,影响申请执行人债权实现的,应当自财产变动之日起10日内向人民法院补充报告。对被执行人报告的财产情况，申请执行人请求查询的，人民法院应当准许。申请执行人对查询的被执行人财产情况，应当保密。对被执行人报告的财产情况，执行法院可以依申请执行人的申请或者依职权调查核实。

被执行人不履行法律文书确定的义务的，人民法院可以对其采取或者通知有关单位协助采取限制出境、再征信系统记录、通过媒体公布不履行义务信息及法律规定的其他措施。对被执行人限制出境的，应当由申请执行人向执行法院提出书面申请；必要时，执行法院可以依职权决定。向媒体公布被执行人不履行义务信息，执行法院可以依职权或者依申请执行人的申请，有关费用由被执行人负担；申请执行人申请在媒体公布的，应当垫付有关费用。

被执行人未履行生效法律文书确定的义务，并具有下列情形之一的。人民法院应当将其纳入失信被执行人名单，依法对其进行信用惩戒：①有履行能力而拒不履行生效法律文书确定义务的；②以伪造证据、暴力、威胁等方法妨碍、抗拒执行的；③以虚假诉讼、虚假仲裁或者以隐匿、转移财产等方法规避执行的；④违反财产报告制度的；⑤违反限制消费令的；⑥无正当理由拒不履行执行和解协议的。

人民法院应当将失信被执行人名单信息，向政府相关部门、金融监管机构、金融机构、承担行政职能的事业单位及行业协会等通报，供相关单位依照法律法规和有关规定，在政府采购、招标投标、行政审批、政府扶持、融资信贷、市场准入、资质认定等方面，对失信被执行人予以信用惩戒。

人民法院应当将失信被执行人名单信息向征信机构通报，并由征信机构在其征信系统中记录。国家工作人员、人大代表、政协委员等纳入失信被执行人名单的，人民法院应当将失信情况通报其所在单位和相关部门。国家机关、事业单位、国有企业等被纳入失信被执行人名单的，人民法院应当将失信情况通报其上级单位、主管部门或者履行出资人职责的机构。

被执行人未按执行通知书指定的期间履行生效法律文书确定的给付义务的，人民法院可以采取限制消费措施，限制其高消费及非生活或者经营必需的有关消费。纳入失信被执行人名单的被执行人，人民法院应当对其采取限制消费措施。

被执行人为自然人的，被采取限制消费措施后，不得有以下高消费及非生活和工作必需的消费行为：①乘坐交通工具时，选择飞机、列车软卧、轮船二等以上舱位；②在星级以上宾馆、酒店、夜总会、高尔夫球场等场所进行高消费；③购买不动产或者新建、扩建、高档装修房屋；④租赁高档写字楼、宾馆、公寓等场所办公；⑤购买非经营必需车辆；⑥旅游、度假；⑦子女就读高收费私立学校；⑧支付高额保费购买保险理财产品；⑨乘坐G字头动车组列车全部座位、其他动车组列车一等以上座位等其他非生活和工作必需的消费行为。

被执行人为单位的，被采取限制消费措施后，被执行人及其法定代表人、主要负责人、影响债务履行的直接责任人员、实际控制人不得实施前款规定的行为。因私消费以个人财产实施前款规定行为的，可以向执行法院提出申请。执行法院审查属实的，应予准许。

限制消费措施一般由申请执行人提出书面申请，经人民法院审查决定；必要时人民法院可以依职权决定。被执行人违反限制消费令进行消费的行为属于拒不履行人民法院已经发生法律效力的判决、裁定的行为，经查证属实的，依照《民事诉讼法》第111条的规定，予以拘留、罚款；情节严重，构成犯罪的，追究其刑事责任。

人民法院与金融机构已建立网络执行查控机制的，可以通过网络实施查询、冻结被执行人存款等措施。

7. 执行中止和终结

(1)执行中止。执行中止是指在执行过程中,因发生特殊情况,需要暂时停止执行程序。有下列情况之一的,人民法院应裁定中止执行:①申请人表示可以延期执行的;②案外人对执行标的提出确有理由异议的;③作为一方当事人的公民死亡,需要等待继承人继承权利或承担义务的;④作为一方当事人的法人或其他组织终止,尚未确定权利义务承受人的;⑤人民法院认为应当中止执行的其他情形,如被执行人确无财产可供执行等。中止的情形消失后,恢复执行。

(2)执行终结。在执行过程中,由于出现某些特殊情况,执行工作无法继续进行或没有必要继续进行的,结束执行程序。有下列情况之一的,人民法院应当裁定终结执行:①申请人撤销申请的;②据以执行的法律文书被撤销的;③作为被执行人的公民死亡,无遗产可供执行,又无义务承担人的;④追索赡养费、扶养费、抚育费案件的权利人死亡的;⑤作为被执行人的公民因生活困难无力偿还借款,无收入来源,又丧失劳动能力的;⑥人民法院认为应当终结执行的其他情形。

第三节 仲裁制度

仲裁是解决民商事纠纷的重要方式之一。《仲裁法》《民事诉讼法》和相关司法解释,是我国仲裁解决商事纠纷的基本法律依据。另外,《纽约公约》是有关仲裁裁决的国际公约,该公约为各缔约国家、地区承认和执行外国仲裁裁决提供了保证和便利。中国于1986年加入《纽约公约》,1987年4月22日该公约对中国生效;中国在加入公约时作了互惠保留和商事保留声明。

仲裁有三项基本制度:协议仲裁制度、排除法院管辖制度和一裁终局制度。

仲裁协议是当事人自愿原则的体现,当事人申请仲裁、仲裁委员会受理仲裁以及仲裁庭对仲裁案件的审理和裁决,都必须以当事人依法订立的仲裁协议为前提。《仲裁法》规定,没有仲裁协议,一方申请仲裁的,仲裁委员会不予受理。

仲裁和诉讼是两种并行的争议解决方式,当事人只能选用其中的一种。《仲裁法》规定:"当事人达成仲裁协议,一方向人民法院起诉的,人民法院不予受理,但仲裁协议无效的除外。"因此,有效的仲裁协议可以排除法院对案件的司法管辖权,只有在没有仲裁协议或者仲裁协议无效的情况下,法院才可以对当事人的纠纷予以受理。

仲裁实行一裁终局的制度。裁决作出后,当事人就同一纠纷再申请仲裁或向人民法院起诉的,仲裁委员会或者人民法院不予受理。但是,裁决被人民法院依法撤销或不予执行的,当事人就该纠纷可以根据双方重新达成的仲裁协议申请仲裁,或者向人民法院起诉。

一、仲裁协议和仲裁受理

(一)仲裁协议

1. 仲裁协议的形式

仲裁协议是指当事人自愿将已经发生或者可能发生的争议提交仲裁解决的书面协议。《仲裁法》规定:"仲裁协议包括合同中订立的仲裁条款和其他以书面形式在纠纷发生前或者纠纷发生后达成的请求仲裁的协议。"据此,仲裁协议应当采用书面形式,口头方式达成的仲裁意思表示无效。仲裁协议既可以表现为合同中的仲裁条款,也可以表现为独立于合同而存在的仲裁协议书。实践中,在合同中约定仲裁条款的形式最为常见。

《仲裁法》司法解释规定:"仲裁法第16条规定的'其他书面形式的仲裁协议,包括以合同书、信件和数据电文(包括电报、电传、传真、电子数据交换和电子邮件)等形式达成的请求仲裁的协议。"另外,2019年4月经修改后公布的《中华人民共和国电子签名法》还规定,能够有形地表现所载内容,并可以随时调取查用的数据电文,视为符合法律、法规要求的书面形式;可靠的电子签名与手写签名或者盖章具有同等的法律效力。

2. 仲裁协议的内容

合法有效的仲裁协议应当具有下列法定内容:

(1)请求仲裁的意思表示。请求仲裁的意思表示是指条款中应该有"仲裁"两字,表明当事人的仲裁意愿。该意愿应当是确定的,而不是模棱两可的。有的当事人在合同中约定发生争议可以提交仲裁,也可以提交诉讼,根据这种约定无法判定当事人有明确的仲裁意愿。因此,《仲裁法》司法解释规定,这样的仲裁协议无效。

(2)仲裁事项。仲裁事项可以是当事人之间合同履行过程中的或与合同有关的一切争议,也可以是合同中某一特定问题的争议;既可以是事实问题的争议,也可以是法律问题的争议。其范围取决于当事人在仲裁协议中的约定。

(3)选定的仲裁委员会。选定的仲裁委员会是指仲裁协议中约定的仲裁委员会的名称应该准确。《仲裁法》司法解释规定,仲裁协议约定的仲裁机构名称不准确,但能够确定具体的仲裁机构的,应当认定选定了仲裁机构。仲裁协议约定两个以上仲裁机构的,当事人可以协议选择其中的一个仲裁机构申请仲裁;当事人不能就仲裁机构选择达成一致的,仲裁协议无效。仲裁协议约定由某地的仲裁机构仲裁且该地仅有一个仲裁机构的,该仲裁机构视为约定的仲裁机构。该地有两个以上仲裁机构的,当事人可以协议选择其中的一个仲裁机构申请仲裁;当事人不能就仲裁机构选择达成一致的,仲裁协议无效。上述三项内容必须同时具备,仲裁协议才能有效。我国许多仲裁机构都列出了示范仲裁条款,例如,中国国际经济贸易仲裁委员会示范仲裁条款写明:"因本合同引起的或与本合同有关的任何争议,均提请中国国际经济贸易仲裁委员会按照该会的仲裁规则进行仲裁。仲裁裁决是终局的,对双方均有约束力。"当然,如果合同当事人较多,也可以将其表述为仲裁裁决"对各方均有约束力"。

3. 仲裁协议的效力

(1)对当事人的法律效力。仲裁协议合法有效,即对当事人产生法律约束力。发生纠纷后,一方当事人只能向仲裁协议约定的仲裁机构申请仲裁,而不能就该纠纷向人民法院提起诉讼。

(2)对法院的约束力。有效的仲裁协议排除了人民法院对仲裁协议约定争议事项的司法管辖权。《仲裁法》规定,当事人达成仲裁协议,一方向人民法院起诉未声明有仲裁协议,人民法院受理后,另一方在首次开庭前提交仲裁协议的,人民法院应当驳回起诉,但仲裁协议无效的除外。

(3)对仲裁机构的法律效力。仲裁协议是仲裁委员会受理仲裁案件的前提,是仲裁庭审理和裁决案件的依据。没有有效的仲裁协议,仲裁委员会就不能获得对争议案件的管辖权。同时,仲裁委员会只能对当事人在仲裁协议中约定的争议事项进行仲裁,对超出仲裁协议约定范围的其他争议事项无权仲裁。

(4)仲裁协议的独立性。仲裁协议独立存在,合同的变更、解除、终止或无效,以及合同成立后未生效、被撤销等,均不影响仲裁协议的效力。当事人在订立合同时就争议达成仲裁协议的,合同未成立也不影响仲裁协议的效力。

4. 仲裁协议效力的确认

当事人对仲裁协议效力有异议的,应当在仲裁庭首次开庭前提出。当事人既可以请求仲裁委员会作出决定,也可以请求人民法院裁定。一方请求仲裁委员会作出决定,另一方请求人民法院作出裁定的,由人民法院裁定。

当事人在仲裁庭首次开庭前没有对仲裁协议的效力提出异议,而后向人民法院申请确认仲裁协议无效的,人民法院不予受理。仲裁机构对仲裁协议的效力作出决定后,当事人向人民法院申请确认仲裁协议效力或者申请撤销仲裁机构的决定的,人民法院不予受理。

当事人向人民法院申请确认仲裁协议效力的案件,由仲裁协议约定的仲裁机构所在地、仲裁协议签订地、申请人住所地、被申请人住所地的中级人民法院或者专门人民法院管辖。

(二)仲裁案件的申请和受理

1. 申请仲裁的条件

当事人申请仲裁,应当符合的条件:一是有效的仲裁协议;二是有具体的仲裁请求和事实、理由;三是属于仲裁委员会的受理范围。

2. 申请仲裁的文件

当事人申请仲裁,应当向仲裁委员会递交仲裁协议或者合同仲裁条款、仲裁申请书及副本。其中,仲裁申请书应当载明的事项包括:①当事人的姓名、性别、年龄、职业、工作单位和住所,法人或者其他组织的名称、住所和法定代表人或者主要负责人的姓名、职务;②仲裁请求和所依据的事实、理由;③证据和证据来源、证人姓名和住所。

对于申请仲裁的具体要求和审查标准,各仲裁机构在《仲裁法》规定的范围内会有所不同,一般可以登录其网站进行查询。

3. 审查与受理

仲裁委员会收到仲裁申请书之日起5日内经审查认为符合受理条件的,应当受理,并通知当事人;认为不符合受理条件的,应当书面通知当事人不予受理,并说明理由。

仲裁委员会受理仲裁申请后,应当在仲裁规则规定的期限内将仲裁规则和仲裁员名册送达申请人,并将仲裁申请书副本和仲裁规则、仲裁员名册送达被申请人。

被申请人收到仲裁申请书副本后,应当在仲裁规则规定的期限内向仲裁委员会提交答辩书。仲裁委员会收到答辩书后,应当在仲裁规则规定的期限内将答辩书副本送达申请人。被申请人未提交答辩书的,不影响仲裁程序的进行。被申请人有权在答辩期内提出反请求。

4. 财产保全和证据保全

为保证仲裁程序顺利进行、仲裁案件公正审理及仲裁裁决有效执行,当事人有权申请财产保全和证据保全。当事人提起财产保全及/或证据保全的申请,可以在仲裁程序开始前,也可以在仲裁程序进行中。当事人要求采取保全措施的,应向仲裁委员会提出书面申请,由仲裁委员会将保全申请转交被申请人住所地或其财产所在地或证据所在地有管辖权的人民法院作出裁定;当事人也可以直接向有管辖权的人民法院提出保全申请。

申请人在人民法院采取保全措施后30日内不依法申请仲裁的,人民法院应当解除保全。

二、仲裁审理的法定程序

仲裁审理的程序主要包括仲裁庭的组成、开庭和审理、仲裁和解与调解、仲裁裁决等过程。

(一)仲裁庭的组成

仲裁案件采用普通程序或简易程序来审理。采用普通程序审理仲裁案件,由3名仲裁员组成合议仲裁庭;采用简易程序审理仲裁案件,由1名仲裁员组成独任仲裁庭。当事人另有约定的除外。

1. 合议仲裁庭

当事人约定由3名仲裁员组成仲裁庭的,应当各自选定1名或者各自委托仲裁委员会主任指定1名仲裁员,第三名仲裁员由当事人共同选定或者共同委托仲裁委员会主任指定。第三名仲裁员是首席仲裁员。

2. 独任仲裁庭

当事人约定1名仲裁员组成仲裁庭的,应当由当事人共同选定或者共同委托仲裁委员会主任指定仲裁员。

当事人没有在仲裁规则规定的期限内约定仲裁庭的组成方式或者选定仲裁员的,由仲裁委员会主任指定。

3. 仲裁员回避情形

仲裁员有下列情形之一的,必须回避,当事人也有权提出回避申请:①是本案当事人或者当事人、代理人的近亲属;②与本案有利害关系的;③与本案当事人、代理人有其他关系,可能影响公正仲裁的;④私自会见当事人、代理人,或者接受当事人、代理人的请客送礼的。

当事人提出回避申请,应当说明理由,在首次开庭前提出。回避事由在首次开庭后知道的,可以在最后一次开庭结束前提出。

(二)开庭和审理

仲裁审理的方式分为开庭审理和书面审理两种。仲裁应当开庭审理作出裁决,这是仲裁审理的主要方式。但是,当事人协议不开庭的,仲裁庭可以根据仲裁申请书、答辩书以及其他材料作出裁决,即书面审理方式。为了保护当事人的商业秘密和商业信誉,仲裁不公开进行;当事人协议公开的,可以公开进行,但涉及国家秘密的除外。

当事人应当对自己的主张提供证据。仲裁庭认为有必要收集的证据,可以自行收集。证据应当在开庭时出示,当事人可以质证。当事人在仲裁过程中有权进行辩论。

仲裁庭可以作出缺席裁决。申请人经书面通知,无正当理由开庭时不到庭或者未经仲裁庭许可中途退庭的,可以视为撤回仲裁申请;如果被申请人提出了反请求,不影响仲裁庭就反请求进行审理,并作出裁决。被申请人经书面通知,无正当理由不到庭或者未经仲裁庭许可中途退庭的,仲裁庭可以进行缺席审理并作出裁决;如果被申请人提出了反请求的,可以视为撤回仲裁反请求。

(三)仲裁和解与调解

当事人申请仲裁后,可以自行和解。当事人自行达成和解协议的,可以请求仲裁庭根据和解协议制作裁决书,也可以撤回仲裁申请。当事人撤回仲裁申请后反悔的,可以根据仲裁协议另行申请仲裁。

仲裁庭在作出裁决前,可以根据当事人的请求或者在征得当事人同意的情况下按照其认为适当的方式主持调解。调解达成协议的,当事人可以撤回仲裁申请,也可以请求仲裁庭根据调解协议的内容制作调解书或者裁决书。调解书经双方当事人签收后即与裁决书具有同等法律效力。在调解书签收前当事人反悔的,仲裁庭应当及时作出裁决。调解不成的,仲裁庭应当及时作出裁决。

(四)仲裁裁决

仲裁裁决是由仲裁庭作出的具有强制执行效力的法律文书。独任仲裁庭审理的案件由独任仲裁员作出仲裁裁决,合议仲裁庭审理的案件由3名仲裁员集体作出仲裁裁决。合议庭审理的案件,裁决也可以按照多数仲裁员的意见作出,少数仲裁员的不同意见可以记入笔录或者附在裁决书后,但该少数意见不构成裁决书的组成部分。仲裁庭无法形成多数意见时,裁决按照首席仲裁员的意见作出。仲裁裁决书由仲裁员签名,加盖仲裁委员会的印章。对裁决持不同意见的仲裁员可以签名,也可以不签名。裁决书自作出之日起发生法律效力。仲裁实行一裁终局制度,当事人不得就已经裁决的事项再行申请仲裁,也不得就此提起诉讼;当事人申请人民法院撤销裁决的,应当依法进行。

三、仲裁裁决的执行

(一)仲裁裁决的执行效力

仲裁裁决作出后,当事人应当履行裁决。一方当事人不履行的,另一方当事人可以依照《民事诉讼法》的规定,向人民法院申请执行,受申请的人民法院应当执行。根据最高人民法院的相关司法解释,当事人申请执行仲裁裁决案件,由被执行人所在地或者被执行财产所在地的中级人民法院管辖;执行案件符合基层人民法院一审民商事案件级别管辖受理范围的,经上级人民法院批准后,可以由被执行人住所地或被执行财产所在地的基层人民法院管辖。

涉外案件的仲裁裁决或者外国仲裁裁决,均可依据《纽约公约》,向有管辖权的缔约国或者地区的法院申请承认和执行。

申请仲裁裁决强制执行必须在法律规定的期限内提出。根据《民事诉讼法》的规定,申请执行的期间为2年。申请执行时效的中止、中断,适用法律有关诉讼时效中止、中断的规定。申请仲裁裁决强制执行的2年期间,自仲裁裁决书规定履行期限或仲裁机构的仲裁规则规定履行期间的最后1日起计算。仲裁裁决书规定分期履行的,依规定的每次履行期间的最后1日起计算。

(二)仲裁裁决的不予执行和撤销

根据《民事诉讼法》的规定,被申请人提出证据证明裁决有下列情形之一的,经人民法院组成合议庭审查核实,裁定不予执行:当事人在合同中没有仲裁条款或者事后没有达成书面仲裁协议的;裁决的事项不属于仲裁协议的范围或者仲裁机构无权仲裁的;仲裁庭的组成或者仲裁的程序违反法定程序的;裁决所根据的证据是伪造的;对方当事人向仲裁机构隐瞒了足以影响公正裁决的证据的;仲裁员在仲裁该案时有索贿受贿、徇私舞弊、枉法裁决行为的。

仲裁裁决被法院依法裁定不予执行的,当事人就该纠纷可以重新达成仲裁协议,并依据该仲裁协议申请仲裁,也可以向法院提起诉讼。

根据《仲裁法》的规定,当事人提出证据证明裁决有上述情形之一的,可以向仲裁委员会所在地的中级人民法院申请撤销裁决。另外,人民法院认定该裁决违背社会公共利益的,应当裁定撤销。当事人申请撤销裁决的,应当在收到裁决书之日起6个月内提出。

仲裁裁决被人民法院依法撤销后,当事人之间的纠纷并未解决。根据《仲裁法》的规定,当事人就该纠纷可以根据双方重新达成的仲裁协议申请仲裁,也可以向人民法院提起诉讼。

案外人有证据证明仲裁案件当事人恶意申请仲裁或者虚假仲裁,损害其合法权益的,可根据法律相关程序的要求,申请不予执行仲裁裁决或仲裁调解书。

四、涉外仲裁的特别规定

(一)涉外仲裁的基本类型

涉外仲裁是指具有涉外因素的仲裁。凡民事关系的一方或者双方当事人是外国公民、外国法人或者其他组织、无国籍人;当事人一方或双方的经常居所地在中华人民共和国领域外;民事关系的标的物在中华人民共和国领域外;产生、变更或者消灭民事权利义务关系的法律事实发生在中华人民共和国领域外,均为涉外民事关系。

在我国,涉外仲裁的主体基本包括两种类型:一方或者双方当事人是外国人、无国籍人或者外国企业和组织;涉及港澳台的案件参照涉外案件处理。《仲裁法》规定,涉外经济贸易、运输和海事中发生的纠纷的仲裁,适用关于涉外仲裁的特别规定。

我国建筑业企业对外承接工程日益增多,建设工程纠纷中涉外案件的数量也不断增长,涉外仲裁将发挥更加重要的作用。

(二)涉外仲裁机构

《仲裁法》规定,涉外仲裁委员会可以由中国国际商会组织设立。

依据《仲裁法》设立的涉外仲裁机构是中国国际经济贸易仲裁委员会和中国海事仲裁委员会。中国国际贸易仲裁委员会主要受理国际、涉外和涉港澳台争议案件,于2000年开始受理国内仲裁案件。

1995年9月1日《仲裁法》施行之后,各直辖市和省、自治区人民政府所在地的市以及其他设区的市也设立或重新组建了一批常设仲裁机构。国务院办公厅《关于贯彻实施〈中华人民共和国仲裁法〉需要明确的几个问题的通知》规定,新组建的仲裁委员会的主要职责是受理国内仲裁案件;涉外仲裁案件的当事人自愿选择新组建的仲裁委员会仲裁的,新组建的仲裁委员会可以受理。

(三)涉外仲裁案件的证据、财产保全

《民事诉讼法》规定,当事人申请采取保全的,中华人民共和国的涉外仲裁机构应当将当事人的申请,提交被申请人住所地或者财产所在地的中级人民法院裁定。

《最高人民法院关于人民法院执行工作若干问题的规定(试行)》(法释〔1996〕15号)规定:"在涉外仲裁过程中,当事人申请财产保全,经仲裁机构提交人民法院的,由被申请人住所地或被申请保全的财产所在地的中级人民法院裁定并执行;申请证据保全的,由证据所在地的中级人民法院裁定并执行。"

(四)涉外仲裁案件裁决的执行

《仲裁法》规定,涉外仲裁委员会作出的发生法律效力的仲裁裁决,当事人请求执行的,如果被执行人或者其财产不在中华人民共和国领域内,应当由当事人直接向有管辖权的外国法院申请承认和执行。

《纽约公约》规定,成员国要承认和执行任何公约成员国作出的仲裁裁决。我国1986年12月加入该公约,1987年4月22日该公约正式对我国生效。该公约目前已有160多个缔约国家和地区,外国执行中国的涉外裁决将依据该公约规定的条件办理。在执行程序上各国依其国内法律的规定,但对裁决的审查都限于该公约第5条规定的理由。

被申请执行人所属国家不是《纽约公约》成员国的,如果双方存在双边条约或协定,则根据双边条约或双边协定中订立的有关相互承认和执行仲裁裁决的内容进行。我国还与许多

国家签订了有关民商事司法互助的协定,在这些司法互助协定中往往也涉及相互承认和执行在对方境内作出的裁决问题。如果我国与某一国家签订的双边贸易协定、双边投资保护协议或者司法互助协定中有关裁决的承认和执行的条件比《纽约公约》规定的条件更为优惠,即使双方均是该公约的缔约国,裁决的承认和执行仍可依据有关协定以更便利的方式执行。

1999年6月21日,中国内地和香港签署了《关于内地与香港特别行政区相互执行仲裁裁决的安排》,自2000年2月1日起施行。2007年10月30日,中国内地与澳门签署了《关于内地与澳门特别行政区相互认可和执行仲裁裁决的安排》,自2008年1月1日起实施。这是司法协助的重要组成部分,是一个主权国家内不同法律区域间的司法安排。

案例分析

某桥梁工程项目,发包人长期拖欠工程款,施工单位因为多重原因在诉讼时效期限内未行使请求权。后来双方发生争议,施工单位将发包人起诉至法院。

问题:1. 法院是否应受理此案?
2. 法院是否可以直接驳回诉讼请求?
3. 如果施工合同中约定工程款请求权的诉讼时效为1年,应当如何处理?

案例分析

知识拓展

"死缓"制度

死缓,全称为"死刑缓期二年执行",是执行死刑的一种制度。它对应当判处死刑,但又不是必须立即执行的犯罪分子,在判处死刑的同时宣告缓刑2年执行,实行劳动改造,以观后效。作为我国一项独特的死刑执行制度,死缓制度最初是作为我党的一项刑事政策发端于1951年新中国成立之初的镇压反革命运动的高潮中,适用对象是没有血债、民愤不大和损害国家利益未达到最严重程度,而又罪该处死的反革命分子。

刑法修正案草案对上述规定修改为:对于死缓期间故意犯罪,情节恶劣的,报请最高人民法院核准后执行死刑;对于故意犯罪未执行死刑的,死刑缓期执行的期间重新计算,并报最高人民法院备案。

2016年11月14日,最高人民法院对外发布《关于办理减刑、假释案件具体应用法律的规定》。如被判处死刑缓期执行的罪犯经过一次或者几次减刑后,其实际执行的刑期不得少于十五年。该司法解释将于2017年1月1日起施行。

本章小结

建设工程项目通常具有投资规模大、建造周期长、技术要求高、合同关系复杂和政府监管严格等特点,因此在建设工程项目实施过程中可能会产生各种纠纷,其中民事纠纷的法律解决途径主要有和解、调解、仲裁、诉讼四种,行政纠纷的法律解决途径主要有行政复议和行政诉讼两种。

和解、调解、仲裁和诉讼四种民事纠纷的解决途径的基本特点、使用条件、法定程序和产生的法律效力问题,是作为一个工程技术人员必须了解的。仲裁具有自愿性、专业性、独立性、保密性、快捷性和强制性的特点,而诉讼的特点是公权性、程序性和强制性。

参 考 文 献

[1] 全国二级建造师执业资格考试用书编写委员会. 建设工程法规及相关知识[M]. 北京:中国建筑工业出版社,2021.

[2] 赵崇,宋敏. 建筑法规与案例分析[M]. 南京:南京大学出版社,2017.

[3] 许崇华,郭瑞,代莎莎. 建设工程法规[M]. 武汉:华中科技大学出版社,2017.

[4] 张伟,赵光磊. 建设工程法规[M]. 西安:西安交通大学出版社,2017.

[5] 冷超群. 建筑法规[M]. 南京:南京大学出版社,2013.

[6] 葛书环,刘楠. 建设法规[M]. 北京:中国时代经济出版社,2013.

[7] 顾永才. 建设法规[M]. 武汉:华中科技大学出版社,2016.

[8] 李辉. 建设工程法规[M]. 上海:同济大学出版社,2013.